KB091439

어둠 속의 추적자들

어둠 속의 추적자들

다크웹의 비트코인 범죄자 사냥
암호화폐 익명성의 신화를 깨다

김상현 옮김   앤디 그린버그 지음

에이콘

 에이콘출판의 기틀을 마련하신 故 정완재 선생님 (1935-2004)

빌랄Bilal과 자이드Zayd에게 이 책을 바친다

"나는 투명해질 수 있는 그 능력이 인류에 어떤 의미가 될지에 대한 장대한 비전을 조금의 의심도 없이 떠올렸지. 심대한 미스터리, 막강한 힘, 자유…. 그렇게 비밀을 간직한 채 분노 속에서 3년을 보낸 다음에야 연구를 완성하는 게 불가능하다는 사실을 깨달았어. 틀렸다는 것을 말야."

"어떻게?" 켐프가 물었다.

"돈." 투명인간은 이렇게 말하고 다시 창밖을 내다보러 갔다.

– 허버트 조지 웰즈, 『투명인간』(블루프린트, 2017)

김상현

캐나다에서 정보공개 및 프라이버시 전문가로 일하고 있다. 토론토대학교, 앨버타대학교, 요크대학교에서 개인정보보호와 프라이버시, 사이버 보안을 공부했다. 캐나다 온타리오주 정부와 앨버타주 정부, 브리티시 컬럼비아BC주의 의료 서비스 기관, 밴쿠버 아일랜드의 수도권청Capital Regional District 등을 거쳐 지금은 캘리언 그룹Calian Group의 프라이버시 관리자로 일하고 있다. 저서로『디지털의 흔적을 찾아서』(방송통신위원회, 2020),『유럽연합의 개인정보보호법, GDPR』(커뮤니케이션북스, 2018),『디지털 프라이버시』(커뮤니케이션북스, 2018),『인터넷의 거품을 걷어라』(미래 M&B, 2000)가 있고, 번역서로는 에이콘출판사에서 출간한『공익을 위한 데이터』(2023),『인류의 종말은 사이버로부터 온다』(2022),『프라이버시 중심 디자인은 어떻게 하는가』(2021),『마크 저커버그의 배신』(2020),『에브리데이 크립토그래피 2/e』(2019),『보이지 않게, 아무도 몰래, 흔적도 없이』(2017),『보안의 미학Beautiful Security』(2015),『똑똑한 정보 밥상Information Diet』(2012),『불편한 인터넷』(2012),『디지털 휴머니즘』(2011) 등이 있다.

옮긴이의 말

"네가 무슨 짓을 하든 아무도 보는 사람이 없고, 그래서 처벌받을 가능성이 전혀 없다면 어떤 일을 하겠니?" 어린 시절 친구들과 한두 번쯤 주고받았을 법한 질문이다. 그게 아니라면 상상이라도 해봤음직한 가정이다. 흔히 '비트코인'으로 통칭하는 암호화폐 또는 가상화폐의 신세계는 그런 질문이나 가정을 실제 상황으로 옮긴 것처럼 보였다. 비트코인은 사용자의 익명성을 보장해 그것을 거래의 지불 수단으로 삼는 한 거래 당사자의 신원이 공개되거나 범행의 꼬리가 잡힐 염려가 없는 것으로 여겨졌다.

앤디 그린버그가 이 책에서 상세하고도 흥미진진하게 그려내는 사건과 사고는 그런 믿음이 얼마나 허황한 것인지 잘 보여준다. 「와이어드」의 베테랑 기자이자 『샌드웜』 같은 베스트셀러로 유명한 그린버그는 사이버 보안, 해킹, 온라인 감시, 암호화폐 같은 분야의 잘 드러나지 않은, 하지만 국제 정치학 차원에서 심대한 의미가 있는 신기술의 범죄적 사안에 천착해 왔다. 이 책은 사이버 공간을 무대로 온갖 음험하고 부도덕한 범죄 행각을 저지르는 악당들의 거래 및 축재 수단에 주목한다. 바로 비트코인, 더 넓게는 암호화폐다.

그린버그는 몇 년에 걸친 심층 취재를 바탕으로 사이버 공간을 넘어 현실 세계까지 큰 파장과 물의, 공분을 불러일으켰던 대표적 범죄 행위들을 소개한다. 온라인 최대 규모의 마약 밀매 사이트로 악명을 떨친 실크로드를 비롯해 그보다 더 큰 규모로 이른바 '다크웹' 시장을 주도했던 알파베이 AlphaBay부터 몇백만 달러 상당의 비트코인을 잃어버리면서 돌연 파산한 수수께끼의 암호화폐 거래소 마운트곡스Mt. Gox, 범죄자들의 비트코인 현금화를 주도한 또 다른 거래소 BTC-e, 네덜란드 경찰이 다크웹 사이트 운영자로 가장해 함정 수사를 펼친 한사Hansa, 악명 높은 아동 성 학대물 매매 사이트인 웰컴투비디오Welcome to Video에 이르기까지 그린버그는 암호화폐를 이용한 끔찍한 범죄 행각과 그를 수사해 철퇴를 내린 담당 수사관들의 활약상을 꼼꼼하고 생생하게 그려 보인다.

이런 수사 내용을 묘사하는 가운데 그린버그가 되풀이해서 강조하는 메시지가 있다. 비트코인 같은 암호화폐는 추적되지 않는 통화(通貨)이기에 완전한 익명성이 보장된다는 믿음은 그릇된 신화에 지나지 않는다는 것이다. 실크로드와 알파베이의 킹핀들은 그런 신화에 기대어 '아무도 보는 사람이 없고, 그래서 처벌받을 가능성이 전혀 없다면 어떤 일을 하겠는가'라는 질문에 어떻게 대답하는지 보여준다. 그들이 제시하는 풍경은 전혀 아름답지 않다.

이 책을 번역하면서 실망을 넘어 분노를 금치 못했던 대목은 다크웹에서 아동 포르노물을 밀매한 웰컴투비디오에 관한 수사 내용이었다. 당시 23세 한국인 남성이 자신이 사는 아파트의 침실에서 운영한 것으로 밝혀지는 과정을 들여다보면서 절망감마저 느꼈다. 이 사건은 국내 여러 매체에 보도됐다. 그중 2019년 10월 22일 자 「중앙일보」 기사를 일부 인용한다.

희대의 아동포르노…세계 경악케한 한국인 죗값

세계 언론들은 비트코인을 이용한 아동 포르노 수익화와 범죄의 심각성에 경악했다. 국내에서는 운영자 손 씨가 지난 5월 1년 6월을 선고받았다는 것에 놀랐다. 운영자가 한국에서 받은 처벌보다, 이용자가 외국에서 받은 처벌이 더 무거웠기 때문이다.

미국 법무부에 따르면 사이트 회원인 미국인 제임스 다오생(25)은 징역 97개월과 보호관찰 20년을, 마이클 암스트롱(35)은 징역 5년과 보호관찰 5년을 선고받았다. 이들의 범죄 내용은 '아동 포르노 소지'다. 음란물을 배포하고 실제로 아동 성 착취를 한 영국인 카일 폭스는 징역 22년을 선고받았다.

(중략)

그러나 1심 재판을 맡은 서울중앙지법 최미복 판사는 손 씨에게 징역 2년에 집행유예 3년을 선고했다. 최 판사는 판결문에서 "사회에 미치는 해악이 크다"면서도 "피고인의 나이가 어리고 별다른 범죄 전력이 없다"는 것과 "반성하고 있다"는 점, 사이트의 모든 음란물을 손 씨가 올린 것이 아니라 회원이 직접 올린 것도 있다는 점 등을 양형 이유로 들었다.

그뿐 아니다. '사실 적시에 의한 명예훼손'이라는 해괴하고 엽기적인 한국의 법률 구조는 엄연히 공익적 의미가 큰 사안임에도 김 모, 손 모 식의 익명으로 사실을 숨기는 것이 당연시된다. 그러다 보니 마땅히 구현돼야 할 사법적 정의가 망각되거나 무시된다. 같은 신문의 기사 내용이다.

사건이 재조명된 것은 지난 17일 미국 법무부가 '웰컴 투 비디오'에 대한 최종수사결과를 발표하면서다. 미 법무부는 홈페이지에 수사 내용과 함께 손 씨를 포함한 피의자들의 실명과 구체적인 피의사실을 공개했다. 국내에서는 법원에서 확정된 범죄에 대해서도, 수사 기관이나 사법부가 공개하지 않는 한 실명 보도할 수 없다. 사실적시에 의한 명예훼손에 해당하기 때문이다. 그러나 CNN, 워싱턴포스트, 로이터 등 외신들은 모두 손 씨의 실명을 보도했다.

아동음란물 소지자에 대해 미국은 징역 5~20년, 영국은 구금 26주~3년의 처벌을 내린다. 한국에서는 1년 이하의 징역 또는 2000만 원 이하의 벌금형이다. 그나마도 대부분 벌금형이 선고된다. (하략)

이 책은 암호화폐, 토르Tor 같은 신기술의 은폐 기능을 범죄에 악용하는 악당들과 그럼에도 불구하고 놀라운 창의력과 끈질긴 추적으로 사법적 정의를 구현하려는 수사관들의 쫓고 쫓기는 '고양이와 쥐'의 형세를 잘 보여준다. 그런가 하면 수사관들이 누구나 정의로운 것은 아니며 수사 과정에서 얻은 기밀 정보로 변절해 막대한 이익을 취하는 일도 발생한다는 사실을 드러낸다. 사이버 공간의 범죄와 수사 기법은 새롭고 놀라울지 몰라도, 결국 사람들끼리 지지고 볶는 범죄 드라마는 현실과 별반 다르지 않다는 점을 깨닫는 순간이다.

나는 오래전부터 앤디 그린버그의 팬이었다. 에이콘출판사의 배려로 그린버그의 책을 직접 번역할 기회를 얻게 된 것을 감사하게 생각한다. 원작의 극적인 사연들을 충실히 옮기려 노력했지만 돌이켜보면 아쉬움이 없지 않다. 번역자이기 전에 독자로서 이 책을 '즐독'했고, 특히 재미난 대목은 아내에게 들려주면서 서로 '오! 아!' 하며 감탄하곤 했다. 번역 작업을 늘 격려해 주는 아내 김영신, 두 아들 동준 그리고 성준에게 고맙다는 말을 전한다.

2023년 6월 캐나다 빅토리아에서

지은이 소개

앤디 그린버그^{Andy Greenberg}

디지털 기술과 문화, 사건과 사고를 심층적으로 다루는 월간지 「와이어드 Wired」의 수석 기자다. 『내부 고발자들, 위험한 폭로: 위키리크스와 사이퍼 펑크, 해킹과 암호화 기술로 세상의 정보를 가로챈 이들』(에이콘, 2015), 『샌 드웜: 사이버 세계를 벗어난 러시아 해커들』(에이콘, 2021)을 집필했다. 특히 『샌드웜』과 그 발췌본은 제럴드 로브 국제보도상Gerald Loeb Award for International Reporting, 전문언론인협회Society of Professional Journalists의 시그마 델타 카이 상Sigma Delta Chi Award, 뉴욕전문언론인협회New York Society of Professional Journalists의 데드라인 클럽 상Deadline Club Award, 그리고 해외언론 클럽Overseas Press Club이 주는 코닐리어스 라이언 최우수 표창장Cornelius Ryan Citation for Excellence을 수상했다. 그는 아내이자 다큐멘터리 영화 제작자인 말리카 주할리 워럴Malika Zouhali-Worrall과 함께 브루클린에 살고 있다.

이 책의 3부 '알파베이', 4부 '웰컴투비디오', 5부 '다음 라운드'에는 자살과 자해와 관련한 부분이 있다. 또한 4부 '웰컴투비디오'에는 아주 생생하게 묘사하지는 않았지만 아동 학대를 지칭하는 내용이 있다.

　당신이나 주변 누군가 도움이 필요하다면 988lifeline.org, missingkids.org, stopitnow.org 같은 사이트에서 정보를 얻길 바란다.

감사의 말

대부분 논픽션이 그렇듯이, 이 책을 쓰는 데 도움을 준 사람들은 헤아릴 수 없이 많은 시간을 할애해 자신들의 이야기를 들려준 분들이다. 이렇다 할 혜택이나 사례가 없던 데다 실명이 책에 거론될 것임을 알면서도 대화를 수락했다. 자신이 아는 여러 사건이 영영 묻히거나 잘못 전달되지 않도록 일부러 시간을 내 준 (그리고 때로는 위험을 감수한) 모든 분께 감사한다.

이 책을 쓰는 데 도움을 준 두 번역가 겸 해결사인 비지트라 '아움' 두앙디Vijitra 'Aum' Duangdee와 제임스 유James Yoo에게 깊은 감사를 전한다. 모라 폭스Maura Fox는 내용상 오류가 없는지 확인하느라 몇 달에 걸쳐 부지런히 발품 팔며 내 취재 궤적을 쫓던 인터뷰 대상자들을 다시 만났다. 폭스의 사려 깊은 작업 뒤에도 어떤 실수가 남아 있다면 그 책임은 온전히 내 몫이다.

「와이어드Wired」의 동료들은 사이버보안 분야 업무가 항상 분주함에도 너그럽게 시간을 조정해 내가 집필에 집중할 수 있도록 해줬다. 웹 편집자인 브라이언 배럿Brian Barrett과 보안 담당 동료인 릴리 헤이 뉴먼Lily Hay Newman은 나를 대신해 평소보다 많은 업무를 처리해야 했다. 출간 제안서의 데드라인을 맞추기 위해 내가 자리를 비웠던 한 주는 러시아의 솔라윈즈SolarWinds 해킹 공격을 둘러싼 뉴스로 특히나 바쁜 기간이었다. 내 빈자리를 채워준 두 사람을 비롯한 다른 동료들에게 진심으로 감사하다는 말을 전한다. 이 책의 집필을 지원해준 「와이어드」의 다른 동료들, 그중 매트 버제스

Matt Burgess, 앤드루 쿠츠Andrew Couts, 메건 그린웰Megan Greenwell, 마리아 스트레신스키Maria Streshinsky, 닉 톰슨Nick Thompson, 헤멀 자베리Hemal Jhaveri, 기드온 리치필드Gideon Litchfield, 자크 제이슨Zak Jason, 미셸 레그로Michelle Legro에게 고마움을 표한다. 「와이어드」에 소개한 이 책의 두 발췌본을 매끄럽게 편집해준 존 그래부아John Gravois에게 특히 감사한다.

이 책의 초교를 꼼꼼하게 읽고 백여 개의 크고 작은 오류를 잡아준 릴리Lily에게 깊이 감사한다. 니콜라스 크리스틴Nicolas Christin, 코리 닥터로우Cory Doctorow, 개럿 그라프Garrett Graff, 댄 구딘Dan Goodin, 케이틀린 켈리Caitlin Kelly, 로버트 맥밀란Robert McMillan, 니콜 펄로스Nicole Perlroth, 닉 위버Nick Weaver도 초교를 검토하며 오류를 잡아줬다. 그들의 조언에 감사를 전한다.

에이전트인 에릭 루퍼Eric Lupfer는 이 책이 아이디어 단계였을 때부터 잠재력을 믿어줬고, 그보다 앞서 출판사들이 이 주제에 대해 아무런 관심조차 기울이지 않을 때 겪은 난관에도 아랑곳하지 않고 민활하게 출판 계약을 맺어줬다. 이 책의 영화화나 TV 다큐멘터리의 가능성을 초기에 타진해준 크리스티나 무어Kristina Moore에게 감사한다. 기드온 야고Gideon Yago는 수백 번의 줌Zoom 영상 통화로 어떻게 하면 흥미로운 이야기를 끄집어낼 수 있는지 보여줬다.

더블데이Doubleday 출판사에서 책을 편집한 야니브 소하Yaniv Soha는 다시 한번 최고의 가이드 겸 파트너로 지난한 출판 과정을 순조롭게 진행했다. 이 책에 대한 그의 사려 깊고 끈기 있는 편집 판단에 깊이 감사한다. 책이 출간됐을 때 내게 소송을 제기할 만한 인물은 누구인지 (그리고 소송에 어떻게 대응해야 하는지) 흥미로우면서도 힘이 되는 방향으로 설명해준 댄 노박Dan Novack에게 고맙다. 놀라우면서도 완벽하리만치 정교한 커버를 디자인해준 마이클 윈저Michael Windsor에게 고마움을 느낀다. 이 책의 성공적인 출간을 도와준 더블데이의 밀레나 브라운Milena Brown, 트리시아 케이Tricia Cave, 마이클 골드스미스Michael Goldsmith, 케이트 휴즈Kate Hughes, 서리나 레먼Serena Lehman, 베티 루Betty Lew, 마리아 매시Maria Massey, 캐라 라일리Cara Reilly, 수전 스미스Suzanne Smith, 빌 토마스Bill Thomas, 숀 율Sean Yule에게도 고마움을 느낀다.

헤아릴 수 없이 많은 호의와 팁과 조언, 도움을 준 안젤라 벨Angela Bell, 사브리나 베제라Sabrina Bezerra, 브렛 캘로우Brett Callow, 라이언 카Ryan Carr, 로만 도브로코토프Roman Dobrokhotov, 이언 그레이Ian Gray, 매디 케네디Maddie Kennedy, 베로니카 키리아키데스Veronica Kyriakides, 로브 리Rob Lee, 앨런 리스카Alan Liska, 새라 맥스웰Sarah Maxwell, 마이클 밀러Michael Miller, 니콜 나바스Nicole Navas, 민 응구옌Minh Nguyen, 아피라디 '고프' 플리캄Apiradee 'Gop' Pleekam, 아리 레드보드Ari Redbord, 알레시아 스모크Alethea Smock, 리카르도 스파그니Riccardo Spagni, 지나 스완키Gina Swankie, 제이슨 울Jason Wool, 스티브 워럴Steve Worrall, 나이마 주할리Naima Zouhali, 브랜든 즈와게만Brandon Zwagerman이 그들이다. 버사 오퀼라Bertha Auquilla, 애덤 커니츠Adam Kurnitz, 줄리 하잔Julie Hazan, 질 케일Jill Kail과 밥 케일Bob Kail, 바버라 켈만Barbara Kellman, 내지 노엘Nazzie Noel, 자밀라 위그놋Jamila Wignot에게 특별한 감사를 전한다.

마지막으로, 언론인이라면 누구나 영감을 얻을 법한 모든 질문에 답을 구하는 끈기와 뚝심을 시전한 빌랄 그린버그Bilal Greenberg에게 감사한다. 그리고 가장 중요한 한 사람, 언제나처럼 이번 작업에도 나와 함께해준 나의 아내, 말리카 주할리 워럴Malika Zouhali-Worrall에게 무한한 감사를 표한다.

차례

개념 증명

2017년 가을 어느 이른 아침, 애틀랜타 외곽의 한 중산층 주거 지역에서 크리스 잔체브스키Chris Janczewski는 초대받지 않은 어느 가정의 실내 복도에 혼자 서 있었다.

몇 분 전, 방탄복 차림에 무장한 국토안보부 요원들이 말끔해 보이는 2층짜리 벽돌집을 포위한 상태에서 현관문을 두드렸고, 누군가 문을 열기가 무섭게 안으로 들이닥쳤다. 미 국세청의 범죄 수사관인 잔체브스키는 조용히 그들 뒤를 따랐다. 그는 현관에 서서 국토안보부 요원들이 기습해 집안을 수색하고 전자 기기들을 압수하는 장면을 지켜봤다.

요원들은 가족을 따로 떼어놓았다. 수사 표적이자 그 지역 고등학교의 교감인 남자와 그의 아내, 두 자녀는 따로 떨어져 각각 세 개 방에 있도록 했다. 한 요원은 아이들이 가택 급습과 부모들에 대한 심문에 겁먹지 않도록 TV 만화 프로그램 〈미키마우스 클럽하우스Mickey Mouse Clubhouse〉를 틀어놓았다.

잔체브스키는 이 기습 작전에 참관인 자격으로 따라왔다. 국토안보부의 수사 팀이 수색 영장을 집행하는 것을 지켜보고 조언하기 위해 워싱턴 DC에서 날아왔다. 하지만 애초에 수사 팀을 이곳, 그러니까 지극히 평범하게 보이는 교외의 중산층 가정으로 끌어온 계기는 잔체브스키의 수사 결과였다. 그는 낯설고, 아직 제대로 정립되지 않은 증거에 기반해 수사 팀을 이 곳으로 이끌었다. 비트코인을 구성하는 블록체인의 사슬을 쫓았고, 이 평범해 보이는 가정을 인터넷의 매우 음습한 장소와 연결 지었으며 결국에는 그 음습한 장소와 전 세계 수백 명의 범죄자를 잇는 단서를 찾아냈다. 그들 모두 말로 표현할 수 없을 만큼 거대한 네트워크 범죄에 긴밀하게 연루돼 있었다. 이제 그 모두는 잔체브스키의 표적 목록에 빼곡히 담겼다.

앞서 몇 년간, 잔체브스키는 파트너인 티그란 감바리안^{Tigran Gambaryan}과 FBI, DHS 같은 연방 수사 기관의 정예 요원들과 함께 새로 찾아낸 수사 기법을 사용해 이전까지 추적 불가능하다고 여겼던 암호화폐의 흔적을 좇아 한 건 한 건 범죄를 찾아냈고, 그와 더불어 작게 시작했던 수사 작전은 사상 유례없이 큰 규모로 발전했다. 이들은 비트코인 거래를 추적해 볼티모어에서 모스크바를 거쳐 방콕으로 연결되는 범죄망을 적발했고 부패한 경찰이 수백만 달러를 훔쳐내는 것을 폭로했다. 몇 년에 걸쳐 국제 규모의 도난 사건과 돈세탁 범죄를 추적한 끝에 5억 달러 상당의 절도 기금을 찾아냈다. 역사상 최대 규모의 온라인 마약 거래망을 찾아내 주범을 체포했고, 밀수품 판매로 6억 5천만 달러 이상의 매출을 올렸던 거래망을 폐쇄했다.

사이버 범죄자들의 지하 세계를 깊숙이 파헤치고 단속한 경험은 있었지만, 암호화폐의 추적이 이처럼 괄목할 만한 성과로 이어진 적은 없었다. 잔체브스키의 표현에 따르면 그날 아침 벌어진 애틀랜타 교외 주택에 대한 기습과 수색은 일종의 '개념 증명^{proof of concept}'이었다.

현관 안쪽에 가만히 자리 잡고 서 있는 잔체브스키는 수사 요원들이 그 남자에게 하는 말과 남자가 낙담하고 포기한 듯한 목소리로 내뱉는 대답을 들을 수 있었다. 또 다른 방에서 국토안보부 요원들이 남자의 아내를 심문하는 소리도 함께 들려왔다. 그녀는 남편의 컴퓨터에서 모종의 사진들을 발견한 것은 사실이지만, 남편은 음악을 불법 다운로드할 때 우발적으로 함께 내려받은 것뿐이라고 자신에게 말했다고 대답했다. 세 번째 방에서는 부부의 두 초등생 자녀(잔체스프스키 자신의 아이들과 비슷한 나이로 보였다)가 시청하는 TV 소리가 새어 나왔다. 태연한 목소리로 간식을 요청하는 것을 보면 아이들은 집안에서 벌어지는 비극적 사태를 전혀 눈치채지 못한 듯하다.

잔체브스키는 그 순간 현실의 엄중함을 절감했다고 회고한다. 이 남자는 고등학교의 고위직 관리자이자 한 여성의 남편이었고 두 아이의 아버지였다. 그가 유죄든 무죄든, 수사 요원들이 그에게 묻는 범죄 혐의로(아니 단순히 그들이 집에 들이닥친 사실만으로도) 그의 인생은 와르르 무너져버릴 게 분명하다.

잔체브스키는 이 집까지 이르게 된 초현실적 증거를 다시 되짚어봤다. 그것은 마치 수맥을 찾는 막대기처럼 눈에 보이는 세계 뒤편에 숨은 불법 커넥션의 가림막을 걷어내는 디지털 툴이었다. 그는 그것이 자신을 엉뚱한 길로 이끌지 않길 바랐다.

1부

이름 없는
남자들

1장

엘라디오 구즈만 푸엔테스

2013년 9월 27일, 크리스 잔체브스키가 애틀랜타 교외의 그 집에 발을 들여놓기 4년 전에 누군가 비트코인 525개를 옮겼다. 송금될 당시 가치는 약 7만 달러 상당이었지만 지금 이 글을 쓰는 시점에는 1천5백만 달러가 넘는 규모[1]로 가치가 폭증한 비트코인이 34개의 무의미한 부호로 짜여진 하나의 비트코인 주소에서 또 다른 주소로 이동했다. 더 구체적으로는 '15T7SagsD2JqWUpBsiifcVuvyrQwX3Lq1e'가 '1AJGTi3i2tPUg3ojwoHndDN1DYhJTWKSAA'로 비트코인을 보낸 것이었다.

모든 비트코인 거래가 그렇듯 당시 거래는 조용히 진행됐지만 완전히 비밀리에 이뤄진 것은 아니었다. 송금인의 컴퓨터가 비트코인 글로벌 네트워크 인근 컴퓨터들에 그런 지불이 이뤄졌음을 '발표하는announcing' 메시지를 보냈기 때문이다. 메시지는 불과 몇 분 사이에 전 세계의 수많은 컴퓨터로 퍼져나갔고, 이들은 그런 사실을 목격했음을 확인하고, 이를 자신들의 비트고인 블록제인의 사본에 주가했다. 그것은 위조와 변경이 불가능한 글로벌 암호화폐 경제 시스템에서 누가 어떤 비트코인을 소유했는지 보여주는

---

[1] 비트코인의 환율은 변동이 심하기로 유명하지만 이 책의 원고를 마무리할 즈음인 2022년 봄에는 비트코인 가격이 3만 달러 선을 오르내렸다. 이 책에서 추산한 비트코인 가격대는 당시 사정을 반영한다.

공공 거래 장부였다. 모든 비트코인의 집합 계정에서 거래를 인지한 증인들은 (암호화폐의 모든 사용자가 합의한) 추상적인 비트코인들이 어딘가로 '이동했음'을 알려주는, 또는 애초에 그것이 존재했음을 확인해 주는 유일한 신호였다.

이들은 정말로 존재했고, 정말로 이동했다. 앞에 명시한 길고 수수께끼 같은 주소를 검색엔진에 넣으면 지금도 blockchain.com이나 btc.com 같은 사이트를 통해 거래 내역을 확인할 수 있다. 누군가 몇만 달러 상당을 지급했다는 이 공개적이고 영구적인 기록은 해지하거나 삭제할 수 없다.

당시 거래 기록을 살펴본 사람들에게 그 누군가가 대체 누구인지 알려주는 단서는 없었다. 보내는 사람도, 받는 사람도 전혀 드러나지 않았다. 완전히 공개된 인터넷상 기록에는 그 돈이 사실 세계 최초의 다크웹^{dark web} 마약왕의 계정에서 연방 수사 요원의 지갑으로 들어간 것임을 알려주는 어떠한 정보도 없었다. 그것은 대규모 마약 시장을 폐쇄하기 위해 수사관들이 글로벌 차원으로 공조하는 와중에 내부 첩자로 변절한 수사관에게 전달된 돈이었다.

사건이 있고 한 달 뒤 다크웹의 마약왕은 체포돼 구속됐다. 하지만 티그란 감바리안^{Tigran Gambaryan}이라는 미 국세청^{IRS} 소속 범죄 수사관이 문제의 거래 기록을 마주하기까지는 1년이 더 걸렸다. 감바리안이 전한 후일담에 따르면 그는 캘리포니아주 헤이워드^{Hayward}의 집에 앉아 젖먹이 딸을 무릎에 앉힌 채 비트코인의 블록체인에 적힌 주소를 일일이 클릭하며 부정한 돈의 움직임을 거의 수작업 방식으로 추적했다. 그러다가 목적지를 식별한 순간 개안^{開眼}과도 같은 깨달음에 도달했고, 그의 깨달음은 새로운 수사 기법의 빗장을 열어젖혔다. 이제 감바리안 같은 수사관들은 이전까지 불가능하다고 여겼던 디지털 환경의 불법 거래를 추적해 소재를 찾아내고, 그에 연루된 범죄자들의 코앞까지 갈 수 있게 됐다.

· · · ·

감바리안이 수사에 나선 계기는 위조 신분증이었다.

백발의 변호사인 조지 프로스트^{George Frost}는 회의실 탁자 맞은편에 앉은 감바리안에게 종이 한 장을 건넸다. 메릴랜드주의 면허증을 스캔한 종이에 적힌 이름은 '엘라디오 구즈만 푸엔테스^{Eladio Guzman Fuentes}'였다. 면허증 사진 속 인물은 민머리에 염소수염을 한 중년 남자로 무표정한 얼굴을 하고 있었다. 프로스트는 푸엔테스의 공공요금 고지서와 사회보장 카드의 복사본도 꺼냈다. 그가 내민 신원 증빙 서류는 모두 푸엔테스가 슬로베니아^{Slovenia} 암호화폐 거래소인 비트스탬프^{Bitstamp}의 계좌를 열 때 사용한 것이다. 비트스탬프는 세계 다른 거래소처럼 달러화, 유로화, 엔화 같은 구식 형태의 법정 통화로 비트코인과 다른 암호화폐를 사거나, 이를 전통적인 화폐로 현금화하는 서비스를 제공했다.

프로스트는 자신이 보여준 신원 증빙 서류들이 사실 모두 위조된 것이라고 설명했다. 푸엔테스의 진짜 이름은 칼 마크 포스 4세^{Carl Mark Force IV}이며 마약단속국^{DEA} 요원이었다. 포스는 지난 6개월 동안 비트스탬프를 통해 20만 달러어치 이상을 현금화했다. 감바리안을 만나기 며칠 전 프로스트가 수상쩍은 활동을 이유로 포스의 계좌를 동결할 당시에도 또 다른 20만 달러 규모의 암호화폐 인출을 시도하던 중이었다고 프로스트는 부연했다.

때는 2014년 5월 초, 샌프란시스코 금융가에 있는 법무부 빌딩 9층의 사무실과 간막이 책상들 뒤로 깊숙이 자리한 회의실에 프로스트와 감바리안이 마주하고 앉아 있었다. 감바리안은 스물여덟 살의 아르메니아계 미국인으로 민머리에 짧게 깎은 턱수염을 한 국세청 수사관이었다. 옷에 가려 보이지 않았지만 왼팔과 오른쪽 어깨에는 동방정교회^{Eastern Orthodox}의 문신이 새겨져 있었다. 감바리안의 동료들은 그를 '작고 다부진 안드레 애거시'라고 불렀다.

. . .

감바리안 옆에 앉은 사람은 캘리포니아 북부 지방검찰청 소속 캐스린 헌
Kathryn Haun 검사로 프로스트를 부른 당사자였다. 회동이 있기 전까지 감바
리안은 전혀 다른 사안으로 프로스트를 의심해 왔다. 이들은 리플Ripple이라
는 또 다른 신생 기업의 설립자에 대한 혐의를 입증할 증거를 모으고 있었
다. 리플은 회사명과 같은 이름의 암호화폐를 발행한 적이 있었다. 감바리
안과 헌은 리플이 무허가 환전상으로 사람들이 암호화폐 거래를 중개하면
서 미국의 은행 규제 법망을 교묘히 빠져나간다고 판단했다. 프로스트는
한때 리플의 총괄 변호사였고, 비트스탬프는 리플의 자체 암호화폐를 거래
하는 데 이용되고 있었다.

　베테랑 신문기자 경력이 있는 프로스트는 버클리의 자택 사무실에서 법
무 활동을 펼치고 있었고, 미국자유인권협회ACLU를 후원하는 온건파 자유
주의자를 자처했다. 국세청이나 법무부에는 아무런 애정도 없었다. 그런
그가 정장을 차려입고 베이 지역을 가로질러 법무부 빌딩의 보안 검색대를
통과한 다음, 헌과 감바리안의 심문에 한 시간 이상 응했다.

　질문에 모두 답한 프로스트는 자신이 법무부를 찾은 이유를 설명했다.
수상한 DEA 요원, 그의 허위 신분, 출처 불명의 거액 비트코인이 어디에서
온 것인지 등을 밝히고 싶어 했다.

　헌과 감바리안이 계속하라고 부추겼다.

　프로스트는 두 사람에게 포스의 허위 '푸엔테스' 신원 증빙 서류를 보여
주며 비트스탬프 측이 그 서류를 기각했다고 알려줬다. 서류에 적힌 사회
보장번호는 서비스 이용자들의 신원 확인을 위해 사용하는 어떤 개인정보
데이터베이스와도 일치하지 않았다. 비트스탬프 직원은 나중에 포스가 같

은 컴퓨터로 다른 계정에 등록하는 것을, 그러나 이번에는 자신의 이름을 사용하는 것을 포착하고 처음에 그가 제시한 신원 서류가 허위임을 눈치챘다. 서류를 매우 정교하게 위조했다는 점은 프로스트도 인정하지 않을 수 없었다. 비트스탬프는 위조 ID를 놓고 당사자인 포스에게 직접 따지며 고객 숙지 규정[2]에 따라 위조 계정은 물론 두 번째 계정도 폐쇄하라고 강하게 요청했다.

그러자 포스는 자신이 사실은 연방 수사 요원이며, '푸엔테스'는 DEA 수사를 위해 지어낸 위장 신분에 불과하다고 밝혀 프로스트를 놀라게 했다.

하지만 비트스탬프는 포스가 토르Tor를 사용해 자사 웹사이트에 접속한 사실에 주목했다. 토르는 사용자의 인터넷 연결 정보를 암호화하는 익명화 소프트웨어의 일종으로, 전 세계 서버들을 우회함으로써 실제 사용자가 가능한 한 추적되지 않도록 만들었다. 연방 요원이 공식 업무를 수행하는 데 암호화폐 거래소를 활용한다는 부분이 일반적이지 않아 보였다.

이와 같은 의혹에 대해 포스는 비트스탬프 직원에게 보낸 이메일에서 '프라이버시를 위해 토르를 사용하는 것'으로 설명했다. "국가안보국NSA이 어깨너머로 훔쳐보는 것은 원치 않아요. :)"

프로스트는 흘러가는 모든 정황에 부자연스러움을 느꼈다. 이 DEA 수사관이 추잡한 마약 자금의 출처를 밝혀내는 비밀 수사의 일환으로 비트스탬프의 암호화폐 거래소를 이용했단 게 사실일까? 그렇다면 왜 자신의 행적을 다른 수사 기관이 모르도록 숨기려 했던 걸까? 프로스트는 "꼼꼼히 들여다볼수록, 섬섬 더 수상해졌습니다"라며 당시를 회고했다.

이후 전달된 이메일에서 포스는 자신의 이야기를 번복했다. 자신은 초기

---

2 돈세탁 방지법과 관련한 규정으로 비트스탬프처럼 재무 서비스를 제공하는 기관이나 기업은 고객의 신원이 사실임을 확인하는 증빙 서류를 확보해야 한다는 요구 사항이다. – 옮긴이

비트코인 투자자이며 현금화하려던 돈은 DEA가 아닌 본인의 것이라고 말했다. 또한 DEA 업무 과정에서, 구체적으로는 '드레드 파이어릿 로버츠DREAD PIRATE ROBERTS와 실크로드SILK ROAD 수사를 진행하며' 비트코인에 대해 배우게 됐다고 덧붙였다.

이 두 개의 볼드체 이름을 프로스트가 언급하는 순간, 감바리안의 신경이 갑자기 날카로워졌다. 실크로드 사건은 이미 전설이었다. '끔찍한 해적 로버츠'라는 뜻의 '드레드 파이어릿 로버츠'라는 가명을 쓰는 인물이 만든 실크로드는 비트코인을 사용하는 거대 규모의 온라인 암시장으로 다크웹을 통해 마약을 판매했다. 불과 몇 달 전, FBI와 국세청IRS, 국토안보부DHS가 공동으로 2년 반에 걸친 추적 끝에 해당 사이트의 설립자가 전과 경력이 없는 스물아홉 살의 텍사스 주민인 로스 울브리히트Ross Ulbricht임을 밝혀냈다. 수사관들은 샌프란시스코 도서관의 과학소설 코너를 급습해 자신의 거대한 마약 제국을 온라인으로 운영하던 울브리히트를 체포하고, 그의 노트북을 압수하고 실크로드를 영구 폐쇄했다.

기념비적인 다크웹 사건의 전모는 수사 기관들 사이에서 여전히 화제였다. IRS의 오클랜드 사무실(알고 보니 로스 울브리히트의 집에서 불과 몇 킬로미터 떨어진 거리였다)에서 근무하던 감바리안은 울브리히트 체포 후 몇몇 증인을 인터뷰해 달라는 요청을 받았을 뿐이었다. 그는 해당 수사에서 더 큰 역할을 맡고 싶어 안달이 났다.

감바리안은 실크로드라는 단어에 내심 흥분했으나 겉으로는 내색하지 않았다. 프로스트는 전형적인 연방 수사관이 그렇듯이 특별한 표정 변화 없이 노란 리갈 패드legal pad에 조용히 필기하던 감바리안의 모습을 기억할 뿐이다. 프로스트는 다른 수사 건들을 통해 헌은 익히 알고 있었지만 감바리안은 이번이 처음이었다. 연방 수사관들에 대한 경계심에도 불구하고, 프로스트는 열린 자세와 날카로운 질문들로 사안을 꼼꼼히 파고드는 감바리안에게 호감을 느꼈다. 탐사 언론인으로 활동하던 자신의 젊은 시절 모습이 떠올라서였다.

프로스트가 이야기를 이어갔다. 비트스탬프 측의 질문에 대한 DEA 요원의 대답은 뭔가 미심쩍었다. "이 친구는 뭔가 찜찜했어요"라고 헌과 감바리안에게 말했다. "그의 대답은 진위가 의심스러웠습니다."

그래서 프로스트는 미국 재무부의 금융 범죄 단속 네트워크Financial Crimes Enforcement Network, 약칭 핀센FinCEN에 포스의 행동이 의심스럽다는 보고서를 제출했다. 얼마 후 볼티모어에 있는 비밀 정보 요원, 숀 브리지스Shaun Bridges에게서 전화가 왔다.

프로스트는 이전에도 브리지스와 함께 일한 적이 있다고 설명했다. 브리지스는 팔레스타인의 반이스라엘 무력 단체인 하마스Hamas와 연계된 해커들이 대단히 정교하게 작성된 피싱 이메일을 사용해 비트스탬프 사용자들의 계정을 훔쳐내려 시도했을 때 프로스트를 도와 이를 막은 적이 있었다. 기득권 세력에 대한 본능적 반발심에도 불구하고, 프로스트는 브리지스가 양심적이며 연줄이 좋고 기술적으로도 뛰어나다는 사실을 발견했다. 칼 포스의 미심쩍은 정황에 관한 설명을 들은 브리지스는 자신이 확실히 파악해 알려주겠노라고 프로스트를 안심시켰다.

하지만 몇 달이 지나도록 브리지스로부터 아무런 소식도 들어오지 않았다. 프로스트는 그가 정보를 숨기고 있다고 의심하기 시작했다. 한편 포스는 계속해서 수십만 달러 규모의 비트코인을 비트스탬프 거래소에서 현금화하고 있었다.

그러던 중에 포스와 같은 볼티모어 수사 팀에 소속된 한 요원이 비트스탬프 측에 다른 사용자들의 계정 정보를 요구하면서 이들의 돈세탁 방지법 준수 여부를 묻는 이메일을 보내기 시작했다. 프로스트는 포스에게 전화를 걸어 그의 수상한 행태를 언급하고, 볼티모어 기관원의 요구 내용을 전했다.

그 불편한 전화 통화에서 포스는 '적대적으로' 반응하면서도, 비트스탬프가 자신을 최고준법관리자Chief Compliance Officer로 고용해야 한다고 주장할 만큼 뻔뻔하게 나왔다고 프로스트는 설명했다.

프로스트로서는 수상한 고객의 달갑지 않은 비즈니스 정도로 여겨졌던 사안이 갈취 수준으로 악화된 셈이었다. 그리고 이 기이하고 일탈적인 DEA 요원으로부터 프로스트를 방어해줄 사람은 아무도 없었다.

"이 작자는 배지가 있어요. 총도 있고요. 어디든 갈 수 있습니다. 나를 비롯해 누구의 전화든 도청할 수 있습니다." 프로스트가 감바리안과 헌에게 말했다. 그는 그들의 도움이 필요했다.

· · ·

헌은 프로스트와의 면담을 마치면서 포스가 어떤 불법 행위를 저질렀다는 증거는 아직 없다는 점을 경고했다. 연방 요원에 대한 수사를 개시하는 일은 간단한 문제가 아니었다. 하지만 헌은 회의실을 나가는 프로스트에게 자신과 감바리안이 그 사안을 살펴보겠노라고 약속했다.

감바리안은 면담 내내 포커페이스를 유지했지만 속으로는 헌이 프로스트에게 보인 것과 같은 망설임의 감정은 없었다. 그는 이런 수사 대상을 오랫동안 기다려 왔다.

2011년 IRS의 범죄 수사관이 된 이후 감바리안은 빠르게 성장하는 비트코인 경제에 매혹됐다. 그는 비트코인이라는 새로운 디지털 통화에서 정교한 기술적 새로움뿐 아니라, 다소 거친 무법의 금융 신천지도 감지했다. IRS 특수 요원으로서 그런 신천지는 업적을 쌓기에 더없이 유망한 기회의 땅이기도 했다. 감바리안은 샌프란시스코 지역의 비트코인 관련 기업의 직원들과 모임을 요청해 낯선 디지털 화폐의 신세계에 입문했다.

2011년 무렵 암암리에 떠오른 실크로드의 비트코인 암시장에 대한 풍문을 들었을 때, 감바리안은 상사에게 그 사건을 수사해야 한다고 제안했다. 하지만 상사는 다른 수사 기관에서 이미 검토 중이라고 모호하게 대답했다. 사실은 하나가 아니라 여러 수사 기관이 실크로드를 파고들어 시카고에서 볼티모어, 뉴욕에 이르기까지 전방위적으로 사안을 파헤치던 중이었고, 그들 중 누구도 오클랜드의 신참 IRS 요원에게 도움을 요청할 기미는 없어 보였다.

그로부터 2년 뒤 실크로드 설립자 추적에 성공해 마침내 체포했을 때, 감바리안의 상사는 문제의 다크웹 사이트가 자신들의 뒷마당이나 마찬가지인 샌프란시스코에서 운영됐다는 사실에 충격받았다. 아마 얼마간은 민망한 마음도 들었을 것이다. 2013년 10월 문제의 온라인 암시장이 폐쇄될 무렵, 실크로드는 전례 없이 거대한 마약 및 돈세탁 시장으로 성장해 있었다. 그리고 온라인에서 대부분 시간을 보냈을 실크로드 설립자는 이들의 코앞인 샌프란시스코 지역에서 암약한 것이었다.

실크로드가 폐쇄된 지 6개월이 지난 지금, 프로스트의 사연은 그 사이트의 수수께끼 중 일부가 여전히 미제로 남아 있다는 사실을 암시했다. 이는 감바리안에게 그토록 수사해보고 싶었던 사건에 다시 접근할 절호의 기회였다. 아니, 어쩌면 실크로드의 방대한 범죄망에서 벗어나 또 다른 미지의 세계로 연결해주는 (그것이 아주 미약할지라도) 실마리일지도 몰랐다.

2장

노브

감바리안은 친구이자 IRS의 동료 요원으로 실크로드 수사의 숨은 주역인 게리 알포드Gary Alford에게 먼저 전화를 걸었다. 로스 울브리히트를 세계 최대 다크웹 마약 시장을 세운 용의자로 처음 판별한 알포드의 역할은 당시 수사 관련자들을 제외하곤 아는 이가 얼마 없었다. 2011년부터 2013년까지 수사관들은 드레드 파이어릿 로버츠 또는 DPR로 알려진 실크로드 사이트의 개발자 겸 배후를 파악하기 위해 사이트를 샅샅이 훑었다. 하지만 실크로드가 수천 명의 고객을 끌어모으고 비트코인 기반의 마약 판매로 수천만 달러의 수익을 내는 와중에도 DPR은 사이트 운영진이나 이용자들과 소통하는 과정에서 신원을 짐작할 만한 어떤 정보도 내놓지 않았다. 그의 정체를 밝히기 위해 비밀리에 활동하는 요원들도 아무런 소득이 없었다. 게다가 실크로드는 토르의 익명 네트워크에서 운영되고 있어, 아무도 DPR이 연결한 IP 주소를 추적할 수 없었다. IP 주소만 밝혀내면 그의 위치를 파악할 수 있을 것이었다.

2013년 10월 수사관들이 마침내 샌프란시스코 공공 도서관에서 로스 울브리히트를 찾아내 수갑을 채웠을 때 공식적으로 가장 큰 공로를 인정받은 곳은 FBI였지만, 숨은 진짜 공로자는 IRS의 게리 알포드였다. 그는 체포 4개월 전부터 뉴저지의 자택에 틀어박혀 꼼꼼하고 치밀한 추적 작업을 벌인 끝에 사건의 첫 돌파구를 열었다.

알포드는 구글을 이용해 마약 관련 포럼에서 실크로드에 관한 초기 게시물들을 파헤치다가 기묘한 게시물을 발견했다. '알토이드ᵃˡᵗᵒⁱᵈ'라는 ID를 사용하는 누군가가 2011년 쉬루머리Shroomery라고 불리는 사이트에 실크로드가 마약을 파는 다크웹 시장을 막 열었으니 가보라고 추천하는 글을 올린 것이다. 그와 거의 같은 시기에 ID 알토이드는 코딩 포럼 페이지에 방문해 프로그래밍 도움을 요청하며 이메일 주소(rossulbricht@gmail.com)를 남겼다.

울브리히트는 나중에 자신의 이메일 주소를 코딩 포럼에서 삭제했지만, 메시지에 대한 다른 사용자의 응답에 복사된 이메일 주소가 남았고, 그 상태로 몇 년 동안 웹에 보존돼 있었다.

알포드가 이런 사실을 동료들에게 알렸을 때, 이들은 구글 하나만으로 세계에서 가장 큰 수수께끼로 남아 있던 디지털 마약왕을 찾아냈다는 사실에 반신반의했다. 수사에 배당된 FBI와 DEA, 법무부ᴰᴼᴶ의 요원들이 알포드가 찾은 단서를 심각하게 받아들이는 데만도 한 달 이상이 걸렸을 정도였다. 궁극적으로 그의 발견은 사건 해결의 결정적 단서가 됐다.

감바리안과 알포드 같은 IRS 범죄 수사관(둘 다 IRS-CI로 알려진 국세청 범죄 수사과의 특수 요원이었다)에게 이런 내용은 짜증스러울 정도로 전형적이었다. 헤아릴 수 없이 많은 할리우드 영화와 TV 드라마, 기자회견에서 FBI는 늘 슈퍼 히어로처럼 여겨졌지만, IRS-CI의 요원들은 주목받지 못하는 편이었다. ("IRS는 수사 기관들 사이에서 빨간머리 의붓자식 같은 존재입니다"라고 한 판사는 내게 말했다. "아무도 이들을 존중하지 않아요.")

IRS의 범죄 수사관들이 하는 일은 FBI와 DEA의 요원들처럼 발로 뛰는 수사 업무였다. 총기를 휴대했으며 수색 영장을 집행하고 범인을 체포했다. 그런데도 IRS 직원들을 책상물림으로 여기는 선입견 때문에 (그리고

IRS-CI의 핵심 업무가 돈의 행방을 쫓는 일이다 보니) 다른 기관의 요원들은 이들을 회계사처럼 취급했다. 다른 수사 기관들과 공조하는 회의에서 소속을 밝히면 "나는 감사監査하지 말라고!"라는 비아냥이 돌아오곤 했다. 대부분의 IRS-CI 수사관들은 그런 부류의 농담에 익숙해 체념하듯 눈동자를 굴렸다.

. . .

감바리안은 뉴욕에서 근무하는 알포드와 우호적인 업무 관계를 유지하고 있었다. 울브리히트가 체포된 직후 감바리안에게 전화를 걸어 위험 부담이 덜한 몇 건의 증인 인터뷰를 담당해 달라고 부탁한 것도 알포드였다. 이제는 상황이 바뀌어 감바리안이 알포드에게 연락을 취해 프로스트가 말한 내용, 요약하자면 칼 마크 포스라는 이름의 DEA 요원이 부패 행위를 자행한 정황이 있음을 전달했다. 포스의 이름을 언급한 것만으로도 알포드의 머릿속에서 경고등이 켜진 듯했다.

알포드의 설명에 따르면 포스는 실크로드를 수사해 온 볼티모어 태스크 포스 팀의 일원이었다. 그 팀은 FBI와 국토안보부, 알포드를 비롯한 IRS 요원들로 구성된 뉴욕 팀과는 별도로 운영됐다. 볼티모어 팀과 뉴욕 팀은 실크로드 수사 초기에 갈등을 빚었다. 이를 풀고자 마련한 이른바 '디컨플릭션deconfliction' 회의에서 이들은 수사 주도권을 놓고 입씨름을 벌였고 냉랭한 분위기에서 헤어졌다. 결국 각자 다른 길을 가게 되면서 자칭 DPR이라 말하는 수수께끼의 다크웹 배후 인물을 찾기 위한 공조는커녕 경쟁하는 모양새가 됐다.

결과는 뉴욕 팀의 승리였다. 알포드의 활약에 힘입은 뉴욕 팀은 샌프란시스코에서 암약하는 울브리히트를 색출해냈고, 실크로드의 익명 유지 소프트웨어를 우회하는 방법으로 아이슬란드와 프랑스의 데이터 센터에서 문제의 서버를 찾아냈으며, 울브리히트를 마약법 위반부터 돈세탁 모의,

심지어 갱단 두목이나 마약 카르텔의 수괴에게 적용하는 '킹핀 법규kingpin statute'까지 수많은 중죄 혐의로 기소했다.

볼티모어 수사관들은 사뭇 다른 경로를 선택했다. 이들의 핵심 전략은 실크로드에 마약 중개자로 위장해 잠입하는 것이었다. 이들은 푸에르토리코의 마약 카르텔 운영책임을 가장한 '노브Nob'라는 가공의 인물을 만들어 냈다. 노브는 실크로드 사이트에 오랫동안 머물면서 DPR과 메시지를 주고받으며 그의 신뢰를 얻는 데 주력했다.

노브 역할을 담당한 DEA 비밀 요원이 누구였느냐고? 다름 아닌 칼 마크 포스였다. 그는 엘라디오 구즈만 푸엔테스라는 이름의 푸에르토리코인으로 행세했고, 그 이름은 나중에 비트스탬프에 제공한 위조문서에 등장했다.

나중에 DPR이 실크로드 직원 중 하나가 수십만 달러 규모의 비트코인을 빼돌린 것 같다며 조사를 요청한 상대도 노브(포스)였다. 그는 노브에게 그의 카르텔 인맥을 활용해 절도 용의자를 색출하고 훔친 돈을 내놓을 때까지 고문할 것을 지시했다. 그러다 DPR은 마음을 바꿔 노브에게 문제의 직원을 아예 죽여버리라고 명령했다.

노브는 그러겠다고 했다. 칼 마크 포스는 볼티모어 태스크포스 팀의 다른 요원들과 함께 실크로드의 변절 직원을 물고문하는 것처럼 보이는 사진과 그의 시체로 보이는 사진을 만들었다. 이렇게 현장을 조작한 사진들은 임무 완수 증거용으로 DPR에게 전달했다.

수개월 뒤 뉴욕 팀이 울브리히트를 체포하고 그가 실크로드를 운영했음을 주장하는 기소장을 개봉할 당시, 볼티모어 팀은 자신들이 울브리히트를 도와 꾸몄던 허위 살인 증거들에 근거해 그를 청부 살인 혐의로 고발하는 별도의 기소장을 제출했다.

알포드에 따르면 볼티모어 팀의 작업은 말도 안 되게 엉망진창이었다. 포스를 둘러싼 다른 소문도 있었다. 이를테면 수년 전, 잠입 마약 수사를 벌인 뒤 얼마간 재활 치료를 받았다는 내용이었다. 마약 중개상 역할에 지나치게 몰입한 나머지 자신의 진짜 역할이 무엇인지조차 잊어버렸다는 것이었다.

이렇듯 의심스러운 상황에 비트스탬프의 변호사가 바로 그 DEA 수사관이 출처 불명의 비트코인을 대규모로 현금화하는 중이라고 경고한다고? 칼마크 포스 4세를 면밀히 살펴볼 필요가 있다고 감바리안은 판단했다.

· · ·

감바리안은 연방 수사 기관의 요원을 공식 수사하는 데는 높은 장벽을 넘어야 한다는 점을 알고 있었다. 포스를 둘러싼 부정부패의 냄새가 진동했지만, 과연 그것만으로 캐스린 헌 같은 검사가 공식 범죄 수사를 개시하도록 설득할 수 있을까? 헌도 포스에 관한 내용을 직속 상사이자 베테랑 법률가인 윌 프렌첸Will Frentzen과 상의했다. 그는 차이나타운의 조직범죄 수괴들과 부패한 캘리포니아 정치인들을 징치하는 데 직업적 생애를 바친 인물이었다. 프렌첸은 열린 마음이었지만 확신이 설 때까지 두고 보자는 입장이었다. "좀 더 살펴볼 필요가 있겠네. 하지만 오해일 가능성이 커."

그런데 이들의 첫 미팅 다음 날 헌은 프로스트가 보낸 이메일 한 통을 받았다. 포스가 비트스탬프의 고객 서비스 센터로 보낸 요청 사항을 포워딩한 내용이었다. "저의 지금까지의 거래 내역을 삭제해 주실 수 있습니까?"라고 포스는 썼다. "2013년 11월까지 거슬러 올라가는 기록을 회계사와 따지기가 거북해서 그럽니다."

헌과 프렌첸은 이메일 내용을 충격적인 경고 신호로 판단했다. 이전의 다른 미심쩍은 행태들에 더해 포스는 이제 증거를 파기하려 시도하는 듯했다. 그간의 머뭇거림은 연기처럼 사라졌다. 이들은 바로 그날 포스에 대한 수사를 개시했다. 감바리안은 수사 책임자로 임명됐다.

IRS 수사관인 감바리안은 스물여덟 살 나이에 고대해 온 암호화폐 사건을 맡게 됐다. 동료 연방 수사 요원의 온라인 행적을 추적하는 작전에 나선 것이다.

3장

감사관

티그란 감바리안은 본래부터 회계사가 될 운명이었는지도 모른다. 부모 모두 회계사였고, 따라서 자신도 당연히 회계사의 길을 걷게 될 것으로 생각했다. 세세한 대목에 주의가 깊고 복잡한 수식에 익숙한 성향도 회계사가 되기에 적합해 보였다.

하지만 감바리안의 또 다른 면은 단순히 회계 장부를 다루는 데만 만족하지 못했다. 터프하고 전투적인 성향, 특히 옳고 그름을 따지지 않고는 못 견디는 정의감은 세금 신고서의 기술적 정확성을 따지는 수준을 넘어섰다. 그는 그런 특질의 연원을 매우 특정한 시점까지는 퍽 행복했던 어린 시절에서 찾는다.

감바리안은 1984년 당시 소비에트 연방의 일원이던 아르메니아의 수도 예레반Yerevan에서 태어났다. 부모는 모두 아르메니아의 공산당 정부의 고위 재무 관료였다. 아버지는 권투 선수이자 수구水球, water polo 선수로 소비에트의 국가 대표 팀에 뽑힐 만큼 기량이 출중했다. 그처럼 소비에트 정권의 엘리트 요원이었음에도 그는 엘비스 프레슬리와 비틀스 같은 서구 음악에 대한 애정을 키웠다. 수구 팀이 투어를 다닐 때면 비틀스의 레코드 전집을 사서 집으로 밀반입할 정도였다. 집안의 TV 안테나는 서쪽 국경을 넘어 터키의 신호를 잡아낼 수 있었고, 어린 티그란은 터키 말을 한마디도 알아들을 수 없었지만 영화 〈로키〉와 〈람보〉를 즐겨 보면서 다른 세계의 격동적인 취향을 탐닉했다.

화산재가 굳어 형성된 응회암으로 지어진 탓에 파스텔 핑크와 오렌지색을 띤 건물들에 둘러싸인 예레반 거리에서 감바리안은 친척, 친구들과 함께 뛰어놀던 행복한 오후를 기억한다. 주말이면 친척들은 도시 외곽의 언덕에 자리 잡은 조부의 다차dacha(시골 저택)에 모이곤 했다. 저택에는 과수원이 딸려 있었고 주위로 강이 흘렀다.

"행복한 시절이었습니다"라고 감바리안은 말한다. "하지만 소비에트 연방이 무너지면서 모든 것은 끝장나 버렸습니다."

1990년대 초반, 사실상 하룻밤 사이에 열다섯 개의 독립 국가가 와해된 소비에트 연방에서 빠져나와 모스크바의 지원 없이 생존하려 발버둥치는 가운데 아르메니아는 특히 더 큰 어려움을 겪었다. 독립을 선언하기가 무섭게 이웃 나라인 아제르바이잔Azerbaijan과 전쟁이 터졌다. 아르메니아가 1백 년 가까이 소유권을 주장해 온 아제르바이잔의 나고르노카라바흐Nagorno-Karabakh 자치주를 둘러싼 갈등이었다. 한때 소비에트 연방에 소속된 우방국이던 아제르바이잔은 이제 금수禁輸 조치와 국경 폐쇄로 아르메니아의 주요 에너지원이었던 막대한 석유 공급망을 끊어버렸다.

얼마 안 있어 감바리안의 가족은 예레반의 다른 가족들과 마찬가지로 전기와 난방이 끊기는 사태에 직면했다. 얼어붙은 파이프가 한겨울에 터지면 식수도 끊겼다. 감바리안은 빵 배급권을 들고 몇 시간이나 줄을 섰던 일을 기억한다. 이웃들은 징집돼 동부에서 벌어지는 전쟁에 내몰렸다. 예레반 부근의 숲은 땔감용 장작을 찾는 도시 주민들이 앞다퉈 나무를 베어버리는 바람에 초토화된 상태였다. 어떤 이들은 마룻장을 떼어내 불쏘시개로 쓰기도 했다. 많은 아르메니아인이 급조한 화목 난로를 실내로 들였고 그 탓에 일산화탄소 중독으로 사망하는 일도 많았다. 겨울에 각급 학교에서는 학생들에게 교실을 덥힐 장작을 가져오라고 주문했지만 결국은 포기하고 아이들을 집으로 돌려보냈다.

1993년 감바리안의 가족은 모스크바로 이주했고 아버지는 아르메니아 정부의 일자리를 얻었다. 가족은 흐루시초프 시절에 지어진 모스크바 외곽의 5층짜리 아파트에 짐을 풀었다. 당시 아홉 살이던 티그란에게 그것은 삶의 질의 엄청난 향상이었다. 아르메니아에서 2년간 에너지 위기를 겪고 난 터라 스위치를 켰을 때 전구에 실제로 불이 들어오는 장면은 더없이 감격스러운 일이었다.

하지만 그는 불과 몇 년 전 소비에트 연방 시절까지도 다른 러시아인들과 동일한 대접을 받던 데서 상황이 사뭇 달라진 사실도 깨달았다. 그의 가족이 열심히 찾는 부동산 매물 목록을 보면 '코카시안 인종Caucasian ethnicity'은 사절한다는 문구가 노골적으로 노출돼 있었다. 경찰 역시 그런 지역에서 온 이민자들을 표적으로 삼아 억류하거나 이민 서류를 요구하거나 뇌물을 주지 않으면 추방하겠다고 위협했다.

러시아는 코카서스Caucasus 지역의 체첸Chechen 분리주의자들과 전쟁 중이었고, 학교에서 아이들은 감바리안을 체첸이라고 부르며 놀려댔다. 감바리안은 거기에 주눅들지 않고 대거리를 했다. 얼마 안 있어 그는 학교에서 빈번히 주먹다짐을 벌이거나 심지어 더 심각한 싸움에 말려들었는데, 러시아의 교사들은 그런 일을 러시아 남자아이들의 정상적인 성장 과정으로 받아들였다.

이런 환경에서 감바리안은 결국 모스크바 생활에 적응했다. 그가 싸움을 벌였던 러시아 급우 중 대부분은 나중에 가까운 친구가 됐다. 그들과 함께 옛날 예레반의 거리에서 그랬던 것처럼 모스크바의 거리를 누볐다. 그는 학업성적이 우수해 만점을 받았고 심지어 월반하기도 했다. 그의 엄격한 부모가 요구한 유형의 학업적 성취였다.

하지만 감바리안에게 1990년대 초 모스크바에서의 삶은 마치 벼랑 끝에 걸터앉은 것처럼 느껴졌다. 그는 자신을 둘러싼 범죄와 부패의 현상을 인식했다. 마피아와 부패한 정부 관료들이 도시를 지배하는 것처럼 보였다. 모든 구역이 갱단의 영역이었다. 비즈니스를 하는 이들은 폭력배들에게 보호비 명목으로 돈을 줘야 했다. 그는 갱단의 영역 다툼으로 벌어진 총격 사건과 자동차 폭파 사건의 결과를 직접 목격했다. 한 번은 조직 범죄자들이 감바리안의 아버지의 친구 중 한 명을 납치해 몸값을 요구했고, 감바리안의 가족은 몸값 지불을 도와주기도 했다.

그런 무법성은 감바리안에게 깊은 영향을 미쳐 범죄를 명확한 흑백 논리로 바라보고 범죄를 막는 데 열정적인 태도를 갖추도록 했다. 심지어 지금도 자신에게 그런 감각이 남아 있다고 감바리안은 말한다. 어떤 사회든 부패와 혼돈의 실제 요소들이 존재하며, 그가 모스크바에서 경험했던 것과 같은 무법성은 언제 어디서나 표면 바로 밑에 잠복해 있다가 범죄를 저지르고도 처벌을 받지 않는다는 사실을 감지하면 곧바로 부상한다고 강조한다.

"미국인들은 자신들이 얼마나 훌륭한 시스템을 가졌는지 모르고 있습니다"라고 감바리안은 말한다. "그것이 왜곡되도록 내버려 둔다면 언제라도 제가 목격했던 것과 같은 혼돈으로 바뀔 수 있습니다."

· · ·

감바리안이 열세 살이 되던 1997년, 그의 가족은 다시 이주했다. 이번에는 캘리포니아주의 프레즈노Fresno였다. 프레즈노는 1915년 터키의 아르메니아 인종 학살을 피해 난민들이 대거 몰려든 이래 역사적으로 아르메니아 이민자들이 집중된 지역이었다. 하지만 그런 이주는 영어를 거의 모르는 상태로 미국 사회에 떨어졌다는 뜻이었고, 따라서 감바리안은 다시 한번 아웃사이더로 새 출발하지 않으면 안 된다는 뜻이었다.

그의 가족이 침실 3개짜리 아파트를 얻어 들어간 2층 규모의 치장 벽토 건물은 다소 거칠게 느껴지는 이웃이 모여 사는 사우스 프레즈노에 있었다. 감바리안의 아버지는 미국 이민국의 관료주의 탓에 함께 오지 못하고 모스크바에 남았고, 이후 캘리포니아의 가족과 재회하고 미국 시민권을 받기까지 7년이 더 걸렸다. 그동안 감바리안의 어머니는 유능한 재무 전문가이자 전직 공무원이었음에도 신발과 의복을 수선하는 가게를 열어 근근이 생계를 유지할 수밖에 없었다.

하지만 러시아와 아르메니아 시절에 견주면 미국에서의 삶은 단순하고 평탄했다. 감바리안은 미국의 새로운 환경에 잘 적응했고 영어도 빠르게 익혔다. 게다가 부모에게서 받은 생애 첫 컴퓨터 선물은 감바리안에게 행복감을 더했다. 베스트바이BestBuy에서 산 패커드 벨Packard Bell의 데스크톱 PC로 166메가헤르츠의 프로세서를 탑재한 제품이었다. 그는 내부 회로에 반영된 공학 기술을 감상하고 직접 조작해 볼 목적으로 케이스를 열어둔 채 컴퓨터를 사용했다. 그 컴퓨터와 그를 통해 처음으로 경험한 초기 인터넷은 감바리안이 모스크바에서 경험한 내용에서 일취월장한 것이었다. 모스크바에서 경험한 것은 구식 세가 제네시스Sega Genesis 게임을 하거나 아버지의 업무용 PC를 건드려보는 것, 해적판 도스DOS 시스템에서 어떻게 〈페르시아의 왕자Prince of Persia〉 게임을 작동할지 고민하는 정도였다.

감바리안은 프레즈노 스테이트 대학에 등록했고 부모의 뒤를 따라 회계 부문의 학위를 취득한 뒤 캘리포니아주 정부의 재무 부서에 취업했다가 주 정부 차원의 국세청IRS이라고 할 수 있는 캘리포니아 세무서California Franchise Tax Board로 자리를 옮겼다. 그는 감사관으로 일하면서 잠재적 세금 사기를 밝혀내려 세금 신고 기록들을 꼼꼼하게 검토했다. 감바리안은 그런 업무에 적성이 잘 맞는다는 사실을 깨달았다. 수억 달러씩 축재하면서도 정작 세금은 자신보다 적게 내는 기업과 개인에 대한 분노도 하나의 동기로 작용했다. 얼마 후 연방 IRS로 이직했고 연방 사무실이 있는 오클랜드Oakland로 이주해 전국 차원의 대규모 세금 사기 사건들을 감사했다.

그런데도 감바리안은 만족스럽다는 생각이 들지 않았다. 그가 소속된 IRS 부서는 세금 회피자들에 대한 민사 소송만 취급했고, 이외 사건은 형사 부서로 넘겨졌다. 그렇게 이첩된 사건은 그것으로 끝이었고 결과조차 듣지 못하는 일이 많았다.

2008년 IRS에 출근한 첫날 받은 오리엔테이션에서 공공정보 담당관은 신입 직원들에게 IRS 범죄 수사과IRS-CI에 관해 설명했다. 감바리안은 IRS-CI에 대해 들어본 적이 없었지만 직업적으로 해보고 싶은 모든 것이 거기에 있는 것처럼 들렸다. 해외를 여행하고, 수색 영장을 집행하고, 범죄자들을 체포하고 마침내 기소하는 일까지 전부 의욕을 불러일으키는 일이었다. 감바리안은 '회계 지식을 활용하는 것은 물론 나쁜 놈들을 감옥에 넣을 수도 있구나'라고 생각한 사실을 기억한다. 그는 즉각 지원서를 작성했다.

감바리안은 3년에 걸친 서류 작업과 신원 조회, 훈련을 거쳐 IRS-CI 특수 요원이 됐다. 곧바로 업무에 투입돼 대출 사기, 공직 부패, 마약 관련 돈세탁 수사 등에 가담했다. 하지만 신입 요원인 탓에 처리하는 업무는 대부분 다른 요원들이 원치 않는 초보 수준의 사건들이었다. 그는 주로 동부 오클랜드의 갱을 단속하는 데 시간을 보냈다. 이들은 마약 거래 대신 훔친 신원을 이용해 허위 세금 신고를 하는 부류였는데, 그쪽이 수익성이 더 높으면서도 처벌 형량은 훨씬 더 낮았다.

감바리안은 사기꾼들을 추적하고 영장을 집행하고 범인들을 체포했지만, 자신의 업무 방향을 어떻게든 틀지 않으면 남은 경력을 길거리 범죄 다루는 일에 모두 소진하고 말 거라는 사실을 깨달았다. 이들은 감바리안이 체포하고 싶어 하는 화이트칼라 수괴나 국제 규모의 마피아 두목과는 거리가 멀었다.

2년 정도 지난 후에 감바리안은 스스로 다짐했다. 자신에게 할당되는 수사에만 안주하지 않겠노라고. 자신이 스스로 수사할 사건을 찾겠노라고.

．　．　．

1997년 처음으로 패커드 벨 PC를 만난 이후 감바리안은 디지털 기술에 취미를 붙여 컴퓨터를 직접 조립하거나 수리하는가 하면 레딧Reddit이나 슬래시닷Slashdot 같은 포럼에서 알게 된 신기술을 시험해 보곤 했다. 그러다가 IRS-CI에 대한 지원 절차가 진행 중이던 2010년, 그는 어느 포럼에서 누군가가 비트코인을 언급하는 내용을 접했다.

비트코인은 새로운 디지털 통화였고, 영리한 시스템을 만들어 누가 어느 비트코인을 소유했는지 추적할 수 있었다. 비트코인 네트워크는 전 세계 컴퓨터에 수천 개의 분산형 경리 원장元帳을 저장했는데, 이 원장은 블록체인으로 불렸다. 비트코인을 옹호하는 이들은 비트코인 운영에 아무런 은행이나 정부도 필요치 않으므로, 어떤 특정 기관도 지불 내용을 통제하거나 사용자들을 식별할 수 없을 것이라고 믿는 듯했다. 거래 내역은 한 주소에서 다른 주소로 흘러갔고, 그 과정에서 은행이나 페이팔Paypal 같은 지불 서비스가 수집하는 거래 당사자의 이름이나 다른 개인 정보는 요구되지 않았다. 비트코인의 발명자인 사토시 나카모토Satoshi Nakamoto는 암호화폐의 한 메일링 리스트에 보낸 이메일에서 이렇게 주장했다. "참가자들은 익명을 유지할 수 있습니다."

비트코인은 감바리안의 마음 한가운데로 깊숙이 파고들었다. 그러면서 컴퓨터와 포렌식 회계학forensic accounting에 대한 집착은 자연스럽게 수렴됐다. 돈의 행방을 추적하는 게 임무인 IRS의 수사관으로서 감바리안은 익명의 디지털 현금이라는 개념이 왠지 불길하게 느껴졌다. 이 '익명anonymous' 거래에 대한 세금은 누가 낼까? 비트코인은 완벽한 돈세탁 수단이 되는 것은 아닐까?

이 새로운 형태의 통화에 대해 더 기본적이고 의심스러운 생각이 즉각 감바리안의 머릿속에 떠올랐다. "참가자들은 익명을 유지할 수 있습니다"라는 내용을 그는 읽었다. 하지만 만약 이 블록체인이 진정으로 전체 비트코인 경제의 모든 거래 내역을 기록한다면 비트코인은 도리어 익명성의 정반대인 것으로 들렸다. 개별 지불 내역마다 빵부스러기의 흔적이 고스란히 남을 것이기 때문이다. 이는 포렌식 회계사의 이상이었다.

어느 쪽이든 아직 아무도 비트코인을 실제로 사용하는 것 같지 않았다. 그래서 감바리안은 그것을 실질적이라기보다는 기술적으로나 흥미를 끄는 '실없는 인터넷 화폐' 정도로 취급하고 잊어버렸다.

그가 비트코인에 대해 다시 들었을 무렵, 그것은 이미 다크웹에서 싹트기 시작한 암시장의 공식 화폐가 돼 있었다. 그리고 수사할 대형 사건을 찾는 젊은 IRS 범죄 수사관에게 비트코인은 막대한 규모의 숨은 돈이 흐르는 통로로, 누군가가 베일을 벗기고 돈의 출처를 추적해야 할 기회로 여겨졌다.

4장

크립토아나키(Cryptoanarchy)

2011년 4월 어느 저녁, 티그란 감바리안이 연방 국세청 범죄수사국^{IRS-CI}의 특수 요원이 되기 위한 훈련을 시작하기 직전에 나는 비트코인을 살 수 있는 곳 중 하나로 알려진 웹사이트 마운트곡스닷컴^{MtGox.com}을 방문했다. 당시 나는 경제 잡지 「포브스」에서 사이버보안과 크립토그래피 분야를 담당했고, 이때도 이 새롭고 기묘한 형태의 가상 화폐를 취재하던 중이었다. 당시 이 가상 화폐는 1년 사이에 한 개당 0.5센트에서 1달러에 조금 못 미치는 수준까지 올라온 상태였다. 나는 기사로 쓰려는 이 기묘한 신종 통화를 이해하려면 다만 일부라도 소유해보는 게 좋겠다고 생각했다.

그래서 마운트곡스닷컴에 40달러어치의 비트코인 주문을 시도했지만 거래와 관련한 아무런 확인 메시지를 받지 못했다. 당시 내가 알기에 유일한 비트코인 거래소인 그 사이트가 내 돈을 받긴 했는지, 아니면 전혀 이상 없는 1달러 지폐를 도로 토해내는 자동판매기처럼 자체 코드의 버그 때문에 문제가 생긴 것인지 분명하지 않았다. 몇 차례 창을 새로고침하면서 재시도하다가 그만 포기했다.

이후 몇 년간 그때를 이따금 떠올리며 좀 더 끈질기게 시도해 보지 않은 것을 후회했다. 당시 40달러어치 비트코인의 가치는 10년 후 260만 달러에 이를 것이었다.

. . .

비트코인에 대한 나의 관심은 2011년 우연히 트위터에 게시된 한 유튜브 비디오를 보게 되면서 커졌다. 비디오는 개빈 앤드리슨Gavin Andresen이라는 소프트웨어 엔지니어가 매사추세츠주 앰허스트Amherst에서 열린 TED 이벤트와 비슷한 이그나이트Ignite 행사에서 강연한 내용이었다. 동안童顔에 전형적인 프로그래머 이미지의 앤드리슨은 파란색 버튼다운 셔츠 차림이었고, '비트코인 프로젝트BitCoin Project' 대표로 소개됐다.

앤드리슨의 설명에 따르면 비트코인은 '새로운 유형의 돈'으로 누구든 자신의 컴퓨터에서 현금처럼 쓸 수 있는 편의성을 갖췄다. 특히 크립토그래피를 사용하기 때문에 아무도 위조 화폐를 만들거나 다른 누군가의 화폐를 부정하게 사용할 수 없다. 2008년 금융 위기가 끝난 지 얼마 되지 않은 시점에서 사토시 나카모토라는 사람이 발명했는데, 누구든 이런 비트코인을 생성할 수 있도록 설계됐다. 이 화폐를 얻고 싶은 사람은 자신의 컴퓨터에 소위 마이닝mining 프로그램을 설치해 10분마다 당첨된 컴퓨터에 비트코인들을 분산 유통하는 일종의 자동화된 복권 시스템을 운영할 수 있다.

이런 종류의 컴퓨팅 작업은 누구든 새로운 비트코인을 '캐낼mine' 수 있는 유일한 방법이었고, 이들은 글로벌 차원에서 미리 정한 제한된 속도로만 수행할 수 있었다. 정부의 통화량 제어 방식(전쟁 자금을 마련하거나 정부의 둘도 없는 친구인 기업가들에게 돈을 안겨주기 위해 닥치는 대로 현금을 찍어낼 수 있는 능력)에 의구심을 갖는 이들에게 그런 희소성이야말로 비트코인을 완벽한 통화로 만드는 요소였다. "글로벌 차원의 금융 위기와 전 세계에 걸친 대규모 은행 구제의 흐름을 보면서 많은 사람이 의구심을 갖기 시작했습니다. 우리 돈을 통제하는 사람들을 과연 믿을 수 있을까요?" 앤드리슨은 이그나이트 강연에서 그렇게 설명했다. "사토시는 믿지 않았습니다. 그래서 비트코인을 만든 것입니다."

앤드리슨도 수긍했듯이 비트코인은 아직 '신생 통화'였다. 당시 모든 비트코인의 총합계는 약 300만 달러 정도였다. 매일 약 30만 달러어치의 비트코인이 거래됐으며, 그 돈은 알파카 양말부터 섹스 토이, 반려견용 스웨터에 이르기까지 온갖 물건을 사는 데 사용됐다.

비트코인의 미래 가치에 대한 앤드리슨의 꿈도 퍽 급진적으로 여겨졌지만 더욱 주의를 끈 것은 스치듯 내뱉은 발언이었다. 사토시 나카모토라는 가명으로만 알려진 비트코인의 발명자를 '사이퍼펑크cypherpunks에서 영감을 받은 게 분명한 미스터리 한 인물'로 짧게 언급한 것이다.

당시 집중 취재한 바에 따르면 사이퍼펑크는 1990년대에 형성된 급진적 자유주의자들의 그룹으로, 누구도 깰 수 없는 암호 소프트웨어를 사용해 정부와 기업에서 권력을 빼앗아 개인에게 돌려주겠다는 거창한 임무를 내세웠다. 유튜브에서 앤드리슨의 강연 비디오를 발견했을 때 나는 사이퍼펑크 운동의 연대기를 다룬 책을 집필 중이었다. 집필을 위해 사이퍼펑크 메일링 리스트Cypherpunks Mailing List의 기록을 뒤지며 수많은 시간을 보냈다. 메일링 리스트는 수백 명의 프로그래머, 암호개발자cryptographer, 무정부주의자, 트롤들이 거의 10년 동안 이메일을 통해 자신들의 기술 혁신, 선언문, 내부 암투 등을 공유한 커뮤니티였다.

줄리언 어산지Julian Assange는 사이퍼펑크 메일링 리스트의 적극적인 참가자였고, 고발자의 신원을 익명으로 보호하는 것과 같은 위키리크스WikiLeaks의 여러 아이디어도 거기에서 얻었다. 암호화하고 익명화한 인터넷 연결망을 제공하는 이른바 프록시 서버(이것은 지금 널리 사용되는 가상 사설망 또는 VPN으로 진화했다)의 첫 개발자들은 사이퍼펑크의 핵심 기여자였다. 익명 소프트웨어인 토르Tor의 발명가들도 메일링 리스트에서 여러 토론 내용을 접하며 큰 영향을 받았다.

사이퍼펑크는 일상적 인터넷 이용자들이 무료로 자유롭게 사용할 수 있는 암호화 프로그램으로 완벽한 비밀을 보장받는 세상을 꿈꿨다. 그들이 꿈꾸는 세상에서는 해커나 염탐꾼, 검경檢警, 심지어 정보기관도 비밀에 접근할 수 없다. 정부가 더 이상 자신들의 발언이나 소유물에 대해, 또는 자신들의 신체에 무엇을 넣든 관여할 수 없게 되는 날을 꿈꾸는 이념적 자유주의자들에게 암호화 툴은 새로운 유형의 강력한 무기였다. 이는 통신 내용을 정부가 더 이상 도청할 수 없을 뿐 아니라 식별이나 추적이 완전히 불가능한 익명을 쓰는 것이 가능한 미래를 의미했다.

사이퍼펑크는 추적 불가능한 익명의 디지털 통신이 가능하다면, 더 나아가 추적 불가능한 익명의 지불도 가능할 것으로 믿었다. 이는 금융 프라이버시의 신세계뿐 아니라 막대한 규모로 번성하는 인터넷 암시장의 세계를 열어젖힐 혁신이었다.

그러한 비전을 가장 명징하게 (그리고 암울하게) 그려낸 사이퍼펑크는 해당 그룹의 설립자 중 한 명인 티모시 메이Timothy May였다. 명석하고 냉철한 현실주의자인 메이는 인텔의 엔지니어로 일하다 젊은 나이에 은퇴해 산타크루즈 산맥에 살면서 암호화 툴이 정보의 암시장을 급속히 키우는 미래를 상상했다. 사이퍼펑크 메일링 리스트에 올린 반半풍자 에세이에서 메이는 기밀 정보와 기업 비밀을 추적 불가능한 '크립토크레딧CryptoCredits'으로 사고파는 이른바 '블랙넷BlackNet'을 제안했는데, 이는 일종의 영리형 위키리크스에 가까웠다.

1988년 메이는 그의 가장 유명한 글 「Crypto Anarchist[3] Manifesto」에서 무법의 미래를 예견하고, 일종의 절대적 자유주의자로서 그런 현실을

---

3 아나키스트(anarchist)는 무정부주의자, 아나키(anarchy)는 무정부 상태를 뜻함. 크립토그래피 기술로 정부의 감시와 통제를 무력화함으로써 무정부 상태를 실현한다는 개념 - 옮긴이

대체로 환영했다. "유령이 현대 세계를 배회하고 있다. 크립토아나키^{Crypto} ^{Anarchy}의 유령이다"라고 메이는 의미심장하게 썼다. 완벽한 기밀이 유지되는 통신과 지불이 가능한 '크립토넷^{CryptoNet}'을 상상한 것이었다.

> 정부는 물론 국가 안보의 우려, 마약 거래상과 세금 회피자들의 악용 위험성, 사회 분열의 공포 등을 내세워 (암호화) 기술의 확산을 둔화하거나 막으려 시도할 것이다. 이러한 우려는 상당 부분 유효하다. 크립토아나키는 국가 기밀이 자유롭게 거래되거나 불법 물품과 장물이 비밀리에 거래되는 상황을 가능케 할 것이다. 익명 기반의 컴퓨터화된 시장은 청부 살인과 공갈 같은 혐오스러운 시장조차 가능케 할 수 있다. 크립토넷의 가장 적극적인 사용자는 다양한 범죄자와 해외 스파이들일 가능성이 크다. 하지만 이것이 크립토아나키의 확산을 막지는 못할 것이다.

· · ·

내가 메이의 글을 읽은 것은 작성된 지 20여 년 지난 시점이었고, 그의 예견은 대부분 실현된 상태였다. 실제로 암호화 기술은 수십억 명의 일반인이 아무도 깰 수 없는 비밀 통신을 할 수 있게 했다. 토르 같은 툴도 온라인 메시지의 콘텐츠뿐 아니라 송신자와 수신자의 신원까지 숨기는 익명의 소통을 가능케 했다.

하지만 티모시 메이의 '크립토 크레딧' 개념(진정한 크립토아나키에 필요한 핵심 금융 요소)은 아직 결실을 보지 못했다. 사이퍼펑크 메일링 리스트의 정규 멤버들을 비롯한 암호 사용자들은 디지캐시^{DigiCash}, 비트 골드^{Bit Gold}, 비머니^{B-Money} 같은 이름의 디지털 화폐를 발명했으나, 기술이나 물류상 문제로 실질적인 시장 가치 획득에 모두 실패했다.

그런 정황에서 개빈 앤드리슨이 사토시 나카모토를 사이퍼펑크의 정통 계승자로 언급하는 강연 장면을 본 것이다. 더욱 놀랍게도, 그는 나카모토의 발명품인 비트코인이 마침내 크립토아나키의 성배(진정으로 익명성을 보장하고 추적이 불가능하며 실용적인 디지털 화폐)를 찾았다고 주장하는 듯했다.

"사이퍼펑크는 여러 멋진 성취를 이뤄냈습니다. 이들은 익명의 비밀 화폐를 만들겠다는 이상은 있었지만 구체적인 방법을 찾아내지 못했습니다" 라고 앤드리슨은 이그나이트 강연에서 말했다. 크립토아나키에 대한 티모시 메이의 불길한 비전과는 사뭇 대조적으로 발랄한 어투였다. "3년 전 사토시가 방법을 찾기 전까지는 말이죠. 뛰어난 해커들이 그렇듯 사토시는 소프트웨어를 만들었고, 그것을 전 세계에 공개했습니다."

5장

실크로드

나는 개빈 앤드리슨의 연락처를 알아내 전화 인터뷰를 했고, 직접 비트코인을 구입하려다 실패한 직후 편집자를 설득해 비트코인에 관한 1페이지짜리 기사를 「포브스」 2011년 4월호에 게재했다. 당시까지는 막 떠오르기 시작한 암호화폐를 다룬 언론 매체 중 가장 널리 알려진 사례였을 것이다.

기사를 준비하는 과정에서 나는 앤드리슨에게 비트코인의 창시자인 사토시 나카모토(아마도 가명일 것이다)와 인터뷰하고 싶다는 말을 전해달라고 부탁했다. 앤드리슨은 며칠 뒤 사토시가 요청을 거절했다고 내게 알려왔다.

나는 그 거절을 개인적인 것으로 받아들이지 않으려 노력했다. 사실 나카모토는 어느 기자와도 만난 적이 없었다. 소문으로는 나의 인터뷰를 거절하는 이메일 응답이 나카모토의 마지막 통신 내용 중 하나였다. 내 기사가 매체에 게재된 지 불과 2주 만에 비트코인 창시자는 인터넷에서 사라졌고 다시 돌아오지 않았다. 그의 정체는 지금까지 베일에 가려 있으며 기술 역사상 가장 큰 미스터리 중 하나로 남아 있다.

사토시 나카모토의 진짜 정체와 거주지는 알 수 없어도 그가 어마어마한 부(富)를 축적했을 거라는 추측은 가능하다. 암호화폐 초기에 채굴한 비트코인(이후에는 건드리지 않았다)이 1백만 개 이상으로 추산되는 점을 고려하면 나카모토의 순자산 가치는 이 글을 쓰는 지금을 기준으로 300억 달러 선을 오르내린다. 이는 세계 최대 갑부 중 한 명으로 꼽힐 만한 자산 규모다.

2011년 봄만 해도 나는 비트코인의 잠재적 투자 가치나 사토시 나카모토를 찾아내는 데 아무런 관심이 없었다. 사이퍼펑크에 집착하고 인터넷의 온갖 악의적이거나 체제 전복적인 내용을 취재해 온 기자로서, 앤드리슨이 '익명의 비밀 화폐'로 묘사한 개념에 온 관심이 쏠렸다. 나는 그것이 어떻게 사용되는지 직접 보고 싶었다.

· · ·

내가 개빈 앤드리슨에게 물건을 사고파는 데 비트코인이 실제로 사용되는 사례를 요청했을 때 그가 제시한 짧은 목록에는 '실크로드'라고 불리는 사이트도 있었다. 실크로드에서는 불법 마약이 거래됐다. 반듯한 소프트웨어 엔지니어인 앤드리슨은 암시장용 통화로서의 잠재력 같은 비트코인의 어두운 면보다는 중앙 집중화한 은행 시스템에 견줘 비트코인이 지닌 경제적 우위에 관해 심도 있게 논의하고 싶어 했다. 그는 비트코인이 불법 행위에 악용될 소지가 있는 것은 사실이라고 인정했다. "그것이 불편한 사실이기는 하지만 다른 어떤 통화도 마찬가지입니다. 달러 지폐가 마약 거래에 사용되는 것을 막을 수 없는 것과 같은 이치죠. 그것은 어떤 유사 현금 시스템에나 있을 수밖에 없는 특징입니다."

나는 실크로드가 다크웹의 전자상거래 시장이라는 사실을 파악했다. 바꿔 밀하면 그것은 서버 위치를 숨기기 위해 토르[tor]에 의존하는 수천 개의 특수 웹사이트 중 하나로 자신의 컴퓨터에서 토르를 돌리는 사람들만 접속할 수 있었다. 토르는 다크웹의 필수 요소 중 하나로 일종의 이중 은폐 double-blind 익명성을 제공했다. 무작위로 뽑은 것처럼 보이는 긴 부호로 구성된 다크웹 사이트의 주소를 아는 사람은 누구나 방문할 수 있도록 디자인됐다. 하지만 사이트 방문자 중 누구도 해당 서버가 물리적으로 어디에 있는지 알 수 없었고, 사이트 운영진 역시 방문자 위치를 식별할 수 없었다. 누군가가 방문자와 사이트의 연결을 훔쳐본대도 사이트와 방문자의 위치를 파악할 도리가 없었다.

그래서 나는 토르를 열고 소문으로만 접한 비트코인 마약 시장을 찾기 위해 다크웹의 디렉토리를 뒤지기 시작했다. 2011년만 해도 이것은 고단한 작업이었다. 다크웹을 위한 전용 검색 엔진도 없었고 브라우징은 짜증이 날 만큼 느렸다. 토르가 사용자의 웹 트래픽을 3중으로 암호화할 뿐 아니라 전 세계에서 무작위로 고른 석 대의 컴퓨터를 통해 우회시키는 것을 고려하면 당연한 현상이기도 했다.

처음 실크로드를 찾아냈을 때 나는 별로 깊은 인상을 받지 못했다. 언뜻 보기에 그 사이트는 엑스터시, 마리화나, 환각성 버섯 등 10여 개의 판매 목록에, 코카인과 헤로인도 판다는 메시지를 담고 있었다. 하지만 단순하기 그지없는 디자인에 느려터진 페이지를 보고 있자니 과연 진짜 고객이 있기나 할지 의심이 들 정도였다. 실크로드는 기껏해야 마리화나 사용자의 엉성한 실험이거나, 최악의 경우 잠재 고객들에게 비트코인을 사취하기 위한 사기극으로 보였다. 설령 비트코인과 토르가 사이트 방문자들을 사법 기관으로부터 숨겨준다고 하더라도 수취인 주소를 따로 알려주지 않으면 어떻게 주문한 마약을 배송하고 수취할 수 있단 말인가? 심지어 티모시 메이가 상상한 블랙넷조차 사람들이 그를 통해 거래하는 것은 물리적 형태의 불법 마약을 봉투에 넣어 우편함에 몰래 넣는 식이 아니라 (기밀문서나 기업 비밀 같은) 디지털 밀수품을 서로 주고받는 양상이었다.

그리고 나서 약 6주가 지난 뒤, 내 트위터 피드가 척 슈머Chuck Schumer 뉴욕주 상원의원의 그날 아침 기자 회견과 관련된 내용으로 도배된 것을 발견했다. 회견 주제는 다름 아닌 실크로드였다.

기자 회견에서 슈머 상원의원은 실크로드를 내가 본 것과는 사뭇 다르게 묘사했다. 불법 마약 거래를 단속하려는 정부의 노력에 대한 미증유의 심각한 위협으로 선언한 것이다. "이것은 전례가 없을 만큼 담대하게 온라인에서 불법 마약을 대량으로 판매하는 원스톱 숍^{one-stop shop}"이라고 슈머 의원은 기자들에게 말했다. "우리가 본 다른 어떤 것보다도 훨씬 더 노골적인 불법 마약 시장입니다."

슈머 상원의원은 마치 사이퍼펑크 판타지에서 튀어나온 적대적 징치인처럼 토르와 비트코인을 익명 거래를 조장하는 위험한 새 툴로 지목했다. 그는 토르에 대해 "이 툴은 헤로인, 코카인, 메타암페타민 같은 불법 마약을 온라인에서 거래할 수 있게 해준다. 판매자들은 사실상 추적이 불가능하게 만드는 프로그램을 사용해 신원을 숨긴 채 마약을 판다"라고 말했다. 비트코인에 대해서는 "자금의 출처를 위장하고 누가 마약을 사고파는지 가려주는 온라인 형태의 통화"라고 묘사했다.

슈머의 연설은 에이드리언 첸^{Adrian Chen} 기자가 온라인 뉴스 사이트인 '고커^{Gawker}'에 쓴 내용을 바탕으로 했다. 첸도 나처럼 우연히 실크로드를 접한 것이었다. 하지만 첸은 그냥 지나치지 않고 그곳에서 성공적으로 마약을 구매한 방문자들을 찾아냈다. 예컨대 한 방문자는 비트코인 50개를 지불하고 100밀리그램의 LSD(환각제의 일종)를 구매했고, 해당 제품은 봉투에 담겨 캐나다에서 날아왔다. "그건 마치 미래 세계에 사는 듯한 느낌이었어요." 그가 첸에게 말했다. 실크로드는 진짜였고, 그곳에서 실제 구매가 이뤄졌다. 나는 모든 사이퍼펑크들의 꿈이 실현되는 현장을 놓친 것 같았다. 추적 불가능한 디지털 통화는 암호학적으로 익명이 보장되는 전자 상거래 사이트에서 명백히 불법인 밀수품을 사들이는 데 사용되고 있었다. 비트코인과 토르는 함께 사용돼 티모시 메이와 그의 1990년대 크립토 아나키스트들이 오직 꿈만 꿨던 신세계를 활짝 열었다. 그것은 명실상부한 다크웹 시장이었다.

·　·　·

에이드리언 첸의 기사를 둘러싼 소란 속에서 그 직후에 게재된 '업데이트' 기사를 거의 놓칠 뻔했다. 첸은 처음 기사에서 비트코인을 '추적 불가능한 디지털 통화'로 묘사했는데, 뒤에 추가된 내용에서 제프 가르지크Jeff Garzik 라는 프로그래머가 자신의 오해를 바로잡는 메일을 보내왔다고 밝혔다. 가르지크는 개빈 앤드리슨과 더불어 비트코인의 오픈소스 소프트웨어를 개발한 핵심 인물이었다. 그는 비트코인의 송·수신자들은 주소로만 식별되지만, 모든 익명의 거래 내용은 누구나 볼 수 있도록 블록체인에 기록된다고 지적했다. 대규모 거래에 호기심을 품은 수사 기관은 주소를 온라인에 공개한 해당 사용자들이나 비트코인 거래소에 신원 정보를 제공한 사람들을 잠재적으로 비익명화de-anonymize할 수 있다는 뜻이었다. "이 분야의 수사관들이 사용하는 통계적 분석 기법들을 고려하면 대규모 불법 거래를 비트코인으로 진행하는 것은 퍽이나 멍청한 짓"이라고 가르지크는 말했다.

하지만 가르지크의 경고는 슈머 상원의원이 불러일으킨 비트코인과 실크로드에 대한 대중의 격렬한 반발 속에 묻혀 인식되지 못했다. 슈머 의원이 조 맨친Joe Manchin 상원의원과 공동으로 마약단속국DEA과 에릭 홀더Eric Holder 법무장관에게 보낸 서한에서 "즉각 조치를 취해 실크로드 네트워크를 폐쇄하라"고 요구했다. 가르지크의 경고와 정확히 대비되는 서한은 '이 불법 구매를 위한 유일한 지불 방식이 어떻게 비트코인으로 알려진 추적 불가능한 피어투피어P2P, peer-to-peer 통화'가 되는지 설명했다.

비트코인의 잠재 구매자들은 해당 뉴스를 반기는 눈치였다. 슈머 의원의 서한과 기자 회견에 대한 언론 보도 이후 며칠 만에 비트코인 환율이 치솟은 것이다. 비트코인을 구매하려고 치열한 경쟁이 벌어진 가운데 마운트곡스 거래소에서 6월 초까지 10달러 미만이던 비트코인은 32달러 선까지 급등했다. 비트코인의 암시장을 폐쇄하려 시도한 슈머 의원의 행보가 의도치 않게 엄청난 광고 효과로 이어진 셈이 되고 말았다.

6장

드레드 파이어럿

실크로드가 일반에 처음 알려진 2011년 여름까지도 티그란 감바리안은 조지아주 브런스윅Brunswick에 있는 연방수사관훈련센터Federal Law Enforcement Training Center를 졸업하기 전이었다. 하지만 실크로드에서 비트코인이 사용되고 있다는 내용을 보고 자신이 처음 비트코인을 알게 됐을 때 느낀 불길한 예감이 적중했음을 확인했다. 실크로드는 비트코인이 익명성을 무기로 온갖 유형의 범죄자와 돈세탁자들의 전용 수단으로 전락하고 있다는 사실을 증명하는 듯 보였다.

"이건 곧 폭발하고 말 거야." 속으로 그렇게 생각한 기억이 난다. "실크로드를 보자마자 저는 판도라의 상자가 열린 것을 알았습니다. 돌이킬 수 없게 된 거죠."

아니나 다를까, 고커의 기사와 척 슈머 상원의원의 기자 회견 직후 실크로드는 폭발했다. 일부 추산에 따르면 사용자 계정은 수백 개 수준에서 1만 개 이상으로 폭증했다. 마약 구매자들은 슈머 의원이 맹렬히 비난한 익명의 사이트를 보겠다는 호기심에서 토르를 다운받아 다크웹으로 몰려들었다.

실크로드는 신규 방문자의 급증으로 부하를 견디지 못해 휘청거렸다. 운영 속도가 떨어지거나 심지어 1주일 가까이 먹통이 되기도 했다. 사이트의 미스터리 관리자는 다크웹 사상 최대 규모의 트래픽을 감당하는 데 애를 먹었다. 따지고 보면 실크로드는 인터넷의 다른 어느 곳에서도 구할 수 없는 것들을 판매했다. 얼마 지나지 않아 내가 처음 방문했을 때는 기본 품목이 크게 확대돼 희귀 환각제, 맞춤형 마리화나, 엑스터시MDMA, 메타암페타민, 헤로인, 코카인 등과 같이 더 강력한 마약은 물론 위조 신분증, 해적 소프트웨어까지 취급했다. 더욱이 실크로드는 아마존 스타일의 중앙 집중화된 시장이라기보다는 이베이와 비슷한 외부 판매자들의 커뮤니티였다. 이 사이트에 등록하고 각자의 불법 마약을 팔았으므로 품목의 다양성과 규모는 고객층만큼이나 빠르게 커지고 다변화했다.

어떻게 하면 진정한 익명 판매가 가능할까 고민하던 실크로드는 퍽 인상적인 혁신을 통해 문제를 해결했다. 답은 평점과 리뷰였다. 얼굴 없는 판매자들이 취급하는 잠재적으로 위험한 마약의 순도를 소비자들이 얼마나 신뢰할 수 있는지 알려주는 방식을 택한 것이다. 점점 더 많은 전문 중개자들이 실크로드 사이트를 순찰하면서 판매자와 구매자 사이의 분규를 해결하고 사용자들의 기술적 문제를 해결해줬다. 구매자가 마약상에게 선지불하더라도 영리한 예탁 시스템을 통해 비트코인을 묶어뒀다가 구매자가 마약을 실제로 수령한 뒤에 판매자에게 전달되도록 함으로써 사기를 막았다. 마약상들에게는 비트코인의 가격 등락이 심한 점을 고려해 지불된 비트코인의 가치가 예탁 기간에 떨어지는 경우 차액을 보상하는 헤지hedge 기능까지 제시했다. 실크로드는 또한 모든 서비스에 수수료를 매겼다. 역逆차등제로 소액 주문에 대해서는 10%를, 주문 규모가 1천 달러를 넘을 때는 1.5%를 부과했다.

"실제로 실크로드는 마약을 파는 게 아니라 보험과 금융 상품을 팔고 있습니다." 카네기멜런대학 컴퓨터 공학과의 니컬러스 크리스틴Nicholas Christin 교수의 당시 소견이다. 실크로드가 전적으로 새로운 익명의 미디어 환경에서 그처럼 매끄럽게 온라인 거래를 관리하는 데 대한 감탄 섞인 촌평이었다. "티셔츠를 팔든 코카인을 팔든 그것은 중요하지 않아요. 이들의 비즈니스 모델의 핵심은 보안을 상품화했다는 점입니다."

. . .

실크로드가 얼굴 없는 시장의 수준을 넘어 일종의 퍼스낼리티(개성)를 갖기 시작한 것은 그로부터 몇 달이 더 지난 2012년 2월이었다. 아니, 페르소나persona라고 하는 편이 더 알맞겠다. "실크로드의 성숙으로 이제는 사이트와 별개의 아이덴티티가 필요합니다"라고 사이트의 익명 관리자는 썼다. "나는 실크로드이고 시장이며, 인격체person, 기업, 모든 것입니다. 하지만 나는 이름이 필요해요." 그는 자신이 선택한 이름을 공개했다. 무서운 해적 로버츠라는 뜻의 '드레드 파이어럿 로버츠DPR, Dread Pirate Roberts'였다.

이는 책과 영화로 유명한 〈프린세스 브라이드The Princess Bride〉에서 딴 것으로, 실상은 구체적 목적이 있었다. 원작과 영화에서 드레드 파이어럿 로버츠는 사람들에게 두려움을 자아내는 명칭으로 한 해적선장에서 다음 해적선장으로, 여러 세대에 걸쳐 계승된 이름이었다. 이 다크웹의 해적은 악명 높은 해적들이 대대로 물려받는 가명을 차용함으로써 어떤 실제 인물이 실크로드를 만들었는지를 놓고 혼선을 빚거나, 혹시 모를 수사 기관의 추적에 언제든 도망가기 쉽도록 계획한 듯했다.

새로운 이름을 지은 것은 단순히 혼동을 초래하기 위한 것만이 아니었다. 고객과 판매자들이 흔히 DPR로 부른 실크로드의 대표는 곧바로 사이트 안에서 거침없이 발언하는 유명 캐릭터가 됐다. 그는 자신이 사용자들을 위해 만든 실크로드 포럼에 검은 마스크를 한 해적 아바타로 등장해 점점 더 자주 글을 올렸다. 그리고 급증하는 수익만큼이나 자신의 사이트가 지닌 자유주의적 잠재력에 관심을 보이는 듯했다.

초창기 글들에서 DPR은 실크로드를 '공동체community'로 불렀고, 사이트를 플랫폼으로 이용하는 판매자들은 느슨한 범죄 네트워크의 마약상 정도가 아니라 '영웅'으로 치켜세웠다. 포럼에 올린 초기 장광설에서 그는 실크로드가 자신의 '꿈'이었으며, 판매자들의 도움이 없었다면 '확장일로의 강력한 글로벌 빅테크들의 악몽 같은 현실에 삼켜졌을 것'이라고 썼다.

그는 전 세계 민중은 스스로 선택한 어떤 약물이든 마음대로 사고팔 자유가 있어야 하며, 실크로드의 진정한 목표는 이들의 자유로운 삶에 '국가the State'의 '살인적인 절도의 손아귀'가 미치지 못하도록 하는 것이라고 설명했다. 그로부터 한 달 뒤에는 또 한 편의 긴 선언문을 게시하며 더욱 장대한 비전을 공개했다. 급진적으로 자유주의적인 크립토아나키(크립토 무정부주의)의 모양으로 티모시 메이의 사이퍼펑크 철학과 닮은 듯했지만 이상주의와 가능성이 빠져 있었다. 티모시 메이의 비전과 달리 DPR은 크립토아나키가 사실은 필연적 귀결이 아니라 실크로드와 사용자들이 위대한 투쟁을 통해서만 성취할 수 있는 것이라고 믿는 듯했다. 티모시 메이를 마르크스에게 견준다면 DPR은 급진 자유주의 성향의 레닌인 셈이었다.

"억압받고 유린당한 수많은 영혼이 이곳에서 피난처를 발견했듯이, 언젠가 우리는 억압받는 전 세계 민중의 빛나는 희망의 등대가 될 것입니다"라고 DPR은 썼다. "이제는 구속의 사슬을 벗어던지는 쪽이 더 유리합니다. 경이로운 크립토 기술이 그런 행위의 위험성을 크게 줄였기 때문입니다. 익명으로 거래하는 온라인 시장에서 아직 채워지지 않은 틈새는 얼마나 많을까요? 번성할 기회와 획기적 혁명에 동참할 기회는 우리 손끝에 있습니다!"

어느 순간부터 DPR은 반정부 논조의 정치성 에세이나 자신의 충실한 구매자와 판매자들에게 보내는 러브레터 성격의 글을 정기적으로 올렸다. 심지어 '드레드 파이어럿 로버츠 북클럽'까지 만들어 오스트리아의 자유시장 경제학파 저자들에 관한 토론을 진행하기도 했다. 실크로드에서 DPR은 디지털 마약상이나 암시장 웹사이트의 관리자 차원을 넘어서고 있었다. 포럼에서 다양한 사용자가 썼듯이 그는 '우리만의 체 게바라'이자 '일자리 창출자'였다. 심지어 한 팬은 "정의와 자유의 수호자로서 역사상 가장 위대한 남성과 여성 중 한 명으로 기억될 인물"이라며 DPR을 치켜세웠다.

. . .

2012년 말에 이르러 나는 DPR에 거의 광적으로 매달렸다. 여기에 심각한 범죄인 불법 마약 판매로 수백만 달러를 버는 누군가가 있었다. 카네기멜런대학의 크리스틴 교수는 그해 실크로드에서 연간 1천 500만 달러 규모의 마약이 글로벌 차원의 모든 수사 기관을 회피해 거래됐다고 추산했다. 이 모든 것은 두 상원의원이 실크로드의 배후를 잡아내고 그 시장을 폐쇄하라고 마약단속국DEA과 법무부에 명시적으로 명령한 다음에 벌어진 상황이었다. 슈머 의원의 기자 회견 이후에도 1년이 넘도록 주범이 잡히지 않았다는 사실은 처벌을 피할 수 있게 해주는 토르와 비트코인 같은 암호화 툴의 진짜 위력을 입증이라도 하는 것 같았다. 그리고 DPR은 그렇게 처벌을 모면할 수 있다는 사실을 세계 최강 정부의 면전에서 공개적으로 과시하고 있었다.

그해 가을, 나는 몇 주 간격으로 실크로드의 포럼에 들어가 DPR에게 비밀 메시지를 쓰기 시작했다. 그의 첫 공식 심층 인터뷰로 나의 질문에 대답해 달라고 설득하는 글이었다. 그는 처음에는 준비되지 않았다며 완곡하게 거절했다. 나는 그의 신원을 비밀로 지켜줄 테니 해외에서 만나자고 제안했다. "직접 만나는 것은 말도 안 됩니다." 그가 딱 잘라 말했다. "나는 내 최측근 조언자들과도 만나지 않아요."

그의 동의를 받지 않은 상태에서 나는 그의 위치, 성별, 나이를 비롯한 여러 질문을 보냈고, 그는 조금이라도 개인적인 내용은 대답하지 않겠다고 응답했다. 이후 DPR은 나의 접근에 겁을 먹은 듯 몇 달 동안 침묵을 지켰다.

하지만 DPR에 대한 세간의 관심이 높아지자 권위 있는 경제 잡지 「포브스」의 표지 장식에 매력을 느낀 듯했다(그는 '해적은 어떻게 마약 전쟁에서 승리했나'라는 제목과 함께 해적의 실루엣을 보여주는 커버는 어떻겠느냐는 제안을 해왔다). 8개월 뒤, 그는 마침내 실크로드의 토르 메시징 시스템을 이용해 인터뷰에 응하기로 합의했고, 메시지를 더 쉽게 주고받기 위해 사이트에서 내 계정을 마약 판매자의 지위로 업그레이드했다. 2013년 7월 4일 우리는 각자의 컴퓨터 앞에 앉아(나는 독립기념일에 맞춘 친구들의 야외 옥상 바베큐 파티도 무시한 채 브루클린의 스튜디오 사무실에서, 그는 다크웹의 어딘가에서) 다섯 시간 동안 질문과 대답을 주고받았다. 나는 드레드 파이어럿 로버츠를 세상에 소개할 기사를 위한 심층 인터뷰를 이어갔다.

. . .

10년이 지난 지금에 와서 당시 인터뷰를 되돌아보면 내 첫 번째 질문에 대한 DPR의 대답은 거짓이었다.

"실크로드를 시작할 영감은 어디에서 얻으셨습니까?"라고 나는 개방형 질문을 던졌다.

"제가 실크로드를 시작한 게 아닙니다. 제 선배들이 했죠"라는 DPR의 대답에 나는 놀랐다. 그는 실크로드 초창기에 해커가 사이트의 비트코인 지갑을 실명화de-anonymize할 수 있게 해주는 취약점을 어떻게 발견했는지 설명했다. 그런 사실을 실크로드 설립자에게 알려주면서 두 사람은 친해졌고, 사이트의 최초 관리자였던 설립자는 결국 값비싼 인수 형태로 그에게 자리를 물려주면 어떻겠느냐고 제안했다. (나중에 알게 된 사실은 당시 답변 중 일부는 로스 울브리히트 자신의 비밀일기에서 나온 내용이라는 것이다. 다시 말해 혹시라도 발각될 때를 대비해 자신의 흔적 은폐용으로 꾸며낸 '드레드 파이어럿 로버츠' 신화 일부를 내게 전달한 것이다.)

그런 최초의 오도^{誤導} 뒤에 DPR은 내 질문에 더 솔직하게 대답하기 시작했다. 암호화된 소통 툴을 확장하고 마운트곡스와 직접 경쟁하게 될 실크로드의 자체 비트코인 거래소를 구상하는 등 실크로드의 미래에 대한 진짜 야심도 암시했다. 마운트곡스는 당시 새로운 계정을 만드는 사람들에게 신원 정보를 요구하기 시작했다.

그런 점과 관련해 실크로드 비트코인의 자금원이 추적될 수 있다는 문제에 어떻게 대응했느냐고 그에게 물었다. 2년 전에 읽은 고커의 실크로드 기사에 대한 제프 가르지크의 경고가 떠올라서였다. "가령 익명 주소만으로 이뤄진 실크로드의 거래 내용은 비트코인 블록체인에 공개되지 않나요?"

DPR은 다소 모호하게 답했다. 실크로드에는 사용자 거래 내역을 뒤섞는 일종의 '혼합기^{tumbler}' 시스템이 내장돼 있어서 사용자가 비트코인을 실크로드 지갑에 넣고 물품을 구매하면 돈은 판매자에 의해 인출되지만 이들의 거래를 연결하는 체인은 의도적으로 끊어져 그를 추적할 수 있는 포렌식 흔적은 다른 수많은 거래 기록과 뒤엉켜버린다고 설명했다. "이런 이유로 당신의 입금과 인출을 연결 짓기란 불가능합니다"라고 DPR은 말했다. "당신의 인출이 실크로드로부터 나왔는지조차 파악하기가 어렵습니다."

나는 시스템에 대해 더 구체적인 내용을 질문하는 대신 다른 주제들로 넘어갔다. 이를테면 그의 과격한 자유주의적 정치학의 수준("사람들을 굴레에서 해방하기 위해 얼마까지 더 나갈 수 있습니까?"), 황당하리만치 엄청나게 큰 실크로드의 매출 목표("지금 단계에서는 몇억 달러, 혹은 몇십억 달러 아래로는 팔지 않을 겁니다"), 그의 개인적 삶을 가까스로 엿보게 해주는 대목("나는 긴 하루를 마친 뒤에 찰진 인디카 죽 한 대접을 먹는 것을 좋아합니다") 등이었다. 그는 평범하게 살고 있으며, 수사 기관에 발각되지 않기 위해 수백만 달러의 재산을 거의 쓰지 못했다고 털어놓았다. 충분히 납득이 갈 만한 내용이었다.

그의 번창하는 비즈니스의 도덕성에 관해 묻자 DPR은 엄격하면서도 한

편으론 지나치게 단순한 윤리 강령을 펼쳤다. "우리는 선량한 사람들에게 피해를 주거나, 그것을 시장에 소개하기 위해 선량한 사람들에게 해를 입혀야 하는 어떤 물품의 판매도 허용하지 않습니다." 그것은 청부 살인이나 공갈 같은 폭력 서비스, 아동 포르노, 심지어 위조 쿠폰도 허용하지 않는다는 뜻이었다. 실크로드는 잠깐 총기류 판매를 허용했으나(DPR은 정당방위라면 총을 사용해도 된다고 주장했다) 그의 윤리 강령은 '다수의 군중이나 전체 인구에 사용하기 위해 설계된' 무기는 금지했다.

물론 이 자율 규칙 중 어느 것도 드레드 파이어럿 로버츠를 잡기 위해 동분서주하는 온갖 수사 기관의 실크로드에 대한 경계심을 늦출 수는 없었다. 그는 자신의 암호화 툴이 이들 수사 기관으로부터 자신을 계속해서 숨겨줄 것으로 자신했을까? "그들이 현대 암호화 알고리즘을 깨지 않는 한 나는 안전하다고 확신합니다. 그리고 그들이 깰 확률은 거의 없죠"라고 DPR은 썼다. "우리는 실크로드의 인프라를 안전하게 관리하기 위해 다수의 보안 대책을 사용하고 있습니다."

인터뷰 전에 나는 DPR이 토르를 그런 보안을 가능케 하는 가장 기본적인 기술로 꼽으리라 생각했다. 하지만 그는 즉각 비트코인을 다크웹에서 익명의 금융 서비스를 가능케 한 일등공신으로 꼽았다. "우리가 미국 정부와 벌인 마약 전쟁에서 승리한 것은 비트코인 덕택입니다. 이것은 시작에 불과해요"라고 DPR은 답했다. "정부는 하나둘 주요 경제 분야에서 밀려나고, 권력은 다시 개개인에게 돌아오고 있습니다. 아무도 우리가 진행하는 혁명의 규모를 제대로 파악하지 못하고 있습니다. 지금 이 순간은 나중에 인류 진화의 한 신기원으로 회고될 겁니다."

7장

퍼즐

2013년 초, 캘리포니아대학의 한 빌딩에 있는 창문 없는 창고의 선반은 무작위로 모은 듯한 물품들로 채워지기 시작했다. 카시오 계산기, 알파카 털로 짠 양말 한 켤레, 카드 게임 '매직: 더 개더링Magic: The Gathering', 오리지널 닌텐도 용 〈슈퍼 마리오 3〉 카트리지 한 개, 해커 그룹 어나니머스Anonymous 덕에 유명해진 가이 포크스Guy Fawkes가면, CD에 담긴 전통 록 밴드 보스턴Boston의 앨범 하나….

주기적으로 문이 열리고 불이 켜지며 새라 미클존Sarah Meiklejohn이라는 이름의 작고 검은 머리의 대학원생이 방으로 들어와 잡다한 물품의 규모를 조금씩 늘리곤 했다. 그런 다음 미클존은 문밖으로 나와 복도를 따라 계단을 올라가서 캘리포니아대학교 샌디에이고UCSD 컴퓨터 과학과의 다른 대학원생들과 함께 쓰는 사무실로 돌아갔다. 방의 한쪽 벽은 통유리로 돼 있어 햇빛 찬란한 소렌토 계곡Sorrento Valley과 그 너머 구불구불한 언덕의 풍경이 한눈에 내다보였다. 하지만 미클존의 책상은 풍경을 등지고 있었다. 그녀는 노트북 화면에 완전히 집중하고 있었고, 세상에서 가장 별나고 왕성한 비트코인 사용자 중 한 명으로 빠르게 발전하고 있었다.

UCSD 창고에 점점 더 쌓여가는 수십 종의 기이한 아이템은 미클존이 비트코인으로 직접 구매한 것들이었다. 각각의 물품은 거의 무작위로 암호화폐를 받는 다른 판매자들에게 사들였다. 그리고 그렇게 주문하고, 받은 물품을 창고에 쌓아 두러 다녀오는 사이에, 미클존은 한 사람이 비트코인으로 할 수 있는 모든 다른 직무들을 한꺼번에 수행했다. 마치 암호화폐의 광신도가 발작을 일으킨 것 같았다.

그녀는 10개의 비트코인 지갑 서비스를 사용해 돈을 입출금했고, 비트스탬프와 마운트곡스, 코인베이스Coinbase 등 20개 이상의 거래소를 통해 달러를 비트코인으로 바꿨다. 그런 다음 그것을 사토시 다이스Satoshi Dice와 비트코인 카미카제Bitcoin Kamikaze 같은 13개의 다른 온라인 도박 서비스에 걸었다. 또 비트코인을 캐내는 11개의 다른 마이닝 풀mining pools에 자신이 가진 컴퓨터의 마이닝 역량을 기부했다. 이 풀은 사용자들의 컴퓨터 역량을 모아 비트코인 마이닝에 필요한 컴퓨팅 파워를 조달했고, 거기서 나오는 수익을 공유했다. 미클존은 실제로 마약을 구매하지는 않으면서 비트코인을 실크로드의 계정들에 넣었다가 출금하기를 반복했다.

불과 몇 주 동안 미클존은 344회의 암호화폐 거래를 수행했다. 거래마다 스프레드시트에 금액과 해당 작업에 사용한 비트코인 주소를 꼼꼼하게 기록했고, 비트코인 블록체인에 기록된 공개 거래 내역, 수신자나 송신자의 주소를 확인했다.

미클존이 수행한 수백 건의 구매, 도박을 비롯해 언뜻 보기에 무의미해 보이는 돈의 입출금 작업은 사실 정신착란 징후가 아니었다. 각각의 작업은 아주 작은 실험이었고, 그런 실험의 집적 결과는 일찍이 시도된 적이 없는 내용이었다. 비드코인의 사용자, 개발자, 심지어 발명자들이 주장해 온 비트코인의 익명성(또는 익명성 부재)의 진실 여부를 가리기 위한 미클존 나름의 테스트였다.

모든 거래를 꼼꼼하게 직접 수행하는 일은 많은 시간이 들고 지루한 작업이었다. 하지만 미클존은 그럴 만한 시간 여유가 있었다. 그녀가 그런 작업을 수행하고 결과를 기록하는 동안, 그녀의 컴퓨터는 UCSD 연구자들이 설정한 서버에 저장된 방대한 데이터베이스를 뒤져 비트코인 기록을 찾아낼 수 있었지만 어떤 때는 알고리즘이 결과를 산출하는 데 무려 12시간이 걸리기도 했다. 그 데이터베이스는 비트코인 블록체인 전체를 담고 있었다. 4년 전에 발명된 이래 진행된 약 1천 600만 건의 전체 비트코인 거래 내역이 거기에 들어 있었다. 미클존은 몇 주에 걸쳐 거래 내역을 삳삳이 조사하는 동시에, 자신이 직접 테스트한 수백 건의 거래 상대인 제조사, 서비스, 시장, 기타 수신자들에 태그를 걸었다.

미클존은 비트코인 생태계를 탐사하는 절차를 하나씩 밟아가며 자신의 작업이 거의 인류학적 연구에 가깝다는 사실을 깨달았다. 사람들은 비트코인으로 무엇을 하는가? 그중 암호화폐를 저축하거나 소비하는 사람은 얼마나 되나? 하지만 초기 발견 내용이 드러나기 시작하면서, 그녀는 훨씬 더 구체적인 목표를 만들기 시작했다. 그것은 드레드 파이어럿 로버츠의 크립토 아나키스트로 대표되는 이상주의적 개념과 정면으로 상치되는 것이었다. 미클존은 비트코인 거래는 의심의 여지 없이 매우 자주 추적될 수 있다는 점을 입증하기로 했다. 심지어 거래에 연루된 사람들이 자신들의 익명성이 보장된다고 믿을 때도, 아니 그런 경우야말로 더더욱 추적될 수 있음을 증명키로 한 것이다.

. . .

미클존은 비트코인을 다양하게 활용해 의도적으로 만들어낸 디지털 흔적을 지켜보면서 수십 년 전 맨해튼 다운타운에 있는 어머니의 사무실을 구경했던 순간을 떠올렸다. 그날 아침, 미클존과 어머니는 함께 지하철을 타고 미국 자연사 박물관American Museum of Natural History 근처에 있는 어퍼 웨스트 사이드Upper West Side의 아파트부터 폴리 광장Foley Square의 위압적인 돌기둥의 법원 맞은편 연방 빌딩까지 왔다.

미클존은 아직 초등학교에 다녔지만 그날은 딸에게 직장 체험을 시켜주는 날take-your-daughter-to-work day이었고, 그녀의 어머니는 연방 검사로, 수년 동안 시 정부를 속여(이를테면 정부 관료를 매수해 학교의 급식 서비스나 도로포장 공사를 터무니없는 가격에 낙찰받는 식으로) 시민의 세금을 포탈하는 악덕 계약 업자나 그들과 공모해 수익성이 낮은 투자 상품을 시의 재무 담당자에게 파는 은행들을 수사하고 기소했다. 그런 부패 수사의 대상이 된 곳 중 상당수는 몇 년의 실형을 받았다.

그날 법무부의 뉴욕 사무실에서, 당시 채 열 살이 되지 않은 새라 미클존은 업무를 맡았다. 어머니가 지휘하는 수사의 일환으로 수표 뭉치를 샅샅이 뒤져 부패한 뇌물 수수의 단서를 찾아내는 일이었다.

바로 그런 느낌이다. 작고 사소한 데이터 요소들을 일일이 조합해 더 큰 그림을 찾아내려는 노력은 그로부터 20년 뒤 비트코인 블록체인을 꼼꼼히 탐사하는 미클존에게 기시감既視感을 안겨줬다. 그때까지도 그녀는 무슨 일을 하는지 명료한 의식이 없었다.

"내 머릿속 어딘가에는 이런 생각이 있었어요"라고 미클존은 말한다. "돈의 흐름을 따라간다는 생각 말이에요."

어린 시절 미클존은 나이에 비해 체구는 작지만 호기심이 무척 강했고 퍼즐을 좋아했다. 복잡할수록 더 좋았다. 그녀의 어머니는 장거리 자동차 여행을 하거나 공항에서 대기 중이거나 그 외 다른 여러 상황에서 미클존의 주의를 다른 데로 돌리려 할 때는 퍼즐 책을 안겨줬다. 월드와이드웹 초창기에 미클존이 처음 방문한 곳으로 기억하는 웹사이트 중 하나는 CIA 캠퍼스에 설치된 조형물 크립토스Kryptos에 새겨진 암호를 푸는 데 초점을 맞춘 지오시티즈GeoCities의 한 페이지였다. 구리로 만든 리본 모양의 크립토스 표면에는 심지어 CIA의 암호분석학자들조차 풀지 못한 네 개의 암호 메시지가 새겨져 있었다. 열네 살이 될 무렵 미클존은 「뉴욕타임스」의 십자말 풀이를 매일 했다.

런던 휴가 때 미클존의 가족은 대영박물관을 찾았는데, 미클존은 거기에서 로제타석Rosetta stone에 매료됐다. 그리고 수수께끼를 푸는 사람이 바른 열쇠를 찾기만 하면 해독할 수 있는, 더 너른 개념의 고대 언어들(총체적 문화의 잔재라고 볼 수 있을 것이다)에 관심을 갖게 됐다. 곧 미클존은 BC 1500년경 크레테 섬의 미노스 문명에서 사용된 두 개의 문자군인 선형문자Linear A와 선형문자 B에 대해 알게 됐다. 선형문자 B는 1950년대에 이르러서야 해독됐는데, 여기에는 청동기 시대 언어의 샘플을 20년간 꾸준히 연구하면서 무려 18만 장의 색인 카드에 연구 내용을 적은 브루클린 칼리지의 고전학자인 앨리스 코버Alice Kober의 공이 컸다.

미클존은 선형문자 A와 B에 깊이 매료된 나머지 그녀가 다니던 중학교의 선생님을 설득해 그 주제에 대한 세미나를 열었을 정도였다(세미나에는 그녀와 친구 하나만 참석했다). 선형문자 B에 대한 앨리스 코버의 연구 이야기보다 미클존을 더 깊이 매료시킨 것은 한 세기에 걸친 오랜 연구에도 선형문자 A를 해독한 사람이 전무하다는 사실이었다. 수수께끼 중 최고는 아무런 해독 키도 없는 것, 과연 거기에 해법이 있는지조차 아무도 모르는 것이었다.

미클존은 2004년 브라운대학에 진학하면서 암호학cryptography을 만났다. 이 컴퓨터 과학 분야는 그녀의 퍼즐 중독증과 더없이 잘 맞았다. 암호화 시스템이란 결국 해독돼야 할 또 다른 비밀 언어가 아니겠는가?

암호학에는 암호학자인 브루스 슈나이어Bruce Schneier의 이름을 따 '슈나이어의 법칙'으로 지칭되는 격언이 하나 있다. 누구든 본인조차 깨는 방법을 모를 만큼 영리한 암호화 시스템을 개발할 수 있다는 것이다. 그렇지만 어린 시절 미클존을 매료시킨 최고의 난제와 미스터리처럼 암호에 다른 시각과 방식으로 접근하는 누군가는 '깨지지 않는unbreakable' 시스템을 보자마자 그것을 깨는 방법을 찾아내 전 세계에 해독된 내용을 풀어놓을 수도 있을 터였다.

미클존은 암호의 과학을 공부하면서 프라이버시의 중요성과 감시를 막는 통신의 필요성을 인식하기 시작했다. 그녀는 사이퍼펑크는 아니었다. 코드를 만들고 깨는 작업의 지적 매력이 감시를 무력화하려는 어떤 사상적 동력보다 더 강력하게 그녀를 밀어붙인 것이었다. 하지만 많은 암호학자와 마찬가지로 미클존은 결국 깨지지 않는 암호화의 필요성을 믿게 됐다. 독재 정부에 반대해 세력을 결집하는 반체제 인사나 내부 고발자들이 기자들과 비밀을 공유하는 등 민감한 소통을 하려면 누군가가 엿보거나 듣지 못하도록 비밀을 보장하는 것이 암호화 기술이었다. 그녀가 그러한 원칙을 직관적으로 받아들이게 된 배경은 어머니가 연방 검사였던 것과 맨해튼의 아파트에서 자신의 프라이버시를 유지하려 애썼던 십 대 시절의 경험으로 돌렸다.

. . . .

미클존은 뛰어난 암호학자의 재능을 보였고, 얼마 지나지 않아 명석하고 유명한 컴퓨터 과학자인 애나 리스얀스카야Anna Lysyanskaya의 학부 조교가 됐다. 리스얀스카야 교수 자신은 암호학계의 전설인 론 리베스트Ron Rivest 밑에서 배웠는데, 웹브라우저부터 암호화된 이메일, 인스턴트 메시징 프로토콜에 이르기까지 거의 모든 분야에서 널리 사용되는 현대 암호화의 기반을 형성한 RSA 알고리즘이 그의 작품이다. 첫 단어인 R은 그의 이름에서 나온 것이었다. RSA는 30년 이상 슈나이어의 법칙에 굴복하지 않은 몇 안되는 기반 암호화 프로토콜 중 하나였다.

리스얀스카야는 당시 비트코인이 나오기 전에 유통되던 이캐시eCash라는 이름의 암호화폐를 연구하고 있었다. 이캐시는 1990년대 암호학자인 데이비드 차움David Chaum이 처음 개발했는데, 익명화 시스템에 대한 차움의 획기적 작업은 이후 가상사설망VPN이나 토르 같은 기술을 구현하는 바탕이 됐다. 미클존은 학부를 졸업하고 브라운대학에서 석사 과정을 시작했다. 지도교수인 리스얀스카야를 도와 차움의 이캐시를 더 진정한 익명 지불 시스템으로 발전시키고 확장성과 효율성을 높이려는 연구 작업을 수행했다.

이들이 최적화를 위해 힘을 쏟는 암호화 기법은 돌이켜보면 현실에서 제대로 작동할 것으로 상상하기 어려웠다고 미클존은 인정했다. 비트코인과 달리 이캐시는 심각한 문제가 있었다. 익명의 이캐시 지불자는 코인을 위조해 순진한 수신자에게 보낼 수 있었다. 수신자가 해당 코인을 일종의 이캐시 은행에 입금하면 은행은 진위를 검토하고 위조 코인인 것이 드러나면 사기꾼의 익명성을 박탈해 그의 신원을 공개한다. 하지만 그때는 이미 사기꾼이 구매한 물품을 챙겨 도망간 다음이다.

그럼에도 이캐시 시스템은 독특한 이점이 있었다. 그것이 보장하는 익명성이 절대로 깨지지 않는다는 점이었다. '영지식증명零知識證明, Zero-Knowledge Proof'이라는 수학 기법에 바탕을 둔 이캐시는 은행이나 수신자가 지불자나 그가 지불하는 돈에 대해 다른 내용을 몰라도 지불 내용의 유효성을 확인할 수 있었다. 그처럼 치밀한 수학적 기법에 따른다면 이캐시는 안전할 공산이 컸다. 슈나이어의 법칙은 적용되지 않았다. 아무리 영악하고 막강한 컴퓨터 처리 능력이 있대도 익명성을 깰 수는 없을 터였다.

2011년 비트코인에 대해 처음 들었을 당시 미클존은 UCSD의 박사 과정이었지만 그해 여름을 마이크로소프트의 연구원으로 지내고 있었다. 워싱턴 대학의 한 친구가 그녀에게 새로운 디지털 지불 시스템이 있는데 실크로드 같은 사이트에서 마약을 구입하는 데 사용된다고 귀띔했다. 그 무렵 미클존은 이캐시 연구에서 손을 떼고 다른 연구로 분주할 때였다. 이를테면 사람들이 개인적인 이동 정보를 드러내지 않고도 도로 통행료를 계산할 수 있게 해주는 시스템이라든지, 현금자동지급기ATM의 키패드에 남은 미량의 잔류 열을 감지해 인출자의 개인 비밀번호PIN를 보여주는 열 감지 카메라 같은 것이었다. 그에 몰두하느라 비트코인의 존재는 미클존의 머릿속에서 밀려나 다음 해까지 그녀의 관심 밖에 있었다.

이듬해인 2012년 말 UCSD 컴퓨터 과학과의 단체 하이킹이 열린 어느 날, 키릴 레브첸코Kirill Levchenko라는 젊은 과학자가 미클존에게 당시 점점 떠오르던 비트코인 현상을 살펴보는 게 좋겠다고 제의했다. 안자 보레고 사막 주립공원Anza-Borrego Desert State Park의 삐죽삐죽한 풍경을 감상하며 트레킹하는 동안 레브첸코는 비트코인의 독특한 작업증명proof-of-work 시스템에 매료됐다고 설명했다. 그 시스템은 통화를 캐내고(마이닝) 싶은 사람이라면 누구나 계산(기본적으로 방대하고 자동화된 퍼즐 풀기 경쟁)을 수행하는 데 필요한 막대한 컴퓨팅 자원을 쏟도록 요구했으며 그 결과는 블록체인에 거래 내역으로 복제됐다. 그 무렵에는 야심찬 비트코인 채굴자들이 이미 이 낯설고 새로운 형태의 돈을 생산하기 위한 맞춤형 마이닝 마이크로프로세서를 여럿 개발하고 있었고, 비트코인의 독창적인 시스템 덕택에 어느 악의적 인물이 허위 거래를 블록체인에 등재하려면 수천 명의 비트코인 채굴자들이 사용하는 컴퓨터 처리 능력을 모두 더한 것보다 더 강력한 컴퓨터를 사용해야만 가능했다. 그것은 중앙 통제 장치를 마련하지 않고도 통화를 안전하게 관리할 수 있는 명석한 접근법이었다.

비트코인의 직동 기법을 살펴본 미클존은 흥미를 갖게 됐다. 하지만 하이킹을 마치고 집에 돌아와 사토시 나카모토의 비트코인 백서를 읽어보곤 즉각 비트코인의 절충법은 자신이 속속들이 잘 아는 이캐시 시스템과 정반대라는 점을 인식했다. 사기 예방은 은행 감독기관이 수행하는 유형의 사후 위조 분석이 아니라, 모든 개별 비트코인을 누가 소유했는지를 보여주는 위조 불능의 공공 기록인 블록체인의 즉각적인 점검을 통해 이뤄졌다.

하지만 블록체인 원장 시스템은 엄청난 프라이버시의 희생을 요구했다. 비트코인에서는 선의든 악의든 모두가 모든 지불의 증인이었다.

그 모든 지불의 배후 신상이 26-35개의 긴 부호로 구성된 익명 주소로 어느 정도 보호되는 것은 맞다. 하지만 미클존이 보기에 이것은 생래적으로 위험하고 취약한 가림막 같았다. 훔쳐보려는 이들에게 아무런 정보도 내비치지 않는 이캐시와 달리, 비트코인은 엄청난 규모의 분석 데이터를 제공했다. 어떤 패턴의 데이터가 남들의 감시에서 안전하다고 믿는 사용자들의 정체를 폭로하게 될지 누가 알 수 있겠는가?

"이 시스템의 프라이버시 성격에 대해서는 아무것도 증명할 수가 없었습니다"라고 미클존은 당시의 생각을 되짚었다. "암호학자로서 자연스럽게 떠오른 질문은 '그것이 비밀로 유지된다는 점을 증명할 수 없다면 어떤 공격이 가능할까'라는 것이죠. 프라이버시를 가질 수 없다면 대체 무엇을 갖는 걸까요?"

질문에 대한 답을 찾고 싶은 유혹에 미클존은 저항할 수 없었다. 블록체인은 마치 해독되지 않은 방대한 규모의 고대 언어처럼 엄청난 규모의 비밀을 바로 눈앞에 숨겨두고 있었다.

8장

익명의 인물들

2012년 말, 미클존은 블록체인을 파고들면서 매우 간단한 질문으로 시작했다. 얼마나 많은 사람이 비트코인을 사용하는가?

숫자를 정확히 파악하기는 생각보다 훨씬 어려웠다. 블록체인 전체를 UCSD 서버에 내려받아 검색 가능한 데이터베이스로 정리했다. 막대한 규모의 스프레드시트 같은 데이터베이스에 따르면 비트코인 주소가 1천 200만 개 이상 있었고, 그들 사이에서 약 1천 600만 번의 거래가 일어났다. 하지만 그토록 엄청난 규모에도 불구하고 비트코인의 역사에서 맨눈으로도 인지할 만한 이벤트가 꽤 많았다. 지불자와 수신자들은 익명의 주소 뒤에 숨었을지 모르지만 일부 거래는 마치 누군가의 다락에 얇은 천으로 덮어 숨겨놓은 가구의 도드라진 부분처럼 명확하게 구분됐다.

미클존은 이를테면 암호화폐 초기, 다른 이들이 미처 비트코인을 사용하기 전에 사토시가 마이닝한 거의 100만 개의 비트코인은 물론, 2009년 1월 사토시가 시험 삼아 조창기 비트코인 개발자인 할 피니Hal Finney에게 10개의 코인을 보낸 첫 번째 거래 내역도 볼 수 있었다. 실제 가치가 반영된 첫 지불 내역도 찾아냈다. 2010년 5월 라즐로 하니에츠Laszlo Hanyecz라는 이름의 프로그래머가 비트코인 1만 개를 받고 한 친구에게 피자 두 판을 판 유명한 거래였다(이 글을 쓰는 현재 이는 수억 달러에 해당하는 가치다).

다른 수많은 주소와 거래도 인지됐고 비트코인토크^{Bitcointalk} 같은 포럼에서 널리 논의됐다. 미클존은 긴 시간을 들여 블록체인에 등재된 길디긴 부호들을 구글로 검색해 누군가가 해당 주소의 주인임을 이미 주장했는지, 아니면 다른 비트코인 사용자들이 특정한 고가의 거래들에 대해 입방아를 찧고 있는지 확인했다. 미클존이 들여다보기 시작할 무렵, 누구든 충분한 관심과 인내심을 가진 사람이면 암호 같은 주소들의 바다를 헤치고 나아가 블록체인의 난독화 조치로 신원을 가린 사람들끼리, 때로는 상당한 규모의 거래를 통해 돈을 주고받는 상황을 볼 수 있었다.

하지만 신원을 가려주는 난독화 너머에 진짜 어려움이 도사리고 있었다. 미클존이 두 주소 사이의 거래를 볼 수 있는 것은 분명했다. 문제는 거기에서 더 깊이 파고들어 어느 단일한 인물이나 기관의 비트코인 비축 현황을 파악하기가 어렵다는 점이었다. 한 사용자는 자신의 코인을 관리하는 여러 지갑 프로그램 중 하나를 골라 원하는 만큼 많은 주소를 가질 수 있었다. 은행에서 고객이 원하는 만큼 많은 계좌를 열 수 있도록 허용하는 것과 마찬가지로 사용자는 마우스 클릭 한 번으로 새로운 주소를 만들 수 있었다. 많은 프로그램이 사용자가 비트코인으로 지불받을 때마다 새로운 주소를 자동으로 생성해 혼란을 더했다.

그럼에도 미클존은 거래 내역이 아무리 복잡하고 혼란스럽더라도 어떤 패턴을 찾아낸다면 적어도 일부 수수께끼는 풀 수 있다고 확신했다. 비트코인 발명자인 사토시 나카모토의 백서에도 여러 주소를 단일한 아이덴티티로 끌어내는 데 사용될 수 있는 기법을 짧게 시사한 것을 미클존은 기억했다. 단일한 비트코인 거래에 다른 주소들에서 유래한 복수의 '입력값^{inputs}'이 포함될 때가 있었다. 만약 누군가가 친구에게 비트코인 10개를 지불하되 두 개의 다른 주소로 5코인씩 넣고 싶다면 지불자의 지갑 소프트웨어는 5코인씩 담은 두 개의 주소를 입력값으로, 10코인을 받은 주소를 출력값^{output}으로 기록한다. 지불이 가능케 하려면 지불자는 각 주소에 5코인씩 넣는 데 필요한 비밀 키가 두 개 있어야 한다. 이는 블록체인에서 거래를 확인하는 누구든 두 개의 해당 입력 주소가 동일한 인물이나 기관에 소속된 것임을 판별할 수 있다는 뜻이다.

사토시는 이것이 불러올 수 있는 프라이버시의 위험을 암시한 바 있었다. "어떤 연결은 복수의 입력 거래들로 수렴되는 것을 피할 수 없고, 이는 입력값들이 동일한 인물의 것이라는 점을 드러내게 된다"라고 사토시는 경고했다. "위험은 한 키의 소유자 신원이 드러나면, 그 연결은 그에 속한 다른 거래 내역도 드러내게 된다는 점에 있다."

그래서 미클존은 첫 단계로 모든 비트코인 지불 내역에 걸쳐 사토시가 무심코 시사했던 기법을 적용해봤다. 블록체인 데이터베이스에서 모든 복수 입력 거래를 찾아내 모든 2중, 3중 심지어 수백중으로 수행된 입력값을 연결함으로써 단일한 신원들로 찾아내려는 시도였다. 그 결과 잠재적인 비트코인 사용자의 숫자는 1천 200만 명에서 절반 이상인 500만 명 수준으로 줄어들었다.

사실상 거저나 마찬가지였던 첫 단계를 거친 다음에야 미클존은 자신의 두뇌를 진정한 수수께끼 풀기 모드로 전환했다. 마치 20세기의 고고학자가 상형문자를 훑으며 텍스트의 구절을 해독하는 데 도움이 될 수 있는 식별 가능한 단어나 문장을 찾듯이, 그녀는 비트코인의 거래 내역들을 꼼꼼히 살펴보면서 식별 정보를 드러낼 수도 있는 다른 단서를 찾기 시작했다. 자신과 동료들에게 지불을 시험하는 능 비트코인 지갑들을 요모조모 테스트한 끝에 암호화폐의 별난 특성을 이해하기 시작했다. 비트코인 지갑 대다수는 지불자들이 특정 주소에 예치된 코인을 전액 지불하는 것만 허용했다. 말하자면 각 주소는 속에 든 동전을 쓰기 위해 깨뜨려야만 하는 돼지 저금통 같은 것이었다. 돼지 저금통 안에 든 총액보다 적은 액수를 지출하려면 나머지는 새로 만들어진 돼지 저금통에 저장해야 했다.

두 번째 돼지 저금통은 비트코인 시스템에서는 '변경^{change}' 주소로 불린다. 예컨대 당신이 10코인 주소에서 누군가에게 6코인을 지불한다면 그것은 수신자의 주소로 이전된다. 당신의 잔돈 4코인은 새로운 주소에 저장되는데, 이것은 당신의 지갑 소프트웨어가 자동으로 만들어준다. 미클존과 같은 수사관의 시각에서 블록체인의 거래를 확인할 때 생기는 문제는 수신자의 주소와 지불자의 잔금 저장용으로 만들어진 '변경 주소'가 둘을 구별해 주는 아무런 추가 정보 없이 둘 다 출력값으로만 등재된다는 점이다.

하지만 때로는 변경 주소와 수신자 주소의 차이를 판별하기가 쉽다는 사실을 미클존은 깨달았다. 만약 한 주소가 전에 사용된 적이 있고 다른 주소는 그렇지 않다면 완전히 새로운 두 번째 주소가 방금 깨진 돼지 저금통에서 지불하고 남은 돈을 저장하기 위해 즉시 만들어진 새 돼지 저금통일 수밖에 없다. 그리고 그것은 이 두 돼지 저금통(지불자의 주소와 변경 주소)의 주인이 동일하다는 뜻이다.

미클존은 변경 주소의 렌즈를 적용해 지불자와 그들이 지불한 잔액 주소가 서로 연결되는 사례를 찾기 시작했다. 그리고 이 단순한 비트코인의 변경 추적 행위가 얼마나 강력한 효과를 발휘하는지 확인했다. 수신자의 주소와 변경 주소를 구분할 수 없을 때는 마치 아무런 표지판 없는 삼거리에 낙오된 듯했다. 하지만 경로가 분산됐음에도 방금 갈라져 나온 주소와 변경 주소를 연결할 수 있을 때는 그녀 자신만의 표지판을 만들어 돈의 행방을 추적할 수 있었다.

미클존은 최종적으로 이전까지 연결돼 있지 않았던 전체 거래 체인을 서로 연결할 수 있었다. 지불자가 자신의 코인을 자잘한 지불에 사용할 때마다 잔액은 한 변경 주소로, 다시 다른 변경 주소로 이동했다. 코인의 잔액은 지불이 일어날 때마다 새로운 주소로 이동하지만 주소들은 모두 단일한 지불자의 거래를 표시할 수밖에 없다.

미클존은 거래 체인들을 껍질을 벗기는 사슬이라는 뜻의 '필링 체인peeling chains' 또는 간단히 '필 체인'이라고 불렀다. 그녀는 이것을 돌돌 말아 묶은 지폐 뭉치에서 누군가가 지폐들을 벗겨내는 것 같다고 생각했다. 지폐 뭉치에서 한 장을 빼내 다른 주머니에 넣었대도 지폐 뭉치의 주인이 달라지는 것은 아니다. 이러한 필링 체인을 따라감으로써 디지털 화폐의 움직임을 추적하는 일은 전례없는 가능성으로 발전했다.[4]

미클존은 이제 두 가지 영리한 기법을 갖게 됐고, 둘 다 복수의 비트코인 주소를 단일한 인물이나 기관과 연결해 이른바 '무리짓기clustering'를 가능케 했다. 처음 보기에는 이질적인 주소들이 이제 수백 개, 어떤 때는 수천 개 주소를 아우르는 무리(클러스터cluster)로 연결됐다.

그녀는 이미 암호화폐의 많은 사용자가 불가능하다고 여겼던 방식들로 비트코인을 추적하고 있었다. 하지만 코인들을 추적한다고 해서 반드시 누가 소유주인지 알 수 있다는 뜻은 아니었다. 비트코인 배후의 신원은 수수께끼로 남았고, 미클존이 걸러낸 각각의 무리 또한 애초의 단절된 개별 주소처럼 익명 처리된 것이었다. 그러한 무리의 실명을 찾아내려면 훨씬 더 실질적인 접근법이 필요하다는 점을 그녀는 깨달았다. 고고학자처럼 사후에 비트코인 경제의 구성 요소를 관찰하는 것만으로는 부족하며, 스스로 비트코인 사용자가 (때로는 잠복 수사관이) 돼야 한다고 생각했다.

---

4 미클존은 연구 과정에서 스위스와 독일의 연구자들, 이스라엘 와이즈만 과학연구원(Weizmann Institute of Science), 아일랜드의 유니버시티 칼리지 더블린 등 여러 다른 연구 그룹도 비트코인의 익명성과 프라이버시에 대해 자신과 UCSD 동료들이 한 것과 같은 유형의 조사를 시도한 사실을 발견했다. 하지만 그들은 모두 사토시의 오리지널 비트코인 백서에 제시된 첫 번째 무리짓기 방법을 사용했고, 유일하게 아일랜드 팀이 2012년 연구에서 변경 주소 방식을 간략히 시사했지만 UCSD 팀과 달리 해당 기법을 실제로 실행하지는 않았다. 미클존은 자신이 그 기법을 사용할 당시에는 아일랜드 팀이 변경 주소를 바탕으로 한 무리 짓기 방식을 언급한 사실을 몰랐다고 말한다.

· · ·

미클존은 자신의 본격적인 비트코인 연구에 조언해줄 사람으로 UCSD의 스테판 새비지^{Stefan Savage} 교수를 골랐다. 그는 미클존이 여러 해에 걸쳐 매진한 심도 있는 수학적 암호학 연구의 스펙트럼에서 다른 극단에 있다고 볼 수 있는 인물이었다. 새비지 교수는 추상적 이론보다는 실질적 결과를 추구하는 현실적 실험에 관심이 더 많고 직접 해봐야 직성이 풀리는 실증적 연구자였다. 또한 지금은 전설이 된 연구 팀의 수석 고문 중 한 사람이었다. 새비지 교수가 속한 연구 팀은 2011년 셰브롤레^{Chevrolet} 임팔라^{Impala}의 원격 서비스 채널인 온스타^{OnStar} 시스템에 장착된 셀 방식 무선 전화로 승용차를 원격 장악해 핸들과 브레이크를 마음대로 조작할 수 있다는 충격적인 사실을 제너럴 모터스 측에 시연해 보였다. 인터넷을 활용해 자동차 해킹이 가능하다는 점을 입증한 첫 사례였다.

새비지 교수는 스팸 이메일의 생태계를 추적하는 매우 야심찬 프로젝트를 추진하는 그룹에도 도움을 줬는데(미클존에게 비트코인을 소개해준 과학자, 키릴 레브첸코도 그룹원으로 있었다), 이 연구에서도 새비지 교수 팀은 데이터를 얻기 위해 발로 뛰는 노력을 서슴지 않았다. 이들은 진짜와 가짜 의약품을 광고하고 판매하는 마케팅 이메일에서 웹 링크 수억 개를 수집했다. 그런 다음 (새비지의 표현에 따르면) '세계에서 가장 잘 속는 사람'의 역할을 충실히 수행해 수많은 링크를 모조리 클릭했고 스팸 장사꾼들이 파는 물건에 5만 달러 이상을 지불했다. 그와 동시에 신용카드 회사들과 협력해 그렇게 지불된 돈의 행방을 추적해 궁극적으로 어느 은행들에 귀착되는지 파악했다.

이 수상한 은행 중 여럿은 연구자들의 추적 작업 결과 문을 닫았다. 프로젝트의 또 다른 참여자인 제프리 볼커^{Geoffrey Volker} UCSD 교수는 당시 이렇게 말했다. "우리의 비밀 무기는 쇼핑이에요."

미클존이 비트코인 추적 프로젝트를 새비지 교수에게 제안했을 때도 동일한 접근법을 쓰기로 동의했다. 비트코인 거래를 직접 수행한 후 생성되는 주소들을 하나하나 식별한다는 것. 마약 수사관이 직접 마약 거래에 나서 현장에서 범죄자를 체포하는 수법과 비슷했다. 이들은 블록체인을 해독하기 위해 쇼핑을 다시 비밀 무기로 쓰기로 했다.

미클존은 2013년 초반 몇 주 동안 비트코인을 받는 온라인 상점들에서 커피, 컵케이크, 트레이딩 카드[5], 머그잔, 야구 모자, 은화銀貨, 양말 등 옷장을 가득 채울 분량의 온갖 잡화를 주문하고, 10여 개의 비트코인 마이닝 그룹에 참여했다. 또한 온라인의 모든 크립토 카지노에서 비트코인으로 도박을 벌였다. 사실상 모든 비트코인 거래소(그리고 실크로드)에서 비트코인을 되풀이해서 입출금한 것도 그래서였다.

직접 관여한 344건의 거래에서 미클존이 직접 식별하고 태그한 수백 개의 주소는 전체 비트코인 지형에서 보면 극히 사소한 부분에 지나지 않았다. 하지만 주소를 자신의 연결 및 무리 짓기 기법으로 태그하자, 많은 태그가 단일한 주소뿐 아니라 동일한 소유주에 귀속된 방대한 무리(클러스터)를 판별했다. 몇백 개의 태그로 100만 개가 넘는 비트코인 익명 주소의 신원을 파악한 것이다.

이를테면 비트코인을 마운트곡스에 입금했다가 출금하는 방식으로 식별해낸 불과 30개의 주소로 그녀는 50만 개 이상의 주소를 마운트곡스 거래소와 연결할 수 있었다. 또한 실크로드의 지갑에 겨우 네 번 입금하고 일곱 번 인출하는 것만으로 30만 개에 가까운 주소를 식별할 수 있었다. 그렇다고 해서 미클존이 실제 실크로드 사용자의 신원을 이름으로 판별할 수 있다거나, 드레드 파이어럿 로버츠[DPR]라는 수수께끼의 인물을 밝혀낼 수 있

---

5 아이들이 수집하거나 교환하는 카드. 흔히 스포츠 선수나 유명인의 모습이 인쇄돼 있다. – 옮긴이

다는 뜻은 아니었다. 하지만 인터뷰에서 자신의 비트코인 혼합기 시스템 덕분에 관찰자들은 사용자가 언제 자신의 실크로드 계정에서 암호화폐를 입출금하는지조차 파악할 수 없다는 DPR의 주장과 정면 배치된다는 점은 분명했다.

미클존이 수행 결과를 새비지 교수에게 보여주자, 그는 감탄했다. 하지만 발견 내용을 논문으로 발표할 계획을 세우면서, 그는 해묵은 통계 대신 독자들의 주목을 끌 만한 구체적인 입증 절차를 원했다. "우리는 이런 기법들이 실제로 어떤 결과를 가져오는지 사람들에게 보여줄 필요가 있어요"라고 그는 말했다.

미클존은 한 단계 더 나아가기로 했다. 그녀는 자신이 추적할 수 있는 구체적인 비트코인 거래들(특히 범죄성 거래)을 찾기 시작했다.

·　·　·

조사해 볼 만한 흥미로운 주소에 대한 논의를 찾아 암호화폐 포럼들을 뒤지던 미클존은 유독 눈에 띄는 수수께끼의 거금에 주목했다. 이 주소는 2012년 한 해 동안만 61만 3천 325개(유통 중인 전체 코인의 5%)의 비트코인을 축적했다. 이는 당시 가치로 750만 달러 선이었는데, 10억 달러에 근접하는 현재 가치에는 한참 못 미쳤지만 어쨌든 엄청난 거금인 것은 분명했다. 비트코인 사용자들 사이에서 떠도는 풍문은 그것이 실크로드의 지갑이거나, 'pirate@40'로 알려진 사용자가 악명 높은 비트코인 다단계 금융 사기를 벌인 결과라는 것이었다.

미클존은 두 소문 중 어느 것이 옳은지 알 수 없었다. 하지만 무리짓기 기법을 사용해 방대한 규모의 비트코인을 좇고 있었다. 그녀는 비트코인이 하나의 주소로 표나게 적립된 다음, 2012년 말에 쪼개져 블록체인의 여러 경로를 통해 송금된 사실을 발견했다. 미클존은 필 체인 기법을 이용해 그렇게 갈라진 비트코인 수만 개의 행방을 추적했고, 최초 주인의 소유로 남은 것과 자잘한 규모로 양파껍질 벗기듯 진행된 다른 지불 기록을 구분할 수 있었다. 궁극적으로 필 체인 중 여럿은 마운트곡스와 비트스탬프 같은 거래소로 이어져 전통적인 통화로 현금화한 듯했다. 대학 연구자 신분으로는 더 추적할 방도가 없었다. 하지만 수사 기관의 소환 권한을 가진 사람이라면 누구나 이들 거래소에 그러한 거래 당사자들의 계정 정보를 요구함으로써 750만 달러의 수수께끼를 풀 수 있음을 알았다.

더 사냥할 코인을 찾던 미클존은 또 다른 부정한 돈에 주목했다. 대규모 암호화폐 절도는 2013년 초반에 두드러진 현상이었다. 따지고 보면 비트코인은 현금이나 금과 같았다. 비트코인 주소의 비밀 키를 훔쳐낸 사람이면 그 주소를 열쇠 삼아 디지털 금고를 비워버릴 수 있었다. 신용카드나 다른 디지털 지불 시스템과 달리, 비트코인의 움직임을 차단하거나 되돌릴 수 있는 감독 기관은 없었다. 그런 특성 때문에 모든 비트코인 비즈니스와 그를 통한 매출금은 해커들의 단골 표적이었다. 비트코인 계정의 소유자가 비밀 키를 인터넷과 연결된 컴퓨터들에 저장하는 (비유하자면 몇만에서 몇십만 달러 규모의 현금을 주머니에 넣고 위험한 골목을 배회하는 것만큼 치명적인) 실수를 저지를 땐 더더욱 그랬다.

미클존은 비트코인토크 포럼에서 근래 벌어진 가장 큰 규모의 암호화폐 절도 사건과 연계된 주소 목록을 발견했다. 초창기 비트코인 도박 사이트에서 3천 171개의 코인이 도둑맞은 것을 보고, 미클존은 한 주소에서 다른 주소로 10회 이상 이동한 도난 비트코인이 현금화되기 전에 그 행방을 추적할 수 있겠다고 판단했다. 비트코이니카^{Bitcoinica} 거래소에서 도난당한 1만 8천 500개의 비트코인을 추적한 미클존은 일련의 필 체인을 거쳐 세 개의 다른 거래소로 이어진 사실을 발견했다. 절도범들이 거기에서 현금화했으리라는 데는 의문의 여지가 없었다. 미클존의 눈앞에 놓인 스크린은 수많은 수사 단서로 가득했고, 실제 범죄 수사관들이 소환장을 들고 추적한다면 충분히 범인들을 잡아낼 수 있을 것 같았다.

미클존이 새비지에게 결과를 보여주자 이번에는 그도 동의했다. 논문을 발표할 준비가 됐다고.

논문의 최종 드래프트에서 미클존과 공저자들은 당시 수많은 비트코인 사용자가 믿었던 부분이 사실이 아니라고 명확히 언명된 결론을 (사상 처음 확고하고 실증적인 증거를 바탕으로) 실었다. 이들이 논문에 기술한 내용에 따르면 블록체인은 추적이 가능하며, 익명성이 보장된다고 믿었던 사람들 간에 벌어진 방대한 거래 내역이 식별될 수 있는 공공 기록이라고 기술했다.

"우리의 비교적 작은 실험으로도 이 접근법이 비트코인 경제의 구조, 사용 방법, 연계된 기관들을 드러내는 데 매우 효과적이라는 점을 입증한다"라고 논문은 밝힌다. "우리는 소환 권한을 가진 기관이라면 누가 누구에게 돈을 지불하는지 식별할 수 있다는 점을 입증한다. 소수의 비트코인 기관(특히 통화 거래소 역할을 하는 서비스들)이 점점 더 독점적 영향력을 행사한다는 점, 모든 거래가 블록체인에 공개된다는 점, 그리고 주요 기관들로 흘러드는 돈의 행방을 추적할 수 있는 우리의 능력을 고려할 때, 비트코인은 돈세탁 같은 대규모 불법 거래 수단으로는 결코 매력적일 수 없다."

그렇게 기본 논조를 설정하고, 비트코인이 태생적으로 추적 불가능하다는 신화의 커다란 허점을 폭로하는 논문에 걸맞은 영리한 제목을 뽑기 위해 미클존, 새비지 그리고 다른 조언자인 제프리 볼커는 활발한 토론을 벌였다. 결국 자신들이 기록하는 비트코인 경제와 닮은 무법적 서부 개척 시대에 대한 오마주로 (그리고 새비지와 볼커 모두 스파게티 웨스턴을 좋아한다는 데 착안해) 1960년대 클린트 이스트우드Clint Eastwood 주연의 클래식 영화 제목

〈한 움큼의 달러 지폐^{A Fistful of Dollars}〉⁶를 본뜬 '한 움큼의 비트코인^{A Fistful of Bitcoins}'이라는 표현으로 시작했다. 종래에는 이스트우드가 연기한 카우보이 총잡이의 이미지와, 이들의 신종 기법으로 그 정체를 밝혀낼 수도 있는 수상한 범죄자들의 이미지를 동시에 떠올릴 수 있는 부제로 결정했다. 2013년 8월 이들의 논문이 처음 인터넷에 게재됐을 때 논문 초록은 비트코인 거래에 연루된 범죄자들에게는 필연적 결과가 될 표현을 담고 있었다. 「한 움큼의 비트코인: 익명의 인물들끼리 벌이는 거래의 특징 분석^{A Fistful of Bitcoins: Characterizing Payments Among Men with No Names}」

---

6 국내에서는 1966년 〈황야의 무법자〉라는 제목으로 개봉했다. − 옮긴이

9장

사이버 나크(Cyber Narc)

2013년 7월 말, 보안 전문 기자인 브라이언 크렙스^{Brian Krebs}는 자신에게 배달된 우편물에서 예상은 했지만 조금도 반갑지 않은 선물을 발견했다.

발신지가 시카고로 찍힌 얇은 봉투 안에는 일간지 「시카고 트리뷴^{Chicago Tribune}」이 구독자를 대상으로 배포하는 주간지 「시카고 컨피덴셜^{Chicago Confidential}」이 있었다. 보석 광고가 실린 잡지 뒷면에는 비닐 백 10여 개가 테이프로 붙여져 있었다. 검은색과 금색 해골 패턴으로 뒤덮인 작은 비닐 백이었다. 각각의 비닐 백에는 티스푼 하나 분량의 미세한 백색 가루가 담겨 있었다. 헤로인이었다.

크렙스는 익명의 사이버 범죄자를 색출해 범죄 활동을 방해하는 일로 명성이 자자했다. 누군가가 그런 그에게 누명을 씌우려 우편물을 가장해 수작을 부렸지만 효과는 없었다. 2주 전 크렙스를 숙적으로 여기는 러시아 해커 중 한 명이 범죄자들의 비밀 포럼에 올린 글을 봤다. '플라이크래커^{Flycracker}'로 알려진 해커는 실크로드에서 헤로인을 구입해 크렙스에게 보내려 비트코인을 모으고 있었고, 보낸 후에는 경찰에 마약 판매범으로 신고할 계획이었다.

러시아어로 된 문제의 글을 번역한 다음 크렙스는 곧바로 지역 경찰서에 전화해 누군가가 자신에게 누명을 씌우려 한다고 신고했다. 경찰은 신고 내용을 적어뒀다. 실크로드의 헤로인 패키지가 집에 도착한 직후, 크렙스는 UCSD의 컴퓨터 과학과에서 박사과정 수료 후 연구원으로 있는 지인에게 연락했다. 과거에 스팸 수사를 함께 벌였던 지인은 크렙스에게 UCSD에서 비트코인의 거래 행방을 추적하는 연구를 수행 중이라고 귀띔했었다. 그는 크렙스를 대학원 학생 중 한 명과 연결해줬다. 그것이 새라 미클존이 암호화폐를 이용한 실제 범죄성 거래를 처음 추적하게 된 계기다.

결과적으로 플라이크래커가 일이 더 수월해지도록 도운 꼴이 됐다. 비트코인 주소를 사이버 범죄자들의 포럼에 올려 미클존에게 출발점을 알려줬다. 그녀는 34개의 부호로 구성된 주소를 자신의 블록체인 소프트웨어에 복사해 넣고 거래 내역을 검토했다. 플라이크래커는 자신이 올린 주소로 기부된 2개의 비트코인(당시 약 200달러 상당)을 받은 다음, 그 돈의 4분의 3이 조금 넘는 액수를 다른 주소로 보내고, 3분의 1은 거스름돈으로 남겼다.

거래 내역을 일별한 미클존은 즉각 거스름돈의 주소를 식별한 뒤 그 돈의 목적지를 자신의 데이터베이스와 대조해 확인했다. 아니나 다를까, 주소는 그녀가 실크로드에 속한 것으로 이미 태그해 둔 30만 개에 가까운 주소 중 하나였다. 미클존은 방금 플라이크래커의 주소를 그가 크렙스에게 누명을 씌우려 사용한 헤로인의 출처와 연결한 것이다.

미클존은 플라이크래커의 신원이나 문제의 헤로인 판매자를 식별할 수는 없었다. 하지만 플라이크래커가 크라우드소싱으로 기부받은 돈의 출처를 마약 구매와 연결함으로써 크렙스 기자의 무죄를 입증하는 확고한 증거를 또 하나 제공했다. "데이터베이스에 주소를 넣는 것만으로 실크로드가 뜨는 것을 보고, 출처를 파악하는 것이 어떻게 가능한지 깨닫는 기분은 정말 끝내줬어요"라고 미클존은 회고한다.

· · ·

그즈음 나는 실크로드를 통해 마약을 주문하고 수취하는 실험을 자발적으로 수행하는 중이었다. 나는 드레드 파이어럿 로버츠와의 인터뷰 기사 일부로 실크로드에서 마리화나 몇 그램을 실제로 사보고 그 경험담을 지면에 싣자고 「포브스」의 편집자들에게 제안했었다. 편집장이 불법 마약 구매 내용을 지면에 싣기는 너무 위험하다고 (그러면서 디지털 미디어인 「바이스Vice」가 더 적합할 것 같다고) 결정했을 때는 이미 3그램의 마리화나가 우리 5번가 본사로 배송된 다음이었다.

그 무렵 2013년 늦여름, DPR은 경쟁에 직면했다. '블랙 마켓 릴로디드 Black Market Reloaded'와 '아틀란티스Atlantis'라는 이름의 다크웹 마약 시장 두 곳이 실크로드를 모델 삼아 문을 열고 호객을 시작한 것이다. 마약 거래상과 고객의 규모는 아직 상대적으로 작았다. ("그들이 나를 뒤쫓는 게 반가울 따름입니다"라고 DPR은 인터뷰에서 비웃듯 말했다. "내게 경쟁 의욕을 불러일으키거든요.")

나는 시험 삼아 세 곳에 각각 1그램 분량의 마리화나를 주문했다. 이틀 뒤 마리화나의 일종인 화이트 쿠시White Kush의 완벽한 싹을 3중 진공 포장한 패키지로 받았다. 배송자는 '어드벤처 타임Adventure Time'이라고 불리는 딜러로 아틀란티스 시장에서 온 것이었다. 며칠 뒤, '그레이프 갓Grape God'이라는 마리화나 품종의 싹들이 '도프 맨DOPE Man'이라고 불리는 실크로드의 딜러로부터 배달됐다. 블랙마켓 릴로디드에 주문한 미리 말아놓은 마리화나 담배는 영영 도착하지 않았는데, 딜러가 네덜란드에 있던 점을 고려하면 세관에서 묶였을 공산이 컸다. (안타깝게도 「포브스」의 어느 누구도 배달된 마리화나 변종들의 품질을 평가할 수 없었다. 잡지의 사내 변호사는 우리가 다크웹에서 구매한 제품을 구매 실험에 대한 비디오 제작을 마친 다음 화장실 변기에 버려야 한다고 강력하게 주장했기 때문이다.)

그로부터 몇 주 뒤 UCSD는 논문 「익명의 인물들Men with No Names」을 발표했는데, 그해 가을 콘퍼런스에서 더 공식적인 간행물로 출간될 허락을 얻었다. 미클존의 발견 내용은 즉각 「와이어드」를 비롯해 「바이스」의 테크놀로지 뉴스 사이트인 '마더보드Motherboard', 경제지인 「이코노미스트」와 「블룸버그 비즈니스위크」 등에 소개됐다. 미클존은 자신의 발견 내용이 과장되지 않도록 조심했다. 모든 비트코인 거래가 반드시 추적되는 것은 아니었다. 비트코인을 신중하게 소비한다면 그녀의 추적 기법을 피할 수도 있을 것이었다. 하지만 비트코인의 프라이버시 관련 특성은 많은 사용자가 믿는 내용과는 거리가 멀었다. 암호화폐에 대한 단속이 불가피하다고 경고하는 크립토판 카산드라Cassandra처럼 미클존은 기자들과의 인터뷰에서 비트코인의 익명성 보장설은 과장됐다는 점을 되풀이해서 강조했다.

나는 미클존에게 기법을 시연해 줄 수 있는지 이메일로 물었다. 다크웹 시장 세 곳에서 이뤄진 나의 마약 거래 내용을 추적해 보라는 것이었다. 그는 곧바로 그렇게 해보겠노라고 답장을 보내왔다.

추적 작업을 시작하기 위해 나는 마약 구매 실험의 일환으로 「포브스」의 비용 청구 계정을 사용해 거래소 중 하나인 코인베이스Coinbase 계정에 등록한 비트코인 주소 7개를 미클존에게 보냈다. 돌이켜보면 내가 미클존에게 지나친 이점을 선사했는지도 모르겠다. 하지만 나는 그녀가 소환 권한을 가진 수사 기관의 요원이 확보할 만한 (또는 코인베이스 직원이 훔쳐볼 수 있을 법한 수준의) 데이터를 제공하고 싶었다.

며칠 뒤, 코인베이스 계정의 돈이 어떻게 움직였는지 꼼꼼하고 빈틈없이 추적한 내용의 이메일이 도착했다. 총 11회에 걸쳐 벌어진 거래는 웹사이트 '블록체인.인포Blockchain.info'에 등재된 각 주소의 하이퍼링크를 포함하고 있었다. 미클존은 다크웹 시장 세 곳에 지불한 나의 입금 내용을 모두 식별해냈다. 그녀는 각 거래와 코인베이스가 자체 관리의 일환으로 내 돈을 한 주소에서 다른 주소로 옮긴 경우와 같은 다른 거래들을 구별했다. 심지어 내가 「포브스」의 동료 기자인 캐시미어 힐Kashmir Hill에게 보낸 비트코인 0.5개까지 찾아냈다. 힐 기자는 오직 비트코인만으로 생활이 가능한지 1주일간 실험하는 기획 기사를 준비하고 있었다.

미클존은 이메일에서 다크웹 마약 시장인 아틀란티스와 블랙마켓 릴로디드에 내가 지불한 내용에 대한 자신의 평가는 부분적으로 추정이었노라고 인정했다. 그녀는 각 사이트에서 벌어지는 거래 내역을 충분히 테스트하지 않았고, 따라서 자신의 대답에 (결과적으로는 둘 다 맞았지만) 전적으로 확신할 수 없었다.

반면에 마리화나를 사는 데 사용한 실크로드 지갑에 두 차례에 걸쳐 입금한 내역(0.2, 0.3비트코인)에 대해서는 따로 추정할 필요가 없었다. 처음에는 두 건의 지불 모두 미클존이 이전에 본 적이 없는 한 개 주소로 들어갔다. 하지만 블록체인은 그 주소의 돈이 200개의 다른 소액 비트코인과 하나로 더해져 40비트코인의 더 큰 복수 입력 거래로 새 주소에 등록되는 흐름을 보여줬다.

미클존은 자신의 테스트 지불과 무리짓기 기법 덕택에 거래에 포함된 여러 다른 입력값도 이미 식별했다. 그녀는 그것들이 실크로드와 연계된 수십만 개의 주소 중 일부라고 확신할 수 있었다. 그리고 사토시가 지적했던 것처럼 복수 입력 거래에서 동일한 인물이 항상 모든 입력 주소에 대한 키를 장악하고 있다. 따지고 보면 이것은 미클존의 연구를 이끈 첫 번째 불문율이었다.

미클존은 내가 실크로드의 누군가에게 0.2비트코인과 0.3비트코인을 각각 지불한 사실을 확실히 확인할 수 있었다. 불법 거래의 명백한 증거였다.

그녀의 평가 절차는 일반인들에게 복잡하게 들릴지도 모르지만, 2013년 9월 나에게 전화로 설명해줄 무렵 미클존은 이미 그런 비트코인 추적 기법을 완전히 내면화한 단계에 이르렀다. 그녀에게 나의 온라인 마약 거래는 직관적으로 훤히 보였다.

"마약 거래 내용이 거기에 고스란히 있었어요"라고 그녀가 말했다. "그보다 더 쉬울 수 없었죠."

. . .

하지만 논문 「익명의 인물들」이 나온 지 몇 달 뒤에 미클존은 비트코인 커뮤니티에서 자신의 연구 내용을 인정하지 않는다는 사실을 깨달았다.

2014년 봄, 미클존은 프린스턴Princeton에서 열린 한 암호화폐 콘퍼런스의 강연자로 초청받았고, 주최 측이 제공한 호텔의 식당에서 아침을 먹기 위해 비트코인의 프라이버시 문제를 연구해 온 프로그래머 겸 암호학 전문가 곁에 앉게 됐다. 두 사람은 암호화폐, 프라이버시 그리고 그 한계에 관한 각자의 철학적 견해를 주고받았다. 둘은 프라이버시가 기본 인권으로 보장돼야 한다는 데 동의했다. 이전 여름부터 미클존은 국가보안국NSA의 대규모 감시 활동을 폭로한 에드워드 스노든의 기밀문서 유출 사건에 대한 보도를 관심 있게 읽어 왔다. 그래서 사람들의 자유로운 의사 표현 공간을 보호해주는 암호화 기술의 중요성을 더욱 깊이 인식하고 있었다. 두 암호학자는 비트코인이나 비트코인의 지갑 프로그램이 어떻게 변경될 수 있는지 논의하기 시작했다. 미클존이 비트코인 프로그램 사용자의 신원 파악이 가능하다는 점을 증명한 블록체인 분석 같은 접근법으로부터 사람들의 재무 프라이버시를 보장할 수 있을지, 그에 따른 득실은 무엇일지 서로의 의견을 주고받았다.

미클존의 대화 상대는 간단한 주장을 개진했다. 프라이버시 보호책이 범죄 행위나 위험 행태를 허용하는 부분이 있더라도, 보편적이고 절대적이어야 한다는 것이었다.

"아, 거기에 대해 저는 확신하지 못하겠어요"라고 미클존은 반응한 것을 기억한다.

"그러면 입 닥쳐요"[7]라고 그 암호학자는 망설임 없이 대꾸했다.

미클존은 (농담 같지 않은 말투에) 조금 충격을 받았지만, 그저 농담이려니 하고 그 기이한 발언에 웃는 것으로 자리를 마무리했다. 따지고 보면 그녀는 컴퓨터 과학자들의 괴짜 기질에 익숙한 편이었다.

그날 늦은 아침, 미클존은 암호화폐 분야의 유명 인사들이 패널로 벌이는 토론을 객석에서 지켜봤다. 토론이 시작된 지 몇 분 후, 유명한 비트코인 프로그래머인 그레고리 맥스웰Gregory Maxwell이 긴 꽁지머리에 붉고 거칠거칠한 턱수염 모양으로 비트코인 세계에서 이른바 '연구 커뮤니티'가 하는 역할에 관해 모두 연설을 했다.

"비트코인 프라이버시와 사용자 익명성에 관한 여러 연구 논문이 나왔고, 대부분 주제는 사실상 비트코인 사용자들의 익명성을 제거하는 직접 분석 작업이었습니다"라고 맥스웰은 소규모 청중 앞에서 말했다. "심지어 그 사용자들이 범죄 행위에 가담했다고 주장하는 수준까지 이르렀습니다."

"이것은 사회학과 컴퓨터 분석학 분야의 우리 동료들이 볼 때, 당사자들에게 진짜 영향을 미치는 무엇인가를 공개하는 실질적인 '간섭interventions' 행위입니다"라고 맥스웰은 말을 이었다. "저는 프라이버시와 관련된 사안에 대해 어떤 형태의 행동 강령이 적절한지 진지한 논의가 필요하다고 봅니다." 비트코인 연구자들을 힐난하는 대목에서 미클존은 맥스웰이 자신에게 보내는 의미심장한 눈길을 감지했다.

그녀는 충격을 받았다. 맥스웰이 내 애기를 하는 건가? 미클존은 학계 동료들 앞에 호명이라도 된 것처럼 (공개적으로 이름이 불리지는 않았지만) 느꼈

---

7 Then you eat babies. 'Eat babies'는 '입 닥쳐'라거나 '놀고 있네' 등으로 해석될 수 있는 속어 – 옮긴이

다. (나중에 그녀는 맥스웰에게 당시 기분을 얘기했고, 그녀의 속상한 얼굴을 본 맥스웰은 개인적으로 그녀에게 사과했다.)

비트코인 커뮤니티로부터 배척당한다고 느끼기 시작할 즈음, 미클존은 다른 방향으로 이끌리는 느낌도 받았다. 그녀와 공저자들인 스테판 새비지, 데이먼 맥코이Damon McCoy는 한 정부 기구(그녀는 실명을 밝히기를 거부했다)로부터 어떻게 그들의 작업이 암호화폐를 사용하는 범죄 혐의자들을 식별하는 데 사용될 수 있는지 강연해 달라는 초청을 받았다. 그녀는 열린 마음으로 모임에 나갔다. 앞서 그들은 논문에 명시적으로 소환권을 가진 수사 기관은 블록체인에서 벌어지는 범죄 활동을 쉽사리 식별할 수 있다고 밝힌 바 있었다.

하지만 그녀는 방에 모인 수사관들의 공격적인 어조에 마음이 닫혀버렸다. 기관원들은 익명성을 보장하는 토르 소프트웨어를 범죄와 학대의 온상으로 단순무식하게 묘사하면서 범죄자 검거 활동에 커다란 방해가 된다고 주장했다. 미클존은 토르를 프라이버시 보호에 필수적인 툴로 여겼다. 전 세계 수백만 명이, 특히 압제 정권 치하의 사람들이 감시에서 벗어나 자유롭게 인터넷을 이용할 목적으로 토르를 사용한다는 점을 알고 있었다. 그녀는 토르의 발명가나 개발자들과 개인적 친분이 있었다. 암호학 콘퍼런스에서 그들을 만날 때마다 호감을 느꼈고, 원칙을 지키는 사람들로 여겼다. 그날의 미팅을 마치고 나설 때, 그녀는 연방 수사 기관과 공조할 수 있으리라는 환상을 완전히 지워버렸다.

미클존이 비트코인을 바삐 추적하던 때 새비지 교수는 그녀가 '사이버 나크cyber narc'[8]가 돼 간다고 농담한 적이 있었다. 정부 기관원들을 만난 그날

---

8 나크(Narc)는 위장 수사나 함정 수사로 마약범을 쫓는 수사관을 가리킨다. 사이버 나크는 디지털 환경의 마약 수사관인 셈이지만, 수사 목적상 마약 밀매 행위에 직접 연루될 때도 있어 좋은 이미지는 아니다. – 옮긴이

이후, 그때 기억이 머릿속에 다시 떠올랐다. 그 표현을 곱씹을수록 단어의 어감이 더 싫어졌다.

10장

글렌 파크

미클존에게 나의 마약 구매 내역을 추적해달라고 부탁한 지 몇 주 뒤인 2013년 10월 1일, 헝클어진 머리에 강단 있어 보이는 잘생긴 얼굴의 청년이 샌프란시스코의 글렌 파크Glen Park 근처 다이아몬드 스트리트로 걸어 내려왔다. 당시 스물아홉 살의 로스 울브리히트Ross Ulbricht라는 인물이었다. 그는 삼성 700Z 노트북이 든 가방을 메고 벨로 커피 앤드 티Bello Coffee and Tea라는 이름의 작은 카페에 들어갔다. 이곳은 울브리히트가 즐겨 찾아가 자리를 잡고 업무를 보는 곳이었다. 그는 이 소박한 커피숍에서 드레드 파이어럿 로버츠라는 가명으로 수억 달러 규모의 마약 거래를 중개하는 세계 최대의 온라인 암시장을 운영했다.

그는 좋은 자리를 찾기 위해 붐비는 카페를 잠깐 둘러봤다. 사용할 수 있는 콘센트가 없는 것을 확인하고 밖으로 나와 샌프란시스코 공공 도서관의 글렌 파크Glen Park 지점으로 향했다. 이후 몇 년이 지나서도 다크웹 설화에서 거의 전설적인 순간으로 기억될 만한 상황이었다.

울브리히트는 계단을 올라가 과학소설 구역에서 창밖 경치가 그럴듯한 둥근 탁자를 찾았다. 컴퓨터를 켜서 작업할 준비가 되자마자 실크로드 소속 거래 조정자 중 한 명이 보낸 암호 메시지를 발견했다. '시루스Cirrus'라는 이름으로 통하는 그 직원은 메시지에서 시급한 사안이라며 가능한 한 빨리 확인하라고 요청했다. 그는 해당 사이트의 모든 활동 상황을 보여주는 '마스터마인드mastermind' 계정으로 로그인했다.

순간 울브리히트의 뒤에서 꾀죄죄한 차림의 커플이 그의 시야에 들어왔다. 여성은 그의 의자 바로 뒤에서 "엿 먹어!"라고 소리쳤다. 상대 남성이 여성의 셔츠를 움켜쥐고 종주먹을 들이대는 순간 울브리히트는 뒤를 돌아봤다.

정확히 바로 그때, 원탁 맞은편의 또 다른 젊은 여성이 조금도 망설이지 않고 울브리히트의 노트북을 잡아서 조심스럽게 자기 쪽으로 빼낸 다음, 느닷없이 그녀 뒤로 나타난 한 남성에게 건넸다. 울브리히트는 노트북을 되찾기 위해 몸을 날리려고 했지만 누군가가 뒤에서 그를 끌어안았다. 짧은 시간 울브리히트 주위에서 소동을 불러일으킨 이들은 모두 FBI 요원이었다. 무슨 일이 벌어졌는지 미처 깨닫기도 전에 울브리히트의 손목에는 수갑이 채워졌다.

나중에 알게 된 사실은 그가 채팅을 나눈 실크로드의 거래 조정자 역시 잠복 요원이었다는 점이다. 자레드 데르 예기아얀Jared Der-Yegiayan이라는 이름의 국토안보부 소속 수사관은 몇 달 전에 진짜 조정자를 조용히 체포한 다음 해당 계정을 이용해 도서관 거리 맞은편 벤치에서 울브리히트에게 메시지를 보내고 있었다.

이 치밀하고 고도로 조율된 체포 작전은 FBI의 뉴욕 지사가 한 가지 긴요한 목표를 중심으로 계획했다. 울브리히트가 노트북을 열어 실크로드에 로그인 상태일 때 체포한다는 것이었다. 컴퓨터가 열린 상태에서 압수하는 것은 단순히 울브리히트를 현행범으로 잡는 문제만이 아니었다. 그는 자신의 노트북에 암호화 프로그램을 사용하고 있었고, 노트북이 닫히는 순간 하드드라이브의 전체 콘텐츠가 해독 불능의 암호로 자동 전환되기 때문에 수사관들로서는 영원히 비밀을 밝힐 수 없게 될 것이었다.

노트북이 열린 상태로 울브리히트의 수중에서 이를 재빨리 빼앗아낸 FBI 는 방대한 규모의 증거를 찾아냈다. 노트북의 암호화 기능에 지나친 자신 감이 있는 범죄자만이 감히 지우지 않고 유지할 만한 내용이었다. 울브리 히트는 놀랍게도 일기, 로그북, 순자산 내역을 담은 스프레드시트, 심지어 실크로드 전체 직원과 나눈 채팅 기록까지 보관하고 있었다.

다음 날 실크로드의 다크웹 사이트는 다양한 수사 기관의 배지로 둘러싸 인 '이 비밀 사이트는 압류됐음THIS HIDDEN SITE HAS BEEN SEIZED'이라는 메시 지의 배너로 대체됐다.

실크로드의 여러 포럼에서 사용자들은 추적 불가능한 통화를 이용한, 그 래서 누구도 건드릴 수 없다고 믿었던 자신들의 암시장이 폐쇄된 데 충격 과 분노를 표출했다. "하느님 맙소사 이건 끔찍한 사태예요!!"라고 한 사용 자는 개탄했다. 다른 이들은 즉시 울브리히트에게 화살을 돌렸다. 그의 오 만이 에덴 같은 자신들의 자유로운 지하 시장을 망쳐놓았다는 것이었다. "이런 말 해서 미안하지만 DPR이 빌어먹을 「포브스」 인터뷰를 할 때부터 이런 일이 터질 줄 알았어요"라고 한 사용자는 썼다. "이 모든 일을 대놓고 자랑하는 대신 몸을 낮추고 비밀을 유지해야 했다고요."

나중에 드러난 사실에 따르면, 석 달 전 내가 드레드 파이어럿 로버츠를 인터뷰하고 있을 당시 울브리히트는 이미 (IRS 요원인 게리 알포드의 웹 수사 덕 택에) 용의자로 식별된 상황이었다. 한편 FBI는 실크로드의 서버들을 추적 해 아이슬란드와 프랑스[9]에 있는 것을 알아냈다. 샌프란시스코에서 울브리 히트의 손목에 수갑이 채워지는 순간, 다른 요원들은 동시에 실크로드의

---

9 FBI는 어떻게 소재를 알아냈는지에 대해 실크로드가 익명성 제공 소프트웨어인 토르를 사용하면서 설 정을 잘못한 결과였다고 대답했을 뿐 그 에러를 법정에서 공식 설명하는 데는 주저했다. 일부 사이버 보안 전문가들은 FBI가 사실은 모종의 다른 비밀 기법을 사용해 토르의 익명성 보호 장벽을 깼거나 우회한 것이 라고 의심한다. 미국 법무부는 궁극적으로 해당 서버가 해외에 있기 때문에 영장 없는 압수 수색을 (그리고 잠재적으로 해킹 행위를) 금지한 미국의 수정헌법 제4조는 적용되지 않는다고 주장했다.

인프라를 장악하고, 울브리히트의 서버와 노트북에 있던 비트코인 14만 4천여 개를 이체할 준비를 했다.

달리 말하면, 그해 7월 4일 드레드 파이어럿 로버츠가 내게 자신의 작업은 모든 인류에게 혁명적 미래를 가져올 것이라며 무법의 온라인 자유 시대를 설파하고 있을 때, 그의 역할은 이미 종말을 고하고 있었던 셈이다.

11장

이중 첩자

실크로드가 폐쇄된 지 6개월 뒤, 티그란 감바리안은 DEA의 요원인 칼 마크 포스의 파일을 열었다. 그는 마약 거래상으로 잠복해 푸에르토 리코의 마약왕을 가장하고 가짜 살인극까지 연출했지만 궁극적으로는 실크 로드 사이트의 단속과 폐쇄에 아무런 기여도 하지 못했다. 비트스탬프에서 비트코인을 인출하려던 그의 다양한 시도를 고려할 때 포스는 막대한 암호 화폐를 횡재한 것처럼 보였다. 이제는 감바리안이 그 횡재의 소재를 판별 해야 할 시간이었다.

감바리안은 오클랜드 다운타운에 있는 로널드 델럼스Ronald V. Dellums 연방 빌딩의 사무실에서 익숙한 소환 절차를 시작한 다음 포스의 재무 기록을 꼼꼼히 파고들었다. 그는 포스가 2013년 말 자기 집의 주택 융자금 13만 달러를 한꺼번에 갚은 사실을 발견했다. 연방 퇴직 계정을 담보로 빌렸던 2만 2천 달러의 빚도 청산했다. 심지어 수만 달러를 지역 교회에 기부했는데, 연방 공무원의 봉급으로는 그런 지출을 감당하기 어렵다는 사실을 감바리안은 누구보다도 잘 알고 있었다.

재무 기록은 갈수록 더 수상해졌다. 감바리안은 부동산 투자 기록에 포스가 자신의 순자산을 100만 달러 이상으로 등재한 사실을 발견했다. 그런 부는 전적으로 비트스탬프와 캠프BX 같은 암호화폐 거래소에서 대규모로 현금화한 비트코인이 포스의 은행 계좌로 흘러든 결과였다. 그런 지불 총액은 77만 6천 달러로 그의 1년 연봉인 15만 달러를 훨씬 넘어선 규모였고, 그가 실크로드 사건을 수사하던 지난 2년 사이에 적립된 것이었다. 충분한 자금이 마련되자 포스는 DEA에서 은퇴했다. 감바리안이 그의 재무 기록을 본격 검토하기 불과 며칠 전이었다.

포스의 재산 축적 내역을 파고들면서 감바리안과 그 사건을 맡은 캐스린 헌 검사는 볼티모어에서 활동하는 비밀 요원으로 비트스탬프의 변호사인 조지 프로스트가 상담한 상대였던 숀 브리지스Shaun Bridges와 전화 약속을 잡았다. 감바리안은 브리지스가 포스처럼 실크로드를 수사했던 볼티모어 팀 소속이라는 사실을 알았다. 둘이 어떻게 공조했는지는 관심이 없었다. 프로스트가 포스의 수상한 활동을 제보했을 때 그를 담당한 인물이 브리지스여서 연락을 취한 것이었다. 브리지스는 그 보고서에도 아직 수사 담당자로 등재돼 있었다.

하지만 이들이 브리지스에게 전화했을 때, 그는 다짜고짜 적대적으로 대응했다. "샌프란시스코 연방 검사가 볼티모어에서 무슨 수사를 하는 거요?" 브리지스의 어투에 다소 당황한 감바리안과 헌은 포스의 수상한 행태를 조지 프로스트로부터 알게 됐노라고 설명했다.

감바리안은 브리지스가 수세적 태도로 사안과 무관한 이야기를 늘어놓았다고 기억했다. 자신이 비밀 요원이었을 뿐 아니라 볼티모어 태스크포스 팀에서 NSA, 토르, 암호화폐 분야 전문가의 연락 담당자였다고 자랑했다. 포스의 사건을 담당하는 데 최적임자라는 암시였다. 브리지스는 볼티모어 지역은 (특히 칼 포스와 관련된 사안은 무엇이든) 자신의 영역이며 그런 지위를 공유하지 않겠다는 점을 분명히 했다.

전화 통화를 마친 감바리안과 헌은 서로를 바라보며 똑같은 반응을 보였다. "대체 이 인간은 뭐지?"

．　．　．

감바리안과 헌은 볼티모어에서는 아무런 협조도 얻지 못하리라는 것을 알 수 있었다. 하지만 칼 포스의 통신 기록을 보유한 또 다른 수사 팀이 있었다. 뉴욕 검사들의 지휘를 받는 이 수사 팀은 FBI, DHS, IRS 요원들로 짜여 있었고, 실크로드의 범인들을 성공적으로 검거했다. 이들이 압수한 서버와 울브리히트의 노트북에는 실크로드의 구매자, 판매책, 운영진들과 나눈 모든 행정적 대화 기록이 담겨 있었다. 여기엔 포스의 또 다른 이름, 노브도 있었다.

감바리안은 뉴욕 수사 팀에 연이 있었다. 첫 번째는 물론 IRS 동료인 게리 알포드였다. DHS의 자레드 데르 예기아얀과도 친분이 있었다. 실크로드의 중개자로 잠입해 울브리히트 체포 직전 그에게 메시지를 보냈던 바로 그 요원이었다. 데르 예기아얀이 소속된 시카고 지사의 요원들과 콘퍼런스 콜을 나눈 다음, 감바리안과 데르 예기아얀은 서로 상대의 아르메니아계 이름을 인식했다. 이어진 대화에서 이들은 같은 나라 출신이라는 공통점으로 금방 친해졌다.

그 덕택에 감바리안은 며칠 안 가 드레드 파이어럿 로버츠^{DPR}의 녹음된 통신 내용을 비롯해 실크로드 수사와 관련된 모든 증거 자료에 접근할 수 있었다. 그는 즉시 칼 포스가 노브라는 이름의 마약 카르텔 조직원으로 가장해 DPR과 18개월 넘는 기간 동안 나눈 대화 내용과 행적을 파기 시작했다. 그리고 엄청난 분량의 채팅 기록에서 노브와 DPR의 관계가 어떻게 진화했는지 확인할 수 있었다.

포스는 노브라는 신분으로 2012년 4월 DPR에게 처음 접근해 실크로드를 사겠노라고 대담하게 제안했다. DPR이 10억 달러 이하로는 팔지 않겠다고 나오면서 구매 협상이 시들해지자 노브는 이후 수개월 동안 그의 친구이자 멘토를 자처하며 친밀해지려 시도했다. 마약 밀매에 경험이 많으니 이제 막 뜨기 시작한 디지털 마약 거래상에게 도움이 되지 않겠느냐며 그를 회유했다.

여러 메시지에 따르면 2013년 초, 포스는 DPR 주위에 친 그물의 밀도를 더 높였다. 노브는 DPR에게 1kg 분량의 코카인을 처분하려 하는데 마땅한 구매자를 아느냐고 물었다. 실크로드의 마약 판매로 좀 더 직접적으로 수익을 챙길 기회라고 판단한 DPR은 2만 7천 달러를 비트코인으로 지불하고, 노브에게 중간상 역할을 맡기로 한 실크로드 중개자의 주소를 알려줬다. 중개자는 유타주의 스패니시 포크Spanish Fork에 사는 커티스 클라크 그린Curtis Clark Green이라는 남성이었다.

그로부터 며칠 뒤 나눈 대화에서 DPR은 노브에게 사뭇 다른 요청을 했다. 과거 그 어떤 요청보다도 훨씬 더 폭력적인 유형이었다. DPR은 자신이 2만 7천 달러어치의 마약 배송을 맡길 만큼 신뢰해 온 중개자 그린이 자신을 배반하고 상당한 규모의 실크로드 비트코인을 훔친 것 같다고 말했다. 이전 며칠간 그린의 중개자 계정은 실크로드의 주요 딜러와 구매자 계정들의 비밀번호를 하나하나 재설정한 다음 누군가가 로그인해 이들의 비트코인을 모조리 인출한 것으로 드러났다. 총 35만 달러어치의 암호화폐가 도난당했고, DPR은 분개한 사용자들의 계정을 하루빨리 복원해 문제 확산을 막아야 할 상황에 놓였다.

DPR은 그린에게 본때를 보여주고 싶었다. 그는 자신의 카르텔 커넥션인 노브에게 돈을 지불하고 그 일을 사주했다. "흠씬 두들겨줄까요, 쏴 죽일까요, 아니면 찾아가 겁만 주고 말까요?"라고 노브로 가장한 포스는 잔인한 킬러인 척 물었다.

처음에는 그린을 을러 돈만 돌려달라고 할 작정이었지만, 공개 재판 기록을 통해 그린이 최근 코카인 소지 혐의로 체포된 사실을 발견하고는 마음이 바뀌었다. 이제 DPR은 그린이 변심해 경찰의 정보원 노릇을 하게 되지 않을까 두려워졌다. 그린이 DPR의 실제 신원을 파악하지는 못했지만 자기 직원이 경찰의 끄나풀이 될 수 있다는 위험성은 묵과할 수 없었다. 그는 노브에게 생각이 바뀌었다며 그린을 '처단하라execute'고 지시했다.

이들은 청부 살인의 대가로 8만 달러에 합의했다. 노브는 일주일 뒤 그린의 시체를 찍은 사진을 DPR에게 보냈다. 토사물이 입에서 나온 듯한 모습이었다. 사진과 함께 작업을 끝냈고 시신도 처리했다는 메시지도 보냈다.

노련한 멘토가 흔히 그렇게 하듯, 노브는 DPR에게 그런 결과에 대해 어떻게 생각하느냐고 물었다. "조금 심란하기는 하지만 괜찮아요"라고 DPR은 대답했다. "이런 종류의 일에는 처음이니까 그런 것일 뿐입니다."

메시지들을 읽으면서 (그리고 그가 알고 있는 볼티모어 태스크포스 팀의 실크로드 수사 내용과 울브리히트에게 살인 청부 혐의가 더해진 사실을 근거로 행간을 읽으면서) 감바리안은 극적인 아이러니에 경이로움을 느꼈다. 그린을 마약 소지 혐의로 체포한 것은 칼 포스였고, 함정 수사의 일환으로 문제의 마약을 그린의 주소로 보낸 것도 포스였다. 그런 상황에서 그린이 변심해 실크로드에서 수십만 달러어치의 비트코인을 훔쳐내자 DPR은 노브로 가장한 포스에게 그린을 살해해 달라고 청부한 것이었다. (그린의 입에서 흘러나온 토사물은 사실 캠벨Campbell의 치킨앤스타즈Chicken & Stars 수프였다.) 희극의 대가인 셰익스피어도 오해와 우연의 곡절을 이보다 더 말끔하게 써내진 못했을 것이다.

감바리안은 소름 끼칠 만큼 잘 연출된 이 드라마에서 한 부분이 꺼림칙했다. 그린이 체포 이후 연출된 살해 시기까지 볼티모어 태스크포스 팀에 억류된 상태라면 어떻게 실크로드의 35만 달러를 훔쳐낼 수 있었다는 말인가?

· · · ·

감바리안은 미심쩍게 여긴 절도 미스터리에 오래 매달리지 않았다. 노브가 DPR과 나눈 채팅 기록을 꼼꼼히 검토하는 가운데 포스가 예기치 않게 상당한 규모의 비트코인을 축적했음을 발견했기 때문이다. 감바리안은 노브가 2013년 초여름 무렵부터 DPR에게 그를 표적으로 삼은 연방 정부의 수사 정보를 팔기 시작한 것을 발견하고 깜짝 놀랐다.

치밀한 청부 살인 계략을 통해 DPR의 신뢰를 얻은 노브는 DPR에게 비즈니스를 제안했다. 자신에게 연방 기관의 친구가 있다면서 일단 '케빈Kevin'으로 부르자고 제의했다. 적당한 비용만 지불하면 케빈에게 수사 기관 내부 정보를 DPR에게 알려주게 한다는 것이었다. 처음에 DPR은 케빈이 자신에게 어떤 정보 샘플이든 제공하면 비트코인 400개를 지불하겠다고 동의했다. 당시 약 4만5천 달러에 상당하는 금액이었다.

감바리안은 포스의 공식 DEA 보고서들을 검토한 결과, 포스가 처음에 그런 대화 내용을 보고서에 기록함으로써 그것이 모두 포스가 그의 표적에 더 접근하기 위한 또 다른 책략일 뿐이라는 인상을 심어줬음을 파악했다. 포스는 이후에 비트코인 400개를 공식 DEA 계정으로 옮겼다.

DPR에게서 착수금을 받은 지 얼마 지나지 않아, DPR과 노브가 실크로드 서버에서 주고받은 메시지들은 무작위적인 것처럼 보이는 부호들의 해독할 수 없는 문장들로 바뀌었다. 노브의 제안으로 두 사람은 널리 신뢰받는 암호화 프로그램인 PGP^{Pretty Good Privacy}를 사용하기 시작한 것이다. PGP를 사용하면 외부의 감시로부터 추가 보호를 받을 수 있다는 이유였다.

포스의 DEA 상관은 (그리고 지금은 채팅 기록을 검토하는 감바리안은) 메시지를 읽을 수가 없었다. 더욱이 포스의 DEA 보고서에는 둘의 대화를 해독한 텍스트가 담겨 있지 않았다.

감바리안은 그러한 속임수에 의심이 더욱 커졌다. 추가 암호화 기법을 적용한 이유가 포스가 여전히 실크로드의 비밀을 밝혀내려 잠복근무하면서 연방 기관에 아는 정보원이 있다고 속이려는 의도였을까? 아니면 자신의 지위를 악용해 이중 첩자 노릇을 하며 DPR의 행동 대장으로 DEA 수사 정보를 넘긴 것이었을까? 이중 삼중으로 쌓인 기만의 겹들에 감바리안은 현기증을 느꼈다.

노브가 어떤 정보를 DPR에게 팔았는지는 끝내 밝혀지지 않았다. 포스의 볼티모어 수사 팀이 울브리히트를 잡기 위해 수사망을 좁혀가던 뉴욕 수사 팀으로부터 거의 완전히 차단됐던 것을 고려하면, 이들이 어떤 실질 정보를 DPR에게 건넸을 공산은 거의 없었다. 하지만 그것이 어떤 정보였든 DPR이 더 많은 돈을 지불할 용의가 있었을 만큼 관심을 가졌던 것은 분명하다. DPR은 케빈의 두 번째 정보를 받는 대가로 노브에게 비트코인 525개(당시 가치로 약 7만 달러 상당)를 제시했다.

"계속 정보를 알려주시고, 여기에 대해 저 말고는 누구도 모른다는 점을 믿어주세요"라고 DPR은 썼다. "전에는 얼마나 지불해야 하는지 몰랐어요. 죄송합니다. 너무 적게 보내면 심기를 건드릴 것 같고, 너무 많이 보내면 멍청하게 보일까 봐 걱정했어요." 노브와 나눈 메시지는 DPR의 소심한 성향을 드러내는 내용으로 끝맺었다. "당신 일을 너무 어렵게 만들지 않았기를 바랍니다."

노브와 DPR의 암호화된 대화에서 감바리안은 메시지 하나를 읽을 수 있었다. DPR은 치명적인 실수를 저질렀다. 마지막 한 문장을 암호화하는 것을 잊은 것이다. 그에 대한 노브의 대답은 다시 암호화한 형태여서 감바리안은 읽을 수 없었다. 하지만 메시지의 제목은 읽을 수 있었다. "PGP를 사용해요!"라는 내용이었다.

노브의 힐난은 너무 늦었다. 감바리안은 DPR이 비트코인 525개를 노브에게 지불한 사실을 명확하게 확인할 수 있었다. 포스는 자신의 공식 보고서에서 그 대화의 핵심 내용을 누락했을 뿐 아니라 그것을 은폐하려 시도하는 것 같았다. 그는 자신의 DEA 보고서에 추가 설명 없이 이렇게 썼다. "요원 노트: DPR은 그런 지불을 한 적이 없음."

암호화되지 않은 메시지에 DPR의 송금 내역이 있었지만 포스의 상관은 눈치채지 못했다. 그러나 이제 그 증거는 티그란 감바리안의 수중에 들어왔다.

12장

영수증

감바리안은 포스를 맞대면해 DPR과 노브의 지불 내역에 대한 설명을 들을 준비가 됐다고 생각했고 담당 검사들도 동의했다.

캐스린 헌과 헌의 상사인 연방 검사 윌 프렌첸Will Frentzen, 감바리안은 샌프란시스코와 볼티모어를 비디오로 연결해 포스와 그의 변호사를 인터뷰했다. 사상 처음으로 미국 반대편에 앉은 포스를 대면한 자리였다. 감바리안은 포스가 비트스탬프에 제공했던 '엘라디오 구즈만 푸엔테스'의 운전면허증에서 본 대머리에 염소수염을 한 포스의 얼굴을 금세 알아볼 수 있었다.

이들은 포스에게 DPR에게서 받은 돈과 개인적으로 축적한 암호화폐의 출처에 대해 심문했다. 프렌첸이 기억하는 바에 따르면 포스는 질문에 오만하다고 느껴질 만큼 자신 있게 우호적이지도, 표나게 적대적이지도 않은 어조로 대답했다. 하지만 그런 대답 뒤에 일관되게 깔린 포스의 숨은 대꾸는 (프렌첸의 표현에 따르면) 무시조의 "허튼 질문 때려치우고 썩 꺼져버려"였다.

포스는 DPR에게서 비트코인 400개를 받았으며, 이를 개인 계정에 넣은 것은 맞다고 인정했다. 다만, 암호화폐를 다루는 데 요구되는 기술적 문제 때문이었다고 주장했다. 곧바로 DEA 계정으로 옮겼으니 문제없는 게 아니냐며 오히려 반문했다. 그는 비트코인을 자신의 계정에 보관하는 동안 가치가 올랐다는 점을 지적했다. 달리 말하면 자신은 도리어 정부 쪽에 혜택을 베푼 셈이라는 뜻이었다.

DPR이 비트코인 525개 지불했다는 두 번째 메시지에 대해서는 더는 설명이 필요없다고 포스는 대답했다. DEA 보고서에 썼다시피 그런 일은 일어나지 않았다는 것이었다. "DPR은 그런 지불을 한 적이 없습니다."

불과 몇 년 사이에 100만 달러 가까운 돈을 모을 수 있었던 원천은 무엇이냐고 헌이 묻자, 포스는 자신이 실크로드 수사에 배당돼 초창기부터 비트코인에 대해 배울 수 있었기 때문이라며 행운이었다고 설명했다. 이는 비트스탬프가 수상쩍다며 경고 신호를 보냈을 때, 포스가 조지 프로스트에게 한 변명과 같은 내용이었다. 포스는 자신이 몇몇 투자에 성공적이었다고 말했다. 벌어들인 수십만 달러는 모두 자신이 개인 차원에서 영리하게 비트코인을 구입한 덕택이며 이제 새로운 삶을 살고 싶다고 했다. 수사 직무를 떠나 은퇴를 즐기고 싶을 뿐이며, 어쩌면 부상하는 암호화폐 경제에서 자신의 새로운 전문성을 활용할 기회를 찾을지도 모르겠다고 말했다.

포스가 거짓말을 하고 있다는 아무런 가시적 징후도 드러내지 않았던 것으로 감바리안은 기억한다. 하지만 무뚝뚝하고 전형적인 수사관의 이미지를 지닌 포스는 잠복근무로 오랜 경험을 쌓은 노련한 인물이라는 점을 잘 알고 있었다. 포스의 해명에도 불구하고, 감바리안은 그의 돈이 불법 축재의 결과라고 확신했다. 하지만 한 사람의 직감만으로 칼 포스를 기소할 수는 없는 노릇이었다.

· · ·

사무실 책상 앞에 앉은 감바리안이 노브에게 비트코인 525개를 지불했다고 명시한 DPR의 메시지를 노려보고 있었다. 약 5만 달러의 불법 자금이 포스의 주머니로 들어갔다는 확실한 서면 증거다. 하지만 감바리안은 포렌식 forensic 회계사였다. 지불에 관한 대화는 지불이 실제로 일어났다는 증거와는 사뭇 다르다는 것을 알고 있었다.

영수증이 필요했다. 크립토 아나키스트와 범죄자들이 비트코인을 거래 수단으로 선택하는 이유는 영수증을 제공할 사람이 없어서다.

당시만 해도 수사 기관들 사이에서 당연하게 여겨지는 통념은 비트코인에 대한 범법자와 자유주의자들의 믿음이 일직선상에 놓인다는 것, 다시 말해 불법 자금의 움직임을 추적하려는 수사관들에게 비트코인은 심각한 문제로 작용한다는 것이었다. 2012년에 기밀 유지가 해제된 FBI의 한 보고서는 「비트코인 가상 통화: 불법 행위를 단속하는 데 뚜렷한 난제로 제기되는 독특한 특성들」이라는 제목을 달고 있었다. 보고서는 "비트코인은 중앙 규제기관이 없으므로 수사 기관들은 수상한 활동을 감지하고, 사용자를 식별하고, 거래 내역을 취득하는 데 어려움을 겪는다"라고 단정적으로 썼다. 보고서는 또한 비트코인 거래자들에게 신원을 요구하는 거래소들이 비트코인 사용자들의 신원을 파악하는 데 도움을 줄 수 있을지 모른다고 지적했다. 하지만 보고서가 작성된 지 2년이 지난 시점에서도, 심지어 실크로드 같은 비트코인 암시장들이 버젓이 활개를 치는 데도 실제로는 아무도 기소하지 못하고 있었다.

그런 정황에도 불구하고 감바리안은 비트코인은 추적 불가능하다는 주장에 의심을 품었다. 비트코인에 관한 정보를 처음 접한 2010년에도 그의 회계사적 두뇌는 모든 거래 내역이 전 세계 수천 대의 컴퓨터로 공유되는데도 어떻게 진정한 익명성이 보장된다는 것인지 의심스러워 했다. 이름이 아닌 주소만 공개된대도 마찬가지였다. IRS-CI 요원이 된 지 얼마 지나지 않았을 때, 그는 실크로드의 급속한 성장세를 지켜보면서 동료 요원에게 블록체인상의 비트코인을 추적해야 한다고 제안했다. 그의 동료는 웃었다. "아, 그래서 우리는 블록체인을 법정 증거로 삼아 사토시 나카모토를 체포할 건가?"

하지만 감바리안은 2013년 말 UCSD의 「익명의 인물들」 논문 발표에 뒤이은 언론 보도를 읽고 자신이 내내 추정해온 내용이 맞다고 더욱 확신하게 됐다. 그것은 경찰과 범죄자 양쪽의 믿음에도 불구하고 암호화폐는 추적 가능하다는 것이었다.

그렇다면 블록체인을 증거로 사용하지 못할 이유는 뭐란 말인가? 암호 기법상 위조할 수 없다면 모든 비트코인 거래를 표시하는 거대 원장(元帳)은 비트코인 경제에서 누가 수백만 달러를 소유했는지 증명하기에 충분할 것이고, 이를 범죄자 기소의 증거로 인정받기에 충분해야 마땅하다고 감바리안은 생각했다.

감바리안은 어떻게 직접 비트코인을 추적할지 확신이 서지 않았다. 시도해 보는 수밖에 다른 선택이 없었다. "내 앞에 수사 대상이 있었어요. 그것을 어떻게 풀지 알아내는 수밖에 없었습니다"라고 그는 말했다.

· · ·

감바리안이 블록체인상 포스의 돈을 추적하는 작업에 나선 때는 2014년 가을 어느 늦은 오후였다. 미클존의 논문은 읽었지만 미클존이 몇 달에 걸쳐 비트코인 주소들을 그룹별로 묶고 이들을 시험 거래 방식으로 식별한 데이터는 갖고 있지 않았다. 그래서 칼 포스의 계정 기록들(감바리안이 캠프 BX^CampBX와 비트스탬프 같은 거래소에서 얻은 자료들)에서 비트코인 주소를 복사해 블록체인.인포Blockchain.info 사이트의 검색 창에 붙였다. 그러면 웹상의 전체 블록체인이 표시됐다.

처음에는 긴 부호로 구성된 주소들이 감바리안에게는 무의미해 보였다. 하지만 그는 곧 무엇인가 단서에 접근했음을 눈치챌 수 있었다. 2013년 9월 27일, 로스 울브리히트가 체포되기 불과 며칠 전에 포스의 캠프BX 주소 중 하나가 비트코인 525개를 수령한 내역이 감바리안의 눈에 확 들어왔다.

525는 DPR이 실수로 미처 암호화하지 않은 메시지에서 언급한 '매직 넘버'였다.

문제의 블록체인 기록은 당시 비트코인의 인기 덕택에 6만 6천 달러 상당이던 코인들이 다른 단일 주소에서 포스의 주소로 한꺼번에 지불됐음을 보여줬다. 감바리안은 시간의 역순으로 블록체인.인포에 나온 두 번째 주소를 클릭했고, 문제의 돈이 몇 주 전인 9월 1일에 두 번째 링크로 역시 한꺼번에 이체된 사실을 파악했다.

하지만 두 번째 주소로 흘러든 코인들의 출처를 찾아내려고 시도할 때는 훨씬 더 복잡해졌다. 10개 주소가 그 코인들을 모은 것이다. 비트코인들을 더 깊이 추적하려면 10개의 경로를 모두 추적해야 할 것이었다.

감바리안은 끈기 있게 그것들을 하나하나 클릭하기 시작했다. 포스의 525개 비트코인 풀^{pool}로 흘러든 10개 돈의 지류는 저마다 각각의 출처가 있었고, 감바리안은 그런 흐름을 추적해서 막연하게라도 인식 가능한 무엇을 찾아내게 될지 알 수 없었다. 그는 마치 어둠 속에서 디지털의 미로를 헤매는 듯한 느낌이었다. 하지만 세금 감사관을 지낸 감바리안은 길고 복잡한 숫자의 흔적을 뒤쫓는 데 이력이 나 있었다. 그래서 그날 해가 지고 어둠이 깔릴 때까지, 직원들이 하나둘 퇴근해 IRS 사무실의 문이 닫힐 때까지 한자리에 앉아 끈질기게 거래 내역을 클릭했다.

감바리안은 노트북을 챙겨 들고 퇴근해 아내와 아직 아기인 딸과 저녁을 먹은 뒤 곧바로 거실 책상에서 일을 재개했다. 그는 헤이워드^{Hayward}라는 오클랜드 교외에서 방이 두 개인 단층집에 살았다. 아내인 유키^{Yuki}는 그날 밤 컴퓨터 스크린에 집중한 채 수많은 숫자와 씨름하던 남편 모습을 기억한다.

이들의 아기는 때때로 감바리안의 책상 밑으로 기어와 아빠의 주의를 끌었다. 그날 밤 감바리안은 딸아이를 무릎에 앉힌 채 십여 개로 가지를 친 주소를 계속해서 클릭했다. 유키가 딸아이를 데려가 재우고 자신도 잠자리에 누울 때까지 감바리안은 컴퓨터 스크린에 붙박여 있었다. 점점 조용해지고 어두워지는 거실 책상에 앉아, 포스의 비트코인 525개가 어디에서 처음 나왔는지 파악하기 위해 쉼 없이 자취를 쫓았다.

· · ·

밤 11시 무렵, 감바리안은 돈의 움직임을 8월 초(문제의 비트코인이 포스의 캠프BX 계정에 들어오기 거의 한 달 전)까지 추적했다. 그러다가 조금 산만하긴 해도 거의 완전한 그림을 짜 맞출 수 있었다. 시간의 역행 확인 방식을 통해 어떻게 그 돈이 열 개의 지류로 갈라져 개인 계정으로 각각 들어갔다가, 그보다 더 적은 숫자의 주소로 모여들기 시작하는지 볼 수 있었다. 그렇게 가지를 쳤다가 한데로 다시 모이는 돈의 흐름이 친숙해 보인다고 그는 생각했다. 감바리안이 보기에 그것은 누군가가 자신의 불법 자금을 잘게 쪼갰다가 다시 합치는 작업으로 거래 내용을 복잡하게 만들어 감사관의 눈을 피하려는 전형적인 수법이었다.

남은 각각의 주소에 들어간 돈은 뒤로 한 단계 더 거슬러 올라갔고, 그로부터 감바리안은 문제의 자금이 단지 네 개의 출처에서 나왔음을 알 수 있었다. 이들 각각의 주소는 같은 날짜인 2013년 8월 4일(DPR이 노브에게 돈을 지불하겠다고 말한 바로 그 날짜)에 각자의 기금을 받았다. 감바리안은 이 지불 내역을 머릿속에 기록했다. 각각 127, 61, 134, 203개의 비트코인이었다. 암산해보니 합이 딱 맞아떨어졌다. 525개 비트코인이었다.

늦은 밤 거실에 혼자 앉은 그는 영락없이 블록체인의 정직한 기록을 통해 DPR이 노브에게 돈을 지불한 증거를 찾아냈음을 알았다. 포스가 공식 보고서에 지불된 적이 없다고 썼던 바로 그 내역이었다.

감바리안은 그날 밤 남은 시간을 자신의 작업 내용을 점검하고 재점검한

다음, 검사들과 공유할 목적으로 문제의 거래 내역과 비트코인 주소를 엑셀 스프레드시트에 재구축했다. 머릿속은 수면 부족과 아드레날린 탓에 벌이 날아다니는 것처럼 어지러웠지만, 그는 그날 밤 캐스린 헌과 월 프렌첸에게 수사 기관의 수많은 관계자가 불가능하다고 여겨 온 작업을 해낸 것 같다고 메일을 썼다. 칼 포스의 불법 암호 통화 거래 내역을 추적해낸 것이다.

다음 날 아침, 감바리안은 짧은 수면을 마치고 친분이 있는 DHS 시카고 사무소의 흑인 요원인 자레드 데르 예기아얀에게 메시지를 보냈다. DPR의 비트코인 지갑에 접근할 수 있는 누군가를 통해 자신이 찾아낸 네 개 주소를 확인해 달라는 요청이었다. 실크로드 수사 팀의 일원인 데르 예기아얀은 비트코인 주소를 비롯한 그 사이트의 모든 서버 데이터에 아직 접근할 수 있었다. 데르 예기아얀은 몇 시간 뒤 감바리안에게 전화를 걸어 이미 감바리안이 알고 있던 사실을 확인해줬다. 4개 주소는 모두 DPR의 것이었다.

감바리안과 데르 예기아얀은 잠시 아무말도 하지 않았다. 감바리안은 방금 미국의 범죄 수사 사상 최초로 암호화폐 지불 내역을 추적해 관련자의 유죄를 입증한 것이었다.

그 침묵 속에서 감바리안은 '오, 맙소사, 우리는 비트코인을 깬 거야'라고 속으로 생각했다.

13장

프렌치메이드, 데스프롬어바브

감바리안은 이제 증거가 있었다. 칼 포스는 거짓말을 했다. 하지만 7만 달러 상당의 비트코인 지불만으로는 포스의 계좌에 나타난 70만 달러 규모의 재산 가치가 설명되지 않았다. 만약 포스가 자신의 분신인 노브를 이중 첩자로 활용할 용의가 있었다면 그가 할 수 있는 다른 일은 무엇이었을까?

비트코인 추적의 개가를 올린 데 고무된 감바리안은 이제 포스의 비행 전모를 드러낼 모든 증거를 샅샅이 찾아내겠다고 다짐했다. 그는 포스가 단지 부패한 요원의 역할을 시도하기만 한 것이 아니라 사실상 본업을 저버리고 그 역할에 전념해 온 사실을 서서히 깨닫기 시작했다.

감바리안은 로스 울브리히트의 실크로드 기록 중 2013년 9월 13일에 적힌 유별난 내용에 주목했다. 그에 따르면 울브리히트는 수사 기관에서 DPR일지 모른다고 의심한 여러 이름 중 하나에 대한 정보를 얻기 위해 노브가 아닌 다른 정보원인 '프렌치메이드FrenchMaid'라는 아이디를 가진 인물에게 10만 달러를 지불했다.

포스의 야심이 예상했던 것보다 훨씬 더 크다는 점을 눈치챈 감바리안은 프렌치메이드로부터 날아온 메시지를 찾기 위해 실크로드 서버의 로그를 뒤졌다. 그는 DPR의 여러 정보 소스 중 하나의 역할을 포스가 담당했다고 짐작했다. 포스가 또 다른 역할을 가장하지는 않았을까?

프렌치메이드의 메시지는 대부분 PGP로 암호화돼 있었다. 하지만 누군가에게 보내는 메시지를 PGP로 암호화하려면 상대방의 '공유 키public key'를 가져야 했다. 메시지를 길고 무의미한 부호들로 바꿔 보내면 특정 수신자만 해독할 수 있다. 프렌치메이드에게서 날아온 첫 메시지는 필요상 암호화되지 않은 채 남아 있었다. "귀하가 당장 알아야 할 중요한 정보를 받았음. 귀하의 PGP용 공유 키를 알려주길 바람."

감바리안은 메시지 끝의 서명을 보고 놀라지 않을 수 없었다. '칼Carl'.

눈을 의심할 지경이었다. 복수 인물을 연기하는 가운데, 칼 포스는 깜빡 잊고 DPR에게 보내는 메시지에 실명으로 서명한 것이었다.

그로부터 네 시간 뒤에 실수를 만회하려는 포스의 시도를 볼 수 있었다. DPR은 동일한 계정으로 '앗 실수!'라는 제목의 또 다른 메시지를 받았다. 메시지 내용은 이렇다. "죄송합니다. 저는 칼라 소피아Carla Sophia라고 합니다. 실크로드에 남친과 여친이 여럿 있어요. DPR은 제 정보를 듣고 싶어 할 겁니다;) xoxoxo."

· · ·

감바리안은 이제 포스가 DPR과 소통할 때 하나가 아니라 적어도 두 개의 다른 가면을 쓴다는 점을 알 수 있었다. 그래서 다른 이름을 찾기 시작했다.

자신의 잠복근무 내용을 문서로 남기는 표준 관행의 하나로, 포스는 노브의 억할로 자신의 1인칭 통화 비디오를 만들 때 캄타시아Camtasia라고 불리는 스크린 녹화 프로그램을 쓰곤 했다. 감바리안은 포스의 온라인 퍼포먼스를 실시간으로 재생하면서 수십 시간 동안 영상을 지켜봤다.

아니나 다를까, 감바리안은 비디오 중에서 포스가 더 이상 노브로 행세하지 않는 짧은 한 순간을 감지했다. 스크린 오른쪽 위 귀퉁이에 적힌 사용자 이름이 '데스프롬어바브 ^{DeathFromAbove}'였다.

포스가 쓴 메시지는 평소와 마찬가지로 DPR에게 보내는 것이었다. "커티스의 실종 및 죽음과 당신 사이에 무엇인가 연관된 사실을 나는 알고 있소"라는 내용으로 시작했다. 커티스는 포스 자신이 가짜 살인극을 연출했던 실크로드의 중개자인 커티스 그린을 지칭했다. "미리 경고하는데 나는 당신을 잡을 거요. 당신은 죽은 목숨이오. 나를 피할 수 있다고 생각하지 마시오"라고 데스프롬어바브는 썼다.

메시지 말미에는 '억압에서 자유로'를 뜻하는 라틴어 '데 오프레손 리베르 ^{De Oppresson Liber}'라고 서명돼 있었다.

감바리안은 실크로드 서버에서 DPR의 메시지를 찾는 것으로 전환했고, 그를 통해 데스프롬어바브가 커티스 그린의 복수에 나선 그린베레 요원이라도 된 것처럼 반복적으로 DPR을 위협한 정황을 확인할 수 있었다.

DPR은 태연했다. "네 위협과 다른 모든 사이코의 위협 따위에 겁먹지 않아"라고 데스프롬어바브에게 대꾸했다. "나한테 메시지 보내지 말고 다른 일을 찾아봐."

그러자 포스는 다른 접근법을 시도했다. 그는 극비 정보에 대한 접근권이 있으며 DPR의 진짜 정체를 안다고 주장했다. 심지어 DPR이 볼티모어 태스크포스 팀의 용의자 명단에 오른 이름 중 하나라고 떠보기까지 했다. "미화 25만 달러만 보내주면 귀하의 신원을 수사 기관에 알리지 않겠소"라고 그는 썼다. "그 돈은 징벌적 손해배상 정도로 치부하시오."

포스는 엉뚱한 이름을 짐작한 게 분명했다. DPR은 두 번 다시 데스프롬어바브에게 대응하지 않았다.

· · ·

노브, 엘라디오 구즈만 푸엔테스, 프렌치메이드, 칼라 소피아, 데스프롬어바브…. 감바리안이 보기에 포스는 그저 이중적 삶을 살아온 것이 아니라, 마치 다크웹과 비트코인이 보장하는 익명성의 약속이 그의 정신을 분열시키기라도 한 듯 수많은 다중적 삶을 살아온 것이 분명했다.

DPR은 이 페르소나들 사이에 어떤 관계가 있음을 (또는 페르소나들의 배후에 연방 수사관이 있을지 모른다는 사실을) 전혀 의심하지 않은 듯하다. 물론 칼라 소피아로 둘러댄 실수도 있었다. 하지만 DPR은 칼 포스라는 이름을 들어본 적이 없던 것 같고, 그래서 그런 실수와 포스를 연결 지을 수도 없었다. 무엇보다 그는 자신의 정보원들을 의심할 아무런 이유도 없었다.

울브리히트가 자신의 노트북에 보관했던 로그 기록을 검토하던 감바리안은 정부가 DPR이라고 의심하는 인물이 누구인지 알려주는 대가로 울브리히트가 프렌치메이드에 10만 달러를 지불한 지 나흘이 지나도록 아무런 연락도 받지 못한 사실을 확인했다. 울브리히트가 나중에라도 문제의 이름을 전달받았는지는 분명하지 않았다.

어쨌든 DPR과 프렌치메이드의 거래는 감바리안의 수사에 또 다른 발판 노릇을 했다. 블록체인을 통해 추적할 수 있는 새로운 지불 기록이었기 때문이다.

감바리안은 친구 자레드 데르 예기아얀에게 다시 전화를 걸었다. 통화하는 동안 감바리안은 블록체인.인포의 비트코인 주소들을 클릭하기 시작했다. 포스의 캠프BX 계정 주소들을 확인한 결과 네 개의 주소에서 커다란 규모의 돈이 흘러든 사실을 확인했다. 두 개의 주소를 추가 확인한 끝에 모든 지불금이 시작된 단일 주소를 찾아냈다.

그 블록체인의 원장은 DPR이 지불했다고 기록한 지 불과 이틀 뒤인 9월 15일, 770개의 비트코인이 그 네 주소로 전송됐음을 보여줬다. 당시 거래 환율로 10만 달러 상당의 가치였다.

데르 예기아얀은 DPR의 비트코인 주소들을 재확인한 뒤 맞는다고 답해줬다. 10만 달러는 실크로드의 보스인 DPR의 지갑 중 하나에서 나온 것이었다. 이번에는 감바리안이 포스의 돈을 추적하는 데 몇 분밖에 걸리지 않았다. 그리고 추적한 모든 거래 내역과 더불어, 올가미는 그의 표적 주위로 더욱 좁혀졌다.[10]

. . .

2014년 말, 헌과 프렌첸은 수사가 막바지에 다다랐음을 알 수 있었다. 이들은 포스를 갈취, 돈세탁, 사법 방해 혐의로 기소하기에 충분하고도 남을 만한 증거를 확보했다. 하지만 감바리안이 일궈낸 블록체인 추적의 개가에도 불구하고, 실크로드에서 훔쳐낸 35만 달러, 부연하자면 커티스 그린이 체포되기 직전에 돈 많은 고객에게서 훔쳐냈다고 알려진 돈의 미스터리는 여전히 풀리지 않았다.

수사관 중 누구도 DPR이 살인 청부한 커티스 그린이 볼티모어 태스크포스 팀의 심문을 받는 와중에 문제의 돈을 빼냈으리라고는 추정하지 않았다. 그것은 설령 그린이 어찌어찌해서 심문받는 사이에 자신의 계좌로 접근할 수 있었다고 가정하더라도 지나치게 위험한 일이었다.

더욱이 이제는 그보다 훨씬 더 명백한 용의자가 등장했다.

따지고 보면 그린의 체포로 이어진 함정을 파는 데 도움을 준 것은 노브라는 가명을 쓴 칼 포스의 잠복 작전이었다. 그린이 체포돼 심문받고 그가

---

10 노브와 프렌치메이드 이름으로 지불된 금액 외에도 출처가 드러나지 않은 포스의 불법 축재 자금은 여전히 상당한 규모였고, 감바리안은 이를 추적해야 했다. 2013년 말, 포스는 코인!MKT라고 불리는 비트코인 거래소의 '최고 준법 책임자(Chief Compliance Officer)'로 부업을 뛰는가 싶더니, 자신의 DEA 권력을 이용해 그곳의 한 계좌 소유자로부터 거의 30만 달러 상당의 암호화폐를 압수했다. 운 나쁜 펀드 소유주는 캘리포니아주에 사는 배우로, 포스는 아무런 증거 없이 그의 펀드를 돈세탁의 결과로 몰아붙였다. 포스는 그 배우의 비트코인을 압수해 자신의 비트스탬프 계정으로 직접 예치했다. 비트스탬프의 조지 프로스트가 처음 우려했던 대로 포스는 자신의 DEA 권력을 남용해 DPR을 상대로 공갈과 사기, 기밀 수사 정보를 파는 행위는 물론, 물증 없는 의심만으로 암호화폐 거래소를 쥐고 흔들었다.

청부 살해된 것처럼 조작될 당시는 물론이고, 그린이 중개자의 자격으로 실크로드에 접속할 수 있는 그의 컴퓨터가 압수됐을 때도 포스는 현장인 유타에 있었다. 게다가 포스는 합법이든 불법이든 자신의 손이 미치는 곳이면 어떤 비트코인이든 훔쳐낼 수 있음을 보여준 바 있었다.

모든 화살표가 포스를 겨냥할 때도 티크란 감바리안만은 의혹을 지우지 못했다. 2014년 말, 감바리안은 비트코인의 거래 원장을 읽는 데 더욱 도가 텄다. 감바리안이 볼 때 그 절도는 칼 포스의 작업처럼 보이지 않았다. 35만 달러어치의 비트코인은 포스가 전형적으로 취급하던 방식보다 더 많은 부분으로 쪼개졌고, 블록체인상에서 더 자주 이리저리 이동했지만 감바리안은 어떤 거래소에서도 포스의 계정을 찾을 수 없었다.

"패턴에 맞지 않았어요"라고 감바리안은 회고한다. "저는 칼 포스가 블록체인을 사용하는 전형적인 방식에 익숙해진 상태였습니다. 이것은 달랐어요."

그는 담당 검사들이 보기에는 거의 불가능해 보이는 결론에 도달했다. "칼 포스가 아닙니다"라고 감바리안은 헌과 프렌첸에게 말했다. "저도 누군지는 모르지만 포스는 아니에요." 실크로드의 비트코인을 훔친 또 다른 절도범이 아직 적발되지 않은 것이었다.

14장

재판

얼어붙을 듯 추운 2015년 1월 중순의 어느 날, 나는 로워 맨해튼에 있는 뉴욕 남부 지구의 연방 법원 계단을 올라가고 있었다. 법원 건물의 길 건너 맞은편에는, 어린 새라 미클존이 검사였던 엄마를 대신해 수표 뭉치를 뒤졌던 정부 건물이 서 있었다. 나는 엘리베이터를 타고 15층으로 올라가 판사의 벤치 뒤로 브루클린 다리가 내려다보이는 장중한 법정에 들어섰다. 몇 분 뒤, 호리호리하고 턱이 네모진 30세의 남성이 여러 명의 변호사를 대동하고 법정으로 들어왔다. 회색 정장 차림의 로스 울브리히트는 갤러리를 가득 메운 청중 쪽을 바라보더니 자신의 어머니에게 미소를 지어보였다. 그의 재판이 막 시작되려던 참이었다.

변호인의 모두 연설에서 울브리히트의 대표 변호사인 조슈아 드라텔Joshua Dratel은 충격적인 시인으로 시작했다. "그렇습니다. 로스 울브리히트는 실크로드를 만들었습니다."

유명한 국가안보 전문 변호사인 드라텔은 곧바로 피고인 측에 유리한 정황을 제시하기 시작했다. 젊고 이상적이었던 울브리히트는 자신이 꾸린 사이버 시장이 일종의 무해한 '경제적 실험장'이 되기를 바랐을 뿐이다. 그것이 본격적인 암시장으로 성장하기 시작하자 울브리히트는 그것을 진짜 드레드 파이어럿 로버츠에게 팔았고, 비트코인 기반의 마약 판매가 붐을 이

루던 시기 실크로드를 운영한 것도 그였다. 실제 DPR(아직 검거되지 않은 상태)과 그의 수하들은 연방 기관의 수사망이 좁혀들자 어찌어찌 울브리히트를 속여, 그가 샌프란시스코의 글렌 파크 공공 도서관에서 검거되던 날 실크로드 사이트에 접속하도록 했다는 주장을 이어갔다.

"궁극적으로 그는 공작원들의 꾐에 넘어가 웹사이트를 실제로 운영했던 사람들 대신 죄를 뒤집어쓴 겁니다"라고 드라텔은 배심원들에게 말했다. 초창기 실크로드 수입의 미미한 부분을 제외하곤 사이트의 비트코인은 울브리히트의 것이 아니라고 드라텔은 주장했다. 그의 노트북에서 발견된 비트코인 14만 4천 개에 대해서는 칼 포스가 제시했던 내용과 비슷한 변명을 내놓았다. "그것은 울브리히트의 초기 비트코인 투자가 맺은 결실일 뿐입니다. 로스는 마약 거래범이 아니었습니다. 그는 킹핀이 아니었어요"라고 드라텔은 말했다.

법정의 청중석에 앉아서 재판을 지켜보던 나는 이것이 18개월 전 DPR이 내게 한 이야기와 같다는 점을 즉각 깨달았다. 자신은 그 사이트를 설립자로부터 물려받았을 뿐이라는 주장이었다. 만약 그것이 주된 변명이라면 나는 저자의 일관성 하나만은 높이 사줄 용의가 있었다.

하지만 몇 시간 뒤, 미국의 반대편 서부 지역에 자리 잡은 캘리포니아대 버클리의 컴퓨터 과학자인 닉 위버Nick Weaver는 뉴스의 재판 기사에서 드라텔의 변호 주장을 읽고 기가 막혀 분개했다. 이따위가 로스 울브리히트의 주장이라고? 위버는 '변호 내용의 지독한 우둔함에 모욕감을 느껴' 학계 연구자로서는 비상한 행동을 취하기로 마음먹었다고 나중에 말했다. 그는 법원 기록에서 검사들의 이메일 주소를 찾아 그들에게 울브리히트의 변명을 공박하는 데 도움을 주겠다는 메시지를 보냈다.

버클리 국제 컴퓨터 과학 연구소에서 근무하는 위버는 실제 비트코인 추적 경험을 가진 대학 연구자들끼리 만든 소그룹의 일원이었다. 그의 팀은

UCSD의 새라 미클존 그룹과 자주 공조했고, 심지어 그 주제로 또 다른 논문을 공저하기도 했다. 위버는 검사들에게 보낸 이메일에서 울브리히트의 비트코인이 사실은 영리한 투자의 결과가 아니라 실크로드에서 나온 것임을 블록체인으로 증명할 수 있다고 밝혔다.

검사들에게 보낸 위버의 이메일은 비트코인 1만 6천 개가 실크로드 서버에서 울브리히트의 개인 지갑으로 직접 흘러들었음을 적시했다. 따지고 보면 FBI는 그 서버와 울브리히트의 노트북을 압수한 다음, 비트코인을 서버와 노트북에서 인출하고 그런 몰수 사실을 공지했기 때문에, 위버와 비트코인 커뮤니티의 관계자들은 블록체인상 거래 기록을 통해 이를 대조해볼 수 있었다.

몇 달 전 있었던 압수 발표 후에 위버는 울브리히트의 컴퓨터에서 발견된 전체 재산의 약 10%를 몇 번의 클릭만으로 추적할 수 있었다. 며칠 뒤, 그는 미클존의 무리짓기 기법을 이용해 더 많은 실크로드 주소를 식별하고, 동일한 경로로 서버에서 노트북으로 흘러든 또 다른 비트코인 1만 3천 개를 발견했다. 비트코인 2만 9천 개는 당시 약 300만 달러에 상당하는 규모였다. 위버가 이메일에 적시한 대로 울브리히트의 노트북으로 들어온 실크로드의 비트코인 일부는 그가 '꾐에 넘어가' 허수아비 대표를 하려고 실크로드로 돌아갔다고 변호인이 주장한 시점보다 거의 석 달 전에 이미 들어가 있었다.

위버는 전화를 걸어온 실크로드 담당 검사 중 한 명에게 법무부가 압수해 보관하고 있는 실제 서버와 노트북을 이용해 울브리히트의 부富가 어디에서 어떻게 나온 것인지 확실히 증명할 수 있다고 설명했다.

일주일 정도 더 지나 울브리히트 재판 나흘째에 티모시 하워드Timothy Howard 검사는 염일환Ilhwan Yum이라는 전직 FBI 요원을 증언대에 세웠다. 그는 충격적인 내용을 법정에서 폭로했다. 그와 암호학 전문 컨설턴트가 공동으로 2012년 9월 이후 실크로드 서버에서 울브리히트의 지갑으로 이체된 비트코인 70만 개를 추적했으며 이체 당시 가치는 총 1천 340만 달러에 이른다는 내용이었다.

실크로드 담당 검사 중 한 명이 나중에 귀띔한 바에 따르면 이들은 위버보다 한발 앞서 있었다. 이들이 위버에게 연락할 무렵에는 이미 블록체인에서 울브리히트의 코인을 추적하기로 계획한 다음이었다. 변호인 쪽에서 그 돈과 실크로드의 연계성을 부인하려 시도하는 것을 보고 즉각 떠오른 아이디어였다.

증언대에서 염일환은 위버보다 훨씬 더 멀리 나갔다. 그는 2013년 4월 울브리히트의 지갑에서 흘러나온 비트코인 3천 개의 지불 금액은 약 50만 달러 규모였다고 말했다. 지불금은 재판에서 드러난 또 다른 충격적 증거와 합치되는 액수였다. 그것은 실크로드 서버에서 복구한 암호화된 대화 기록으로, DPR이 또 다른 다섯 건의 청부 살해를 협의하는 내용이었다. 레드앤드화이트redandwhite라는 이름의 청부 살인업자는 헬스 에인절스Hells Angels 모터사이클 갱단의 일원임을 자처하면서 DPR에게 공갈협박범, 절도범, 심지어 그 절도범의 세 동거인까지 처리해주겠노라고 메시지를 보냈다. DPR은 50만 달러를 지불하는 조건으로 이를 수락했다.

울브리히트는 뉴욕 재판에서는 청부 살해 건으로 기소되지 않았다. 어떤 정황으로도 그런 살인 사건은 실제로 벌어지지도, 연출되지도 않았다. 레드앤드화이트는 전문 사기범인 것으로 보였다. 하지만 염일환이 배심원들에게 입증한 대로 울브리히트가 청부 살인업자에게 돈을 지불한 의도는 비트코인의 영구 원장에 각인됐고 지금까지도 남아 있다.

닷새 뒤, 배심원단은 불과 몇 시간의 숙의 만에 법정으로 나와 평결문을 읽었다. 로스 울브리히트는 모든 혐의에서 유죄였다.

울브리히트의 사면 기회는 전혀 없을 가능성이 크다. 그의 비트코인이 추적되기 훨씬 전부터 그에게 불리한 증거들이 쌓였다. 여기에는 직원들과 나눈 채팅 기록, 실크로드 운영 내용을 기록한 일기와 일지, 심지어 자신이 실크로드 사이트를 운영한다는 고백을 들은 대학 친구의 증언까지 들어 있었다.

하지만 검찰측에서 울브리히트가 수백만 달러를 횡령했다는 (지울 수도 없고 숨길 수도 없는 공개된) 증거를 발견할 날은 암호화폐와 범죄의 역사에서 하나의 기념비로 남았다고 닉 위버는 주장한다. "그날이 바로 수사 기관들이 블록체인은 영원하다는 사실을 명백하게 알게 된 날입니다."

. . .

석 달 뒤, 울브리히트는 형량을 선고받기 위해 법정에 다시 나왔다. 실크로드에서 구매한 마약을 과다 복용한 탓에 사망한 두 피해자의 부모들이 눈물 어린 증언을 한 데 이어, 울브리히트는 자신의 짧은 성명문을 읽었다. 그는 사망자의 가족들에게 사과했고 실크로드를 만든 결과 자기 자신의 인생마저 파괴했다며 유감을 표명했다.

하지만 그는 다크웹 암시장을 만든 자신의 동기를 변호하는 것도 잊지 않았다. "저는 왜 실크로드를 만들었는지 생생하게 기억합니다"라고 그는 말했다. "저는 사람들이 각자 자신의 삶에서 프라이버시와 익명성을 유지하면서 스스로 선택할 수 있는 권리를 주고 싶었습니다. 이미 벌어진 일을 정당화하려는 게 아닙니다. 단지 기록을 바로잡고 싶을 뿐입니다. 저는 어떤 악의를 표현하려 하는 이기적인 사이코가 아닙니다. 저는 단지 아주 위중한 실수들을 저질렀을 뿐입니다."

울브리히트의 발언이 끝나자 캐서린 포레스트Katherine Forrest 판사는 차분하고 절제된 목소리로 빠르게 판결문을 읽었다. "분명한 것은 사람들은 대단히 복잡하며, 당신은 그들 중 하나라는 점입니다. 울브리히트 씨에게 선한 면이 있음을 의심하지 않지만 악한 면도 분명히 있습니다. 당신이 실크로드를 통해 저지른 범죄는 우리의 사회적 관계망에 끔찍하게 파괴적이었습니다."

포레스트 판사는 마약 과다 복용과 청부 살해의 위험성을 묵살하는 그의 채팅 기록을 읽었다. 그러면서 이와 같은 폭력 위협이 그의 재판에서 살인 미수로 직접 기소되지는 않았지만 형량 선고에 영향을 미쳤다고 설명했다. 억지의 필요성도 언급했다. 그의 뒤를 따라 다크웹의 우두머리가 되고 싶어 하는 사람들을 더 만들어서는 안 된다는 설명이었다. "당신을 본보기로 삼는 사람들, 잘못 인도된 깃발을 날리는 사람들은 이런 식으로 법을 어기면 매우 엄중한 결과가 있을 것이라는 사실을 매우 명확하고 망설임 없이 이해할 필요가 있습니다"라고 포레스트 판사는 말했다.

"실크로드는 신중하게 계획된 일생의 작업이었습니다. 그것은 당신의 작품이었어요"라고 그녀는 울브리히트에게 말했다. "당신은 그것이 당신의 유산이기를 원했습니다. 그리고 사실이 그래요."

포레스트 판사는 울브리히트에게 가석방의 가능성이 배제된 두 번의 종신형 판결을 내렸다.

법정은 침묵에 휩싸였다. 검찰 측조차 자신들이 구형한 형량보다 더 엄중해진 포레스트 판사의 판결에 놀랐다.

재판을 다시 해야 한다거나 형량을 줄여야 한다는 울브리히트 측의 항소는 받아들여지지 않았다. 이 글을 쓰는 현재 (아마도 그가 죽는 날까지) 그는 경비가 삼엄한 애리조나의 형무소에 수감돼 있다.

울브리히트에 대한 중형 판결은 포레스트 판사가 의도한 억지 효과를 발휘하지 못했다. 하지만 그의 유산이라는 그녀의 판단은 맞았다. 지금도 DPR은 비트코인을 이용한 암시장의 개척자로 기억되고 있으며, 시간이 지날수록 실크로드의 규모를 훨씬 넘어 이 분야의 최초로 (그러나 마지막은 결코 아닌) 계속 부각될 것이다.

2부

청부
추적자

15장

몰락

2014년 11월 말 어느 비가 오는 날이었다. 대머리에 파란 눈, 쾌활한 인상의 마이클 그로나거Michael Gronager(44, 덴마크)라는 남자가 한 고층 빌딩의 콘퍼런스룸에 앉아 5억 달러 규모에 해당하는 비트코인의 행방을 추적해 달라는 의뢰를 수락했다.

2개월 전까지 비트코인 거래소 중 하나인 크라켄Kraken의 운영최고책임 자COO를 맡았던 그로나거는 옛 동료 두 명을 대동하고 참석했다. 그는 어 두운 톤의 목재 벽으로 치장된 콘퍼런스룸이 사이버펑크 스타일의 과학소 설에 등장하는 일본 대기업을 닮았다고 생각했다. 그로나거는 각자 작은 녹차 캔을 앞에 놓고 긴 콘퍼런스 테이블 주위로 둘러앉은 스물대여섯 명 의 일본인 중역들(모두 남성으로 하나같이 어두운색 정장 차림이었다) 한 명 한 명 에게 대개는 누가 누군지 모르는 채 머리 숙여 인사했다.

그로나거와 그의 친구이자 크라켄의 CEO인 제시 파월Jesse Powell은 비트 코인 거래소 중 하나인 마운트곡스Mt. Gox의 수탁사로 지정된 일본 법률 회 사에 서비스를 제공하려 도쿄를 방문한 상황이었다. 마운트곡스는 한때 암 호화폐 세계에서 가장 주도적인 기업이었으나 이제는 파산 위기에 놓인 곳 이었다. 2014년 초, 마운트곡스는 자사가 관리해 온 비트코인을 모두 해커 에게 도둑맞았다고 발표하면서 돌연 무너졌다. 그 회사는 고객들의 비트코인 75만 개가량을 잃어버렸고, 그에 더해 자신들의 10만 개마저 도둑맞아, 당시 시가로 5억 3천만 달러 이상을 일순간에 날려버렸다.

이것은 비트코인 역사상 단연 최대 규모의 절도 사건이었다. 암호화폐 세계를 오염시킨 온갖 사기와 절도 사건 중에서도 이만한 재난적 손실을 넘어서는 것은 없었다. 전 세계에 존재하는 전체 비트코인의 7%가 사라진 사건이었다.

크라켄의 경영진은 마운트곡스의 몰락과 뒤이은 비트코인 가격 폭락의 여파로 위기에 몰린 암호화폐의 생태계를 구하는 데 일조한다는 취지로 무료 도움을 자처했고, 잔여 비트코인을 가능한 한 찾아내 분개한 수천 명의 마운트곡스 고객에게 분배하는 작업을 지원하기로 합의했다.

마이클 그로나거는 파월보다 훨씬 더 불확실한 임무를 맡았다. 사라진 비트코인을 찾아내기로 합의한 것이다.

어떤 시각으로 보든 이것은 이성적 결정이라고 볼 수 없었다. 그로나거는 크라켄의 COO라는 비교적 안락한 지위를 떠나 새로운 벤처 기업을 설립했는데, 이곳의 유일한 클라이언트가 당시로서는 콘퍼런스룸을 가득 채운 일본의 파산 전문 변호사들이었고, 자신에게 마운트곡스가 잃어버린 막대한 규모의 비트코인을 찾아달라고 부탁하는 상황이었다. 이들을 클라이언트라고 부르는 것조차 현실과는 거리가 멀었다. 비트코인을 되찾는다고 해도 아무런 수수료나 보상도 없을 것이기 때문이었다.

하지만 확고한 낙관주의자인 그로나거는 그날 모임에서 차를 대접받은 것만으로 감사하다는 생각이었다. 차는 식은 데다 설탕도 없었지만, 그것이 그가 좋아하는 맛이었다.

몇 분의 추가적인 상견례가 통역을 거쳐 오간 다음, 그로나거와 파월은 제안된 계약서의 조건과 타이밍에 동의하고 맨 마지막 페이지에 각자 대표하는 회사 이름을 확인한 뒤 공란에 서명했다. 파월은 크라켄을 대신해 서명했다. 그로나거는 당시만 해도 전 세계에서 사실상 아무도 아는 이가 없는 회사를 대표해 서명했다. 암호화폐를 추적하고, 그것이 제공하는 익명성의 그늘에서 거래하는 이들을 식별하는 데 전적으로 집중한다고 표명한 그 기업의 이름은 '체이널리시스Chainalysis'였다.

· · ·

9개월 전 어느 겨울날, 그로나거는 센트럴 코펜하겐에 있는 크라켄의 임대 공용 사무실에 앉아 노트북 화면을 바라보면서 자신이 마운트곡스의 최후를 지켜보고 있음을 깨달았다.

병의 징후는 몇 달에 걸쳐 이어졌다. 이전 여름까지 모든 암호화폐 거래의 70% 가까이를 담당하는 최대 규모의 비트코인 거래소였던 마운트곡스는 이용자들이 비트코인을 달러화로 인출하는 것을 지연하기 시작했다. 그런 조치는 회의론자들 사이에서 마운트곡스가 현금 부족이라는 소문을 낳았지만, 그로나거와 다른 낙관론자들은 그것이 회사의 미국 은행 계좌와 관련된 문제 때문이라는 사실을 파악했다. 일본에 기반한 마운트곡스는 미국의 돈세탁 금지법이 부당하다며 항의했다. 2013년 5월과 6월, 미국의 국토안보부는 마운트곡스에 대해 규제 양식에서 허위 신고를 하고 비인가된 현금 전송 시스템을 사용한 데 대한 과징금으로 500만 달러를 물렸다.

한편, 제휴 회사였던 코인랩CoinLab은 마운트곡스에 등을 돌리고 7천 500만 달러의 손해 배상을 청구했다. 내부자들은 경영진이 무능하다는 여러 주장을 언론에 흘리기 시작했다. 위기가 커지면서 일부 보고서들은 마운트곡스의 괴짜스럽고 베일에 싸인 프랑스계 CEO인 마크 카르펠레스Mark Karpelès가 코드를 짜는 데만 몰두하고, 회사의 도쿄 본사에 비트코인 지불이 가능한 커피숍을 짓는 데만 정신이 팔려 회사의 경영 위기에는 관심이 없다고 비판했다.

이어 2014년 2월 비트코인 계의 거물이던 마운트곡스는 돌연 몰락하고 말았다. 회사는 모든 인출(달러화뿐 아니라 비트코인도)을 중단한다고 발표했다. 이번에는 아무런 설명도 없었다. 거래소는 파산했다. 사실은 해킹을 당했기 때문이라고 마운트곡스가 밝히기까지 일주일이 더 걸렸고, 그 사건으로 모든 것을 도둑맞았다고 인정하기까지는 다시 일주일이 걸렸다. 하지만 분개한 계좌 소유자들은 이미 포럼으로 몰려들어 마땅히 자신들의 소유인 수천, 심지어 수백만 달러어치의 암호화폐를 돌려주지 않는다며 분노를 표출했다.

마운트곡스에서 비트코인을 매입하는 가격은 다른 거래소에서 살 때보다 수백 달러 더 낮아져 거기에서 구입한 비트코인을 인출할 가능성이 그만큼 낮아졌음을 반영했다. 마운트곡스 사태에 특히 분개한 런던의 한 프로그래머는 도쿄까지 날아가 눈이 내리는 회사 앞에서 '우리 돈이 어디에 있는지 마운트곡스는 밝혀라'라는 구호가 적힌 표지판을 들고 1인 시위를 벌였다. 빌딩 앞에서 시위자와 마주친 마운트곡스의 CEO 카르펠레스가 겨울 날씨에 어울리지 않는 검은 티셔츠 차림에 거품이 덮인 아이스커피를 들고 허둥지둥 도망가는 모습을 담은 유튜브 비디오는 마운트곡스에 돈이 물려 분개한 사람들 사이에서 널리 공유되기도 했다.

그해 2월 코펜하겐에서 그로나거는 마운트곡스의 이용자들이 자신의 손실을 조금이라도 줄일 심산으로 계정을 헐값에 내놓는다는 내용이 주조를 이룬 포럼들을 훑어봤다. 오후 5시 무렵 그로나거의 전화기가 울렸다. 그는 제시 파월과 크라켄의 소규모 팀과 콘퍼런스 콜을 통해 한 가지 불가피한 사실, 다시 말해 마운트곡스가 망했다는 사실을 어떻게 다룰지 논의했다.

대부분이 샌프란시스코 지역 연고인 크라켄의 직원들과의 통화는 긴장감으로 팽팽했다. 비트코인 경제의 핵심 기둥이 무너졌다. 이들은 조만간 그런 일이 벌어질 것이라고 전부터 예상했다. 마운트곡스의 경영진은 확신을 불어넣을 수 있을 만큼 유능하지 못했다. 심지어 게임 카드 거래가 전문인 '매직: 온라인 거래 장터Magic: The Gathering Online Exchange'라는 이전 프로젝트의 이름을 고스란히 유지한 마운트곡스Mt. Gox라는 이름조차 비트코인을 진짜 돈으로 보기보다는 디지털 오락물로 취급해 온 구시대적 사고방식을 반영하고 있었다. 하지만 마운트곡스의 실패는 2008년 서브프라임 모기지 사태로 파산한 리먼 브라더스Lehman Brothers처럼 전체 비트코인 경제를 파탄 상태로 몰아갈지도 모른다는 위기감을 낳았다. 마운트곡스가 없다면 비트코인은 실제 돈으로 존재한 적조차 없는 꼴이 될 것이었다.

하지만 그로나거는 완강할 정도로 낙관적인 전망을 고수했다. 본인도 마운트곡스의 파산으로 비트코인 100개(당시 가치로 6만 달러가 넘었다)를 날렸지만 회사의 몰락이 크라켄에는 엄청난 기회라고 여겼다. 마운트곡스가 차지했던 시장의 일정 부분을 점유할 수 있을 것이고, 새롭고 훨씬 더 효과적이며 안정적인 구조로 비트코인의 취약한 구조를 보완할 수 있으리라 믿었다.

비즈니스 기회를 넘어 기술에 대한 강한 믿음이 있었다. 몇 년 뒤에 털어놓은 내용에 따르면 그로나거는 마운트곡스의 몰락을 늘상 혼돈 상태인 암호화폐 세계에서 별로 새롭지 않은 '또 다른 소음' 정도로 봤다. 그런 소음의 와중에서 인지되는 신호는 언제나 비트코인 기반 메커니즘은 안정적이라는 것이었다. 그러한 특성은 과거 어느 때보다도 더 정교하게 직조돼 있고, 따라서 충분한 회복 탄력성을 갖췄다고 그로나거는 스스로 확신했다. 소음은 결국 가라앉을 것이다. 그러나 신호는 지속될 것이다.

・　・　・

그로나거는 항상 공학적 사고방식을 고수하는 사람이다. 테크놀로지에 대한 그의 아이디어는 다른 사람들의 생각이나 사용법에서 나온 것이 아니라, 제 손으로 직접 기계를 분해했다가 다시 조립하는 실제 체험을 거쳐 학습된 것이었다. 덴마크 코펜하겐에서 30km쯤 떨어진 작은 마을 로스킬데 Roskilde에서 어린 시절을 보낼 때도 그는 은행원인 아버지가 취미로 이용하는 작업장에서 시간을 보냈다. 1980년대 초, 아직 어린이였지만 그로나거는 여러 부품을 모아 전등의 밝기를 조절하는 스위치를 만들어 부모에게 선물했고, 안전용 광학 센서가 딸린 차고 자동문도 만들었다. 일종의 회전식 엔진을 구상한 디자인 스케치를 동네 특허 사무소에 보내기도 했는데, 안타깝게도 수십 년 전에 이미 발명된 기술이었다.

그로나거는 십 대가 되기 전에 프로그래밍을 처음 접했다. 로스킬데의 주 광장에 있는 한 서점이 싱클레어Sinclair ZX81이라는 새 컴퓨터를 진열해 놓았다. 그로나거는 그것을 갖고 놀아도 서점 주인이 타박하지 않는 것을 알고, 책에서 베낀 코드 라인을 투박한 키보드로 입력해 스크린이 화려하게, 그러면서도 완벽히 논리적인 패턴으로 번쩍이게 만들었다. 그가 컴퓨터에 관심이 큰 것을 눈치챈 부모는 그에게 코모도어 64Commodore 64를 사줬고, 그것은 인생의 전환점으로 작용했다.

컴퓨터를 사용한 지 얼마 지나지 않아 스크린에 텍스트가 조악하게 표시되는 데 불만을 느낀 그로나거는 자신만의 워드 프로세서를 코딩했다. 코모도어는 베이직BASIC처럼 사람이 읽을 수 있는 컴퓨터 명령어를 컴퓨터가 인식할 수 있는 지시어로 바꿔주는 소프트웨어인 진짜 컴파일러가 없었다. 그래서 그의 프로그램에 담긴 명령어를 하나씩 번역하는 방식이었다. 이는 너무 느리고 비효율적이었다. 하지만 그로나거는 거기에 주눅 들지 않고, 독학한 중학생 수준에서는 턱도 없이 어려운 기술적 문제라는 사실도 모른 채 자신의 프로그램을 코모도어 프로세서의 근사近似 자연어인 어셈블리 Assembly에 직접 작성하기 시작했고, 그 덕택에 컴퓨터의 진짜 메커니즘을 더 깊이 이해할 수 있게 됐다.

프로그래밍에 대한 집착이 커지면서 아버지의 작업장에 대한 관심도 시들해졌다. "코드로 훨씬 더 많은 것을 훨씬 더 적은 노력과 비용으로 건설할 수 있다는 걸 깨달았어요"라고 그는 회고한다. "프로그램을 짜면 뭔가가 됩니다. 그게 코딩이에요. 마법이죠."

그로부터 5년여 뒤 덴마크공대Technical University of Denmark에 진학할 즈음, 그로나거는 슈퍼컴퓨터들에서 나타나는 양자역학 문제를 풀기 위한 코드를 짜고 있었다. 하지만 대학의 고성능 컴퓨터 시스템에 접근하기란 늘 제한적이었고, 그들을 프로그래밍하자면 난해한 코딩 언어를 사용해야 했다. 그래서 그는 분산형 컴퓨터 시스템을 사용하기 시작했고, 그 덕택에 학교에 흔한 여러 리눅스 PC들로 작업을 나눌 수 있었다. 그처럼 벌집의 특성을 닮은 분산형 컴퓨터에 대한 그의 남다른 관심은 어떻게 하면 천문학적 복잡성을 지닌 문제들을 수십에서 수천 대에 이르는 보통 컴퓨터로 적절히 분산할 수 있을까라는 고민으로 이어졌고, 커리어를 박사 과정을 거쳐 양자물리학 비주얼화와 초기 가상현실 데모 분야로 이어가는 결과를 낳았다. 마흔이 될 무렵, 그는 '세른CERN'으로 알려진 유럽입자물리연구소에서 힉스보존Higgs boson을 찾기 위한 연구의 일환으로 대형 강입자 충돌기Large Hadron Collider에서 나온 페타바이트petabyte 규모의 데이터를 저장하고 해석하는 일에 종사하는 일단의 컴퓨터 과학자들을 관리했다. LHC는 미 의회도서관의 1년 치 전체 수집 자료보다 몇백 배나 많은 데이터를 생산했다.

그로나거는 세계에서 손꼽을 정도로 방대한 데이터 세트를 감당할 수 있는 컴퓨터 시스템을 구축하고 있었다. 하지만 우주의 아원자 구성의 수수께끼를 푸는 데는 특별히 관심이 없었다. 그가 집착하는 대목은 그런 의문들이 제기하는 디지털 환경의 과제들, 방대한 데이터가 요구하는 극단적 수준의 컴퓨터 처리 능력을 감당하는 일이었다.

그로나거가 슬래시닷Slashdot 포럼에서 비트코인에 관한 글을 읽은 것은

2010년이었다. 그의 커리어가 다시 한번 근본적으로 바뀌는 순간이었다. 얼마 지나지 않아 그는 사토시 나카모토의 백서와 코드를 검토하면서 그것이 어떻게 진정으로 희귀하고 복사할 수 없는 디지털 코인을 전 세계 수천 대의 마이닝^{mining} 전용 컴퓨터들로 분산하되, 각각의 컴퓨터는 복제 불가능한 블록체인을 집합적으로 연결하는 데 따른 보상을 받도록 함으로써 해결했는지 파악하고 감탄했다. 몇 개월간 이 분야를 파고든 그로나거는 학계나, 그가 인생의 대부분을 헌신한 정부 기관에 의해 만들어지거나 지원된 것이 아닌 이 새로운 암호화폐야말로 세계에서 가장 흥미로운 분산형 컴퓨터 프로젝트라고 확신했다.

· · ·

그로나거는 뉴욕에서 런던, 프라하까지 강박적으로 비트코인 콘퍼런스에 참석하기 시작했다. 비트코인 작동 방식을 이해하기 위해 찾을 수 있는 모든 비트코인 서비스를 시험했다. 온갖 비트코인 거래를 테스트했던 새라 미클존의 도플갱어라 할 만했지만 그는 전적으로 호기심에서 비롯한 결과였다. 얼마 뒤 그는 블록체인을 전화기나 PC와 서버로 분리해 성능을 최적화하는 방법을 알아냈고, 자신만의 비트코인 지갑을 아이폰용이나 브라우저 플러그인으로 직접 설계했다. 그는 콘퍼런스에서 만나 친해진 비트코인 공학자 제시 파월과 그들만의 비트코인 거래소를 만드는 방안에 대해 논의하기 시작했다. 그 결실이 크라켄이었다. 2011년 말 그는 직장을 그만두고 암호화폐 분야에 전념하기로 했다.

비트코인에 끌리는 그로나거의 감정은 그가 어릴 적 로스킬데의 한 상점에서 보게 된 싱클레어 ZX81로 처음 코딩하던 경험처럼 순수하고 기술적인 매료였다. 여기에 전 세계 어디에서든 누구나 중개인도 계약 과정도 법적 신원 증명도 없이 다른 이에게 현금을 지불할 수 있는 수단이 있었다.

이전에는 존재한 적조차 없는 일이었다. 이 새로운 형태의 돈이 어떤 실질적 결과를 초래할지에 대해 그는 아무런 선입견도 없었노라고 말했다. 하지만 그것이 전적으로 새로운 산업을 창출할 것임을 알았고, 그는 거기에 참여하고 싶어 했다.

그로나거가 비즈니스 제휴를 맺고 동료 엔지니어들과 블록체인 압축 기법에 대해 토론한 콘퍼런스들에서 비트코인 공동체의 더 이념적인 차원의 진화도 진행되고 있었다. 예컨대 2011년 프라하에서 열린 콘퍼런스의 기조연설자는 프라이버시와 정보의 자유를 강조하는 스웨덴 해적당Swedish Pirate Party의 창립자인 릭 팔크빙게Rick Falkvinge와 영국의 무정부주의 프로그래머로 나중에 시리아로 밀입국해 쿠르드 혁명군과 함께 ISIS[1]와 싸운 아미르 타키Amir Taaki였다. 이듬해 런던에서 열린 한 비트코인 콘퍼런스에 연설자로 나선 코디 윌슨Cody Wilson은 텍사스의 급진 자유주의자로, 총기를 인쇄 제작할 수 있는 3D 프린터에 자금을 지원해 총기 규제가 무망하다는 점을 상징적으로 보여줬다. 윌슨은 2013년 말, 실크로드가 폐쇄된 지 몇 주 뒤에 열린 비트코인 이벤트에도 강연자로 나서 다크웹의 마약 거래를 옹호하면서 정부의 규제를 비판했다. "비트코인이 우리에게 시사하는 바가 있다면 그것은 수천 개의 실크로드가 가능하다는 것입니다. 그것은 법규 따위는 엿이나 먹으라는 뜻이죠!"라고 브릭 레인Brick Lane의 한 주점을 메운 청중에게 말했다.

컴퓨터 과학자에서 기업가로 변신한 그로나거는 비트코인 콘퍼런스에서 그와 같은 정치적 극단주의자들을 마주칠 기회가 많았고, 그때마다 자신이 행사장을 제대로 찾은 것인지 의심하곤 했다. 그로나거는 대체로 자유주의적인 스칸디나비아인으로서 마약 합법화 같은 주장에 반대하지는 않았다.

---

1 국제 범죄 단체인 '이라크 레반트 이슬람 국가' – 옮긴이

하지만 개인적인 마약 경험은 젊은 시절 마리화나가 섞인 팬케이크를 먹고 정신 줄을 놓았던 정도였다. 총을 쏴본 경험도 친구들과 함께 노르웨이로 놀러 가 스키트 사격skeet shooting[2]을 해본 게 전부였다.

"저는 이런 게 좀 민망하거나 이상했어요"라고 그는 콘퍼런스에서 크립토 아나키스트들을 만난 경험을 털어놓는다. "그리고 그것은 실제로 벌어지는 내용과는 다소 거리가 있다고 느꼈습니다."

그로나거는 비트코인의 의도가 추적 불가능하고 무법적인 지불 수단이라고 한 번도 생각해 본 적이 없었다. 그는 블록체인이 비트코인을 유일무이하게 '투명한transparent' 형태의 거래 수단으로 만들어준다는 점을 처음부터 직관적으로 이해했고, 그런 투명성은 버그가 아니라 특징이라고 생각했다. 미클존의 논문 「익명의 인물들」이 발표됐을 때 그는 그것을 읽고 비트코인을 크립토 무정부주의(크립토아나키Cryptoanarchy)나 범죄의 툴로 사용하는 것은 잘못 이해된 부차적 요소라는 자신의 믿음이 옳았음을 확인했다.

돌이켜보건대 그는 비트코인을 둘러싼 모든 혁명적 정치 야심과 자유주의 선언들에 대해, 나중에 마운트곡스의 쇠퇴와 몰락을 바라보는 것과 같은 시각을 갖고 있었다. 그런 경향과 사건들은 새로운 암호화폐가 주류 사회로 편입되는 필연적 흐름을 잠시 흐리게 하는 일시적 소음에 불과하다고 봤다.

그는 자신이 참가했던 여러 콘퍼런스의 내용을 기억한다. "비트코인 기술은 결국 주류로 자리 잡을 겁니다. 그 기술의 다른 모든 부분은 소음일 뿐입니다."

---

2 클레이 사격의 일종으로 사수(射手) 좌우에 있는 높고 낮은 두 곳에서 동시에 방출되는 하나 또는 두 개의 클레이 피전(clay pigeon)을 명중시키는 경기

16장

더러운 돈

마운트곡스의 몰락과 더불어 비트코인도 쇠퇴할 것이라는 그로나거의 전망은 완전히 틀린 것이었다. 비트코인은 죽지 않았다. 혼동될 만큼 폭락 사태가 오래 지속됐을 뿐이었다.

2014년 초 마운트곡스가 파산을 선고한 이후 몇 달에 걸쳐 비트코인의 환율은 2013년 말 코인 하나당 1천 100달러 수준에서 300달러 선으로 폭락했다. 비트코인의 가치가 끝없이 높아질 것이라는 골드러시 개념으로 접근했던 수많은 투자자는 수백만 달러를 잃었다.

한편 그로나거와 그의 크라켄 동료들은 마운트곡스의 파산으로 생긴 권력 공백을 활용하는 것이 예상보다 더 어렵다는 사실을 깨달았다. 그로나거는 전 세계 여러 은행을 찾아가 자신의 유럽 거래소를 미국이나 일본 같은 신시장으로 확장하는 데 도움을 달라며 제휴를 신청했다. 하지만 그는 금융 세계에서 비트코인에 대한 눈에 보이지 않는 저항감이 점점 더 커지고 있다는 점을 되풀이해서 확인했다. 은행들은 별다른 설명도 없이 그와 만나기를 거부했다. 만남이 성사됐을 때도 특별히 달라지는 점은 없었다. 그가 제휴의 이점을 열정적으로 설명했음에도 며칠 뒤 은행의 경영진은 법규 준수 팀과 논의한 결과 제휴하지 않기로 했다며 발을 뺐다.

드문 일이긴 하지만 그로나거는 은행 간부와 허심탄회한 대화를 나눌 수 있었고 그를 통해 은행의 거부감이 더 커지고 있다는 사실을 들었다. 비트코인은 실크로드와 마운트곡스의 통화라는 지적이었다. 달리 말하면 비트코인은 범죄 목적으로 만들어졌고 절도에 취약하며 신뢰를 받는 은행들이 발을 들이고 싶어 할 만한 요소가 전혀 없다는 얘기였다. 어디를 가든 암호화폐의 음습한 오명이 그보다 먼저 와 있었다고 그로나거는 털어놓았다.

한편 비트코인의 가치는 낮은 수준의 몇백 달러 선에 머물러 있었다. '아무도 더 이상 암호화폐를 믿지 않아.' 그로나거는 그렇게 생각한 것을 기억한다. "겨울은 시작됐고, 언제쯤 또 다른 봄이 올지는 모르는 상태였습니다."

마운트곡스가 보유했던 비트코인의 절도범을 수사 기관이 밝혀내지 못한다는 사실은 암호화폐 세계를 둘러싼 불신의 구름을 더욱 짙게 만들었다. 그것은 진정으로 해킹당했을까? 아니면 마크 카르펠레스 본인이나 회사 내 다른 누군가가 횡령한 것일까? 그런 수수께끼는 비트코인 경제는 규제를 받지 않는 탓에 돈세탁을 노리는 범죄자들의 자금으로 넘쳐난다는 주장에 더 큰 신빙성을 안겨줬다. 몇몇 은행은 그런 시각을 그로나거에게 명시적으로 전달했다. 만약 자신들이 크라켄과 비즈니스를 한다면 크라켄 거래소를 통하는 모든 자금의 출처를 알아야 한다는 것이었다.

2014년 늦여름 샌프란시스코에서 택시로 이동하던 중 그로나거와 크라켄의 자문변호사는 방금 결렬된 회의 내용을 되짚고 있었다. 또 다른 은행이 그런 유형의 상세한 거래 감시 체제를 요구했고 크라켄은 수용할 수 없었다. 그로나거는 황당하다고 말했다. 그가 만난 은행 관계자들은 추적 불가능한 비트코인의 특성이 감당할 수 없는 법적 책임을 낳는다고 믿는 것 같았다. 하지만 사실은, 비트코인의 기술은 거래 감시를 달러화나 엔화보다도 더 쉽게 만들어줄 것이었다. 따지고 보면 모든 거래가 블록체인에 나와 있지 않은가?

그와 동승한 크라켄의 변호사는 그런 지적에 충격받은 표정이었다. 그게 가능하다면 이런 종류의 블록체인 분석을 제공하는 서비스는 엄청난 가치를 갖지 않겠느냐고 그로나거에게 반문했다.

그로나거는 생각했다. '그렇지, 분명히 그럴 거야.'

. . .

그 아이디어는 그로나거의 머릿속을 계속 맴돌아 집착처럼 변했고 마침내 구체적인 계획으로 열매를 맺었다. 2014년 10월 중순, 그로나거는 또 다른 샌프란시스코행 출장에서 크라켄의 경영진에게 새로운 비즈니스 기회를 잡으려 사직한다고 통보했다. 그는 샌프란시스코에서 코펜하겐으로 돌아오는 항공기 안에서 (나중에 체이널리시스의 비트코인 추적 툴로 발전하는) 첫 번째 프로토타입을 코딩했다. 항공기가 착륙하기 전에 코딩 대부분을 끝냈다고 그는 회고했다.

방대하고 복잡다단한 데이터를 기민하게 조작할 수 있는 코드를 최적화하는 데 대부분의 커리어를 바친 프로그래머인 그로나거에게 블록체인을 분석하고 추적하는 일은 자연스럽게 다가왔다. 그는 미클존이 창안한 무리짓기clustering 기법에 익숙했고(1년간의 적용 경험에 비춰본다면 그것은 사실상 블록체인의 직관적 특성이나 다름없다고 그는 생각했다), 그의 프로토타입은 그런 특성들을 통합하고 있었다. 하지만 서버에 담긴 방대한 데이터베이스를 불러내는 UCSD의 굼뜬 처리 속도와 달리, 그로나거는 SQ라이트SQLite라고 불리는 새로운 데이터베이스 기술을 활용해 자신의 노트북에서 블록체인의 경량급 버전을 다룰 수 있었다. 미클존의 경우 최장 12시간 걸리는 처리 시간이 그로나거의 시험용 프로그램을 사용하면 불과 17초밖에 걸리지 않았지만 그로나거 본인은 그것조차 참을 수 없을 만큼 느린 지연 시간이라고 간주했다. 그로나거에게는 미클존이 몇 주에 걸쳐 수행했던 수백 건의 시험 거래가 필요하지 않았다. 지난 몇 년간 비트코인 경제에서 온갖 실험을 벌인 덕택에 그의 프로그램이 한데 무리지은 주소들의 집합들을 식별하는 데 필요한 대부분의 시험 거래들은 이미 자신의 기록에 포함돼 있었다.

그로나거가 코펜하겐으로 돌아온 며칠 뒤, 한 친구와 얀 묄러 Jan Møller라는 비트코인 프로그래머가 만나서 맥주나 한잔하자고 연락해 왔다. 여러 해 전 묄러는 안드로이드용 비트코인 지갑을 만들었고, 그로나거가 브라우저의 플러그인으로 개발한 프로그램을 본 적이 있었다. 두 사람은 서로의 코드를 보고, 블록체인을 사용자 기기와 서버로 분리하는 접근법까지 비슷하다는 점에 감탄했다. 그로나거는 그에게 그럴듯한 조건을 제시할 형편이 아니라고 털어놓았다. 본인이 공동 창업한 거래소를 갑작스럽게 사직한 마당이었기 때문이다.

그는 자신이 지금 무엇을 만들고 있는지 묄러에게 설명했다. 비트코인을 추적하는 단순한 툴에 그치지 않고, 글로벌 차원의 패턴과 블록체인상의 자금 흐름까지 보여줄 수 있는 신뢰할 만한 데이터 소스, 암호화폐 거래소들이 고객들을 더 정확히 (심지어 그들이 합법인지 불법인지까지) 알기 위해 돈을 지불하는 서비스를 만드는 중이라고 털어놓았다. 묄러는 거기에 관심을 보이면서 둘이 동업하면 어떠냐고 제안했다. 이들은 나중에 그날, 10월 24일을 자신들의 회사인 체이널리시스의 창립일로 기억했다.

곧 그로나거와 묄러는 매일 두 시간씩 전화로 신생 비즈니스의 미래를 놓고 강박적일 만큼 치열한 토론을 벌였다. 묄러는 저틀란드 Jutland에 있는 자기 가족의 오두막에 모여서 꼬박 일주일간 논의를 벌이자고 제안했다. 저틀란드는 코펜하겐에서 몇 시간 운전해야 갈 수 있는 시골 지역이었다. 숲속에 있는 묄러의 벽돌 오두막은 지붕이 흙과 잔디로 구성된 오래된 스칸디나비아 스타일이었다. 그곳에서 두 사람은 매일 몇 시간씩 토론하고, 베니어판 이젤에 놓인 종이 위에 소프트웨어의 인터페이스를 구상했다. 또 다른 날은 소나무숲을 산보하거나 해초가 곳곳에 널린 바람 부는 덴마크

서부 해변을 거닐면서 자신들이 출시할 제품의 기능과 기법을 재정리했다. "좋은 아이디어는 모두 산보할 때 나왔어요"라고 묄러는 말한다.

아무것도 없는 상태에서 회사를 구축해야 하는 힘겨운 상황에서 그로나거는 또 다른 숙제와 직면해야 했다. 당시 크라켄의 경영진은 마운트곡스의 파산 관리 팀을 위해 이 회사의 채권자들에게 잔여 비트코인을 공평하게 분배하는 작업을 돕기로 약속했기 때문이다. 그런 약속에는 크라켄이 마운트곡스와는 대조적으로 신뢰할 만한 브랜드라는 이미지를 심는 한편, 회사의 고객들을 끌어올 수 있으리라는 의도가 들어 있었다. 그로나거는 크라켄을 사직하는 와중에도 옛 파트너이자 크라켄의 CEO인 제시 파월에게 마운트곡스의 파산 절차에서 자신이 맡기로 했던 역할을 계속 수행하겠다고 제안했었다. 더욱이 그로나거는 마운트곡스의 파산에서 가장 심각한 문제를 혼자 떠맡겠다고 자청했다. 마운트곡스의 잃어버린 비트코인을 찾아내겠다는 제안이었다.

더없이 야심찬 약속이었다. 그로나거가 체이널리시스 소프트웨어의 프로토타입을 이제 막 코딩했다는 사실 때문만은 아니었다. 그 소프트웨어를 완벽하게 구현하겠다는 동기로 암호화폐 역사상 가장 큰 미제 범죄 사건을 떠맡는 것보다 더 큰 자극제는 없을 것이기 때문이었다.

17장

소음

2015년 초, 마운트곡스의 일본 수탁자들을 만나 도둑맞은 기금의 행적을 추적하겠다고 약속한 지 몇 달 지난 시점에 그로나거는 도쿄를 다시 찾았다. 이번 행선지는 범죄 현장이라고 할 수 있는 마운트곡스의 본사 건물이었다. 부도난 그 회사의 CEO인 마크 카르펠레스를 그곳에서 만나기로 약속한 것이었다.

그로나거는 도쿄 시부야 특별구의 한 조용한 거리에 자리 잡은 마운트곡스의 텅 빈 사무실 정문을 거치고, 카르펠레스가 1층에 지으려고 구상했던 비트코인 카페Bitcoin Cafe의 버려진 잔해를 통과해, 당시까지 CEO 직함을 유지하고 있던 카르펠레스와 일본 수탁사의 대표를 회의실에서 처음으로 만났다.

회동 당시 마운트곡스는 파산한 지 거의 1년이 돼 가던 시점이었다. 카르펠레스는 중대한 무능 혐의와 성난 비트코인 사용자들이 그에게 씌운 노골적인 절도 혐의로 일본 경찰의 수사를 받고 있었다. 카르펠레스에 대한 그로나거의 첫인상은 머리가 헝클어져 이발이 필요할 것 같다는 것, 다소 의욕이 꺾인 것 같다는(그의 표현에 따르면 의욕 '보류' 상태라는) 것이었다. 그는 끝없이 이어지는 회동의 물결에서 또 다른 미팅에 나와야 한다는 사실에 체념한 듯한 모양이었지만, 모두 그가 경영하던 회사의 극적인 몰락이 빚은 업보였다.

 몇 주 전, 그로나거는 마운트곡스의 수탁자들로부터 암호화된 USB 드라이브를 담은 봉투를 받았다. 거기에는 4년간 마운트곡스를 통해 수행된 거래 기록을 비롯해 모든 재무 데이터가 담겨 있어야 했다. 하지만 드라이브를 해독해 보니 수상쩍을 만큼 정보가 불충분했다. 많은 거래 기록은 해당 거래의 구매자나 판매자 정보가 없었고, 더 많은 거래 기록은 아예 삭제돼 버린 듯했다.

 그와 같은 기록 누락에 대해 묻자 카르펠레스는 불어 느낌의 어색한 영어로 그로나거에게 낯설기 짝이 없는 이야기를 들려줬다. 비트코인 85만 개를 도둑맞은 2014년 초반의 해킹 사고 당시, 누군가가 마운트곡스의 서버실에 물리적으로 침투해 회사 컴퓨터에 접근했다는 것이었다. 침입자의 신원은 끝내 밝혀지지 않았지만 카르펠레스는 그때 침입이 문제의 절도 사건과 직접 연결된 것으로 믿었다. 누락된 기록도 절도범이 데이터를 삭제한 탓이라는 내용이었다.

 그로나거는 믿기지 않는다는 표정으로 데이터를 백업하지 않았느냐고 반문했다. 카르펠레스는 그랬지만 백업 시스템도 작동하지 않았다고 대답했다.

 그로나거는 카르펠레스가 대놓고 거짓말을 하지는 않았지만 중요한 무언가를 숨기고 있다는 점을 간파했다. 하지만 그의 수상쩍고 근거 없는 설명을 반박하지는 않았다. 따지고 보면 그로나거는 경찰이 아니었다. 카르펠레스에게 이실직고하라고 압박할 수 있는 아무런 법적 권한이 없었다. 이 만남의 의도는 우호적인 사실 확인일 뿐이었다.

 사실 그로나거는 이미 카르펠레스가 적어도 한 가지 비행을 데이터 절도 핑계로 은폐한다는 점을 눈치챘다. 오래전부터 마운트곡스에서 벌어지는 거래 일부가 사실은 회사 측에서 제어하는 자동화 프로그램으로 수행되며,

이 '봇bot'을 이용해 인위적으로 높은 가격의 거래를 조작한다는 소문이 있었다. 마운트곡스가 은밀히 구매자와 판매자 양쪽 역할을 했으므로 거래소로서는 아무런 비용도 들지 않았다. 하지만 활발한 거래가 진행된다는 잘못된 인상을 심고 비트코인의 환율을 높이는 데 기여하는 한편 마운트곡스가 비트코인 경제에서 차지하는 영향력을 실제보다 부풀리는 효과를 낳았다.

허위 거래로 의심되는 행위는 명백히 불법이었다. 비트코인 시장의 많은 이용자가 그것이 마운트곡스가 잃어버린 돈과 어떤 식으로든 연관이 있을 것으로 추정했다. 일본의 일간지인 「요미우리신문」은 2014년 12월의 한 보도에서 봇의 역할을 언급하면서, 일본 경찰도 마운트곡스의 비트코인 보유고는 해커들이 아닌 내부자 사기에 의해 절도된 것으로 추정한다고 밝혔다.

하지만 그로나거와 만날 즈음 카르펠레스는 놀라우리만치 깊은 선의를 견지하는 것처럼 보였다. 당시 카르펠레스는 20만 개 이상의 비트코인이 담긴, 미처 발견되지 않았던 비트코인 지갑 중 하나를 발견하자 이를 회사 채권자들에게 제공할 용의가 있다고 밝힌 것이었다. 이는 마치 소파 틈새에서 약 5천만 달러를 우연히 찾아내는 것이나 다름없었다. 어쨌든 이 발견을 계기로 마운트곡스의 실종된 비트코인 총액은 65만 개로 줄었다.

부정적인 냉소가들은 이를 훔친 돈 대부분을 은폐한 채 일부만 토해내는 뻔뻔한 면피용 시도로 봤다. 하지만 그로나거는 그런 발견이 우연이라기엔 지나치게 편리해 보였을지 몰라도 사실일 것이라고 믿는 쪽이었다. 카르펠레스의 제안도 영악한 범죄자의 계산이라기보다는 당황하고 허둥대는 기업인의 행보로 여겨졌다. 도쿄에서 가진 그와의 만남에서 여러 질문을 던지는 가운데, 그로나거는 마운트곡스가 보유 자산을 제대로 관리한 적도 없고 거래소에서 거래된 기금을 매일 정리하지도 않았다는 사실을 알았다. 그런 상태로 여러 해가 지나는 동안 카르펠레스는 비트코인을 초기 시장 상황에서 그랬듯이 모노폴리Monopoly 게임의 무의미한 돈처럼 여겼고, 암호화폐가 진정으로 값어치 있는 통화로 발전한 시장에 제대로 적응하는 데 실패하고 말았다는 것이 그로나거의 판단이었다.

그로나거는 카르펠레스는 마운트곡스의 수백만 달러를 훔친 도둑이 아니라는 확신을 얻고 도쿄를 떠났다. 하지만 마운트곡스 거래소의 데이터베이스는 여전히 해명되지 않은 구멍이 너무 컸고, 카르펠레스가 범인이라는 증거는 없었지만 그렇다고 조사 대상인 처지에서 그가 그런 의문점을 메워줄 가망도 없었다. 그로나거가 그의 무죄를 입증하기 위해서는 새로운 유력 용의자를 찾아낼 필요가 있었다.

· · · ·

그로나거는 마운트곡스의 수수께끼에 파고들기 시작하는 한편, 자신의 가장 강력한 조사 툴이 될 것으로 기대한 소프트웨어를 정교화하고 있었다.

3월 초에 이르러 그와 묄러는 블록체인 검색과 분석 속도를 크게 높일 수 있는 또 다른 최적화 기법을 고안했다. 소나무 숲을 산보하던 어느 날 묄러는 모든 거래에 대해 비트코인의 고유한 거래 ID보다 그들이 설정한 연대기적 ID를 적용하는 쪽이 이들의 소프트웨어가 분석하는 데 필요한 데이터의 크기를 최대 90%까지 줄여준다는 점을 깨달았다. 이는 모든 블록체인의 거래 데이터베이스 전체를 PC의 하드 드라이브가 아닌 메모리에 저장할 수 있다는 뜻이었다. 그 덕택에 이들의 프로그램은 전체 블록체인에 걸쳐 무리짓기 기법을 불과 1.8초 만에 시행할 수 있었고, 특정 주소나 무리clusters를 분석하는 데는 채 몇십 분의 1초밖에 걸리지 않았다. 이와 같은 즉각적 피드백은 프로그램을 상용화하는 데 필요한 특성 중 하나였다. 그로나거와 묄러는 기술에 대한 지식이 없는 일반 이용자도 끌어들일 수 있는 그래픽 인터페이스를 만들기 위해 두 개의 코딩 회사를 위촉해 자신들의 블록체인 분석 툴을 위한 사용자 인터페이스를 개발하도록 경합시킨 다음 더 낫다고 판단되는 쪽을 계약사로 기용했다.

하지만 둘이 함께 체이널리시스의 블록체인 스캐닝 기법을 정교화는 와중에도 묄러는 별도 프로젝트를 독립적으로 진행하고 있었다. 그는 사용자가 뒤에 남긴 완전히 다른 (그리고 궁극적으로 더 논쟁적인) 데이터 흔적을 따라갈 때도 비트코인의 사용 방식을 추적할 수 있는지 알고 싶었다.

누구든 비트코인을 옮기면 이들의 지갑은 해당 거래를 인터넷으로 비트코인 '노드node'의 네트워크에 공지하고, 전 세계의 수천 개 서버는 블록체인의 복제본을 저장한다. 새로운 거래 발표를 가장 먼저 접수한 노드는 다른 노드들로 내용을 전달하고 널리 공유함으로써 그 지불 기록은 확정되고, 모든 거래 내역을 담은 블록체인의 글로벌 원장元帳으로 복제된다. 이 시스템은 군중이 바로 옆 사람에게 소문을 수군대면서 얼마 안 가 그 내용이 전체 군중으로 확산되는 양상과 비슷한 면이 있지만, 디지털 환경의 전파 속도는 그보다 훨씬 빨라서 불과 몇 분, 심지어 몇 초 만에 전체 네트워크로 확산된다.

물론 이 공지는 인터넷을 통해 벌어진다. 하지만 비트코인의 프라이버시 성격이 갖는 핵심 특징은 언제나 블록체인이 해당 IP 주소에 관한 어떤 정보도 저장하지 않는다는 점이었다. 개별 컴퓨터를 식별하는 IP 주소는 적절한 시스템만 갖추면 사용자의 물리적 위치를 알 수 있으므로, 개인 정보를 보호하겠다는 비트코인의 의도를 감안하면 당연한 특징이었다.

하지만 묄러와 그로나거는 특정한 거래와 상응하는 IP 주소를 적시할 방법이 있을지 모른다고 생각했다. 비트코인 거래 공지를 처음 수신하는 노드node는 송신 컴퓨터의 IP 주소를 알 수 있다. 이것은 체이널리시스의 핵심 기능인 블록체인 분석을 따로 제쳐 둔대도 비트코인 노드들은 해당 거래를 시작한 사용자에 관한 강력하고도 특정한 정보를 가진 셈이었다.

비트코인의 분산형 시스템에서는 누구나 노드를 설정할 수 있다. 그래서 뮐러와 그로나거는 수백 개에 이르는 그들만의 노드를 비트코인 네트워크에 설정하고 거래 주문을 수신하고, 그것을 보낸 사용자들의 IP 주소를 수집하는 아이디어를 짜냈다. 일종의 방대한 글로벌 센서 망인 셈이었다.

곧 뮐러는 이런 체이널리시스 노드 250개를 전 세계 서버에 만들었다. 목표는 어느 특정한 사용자의 위치를 식별하는 것이 아니라 데이터를 집적 aggregate 형태로 조합하고, IP 주소들로 비트코인의 세계 지도를 만들어 전체적인 지리적 경향을 파악하는 것이었다. 체이널리시스로 분석한 그런 내용과 지도를 블로그로 공개함으로써 자신들이 꾸린 신생 벤처의 능력을 자랑할 수 있으리라고 두 사람은 생각했다.

그러나 2015년 3월 중순의 어느 날 아침, 그로나거는 체이널리시스의 실험이 들통난 것을 알았다. 그리고 비트코인 사용자들은 실험 대상이 된 것을 달갑게 여기지 않았다.

· · ·

문제의 스캔들은 그로부터 며칠 전, 몇몇 사용자가 수상한 비트코인 노드들이 나타나 자신들이 사용하던 지갑 프로그램을 망쳐놓았다고 불평하는 내용의 글을 '비트코인토크'라는 포럼에 올리면서 드러나기 시작했다. 이들의 소프트웨어는 이 수상한 노드들에 반복적으로 접속해(나중에 알고 보니 뮐러의 코드에 포함된 버그 때문에) 거래 내용이 나머지 네트워크로 전달되지 않고 있었다. 포럼 참가자들은 즉각 그 수상한 노드들이 무엇인가 음험한 의도가 있을 것으로 의심하기 시작했다. 비트코인 개발자로 새라 미클존 같은 암호화폐 연구자들이 프라이버시를 침해한다고 비판한 바 있는 그레고리 맥스웰은 누군가가 악의적인 허위 시스템들로 비트코인의 분산 시스템을 장악하기 위해 '시빌 공격Sybil attack'[3]을 벌이는 것 같다고 포럼에 썼다.

며칠 뒤 크립토워치Cryptowatch라는 이름의 또 다른 사용자가 네트워크를 방해하는 문제의 노드들을 스캔한 뒤 웹 브라우저로 이들의 IP 주소와 연결해 봤다고 포럼에 썼다. 그 결과는 해당 노드의 '체이널리시스 API 키'를 묻는 메시지였다. '체이널리시스'라는 이름을 구글로 찾아보니 '블록체인 안에서 거래자를 파악할 수 있도록 해주는 정교하고 심층적인 실시간 거래 분석' 서비스를 제공한다는 광고를 담은 신생 웹사이트가 나왔다.

크립토워치는 블록체인에 끼어들어 감시하는 기업을 찾아낸 것이 전혀 달갑지 않았다. "솔직히 이건 스파이 행위나 다름없다"라고 크립토워치는 썼다. "그것이야말로 우리가 온갖 감시망으로 점철된 기존 금융 시스템에서 벗어나고자 한 이유다. 만약 조Joe가 앨리스Alice에게 10달러를 지불한다면 그것이 무슨 목적으로, 어떻게, 어디에서 벌어졌는지는 남들이 관여할 바가 아니다."

그로나거는 비트코인토크 포럼에서 자신들의 실험이 엉뚱한 방향으로 전개된 것을 뒤늦게 발견하고 비판을 막으려 시도했다. 그는 사과하기 위해서, 네트워크에 엉뚱한 문제를 초래한 사실을 알자마자 체이널리시스가 노드들을 폐쇄했다고 말하기 위해서, 실제 의도는 IP 주소들에 기반한 지도를 만드는 것이지 특정 개인을 식별하려는 것은 아니었다고 설명하기 위해서 포럼에 뛰어들었다. 하지만 그의 메시지는 잔뜩 성난 군중의 분노를 가라앉히는 데 별무소용이었다. "병신…. 비트코인 네트워크는 네 멋대로 놀아대는 개인 놀이터가 아니야"라고 첫 댓글이 올라왔다. "다른 사람들이 한 일에 존경심이라도 좀 갖고 네 병신 같은 실험은 네트워크에서 지워버려."

---

3 특정한 의도나 목적으로 한 사람의 행위를 여러 사람의 행위인 것처럼 속이는 네트워크 해킹 공격의 일종 – 옮긴이

체이널리시스의 IP 주소 추적 실험을 중단했지만 역풍은 가라앉지 않았다. 논쟁은 빠르게 격화해 그런 주소들을 수집하는 문제를 넘어, 블록체인에 등재되는 지불 기록을 추적하는 사업의 윤리성에 관한 본격 토론으로 변모했다. "이것은 대중 감시와 인구 통제의 문제입니다"라고 크립토워치는 주장했다. "비트코인 정신을 믿고 커뮤니티를 돕고 싶다면 지금이야말로 체이널리시스 사업을 폐쇄하고, 또 다른 이들이 그와 비슷한 시도를 벌이지 못하도록 핵심 개발 팀과 협력할 적기입니다."

토론은 격화했고, 그로나거는 자신의 카드를 테이블에 펼쳐 보이기로 했다. 자신의 정치적 견해를 허심탄회하게 털어놓기로 한 것이다. "저는 비트코인이 굉장한 기술을 바탕으로 한 온라인 현금이라고 생각합니다"라고 썼다. "따라서 적절히 규제되고 기존의 금융 시스템에 통합돼야 합니다. 저는 일부 자유주의적 시각에 공감하지만, 저는 덴마크 출신이에요. 혁명을 믿지 않습니다. 매일 조금씩 벌어지는 변화를 믿으며, 사람들이 일반 은행에서 비트코인을 사고팔 수 있다면 세상도 조금 더 나아질 것이라고 굳게 믿습니다."

군중은 요지부동이었다. "내가 보기에 너는 곡스보다 더 나빠"라고 한 사람은 대꾸했다. 마운트곡스를 줄인 '곡스'라는 단어는 비트코인토크에서 신랄한 모욕 용어였다. "너에 대한 내 메시지는 요약하면 간단해. 꺼져버려!"

하지만 더 냉철한 비트코인 사용자들은 그 사고를 비윤리적인 감시 행위가 폭로된 것이기보다는 비트코인의 프라이버시가 잠재적으로 취약하다는 경고로 해석했다. 이들은 수상한 노드들을 차단하는 한편, 토르를 이용해 비트코인 지갑을 잘 알려지지 않은 IP 주소들로 이전해 체이널리시스의 IP 지도화 기법을 무력화했다.

이후 몇 년에 걸쳐 비트코인의 프로토콜에서 프라이버시 보호 대책이 향상돼 거래 내용에서 IP 주소를 추출하기가 훨씬 더 어려워졌다. 한편 체이널리시스 입장에서 문제의 지도화 프로젝트는 매우 갑작스럽고도 적대적인 커밍아웃 파티가 돼 버렸다.

그럼에도 그로나거는 몇몇 신랄한 비방과 댓글에 굴복해 자신의 비전을 포기할 사람이 아니었다.

"몇몇 대화와 장황한 댓글 싸움 외에는 뭔가 영양가 있는 게 나오지 않았어요"라고 그는 몇 년 뒤에 이 사건을 회고했다. 그는 이 경험을 계기로 더 조심스럽게 비트코인 커뮤니티에 접근해야 한다는 점을 배웠고, 이들 중 특히 프라이버시를 중시하는 일부 사용자들이 체이널리시스의 작업을 얼마나 경멸했는지 더 잘 이해하게 됐다. 하지만 궁극적으로는 그 소동 역시, 그가 항상 불가피하다고 믿어 온 완전히 투명한 비트코인 시스템으로 가기 위한 일시적 난관에 지나지 않는다고 평가했다. "그것도 큰 그림으로 볼 때는 소음에 불과했어요."

18장

두 번째 요원

비트코인토크 포럼에서 체이널리시스의 작업이 들통나 난리가 나던 무렵, 그로나거는 주눅 들지 않고 자신의 새로운 비트코인 추적 소프트웨어를 비트코인 거래소들에 홍보하기 위해 샌프란시스코로 날아갔다. 체이널리시스의 앱은 아직 투박하기는 했지만 처음 개발 당시보다 더 빠르고 강력해졌다. 판촉 연설을 하면서 시범 삼아 입력한 블록체인의 분석 결과를 미처 저장할 수 없을 정도였다. 그래서 프로그램을 열 때마다 다시 문의 정보를 입력해야 했다.

그가 회동한 거래소의 관계자들은 복잡한 규제 관련 문서 작업을 거치지 않고도 거래의 출처를 감시할 수 있게 해준다는 소프트웨어 툴의 개념에 관심을 보였다. 하지만 막상 돈을 지불하고 해당 툴을 구매하는 데는 소극적이라는 점을 그로나거는 확인했다.

출장 이튿날 아침, 그로나거는 커피를 사러 샌프란시스코의 페리빌딩 Forry Duilding까지 걸어갔다. 거기서 우연히 암호화폐 거래소 중 하나인 코인베이스Coinbase에서 일했던 옛 친구와 마주쳤다. 서로 저간의 소식을 나누면서 그로나거는 자신의 신생 기업을 설명했고, 친구는 체이널리시스를 수사기관에 소개해 본 적이 있느냐고 물었다. 사이버 범죄를 수사하는 요원들이라면 적어도 비트코인 거래소 만큼 암호화폐의 흔적을 쫓는 데 관심 있지 않겠느냐고 말했다.

그로나거는 마운트곡스를 수사 중인 일본 경찰 말고는 법 집행 기관 쪽에 아는 사람이 없다고 고백했다. 그는 기술, 과학, 교육 분야에서만 경험을 쌓은 탓에 연방 수사관과 검사들의 세계를 어떻게 뚫어야 하는지 전혀 몰랐다. 그러자 코인베이스에서 일했던 친구는 즉석에서 이메일로 그로나거를 한 검사에게 소개해 주는 호의를 베풀었다. 암호화폐에 수사의 관심을 쏟고 있는 캐스린 헌 검사라면 그로나거의 프로그램에 관심을 가질 만하다는 판단에서였다.

그로나거는 헌이 이메일에 즉각 답장을 보낸 것을 보고 깜짝 놀랐다. 그녀는 바로 그날 오후 자신의 법무부 사무실에서 만나자고 그로나거를 초청하면서 샌프란시스코 사무실은 평상복을 입는 '캐주얼 목요일'이니 편한 차림으로 오라고 강조했다.

몇 시간 뒤, 그로나거는 조지 프로스트가 거의 1년 전 헌에게 칼 포스에 대해 경고했던 건물에 도착했다. 프로스트처럼 그로나거도 9층 회의실로 안내됐다. 회의실에는 작은 체구에 잘 다듬은 턱수염을 하고 한쪽 팔에는 문신을 새긴 젊은 남자가 티셔츠 차림에 야구 모자를 쓰고 굳은 표정으로 앉아 있었다.

그로나거는 당혹감을 숨기려 시도했다. 헌이 강조한 '캐주얼 목요일'은 이미 까맣게 지워진 상태였다. 긴장감을 감추고 조용히 자리에 앉으면서 의심마저 들었다. 어디선가 실수가 있었나? 내가 혹시 범죄 용의자와 맞대면하게 된 건가?

잠시 후, 캐스린 헌이 친근한 미소를 지으며 걸어 들어와 그로나거에게 수수께끼의 남자를 소개했다. 이름은 티그란 감바리안이며 IRS 특수 요원이고 모임에 합석할 것이라고 설명했다.

그로나거가 긴장을 푸는 동안 감바리안은 즉각 업무 모드에 돌입해 자신들이 수사 중인 사건을 거론하면서 의견을 구했다. 그는 자리에서 일어나 화이트보드에 비트코인 주소들을 쭉 적어 내려가더니 주소 간에 연결선을 그리기 시작했다. 감바리안이 보드에 스케치한 플로차트는 실크로드와 연계됐고, 한때 2만 73개의 비트코인과 연결됐던 한 주소에서 시작됐다. 플로차트는 사라진 비트코인 중 2천 430개와 연계된 것으로 드러난 다른 주소로 끝났는데, 감바리안은 이것이 마운트곡스의 것으로 보인다고 추정했다. 그는 블록체인 전체에 걸친 기금의 자취를 확인해 줄 수 있느냐고 물었다.

그로나거는 투지 있게 자신의 노트북을 열고 주소들을 체이널리시스 소프트웨어에 입력하기 시작했다. 아니나 다를까, 그는 해당 비트코인들이 실크로드에서 인출돼 마운트곡스로 들어가는 과정을 감바리안이 확인한 것과 똑같이 볼 수 있었다. 그리고 마침 일본의 파산 신탁자들에게 보여주기 위해 PC의 하드드라이브에 마운트곡스의 사용자 계정 정보를 담아놓은 상태였기 때문에 감바리안보다 한 단계 더 나아가 수신자의 계정 정보도 보여줄 수 있었다. 그는 마운트곡스의 사용자 데이터베이스에서 나온 상세 개인 정보를 미국의 법 집행 관계자들과 자유롭게 공유해도 되는지 확신할 수 없었다. 어쨌든 그는 헌과 감바리안에게 정보를 보여줬다. 그에 따르면 계정 소유자는 메릴랜드에 있었다.

감바리안과 헌은 서로 마주 보며 만족스럽다는 표정을 지었다. 그로나거는 헌과 감바리안이 자신이 말한 어떤 내용에도 놀라지 않는다는 사실을 눈치챘다. 이들은 새로운 정보를 얻기 위해서가 아니라 자신들이 이미 파악한 사실을 재차 확인하기 위해 자신을 부른 것이었다.

그로나거의 추측은 맞았다. 헌과 감바리안은 감바리안의 블록체인 분석 결과를 확인해 줄 전문가가 필요했다. 이들은 메릴랜드의 IP 주소와 연계된 이름을 이미 알고 있었다. 마운트곡스를 이용해 총 2만 73개의 비트코인을 현금화한 인물, 당시 가치로 따져 35만 달러 상당을 실크로드에서 훔쳐낸 인물이었다.

그의 이름은 숀 브리지스^{Shaun Bridges}였다.

· · ·

2014년 말, 칼 포스를 수사하던 샌프란시스코 팀은 전직 DEA 요원을 기소하는 것으로 사건을 마무리할 준비가 돼 있었다. 헌과 그녀의 상사인 윌 프렌첸은 여전히 포스가 커티스 그린이 관리하던 비트코인을 훔쳤다고 의심하고 있었다. 하지만 이 추가적인 35만 달러 규모의 비트코인 절도를 입증할 아무런 증거도 찾을 수가 없었고, 포스를 반복적인 갈취와 돈세탁 혐의로 기소하는 것을 더 이상 미루고 싶지 않았다.

블록체인 기록에서 증거를 찾고 있던 감바리안만이 여전히 포스가 아닌 또 다른 범인이 있으며, 포스만 기소한다면 다른 범인은 자유롭게 활보할 것이고 잃어버린 돈의 흔적도 영영 사라져버리고 말 것이라고 믿었다.

감바리안의 추정이 맞았음을 증명하는 메시지를 마침내 찾아낸 사람은 게리 알포드, 바로 실크로드 사건의 비밀을 깼던 뉴욕 사무소의 IRS 요원이었다. 알포드는 볼티모어의 실크로드 태스크포스 팀이 유타주의 한 호텔 방에서 커티스 그린을 심문하던 시기, 그리고 그린의 컴퓨터를 통해 실크로드 계좌에서 수십만 달러가 빠져나가기 불과 이틀 전인 2013년 1월 말, 칼 포스가 숀 브리지스에게 보낸 이메일을 찾아냈다.

문제의 이메일은 브리지스에게 얼마간의 비트코인을 포스의 실크로드 계좌 중 하나로 보내라는 내용으로, 이는 포스가 해당 사이트에서 가명으로 잠복근무하는 데 필요한 소액의 현금을 송금하는 일상적인 작업이었다. 사이트의 서버 로그는 브리지스가 거기에 부응해 자신이 관리하던 '넘버 13'이라는 계좌에서 포스의 실크로드 지갑으로 돈을 보낸 사실을 보여준다.

송금된 지 이틀 뒤, 볼티모어 태스크포스 팀이 커티스 그린에 대한 취조를 마친 날 밤이었다. 그린의 실크로드 중개자 계정에 대한 접근 권한을 가진 누군가가 예치금이 높은 계정들의 백업 PIN을 반복적으로 리셋해 장악한 뒤 비트코인을 모조리 빼냈다. 감바리안은 알포드의 도움으로 실크로드의 서버 로그를 볼 수 있었고, 그를 통해 도난당한 계정들의 돈이 넘버 13 지갑으로 들어간 것을 알 수 있었다. 커티스 그린의 계정에서 나온 비트코인 900개도 마찬가지였다. 블록체인 기록은 그 돈이 다시 넘버 13에서 출금돼 도난 당한 비트코인 2만 73개를 보유한 더 큰 규모의 지갑으로 들어간 사실을 보여줬다.

달리 말하면 넘버 13 계정을 사용한 이가 누구든 도둑임에 틀림이 없었다. 그리고 알포드가 찾아낸 이메일은 그 절도 사건이 벌어지기 이틀 전까지 숀 브리지스가 넘버 13의 소유였음을 보여줬다.

포스에 관한 정보를 얻으려고 전화했을 때 브리지스가 그토록 적대적으로 나온 것이 새삼 이해되는 순간이었다. 비트스탬프의 변호사인 조지 프로스트가 칼 포스 문제를 놓고 도움을 청한 바로 그 첩보기관의 요원이 막대한 규모의 암호화폐를 훔친 것이었다.

감바리안은 절도의 결정적 증거를 찾아내려 다시 블록체인에 집중했다. 이번에는 아무런 도움도 없이 돈을 추적하기보다는 체코 공화국 출신의 프로그래머인 알레스 얀다Aleš Janda가 개발한 온라인 무료 툴 '월렛익스플로러WalletExplorer'를 사용해 그가 확보한 포스트의 비트코인 주소와 일치하는 정보를 블록체인.인포에서 클릭했다. 얀다는 월렛익스플로러를 만드는 과정에서 미클존과 그로나거가 했던 것과 흡사한 방법을 사용했다. 블록체인상 계정 소유자들을 무리짓고 명명하는 기법을 사용한 것이다. 이 툴 덕택에 감바리안은 1월 25일 넘버 13 계정에서 흘러나온 비트코인들이 자취를 교란하기 위한 두 번의 우회를 거쳐 월렛익스플로러에서 마운트곡스의 무리로 식별한 주소로 마침내 적립되는 것을 비교적 쉽게 파악할 수 있었다.

거기서부터 감바리안은 지루하지만 익숙한 서류 작업을 진행하며 더욱 전형적인 '돈의 흐름을 쫓아가는' 조사를 벌였다. 그는 몇 달 전 파산을 선언한 마운트곡스의 소유주와 수탁자들에게 편지를 보내 미국과 일본 간 상호 법적 지원 협정에 의거해 의심되는 계정과 관련된 기록을 모두 넘기라고 요구했다. 마운트곡스의 수탁자들은 그에 동의해 관련 문서를 모두 넘겼다. 그에 따르면 비트코인을 청산해 달러화로 환전된 돈은 '퀀텀 인터내셔널 인베스트먼트Quantum International Investments LLC' 명의로 된 피델리티Fidelity 계정으로 이체됐다. 감바리안은 글로벌 투자사인 피델리티에 소환장을 보냈고, 이 회사는 즉각 퀀텀 인터내셔널 인베스트먼트의 소유주를 공개했다. 다름 아닌 숀 브리지스였다. 브리지스는 자기 자신의 이름과 메릴랜드의 집 주소를 사용해 페이퍼 컴퍼니를 세운 것이었다.

감바리안의 숨 가쁜 돈 추적 작업이 종착역에 다다른 것은 12월 말이었다. 윌 프렌첸은 밤늦게 감바리안의 전화를 받은 일을 기억한다. 그는 크리스마스 휴가 중 자신의 휴대전화 화면에 감바리안의 이름이 뜨는 것을 보고 놀랐다. 감바리안은 자신이 찾아낸 내용을 설명했다. 프렌첸 검사는 모골이 송연해지는 느낌이었다.

'이런 빌어먹을!' 프렌첸은 속으로 생각했다. '하나가 아니라 둘이었어!'

· · · ·

2015년 초, 프렌첸과 감바리안은 유타로 날아가 커티스 그린을 만났다. 실크로드의 거래 중개자로 일했던 그린은 실크로드를 둘러싼 드라마에서 사실상 거의 모든 관계자에게 이용당했다. 그린을 만나고 2013년 1월 25일 그린을 취조할 당시 볼티모어 태스크포스 팀원들 중 한 명을 인터뷰한 두 사람은 그날 저녁 어떻게 숀 브리지스가 자신의 호텔 방으로 커티스 그린의 노트북을 빼돌린 다음 그린의 접속 정보를 이용해 미친듯이 실크로드의 계정을 모두 가로채고 비트코인을 강탈했는지 퍼즐 조각 맞추듯 파악할 수 있었다.

취조 다음 날 브리지스는 팀원들과 함께 이틀째 취조에 나서는 대신 볼티모어로 일찍 날아갔다. 유도 토너먼트에 참가하기 위해 볼티모어로 돌아가야 한다는 핑계였다. 불과 몇 시간 뒤, 볼티모어 수사 팀의 나머지 요원들은 드레드 파이어럿 로버츠DPR가 자신의 시장에서 대규모 절도 사건이 벌어진 것을 발견하고 그린의 계정을 차단해 버린 사실을 깨달았다. 칼 포스를 비롯한 볼티모어 태스크포스 팀원들은 그들이 그토록 공들여 DPR을 배신하게 만든 그린이 사실상 무용지물이 돼 버린 데 경악을 금치 못했다.

무엇보다 가장 놀라운 것은 그로부터 2년 뒤, 브리지스의 절도를 수사 중인 샌프란시스코 팀이 볼티모어 태스크포스 팀원들의 연락 내용을 뒤졌지만 브리지스와 포스가 서로 협력했다는 아무런 증거도 없다는 점이었다. 겉으로 드러난 정황으로 보건대 두 사람은 서로 특별히 친한 사이도 아니었다. 경이롭게도 두 사람은 마치 한 쌍의 도둑이 같은 집의 다른 두 방을 서로 마주치는 일 없이 털듯이 다른 쪽의 범죄 사실을 전혀 모른 듯했다.

"기가 막힌 일이었죠"라고 프렌첸은 말한다. "같은 태스크포스 팀에 두 부패한 연방 요원이 있었고 서로 공조하지 않은 채 비슷한 범죄를 저질렀다는 게 믿기지 않았습니다." 따지고 보면 완전히 별개로 진행된 포스의 더 부주의한 범죄 행태가 아니었다면 브리지스의 절도 행위는 전혀 탐지되지 않았을지도 모른다.

. . .

포스와 브리지스는 둘 다 수사관으로서 오랜 경험을 쌓은 탓인지 잡히는 순간 모든 상황을 파악한 듯했다. 기관원들은 포스를 그의 자택에서 별 사고 없이 체포했지만 감바리안 본인은 브리지스 수사에 필요한 서류 작업차 현지로 날아가 수사 팀에 합류하기 바빠 그런 내용을 미처 몰랐다. 감바리안과 샌프란시스코의 검사 팀이 수집한 증거 앞에서 브리지스는 실크로드의 비트코인을 훔쳤다고 자백하며 순순히 자수했다.

2015년 3월 말, 감바리안은 두 전직 연방 수사관들의 범죄를 설명한 95페이지 분량의 진술서에 서명했다. 3페이지 분량의 결론에서 감바리안은 포스와 브리지스가 비트코인을 어떻게 이체했는지 차트로 보여주는 블록체인 기록을 첨부했는데, 그러한 증거가 고소장에 인용된 첫 사례였다.

포스의 비트코인들을 추적할 당시만 해도 감바리안은 자신의 블록체인 분석 결과에 너무 충격을 받은 나머지 그것이 그보다 더 커다란 의미를 함축하고 있다는 사실을 미처 몰랐다. 하지만 브리지스가 훔친 비트코인을 추적하기 위해 같은 기법을 다시 사용할 즈음에는 한 가지 확신을 품게 됐다. 블록체인은 단순히 증거의 보고만이 아니라, 두 명의 부패한 수사관을 훨씬 뛰어넘어 더 큰 범죄상까지 드러낼 수 있는 발판이라는 점이었다. 그것은 완벽한 미끼로, 범죄를 자행하기 위해 온라인 거래의 익명성을 추구하는 이들을 위한 덫으로 작동한 영구 기록이었다. 그리고 그것은 여러 해동안 이어져 왔다. 이제 그 막대한 규모의 증거들이 감바리안 앞에, 또는 면밀히 살펴볼 용의가 있는 모든 수사 요원 앞에 놓여 있었다.

"이것은 완전히 새로운 세계를 연 거야"라고 스스로 감탄하던 것을 감바리안은 기억한다. "지금 당장, 우리는 과거로 거슬러 올라가 수백만 건의 범죄를 해결할 수 있습니다."

윌 프렌첸은 나중에 포스와 브리지스의 이중 부패 범죄를 '번개가 같은 곳을 두 번 친 경우'로 표현했다. 하지만 아무런 처벌의 위험도 없는 금융 부패의 블랙홀로 여겨지던 당시 정황에서 암호화폐의 유혹을 다시 들여다 보면 한 명 이상의 수사 요원이 그에 굴복한 것은 놀라운 일이 아니었다. 두 사람은 자신들이 쫓던 드레드 파이어럿 로버츠처럼 똑같은 세이렌의 노래^{siren song4}에 매혹됐다. 그들을 홀린 노래는 '추적 불가능한 돈이라는 거짓 약속'이었다.

---

4 그리스 신화에서 여자의 얼굴과 새의 몸을 가진 괴물. 노랫소리로 뱃사람을 유혹해 배를 침몰시켰다. 호머의 서사시 『오딧세이』에도 등장하는데, 오딧세우스는 자신의 몸을 돛대에 묶고 선원들은 귀를 막아 세이렌의 유혹을 피했다. ─ 옮긴이

19장

금고 속의 구멍

마이클 그로나거는 감바리안과 헌을 만난 다음 날, 샌프란시스코 금융 지구인 몽고메리 거리의 한 카페에 앉아 일상 업무로 복귀했다. 카페는 복층 구조의 공간으로 그가 임시 사무실로 이용하는 곳이었다. 그는 거기가 좋았다. 업무 공간의 임대료는 시간당 몇 달러에 불과했고, 언제 어떤 테이블에서든 아이패드로 커피와 아보카도를 주문할 수 있었다. 그로나거는 길 건너편 법무부 사무실에서 나눈 우호적인 대화가 부패한 연방 수사관을 잡는 데 큰 도움을 줬다는 사실을 아직 모르고 있었다.

블록체인 분석 앱을 홍보하기 위한 잇단 미팅 사이에 조금만 시간이 나면 카페로 돌아가 그 툴의 첫 번째 파워유저로서 그를 이용해 마운트곡스의 미스터리를 풀려 시도했다.

거래소를 통해 거래된 비트코인의 움직임을 기록한 마운트곡스의 데이터베이스는 여전히 불가해한 허점투성이였다. 하지만 그와는 별도로, 블록체인은 그러한 돈의 흐름을 보여주는 완전한 기록임을 그로나거는 알고 있었다. 고고학자가 마모된 석판의 표면에 옛 에칭을 덮어 잃어버린 부분을 판별하듯이, 혹시 두 원장을 비교하면 빠진 부분을 파악할 수 있을지도 모른다는 생각이 들었다.

그날 오후, 그로나거는 마운트곡스의 거래 기록에 포함된 주소 중 블록체인의 주소들과 일치할 것으로 여겨지는 것들을 데이터베이스에서 찾아보려 시도했다. 마운트곡스의 주소들을 통해 들고 난 내역 중 수상쩍게 삭제된 주소를 찾기 위한 노력이었다. 그는 곧 시간에 따른 마운트곡스의 총량 기금에 관한 두 종류의 그래프를 만들었다. 하나는 거래소 자체의 불완전한 기록이고 다른 하나는 블록체인의 검증된 자료에 근거한 기록이었다.

첫 번째 그래프는 거래소의 잔고가 몇 년에 걸쳐 꾸준히 증가해 85만 개의 비트코인에 이르는 흐름을 보여줬다. 블록체인에 근거한 두 번째 그래프는 훨씬 더 불안한 흐름을 드러냈다. 2011년 10월부터 상승하던 거래소의 잔고는 자금의 수상한 유출(마운트곡스의 기록에서 대부분 삭제된 부분)에 따라 역전되기 시작했고, 서서히 고갈됐다.

그로나거는 두 차트를 겹쳐 확인해봤다. 둘 다 마운트곡스의 비트코인 보유고가 시간에 따라 극적으로 오르락내리락하는 양상을 보여줬다. 하지만 그러한 불규칙성에도 불구하고 두 그래프 간 공간은 점점 더 넓어지면서 사라진 돈을 보여주는 삐죽삐죽한 쐐기 모양의 간극이 드러났다.

그로나거는 누락된 내용이 많은 허위 정보에서 블록체인에 기록된 마운트곡스의 실제 잔고 기록을 빼내 시간이 지나면서 사라진 거래 내역들의 그래프를 만들려고 시도했다. 그렇게 만든 결과를 본 그는 그래프가 드러내는 내용의 지극한 선명성에 충격과 각성의 감정을 동시에 맛봤다. 2013년 봄까지 거의 2년에 걸쳐 실종된 자금은 서서히 그리고 꾸준히 불어나 총 65만 개의 비트코인 규모에 이르렀다. 마운트곡스에서 없어졌다고 알려진 규모와 거의 일치하는 숫자였다.

그로나거는 아직 실종된 돈을 찾아내지 못한 상태였다. 하지만 그는 그것을 식별해 분리했으며 마운트곡스가 자금 고갈 상황을 공식 발표하기 몇 년 전에 이미 문제가 시작됐음을 알아냈다. 그것은 마치 거래소 직원이 모든 골드바[5]의 숫자를 센 다음 금고에 넣고 나간 후 도둑들이 조용히 그리고 꾸준히 마운트곡스가 비즈니스하는 동안 금고 바닥에 난 구멍으로 골드바를 훔쳐낸 것 같았다.

· · ·

그로나거는 파산 수탁자들과 카르펠레스에게 이메일로 그 그래프들을 보여주면서 수천 건의 수상쩍은 거래 내역에 대해 어떤 설명이 가능한지 물었다.

카르펠레스는 마운트곡스 초기, 직원들이 컴퓨터 구입과 같은 비용 처리를 위해 따로 데이터베이스에 지출 내역을 기록하지 않고 저장된 비트코인을 사용한 일이 종종 있었다고 응답했다. 바람직한 회계 관행은 아니지만 그렇다고 범죄성 절도라고 보기는 어려웠다. 그 외에는 카르펠레스나 다른 누구도 그럴듯한 설명을 내놓지 못했다.

코펜하겐으로 돌아온 그로나거는 체이널리시스 앱을 써서 모든 유령 거래를 추적하기로 했다. 마운트곡스의 금고에서 조금씩 빠져나간 자금들을 조사한 결과, 절도는 자동화된 것으로 보였다. 마운트곡스의 주소로 된 비트코인 대부분은 수취가 이뤄지는 순간 바로 빠져나가 도둑의 지갑들에 쌓였고, 그 규모는 날이 갈수록 커졌다. 해커들은 이렇게 불어난 자금을 때때로 점검했고, 그때마다 지갑들에 든 비트코인은 수동으로 다른 주소들로 이체됐다.

그로나거가 해킹된 자금이 어디로 흘러갔는지 꼼꼼히 차트로 만들어본 결과 세 가지 뚜렷한 목적지로 갈라졌다. 처음에 그 비트코인들은 트레이드 힐Trade Hill이라는 미국 거래소를 통해 현금으로 인출됐고, 나중에는 그곳을 통해 거래되는 모든 돈의 25% 이상을 차지할 만큼 비중이 커졌지만 트

---

5 막대기 형태로 만든 금 – 옮긴이

레이드 힐은 2012년 2월 폐장했다. 바로 그 시점에 그로나거는 무엇인가 기묘한 일이 벌어진 것을 눈치챘다. 사라진 돈이 마운트곡스로 다시 흘러들기 시작한 것이다. 어떤 면에서 납득할 만한 현상이었다. 도둑들로서는 훔친 비트코인을 청산해야 했으므로, 당시 세계 최대 암호화폐 거래소인 마운트곡스를 이용하지 않을 이유가 없었다. 더욱이 그들이 거기에서 돈을 훔친 사실을 아무도 모르는 상태였다.

하지만 궁극적으로 도둑들은 대부분의 비트코인을 더 수상쩍은 거래 플랫폼을 통해 현금화했다. 그것은 BTC-e라고 불렸다.

마운트곡스에 버금가는 연륜의 이 암호화폐 거래소는 마운트곡스의 파산 이후 점점 성장하는 추세였지만 여전히 거의 완전한 비밀 기관으로 남아 있었다. 소유 구조와 심지어 기업 위치까지 미상이어서 암호화폐 시장 안에서 의심스러운 설왕설래의 주체였고, 비트코인 산업의 글로벌 지도에서도 기묘한 공백점이었다. 마약상이나 다크웹 시장의 관리자들이 위장된 신원으로 비트코인을 이용해 거래하는 일은 그렇다 치더라도, 보통 신원이 공개되기 마련인 활기찬 암호화폐 거래소의 소유주들이 철저히 베일에 가려진 것은 지극히 낯선 현상이었다.

그런 상황에서도 절도된 자금이 어디로 갔는지 큰 그림을 파악한 그로나거는 마침내 마운트곡스의 수수께끼에 대해 몇 가지 결론을 내릴 수 있었다. 가장 쓰라린 발견은 추정 손실 규모와 실제 손실 규모의 천문학적 차이였다. 그는 비트코인이 사라졌음을 뒤늦게 깨달은 2014년이 아니라, 그보다 훨씬 이전에 도눅맞은 비트코인이 2년에 걸쳐 실제로 현금화할 당시의 거래소 환율을 적용해 절도 자산의 총가치를 계산해봤다. 그 결과에 따르면 도둑들이 훔친 비트코인을 보유하면서 가치가 높아지기를 기다리는 대신 훔치는 족족 현금화했기 때문에 절도로 거둔 수익은 마운트곡스가 잃어버렸다고 추산하는 5억 달러 규모의 근처에도 가지 못했다. 비트코인의 가치는 지난 3년간 100배 이상 높아졌다. 하지만 마운트곡스의 직원들 몰래 자행된 절도 행위는 대부분 그러한 가치 평가 이전에 벌어졌다. 그 때문에 도둑들이 거둔 수익은 2천만 달러 정도밖에 되지 않았다. 마운트곡스가 추정하는 5억 3천만 달러의 손실 규모에 견주면 새 발의 피였다.

마운트곡스 자산의 대부분은 영영 사라져 버렸다. 비유하자면 도둑들은 희귀 동전 컬렉션을 훔치다 고철값에 내다판 셈이었다. 설령 절도범이 잡혀 훔친 돈을 고스란히 내놓는대도 마운트곡스의 손실 규모에는 턱없이 못 미칠 것이었다.

그로나거가 볼 때 그 불운한 규모의 차이 못지않게 중요한 것은 도둑들의 거래 내역이 보여주는 지리적 특성이었다. 그로나거는 도난당한 비트코인들이 마운트곡스의 금고에서 수동으로 인출됐던 시간을 분류해 24시간 사이클을 기준으로 돈의 움직임을 표시했다. 모두 특정한 시간대의 아침부터 밤 사이에 걸쳐 있는 것으로 보였다. 그 시간대는 그리니치 표준시에서 두 시간 차이 나는 곳으로, 마크 카르펠레스가 살았던 일본의 깨어 있는 시간대와는 완전히 동떨어졌다.

그로나거는 시간대 테스트에 빈틈이 있다는 점도 인식했다. 해커와 코더들은 밤낮을 가리지 않고 일하기 때문이었다. 하지만 매일 밤새도록 작업을 한다고? 그런 타이밍 때문에도 마크 카르펠레스는 비트코인 절도와 무관하다는 점을 그로나거는 새삼 확인했다.

'그렇군. 마크는 범인이 아니야'라고 그로나거는 최종적으로 결론지었다.

그렇다면 범인은 끈기 있고 치밀하게 마운트곡스를 스토킹한 외부 해커들로 보였다. 이들은 거래소에서 비트코인을 지속적으로 훔쳐내고 결국 세계 최대 규모의 암호화폐 거래소를 파산시켰다. 더욱이 이 해커들은 범죄인 인도 조약이 효력을 발휘하는 서유럽이나 미국에서 활동하지 않을 공산이 커서 이들을 체포하고 더 나아가 마운트곡스가 잃어버린 자산 일부나마 되찾을 희망은 거의 없음을 그로나거는 깨달았다.

　그로나거의 스크린에 표시된 거래 발생 지역들의 시간대는 사이버 범죄의 온상으로 알려진 나라와 일치했다. 서구의 법 집행 기관들은 도저히 들어갈 수 없는 곳이었으며 심지어 블록체인 기록을 근거로 돈의 흐름을 쫓는 작업도 막다른 골목에 다다랐다. 돈은 러시아로 흘러들었다고 그로나거는 판단했다.

20장

BTC-e

2015년 3월 티그란 감바리안과 마이클 그로나거가 미팅을 가진 몇 주 뒤, 포스와 브리지스에 대한 고소장이 언론에 공개됐다. 거기에는 감바리안이 '블록체인 분석에 상당한 전문성을 가진 인물과 상의했다'라는 메모가 포함됐다. 국세청IRS과 법무부의 작업 내용을 재확인해 준 그로나거의 공로를 암묵적으로 인정한 셈이었다. 이후 감바리안은 그로나거에게 전화를 걸어 해당 사안이 재판으로 가게 되면 고문 겸 전문가로 참여해 달라고 요청했다. 곧 감바리안과 그로나거는 이메일을 주고받고 스카이프Skype로 꾸준히 대화하며 발견 내용을 서로 점검했다. 그로나거는 마운트곡스의 파산 수탁자들에게 허락을 얻은 뒤 마운트곡스에 대한 자신의 조사 내용을 정기적으로 감바리안에게 알려줬다.

둘 사이의 대화에서 점점 더 빈번하게 거론된 주제는 BTS-e, 어디에 존재하는지 누가 운영하는지도 모르는 수수께끼의 비트코인 거래 플랫폼이었다. 그로나거가 감바리안에게 마운트곡스의 자산이 그 불가사의한 거래소로 흘러든 사실을 말하기도 전에 감바리안과 프렌첸은 이 블록체인의 블랙홀에 주목하기 시작해 온 터였다. 칼 포스는 불법으로 취득한 비트코인 중 일부를 BTC-e를 통해 현금화했고, 감바리안과 프렌첸이 들여다본 결과이 회사는 고객이 누구인지 전혀 조사하지도 않았고 자금 세탁 방지 시스템도 전혀 없었다. 달리 말하면 누구든 아무런 걸림돌 없이 BTC-e를 통해 암호화폐를 현금화할 수 있었다. "디즈니월드에 사는 미키 마우스라고 말해도 이 회사는 비트코인을 현금으로 바꿔줬을 겁니다"라고 프렌첸은 말한다.

감바리안은 회사의 유래를 조사했고 지극히 복잡다단한 단서들을 찾아냈다. BTC-e의 웹사이트는 호스트 서버가 불가리아에 있다고 언명했지만 정작 키프로스의 법을 따른다고 밝혔다. BTC-e를 운영하는 주체인 캔턴 비즈니스 코퍼레이션 Canton Business Corporation은 이름에서 중국 냄새를 풍겼지만 법인은 아프리카 인도양 서부 마다가스카르 북동쪽의 섬나라인 세이셸 Seychelles 공화국에 등록돼 있었고 연락처는 러시아 전화번호였다. 게다가 회사의 다양한 웹 도메인은 싱가포르, 영국령 버진 아일랜드 British Virgin Islands, 프랑스, 뉴질랜드의 페이퍼 컴퍼니에 소속돼 있었다. BTC-e의 'e'가 무엇을 뜻하는지조차 불분명했다.

그로나거도 BTC-e를 더 긴밀히 조사하기 시작해 체이널리시스의 소프트웨어로 자금 흐름을 추적했다. 온갖 유형의 불법 자금이 이 무정부적이고 범죄 친화적인 거래소를 거친 것이 드러났다. 다크웹 시장에서 얻은 비트코인이나 도둑맞은 비트코인 심지어 근래 급속하게 증가한 해커들의 범죄인 랜섬웨어 ransomware를 통해 취득한 비트코인이 모두 이곳에서 현금화됐다. 랜섬웨어의 경우 해커들은 피해자의 컴퓨터를 감염시켜 잠가버리거나 하드드라이브를 암호화한 뒤, 이를 풀거나 해독할 키를 제공하는 대가로 수백에서 수천 달러에 달하는 비트코인을 몸값(랜섬)으로 요구했다. 이렇게 취득한 랜섬웨어 지불금은 BTC-e라는 수상한 거래소를 통해 현금화했다.

암호화폐 경제의 범죄적 측면에서 여전히 주도적 역할을 하는 다크웹은 실크로드 단속으로 잠시 주춤하는가 싶더니 다시 기승을 부리기 시작했다. 로스 울브리히트가 체포된 지 불과 한 달 뒤, 오리지널 사이트의 복제판인

'실크로드 2'가 나타났다. 관리자의 이름도 드레드 파이어릿 로버츠였고 극단적 자유주의의 기치를 내건 것도 비슷했다. 실크로드를 모델로 삼은 시장 사이트가 전체적으로 20개 이상 다크웹에 출현했다. 1776, 언더그라운드 마켓플레이스Underground Marketplace, 클라우드9Cloud-9, 아웃로 마켓Outlaw Market, 히드라Hydra, 판도라Pandora 같은 이름이었다.

2014년 11월 실크로드 2가 출현한 지 2년 뒤, FBI와 유로폴Europol은 '실명實名 밝히기 작전Operation Onymous'6으로 알려진 대대적 단속 작전을 개시했다. 이들은 토르Tor가 가진 희귀한 취약점을 활용해(정보원들은 실크로드 2에 합류한 원조 실크로드의 중개자들에 대한 정보를 아마도 로스 울브리히트의 노트북에서 얻었을 것이다) 실크로드 2의 직원 여러 명을 체포하고 예닐곱 개의 다크웹 시장을 폐쇄했다. 그러나 그러한 다크웹 단속에도 불구하고 '에볼루션Evolution'이라고 불리는 또 다른 사이트가 부상했다. 이 사이트는 마약만 파는 것이 아니라, 로스 울브리히트는 지나치게 비윤리적이라며 허락하지 않았던 해킹으로 훔쳐낸 데이터와 신용카드 번호까지 팔았다. 2015년 3월, 에볼루션의 관리자가 사용자들의 예탁 계정에서 수백만 달러를 빼내 종적을 감춰 버리자 아고라Agora라고 불리는 또 다른 시장이 남은 사용자들을 흡수하면서 다크웹의 범죄 경제에서 최정상 자리를 차지했다.

비트코인 기반의 암시장은 놀라우리만치 회복 탄력성이 좋았을 뿐 아니라 계속 성장하고 있었다. 니콜라스 크리스틴Nicolas Christin 교수가 주도하는 카네기멜런대학의 연구 그룹에 따르면 에볼루션이 문을 닫기 전인 2015년 2월 현재 에볼루션과 아고라는 매일 40만 달러의 매출을 올리고 있었다. 이는 실크로드가 전성기를 구가하던 시절보다 10만 달러 정도 더 큰 규모

---

6 Onymous는 '실명의', '이름을 밝힌' 등의 의미로 쓰인다. 익명이라는 뜻의 anonymous의 반의어인 셈이다. 여기서는 익명으로 활동하는 범죄자들의 신원을 밝혀내겠다는 의도를 보여준다. - 옮긴이

였다. 그리고 그로나거와 감바리안은 다크웹에서 활황이던 마약 거래 자금의 흐름을 추적한 결과, 그 시장의 더러운 돈이 점점 더 큰 규모로 BTC-e를 통해 현금화하는 것을 발견했다.

비트코인 추적이 가능하다는 가설이 포스와 브리지스에 대한 감바리안의 수사를 통해 처음 입증된 이후 고작 몇 달 지난 시점이었다. 그럼에도 벌써 BTC-e는 수사관들이 수사 기법으로 블록체인을 활용하는 것을 가로막는 근본적인 위협으로 작용하고 있었다. 암호화폐를 이용한 범죄 세계의 핵심에 놓인 BTC-e는 사용자들의 정보를 제공하라는 소환장에도 끄떡없는 것 같았다. 최종 종착지가 완벽한 익명성의 소굴이라면 범죄성 자금의 흐름을 추적한들 무슨 소용이란 말인가?

. . .

BTC-e를 면밀히 들여다보기 시작할 즈음 감바리안은 워싱턴 DC에 있는 IRS와 FBI 관계자들의 전화를 받았다. 이들은 IRS-CI 산하에 컴퓨터 범죄 수사 팀을 설치하는 동시에 신설된 전국 사이버 수사 합동 태스크포스^{NCI-JTF}안에 가상화폐 그룹을 만들 계획이라며 도움을 요청했다. 미국 수도에 자리 잡은 NCI-JTF는 국방부, 비밀경호국^{Secret Service}, 국토보안수사국^{Homeland Security Investigations}을 비롯한 여러 다른 연방 기관과 공조할 것이었다.

주요 법 집행 기관들의 고위 관계자들은 감바리안이 그동안 지속적으로 감지해 온 내용을 파악하기 시작했다. 암호화폐 추적은 새로운 수사 기법과 툴로 엄청난 잠재력이 있다는 것이었다. 감바리안은 포스와 브리지스 수사에서 사상 처음으로 암호화폐 추적 기법을 적용한 덕택에 오랫동안 꿈꾸며 만들고 싶었던 보직을 제안받고 있었다. 바로 암호화폐 범죄의 주요 우두머리들을 잡는 데 온전히 시간을 바치는 일이었다.

그는 망설이지 않았다. 주어진 기회를 붙잡고 가족과 함께 DC로 이주했다.

하지만 신설된 DC 컴퓨터 범죄 팀의 현장 사무소로 출근한 감바리안은 머릿속에 그렸던 근무 환경과 너무 달라서 실망했다. 팀의 소규모 요원들은 내셔널 몰National Mall 옆에 자리 잡은 IRS의 웅장한 건물에서 3km가량 떨어진 곳에 있는 건물의 작고 평범한, 대체로 회색과 베이지색이 주조인 사무실 공간에 배치됐다. "컴퓨터 전문가를 여럿 고용해서 한 방에 몰아넣고 노트북을 주면서 사이버 범죄자들을 잡으라고 한 거죠"라고 감바리안은 말한다. 이들 그룹은 커피메이커 하나를 사는 데도 각자 돈을 걷어 해결해야 했다.

몇 달 후, DC의 IRS-CI 컴퓨터 범죄 팀은 자신들의 아웃사이더 처지를 인식했고 일종의 기술 신생 기업 같은 분위기를 조성했다. 감바리안은 자신이 직접 조립한 1년 된 데스크톱 PC를 중앙 데이터 집적 장치로 기증했다. 또 다른 요원은 자신의 칸막이 사무실 옆에 해먹을 걸었는가 하면, TV와 스피커를 가져와 일하는 동안 힙합 음악을 틀었다. 감바리안은 벽에 세계 지도를 걸었고, 팀원들은 표적을 성공적으로 잡아낸 위치와 아직 활동 중인 표적 세력의 위치를 색핀으로 찍어 표시했다. 이들은 폭 1m 정도의 규격까지 인쇄하는 대형 프린터를 다른 사무실에서 영구히 '빌려 와서' 암호화폐 거래를 보여주는 초대형 체이널리시스 그래프들을 인쇄하는 데 사용했다.

2015년 9월 감바리안은 또 다른 범부처 팀에 합류해 달라는 요청을 받았다. 돈세탁 범죄와 국가안보 전문 검사인 지아 파루키Zia Faruqui가 갓 꾸린 가상화폐 타격대strike force였다. 그 팀은 워싱턴 DC의 주디시어리 광장Judiciary Square에 있는 미국 연방 검사 사무실의 주회의실에서 처음으로 만났다. 반들반들 윤이 나는 목제 탁자를 중심으로 의자가 나란히 놓인 30인용 회의실에서 검사들은 가상화폐 그룹의 임무를 정리하기 시작했다. 디지털화폐의 흐름 추적을 핵심 수사 기법으로 삼아 종착지가 어디든 범죄의 장본인들을 잡아 기소하는 것.

파루키는 감바리안이 암호화폐 관련 수사 건수를 크게 늘리자는 타격대 팀의 제안에 적극 동의하던 것을 기억한다. 그는 감바리안의 열성에 깊은 인상을 받았다. 연방 수사 요원에게 그처럼 즉각적인 서약을 듣는 것은 드문 일이었다. 그는 이 젊은 IRS 요원이 단지 야심만만한 허풍선이로, 단지 보여주려고 쇼를 한 것은 아닐까 의심했다.

대화는 인가받지 않은 송금업자들을 규제할 방안을 찾는 주제로 넘어갔고, 감바리안은 다시 목소리를 높여 미국에 국한하지 않고 국제 차원으로, 특히 해외 업자가 미국인 고객들을 보유했다면 수사 대상을 넓혀야 한다고 주장했다. 파루키는 감바리안이 해외 거래소라도 미국인들의 거래를 포함한다면 미국의 돈세탁 금지법의 적용을 받는다는 관련 법규를 이미 읽었다는 사실에 좋은 인상을 받았다.

수사 요원 대부분은 인가받지 않은 송금업자들에 대한 수사를 '풋 파울 foot foul(라인을 밟는 행위)'이라고 부르며 굳이 임무를 배당받아 수사할 만큼 중요한 범죄가 아니라고 여겼다고 파루키는 말한다. 하지만 감바리안은 (당시 이미 BTC-e 수사에 깊숙이 들어간 상태였으며) 이들 무허가 거래 사건들을 수사할 용의와 의지가 투철해 보였다.

'저 친구는 뭐야?' 파루키는 속으로 반문하던 것을 기억한다. "'세일즈맨 ringer이야, 아니면 살짝 미친 거야?'라는 생각이 들었죠. 알고 보니 그 친구는 둘 다였어요."

21장

WME

포스와 브리지스를 수사했던 캘리포니아 북부 지검 팀(윌 프렌첸, 캐스 린 헌, 티그란 감바리안)의 시각에서 BTC-e는 자연스러운 다음 표적이었다. 워싱턴 DC에서 일하게 된 감바리안은 법무부 컴퓨터 범죄과 소속 요원 신분으로 몇 달째 해커들의 BTC-e 사용 내역을 추적해 온 올든 펠커Alden Pelker라는 젊은 검사와 손을 잡았다. "사이버 범죄자들이 돈세탁 용도로 사용하는 플랫폼을 찾았더니 하나같이 BTC-e였습니다"라고 펠커는 말한다. 이들은 함께 이 수상한 비트코인 거래소에 대한 수사를 개시했고, 곧바로 암호화폐 범죄의 글로벌 수사로 커졌다.

감바리안은 BTC-e를 수사하려면 이들이 사용하는 서버의 진짜 위치를 파악해야 한다고 생각했다. 해당 거래소를 배후에서 운영하는 장본인을 찾아내기 위한 첫걸음이었다.

난독화obfuscation 기법으로 출처를 가리기는 했지만 거래소를 호스팅하는 컴퓨터들은 토르에 의해 보호되는 다크웹에 있지 않았다. 이들은 컴퓨터와 인터넷 접속만 있으면 누구든 간단한 '트레이스라우트traceroute'[7] 명령어로

---

7 인터넷상에서 특정 컴퓨터에 접속하려고 할 때 실제 연결 경로가 어떻게 이뤄지는지를 알려 주는 것 - 옮긴이

해당 사이트의 IP 주소를 찾아낼 수 있었다. 전화번호부에서 상용 서비스의 전화번호를 찾는 것보다 별반 어려울 게 없었다. 감바리안이 체크한 결과, 이들이 호기심 어린 관찰자들로부터 BTC-e 서버들의 위치를 숨기기 위해 적용한 가외의 층위는 감바리안 같은 이들의 눈을 속이기 위해 거래소의 IP 주소들에 방어막을 쳐주는 클라우드플레어Cloudflare라는 이름의 웹 인프라 제공사 겸 보안 서비스 회사였다.

클라우드플레어는 샌프란시스코에 있는 미국 회사였다. 감바리안은 그 회사에 BTC-e 서버의 IP 주소들을 제공하라고 법적으로 요구했다. 그가 신속하게 취득한 주소들은 전혀 예상하지 못한 내용을 드러냈다. BTC-e 의 인프라를 호스팅하는 곳은 불가리아나 키프로스도, 세이셸도 또는 이들 이 짐작하도록 유도한 어느 먼 지역의 회사도 아니었다. 이들은 노던 버지 니아에 있었다. 실상 그 IP 주소들은 워싱턴 DC의 NCI-JTF에 있는 감바 리안의 사무실에서 불과 10km밖에 떨어지지 않은 데이터 센터에 있었다. 감바리안은 잠시 BTC-e가 혹시 CIA의 비밀 허니팟honeypot[8]은 아닐까 의 심했지만 워낙 황당한 발상이라 이내 무시해 버렸다.

감바리안은 NCI-JTF의 다른 요원들은 물론, 캘리포니아의 옛 동료들과 공동으로 BTC-e 서버들에 접근해 콘텐츠를 복사(컴퓨터 포렌식 분석가들의 표현에 따르면 '이미징imaging')하기 위해 버지니아의 해당 호스팅 제공사와 신 중한 법적, 기술적 절차를 진행했다. 이미징 작업은 자신들의 위치가 발각 된 사실을 BTC-e의 관리자들이 모르도록 해야 했다. 눈치를 채면 겁먹고 서버들을 접근하기 어려운 다른 어딘가로 옮겨버릴 수도 있었기 때문이다.

얼마 안 있어 수사관들은 서버의 콘텐츠와 거래소 관계자들의 통신 기록

---

8 공격자를 유인하려는 의도로, 실제 서비스는 실행되지 않고 해당 서비스를 이용할 수 있는 것처럼 꾸며 놓은 컴퓨터 시스템 – 출처: 국방과학기술용어사전

을 확보했다. 이들이 BTC-e 서버에서 뽑아낸 데이터에 따르면 세 명의 관리자가 정기적으로 거래소의 서버에 접속해 관리했다. 감바리안은 이들 관리자의 개별 IP 주소도 볼 수 있었다. 이들 백엔드 장비들은 관리자들의 컴퓨터에 할당된 소수의 IP 주소를 포함한 '허가 리스트' 외에는 모든 직접 접속을 차단하도록 설정돼 있었다. 하지만 IP 주소들은 프록시 컴퓨터로 이어질 뿐이었다. 약삭빠른 관리자들은 심지어 자신들의 서버에 대한 접속 권한이 있는 사람에게조차 자신들의 진짜 위치가 모호하도록 만든 것이었다.

하지만 수사관들은 IP 주소에만 매달리지 않았다. 호스팅 제공사는 해당 계정과 연결된 이름과 주소, 서버를 임대한 페이퍼 컴퍼니의 신상을 제공하라는 수사 팀의 소환장에 순순히 응했다. 그 정보에 근거해 감바리안은 BTC-e 직원들의 진짜 본거지로 오랫동안 의심받아 온 장소를 확인했다. 수사 팀을 교란하기 위한 온갖 위장 정보를 고려하면 아직 확실한 단서라고 보기는 어려웠다. 하지만 이제는 마이클 그로나거가 마운트곡스 절도범들의 활동 시간대를 근거로 추리했던 것처럼 감바리안 역시 러시아에 주목하게 됐다.

감바리안은 세계 여러 나라를 암시하는 모든 지리적 단서 중에서도 러시아가 주범일 것이라고 짐작해 왔다. 자신이 어린 시절을 보낸 러시아야말로 BTC-e 같은 무법적 암호화폐 거래소를 운영할 공산이 논리적으로 가장 큰 장소였다. 심지어 러시아인들이 운영하는 거래소용 서버가 미국에 자리 잡고 있을 것이라는 개념조차 그에게는 그럴듯하게 여겨졌다. 그런 거래소는 BTC-e 고객들이 요구하는 수준의 고속 거래를 감당할 수 있는 고품질의 미국 인프라가 필요할 것이었다. 그는 또 자신의 경험을 통해 아무런 윤리 의식 없이 고수익의 편법 비즈니스를 운영하는 러시아인들조차 서구의 정부들 못지않게 러시아 정부를 두려워해서 비즈니스를 보호하기 위해 해외에 둘 수 있다는 점을 알고 있었다.

얼마 후 마운트곡스의 사라진 비트코인에 대한 수사와 감바리안의 BTC-e 수사는 서로 수렴되기 시작했는데 단지 지리적으로만 겹친 것이 아니었다. 감바리안의 DC 그룹이 BTC-e의 인프라를 들여다보기 시작할 즈음 별도의 수사관 그룹이 그에게 도움을 요청했다. 뉴욕에서 활동하는 FBI와 IRS 요원들이 조용히 마운트곡스에서 사라진 돈의 행방을 찾기 시작한 것이었다. 그로나거와 같은 목표였다. 감바리안은 (그리고 그로나거도) 모르는 사이 이 팀은 비트코인 세계의 또 다른 수사관과 상의하고 있었다. 도쿄에서 활동하는 킴 닐슨Kim Nilsson이라는 스웨덴인이었다. 그는 그로나거처럼 도둑맞은 비트코인 65만 개를 블록체인 분석으로 추적했고, 그중 가장 큰 몫이 BTC-e로 흘러간 것을 발견했다. 닐슨은 그런 결과들을 뉴욕의 IRS 요원인 게리 알포드에게 알려줬다.

뉴욕의 수사관들은 DC의 감바리안 팀이 BTC-e의 백엔드에 접근했다는 소식을 듣고, BTC-e를 통해 마운트곡스의 비트코인을 현금화한 범인들을 찾아내는 데 감바리안이 도움을 줄 수 있는지 알고 싶어 했다.

감바리안은 그의 팀이 BTC-e 서버에서 복사한 데이터를 파고들었다. 그가 발견한 내용은 가히 충격적이었다. 훔친 마운트곡스 비트코인을 BTC-e에서 거래한 계정의 IP 주소는 BTC-e 서버 관리자들이 설정해 놓은 허가 리스트에 등재된 소수의 IP 주소와 일치했다. 달리 말하면 마운트곡스에서 훔친 비트코인 수십만 개를 BTC-e에서 현금화한 사람은 평범한 BTC-e 사용자가 아니었다. 이들은 BTC-e의 관리자였다. 구체적으로는 WME라는 사용자 이름을 가진 관리자였다.

"제 머릿속에서 기어가 본격적으로 돌기 시작했습니다"라고 감바리안은 회고한다. "수십만 개의 비트코인을 세탁하는 데 아예 비트코인 거래소를 만드는 것보다 더 나은 방법이 어디에 있겠어요?"

. . .

감바리안이 그로나거에게 전화를 건 것은 덴마크 시간으로 자정이 지난 시각이었다. 그로나거는 코펜하겐시의 소르테담^{Sortedam} 호수 근처 카르토펠래케르네^{Kartoffelrækkerne} 지역의 감자 열 주택가에 자리 잡은 집에서 막 잠자리에 들려던 참이었다. 감자 열^{potato rows}이라는 별명은 테라스 딸린 집들이 마치 들판에 감자가 죽 열을 지어 자라는 모양 같다고 해서 붙은 것이었다. 그로나거는 아내를 깨우지 않으려고 반쯤 벌거벗은 상태로 비틀대며 화장실에 들어가 전화를 받았다.

감바리안은 거두절미하고 그로나거에게 그가 최근 이메일에서 감바리안과 공유했던 일부 데이터 포인트들이 맞느냐고 묻기 시작했다. 도둑맞은 마운트곡스 비트코인 중 일부가 마운트곡스로 돌아와 그곳에서 현금화한 이후 그로나거는 그에 대해 감바리안이 몰래 복사해 온 BTC-e 데이터에 대해 수행한 것과 비슷한 분석 작업을 벌였다. 그로나거는 마운트곡스의 사용자 데이터베이스 사본이 있었으므로 그 계정 데이터를 살펴본 다음, 도둑맞은 비트코인 중 일부에서 러시아의 IP 주소를 확인할 수 있다는 내용의 이메일을 보냈었다. 이는 마운트곡스 도둑들이거나, 도둑맞은 비트코인 중 일부를 현금화한 그 그룹 일원의 IP 주소임이 틀림없다고 지적했다.

"제기랄!" 실망 가득한 감바리안의 목소리가 그로나거의 귓전에 맴돌았다. "제기랄, 제기랄, 제기랄! 확실해요?"

그로나거는 셔츠도 입지 않은 채 화장실에 서서 감바리안에게 그렇다고, 자신이 감바리안에게 알려준 러시아발 IP 주소들은 마운트곡스 해킹에 관여한 누군가의 것이 확실하다고 대답했다.

감바리안은 자신이 발견한 내용을 알려줬다. 도둑맞은 마운트곡스의 비트코인을 BTC-e에서 거래한 인물의 IP 주소는 BTC-e 관리자의 IP 주소와 일치하며 사용자 이름은 WME라고. 그로나거가 방금 확인해준 IP 주소 중 하나도 그렇다고.

모든 것이 감바리안의 결론을 뒷받침했다. 65만 개에 이르는 마운트곡스의 비트코인을 현금화한 장본인이 BTC-e도 운영해 왔다는 것. 역사상 최대 규모의 비트코인 절도로 수익을 취한 인물과 가장 음험한 비트코인 거래소를 운영한 관리자는 동일인이라는 것. 그리고 그 동일한 범죄자는 WME라는 사용자 이름을 쓴다는 것.

22장

비니크(Vinnik)

그로나거는 그날 밤 잠을 설쳤다. 그리고 다음 날 아침 마침내 사건의 개요를 잡을 수 있었다. WME로 알려진 인물은 마운트곡스가 온라인에 영업을 개시한 초창기에 보안 취약점을 발견한 해커 그룹의 한 명임이 틀림없었다. 진입점이 무엇이었는지는 끝내 알 수 없었지만 접근권을 확보한 그 그룹은 거래소에서 일정액의 비트코인을 꾸준히 훔쳐냈다. 그들 중 한 명인 WME는 코인들을 트레이드 힐^{Trade Hill}에서 현금화했다. 나중에는 더 대담해져 몇 년간 점점 더 많은 돈을 빼내면서, 특히 트레이드 힐이 파산한 뒤 WME가 마운트곡스 거래소 자체를 사용해 훔친 비트코인을 현금화하기 시작하면서 이들은 잡힐지도 모른다고 우려하게 됐다. 훔친 비트코인의 규모가 너무 커지자 WME는 결국 대담한 비즈니스 결정을 내리게된다. 자기 자신의 거래소를 만들어 현금화하기로 한 것이다.

해커들의 절도 규모가 워낙 크다 보니 수백만 달러를 세탁할 회사 자체를 세우는 편이 낫다고 판단했다. 마치 갱 조직이 자신들의 절도 자금을 현금화하기 위해 월스트리트의 거래소를 직접 차린 격이었다. 일단 거래소를 차리자 수백 혹은 수천 개의 비트코인 예비 자금은 거래 플랫폼을 꾸려가기가 훨씬 더 쉬웠을 것이라고 그로나거는 짐작했다. BTC-e는 WME의 개인용 돈세탁 용도를 넘어 그 자체로 독립적이고 수익성이 있는 비즈니스로

184

커졌을 뿐 아니라, 전 세계의 범죄에 물든 비트코인들을 끌어들이는 온상이 됐다.

그로나거는 그럼에도 암호화폐 역사상 최대 규모의 불법 사업에 경탄할 수밖에 없었다. "거기엔 기업가적인 면이 있었습니다"라고 인정한다. "어떤 면에서는 퍽 인상적이기도 했고요."

· · ·

감바리안은 일단 WME가 BTC-e의 관리자일 뿐 아니라 마운트곡스의 해커 중 한 명인 줄 알게 되자 금방 이 세 단어의 사용자 이름과 실제 인물을 연결할 수 있었다. 가상 화폐에 집중한 감바리안의 팀원 중 기억력이 유난히 좋은 한 명이 몇 년 전에 WME라는 이름으로 활동하던 한 용의자를 떠올렸다. 신용카드 정보를 훔쳐 판매하는 데 집중하는 이른바 '카더^{carder}'라는 유형의 사이버 범죄자였다. 그 요원은 사이버 범죄자들의 프로필을 관리하는 비밀 요원들의 광범위한 데이터베이스에 접속해 '알렉산더 비니크^{Alexander Vinnik}'라는 이름을 찾아냈다.

감바리안의 팀은 다른 방식으로도 그 이름이 맞는다는 사실을 확인했다. WME라는 가명을 사용하는 인물은 비트코인토크 포럼의 적극적인 이용자로 공개 글도 올리고 심지어 지하 영업 활동까지 벌였다는 사실을 알아냈다. 그 계정은 BTC-e의 관리자로 질문들에 (그것도 러시아어로) 대답하기도 했다. WME이 올린 글에는 'wm-exchange.com' 도메인에서 고객 서비스를 지원하는 이메일 주소가 포함돼 있었다. 그 도메인은 '웹몽키 거래소^{WebMonkey Exchanger}'의 줄임말로, WME가 몇 년 전에 만든 것으로 보이는 또 다른 비즈니스 창구였다.

WME는 2012년까지 일련의 긴 메시지와 스크린샷을 시리즈로 비트코인토크에 올렸다. 크립토익스체인지^{CryptoXchange}라는 오스트레일리아의 비트코인 거래소가 러시아 계정 중 하나를 동결시킨 사안을 놓고 그곳 직원과 벌인 논쟁 일부였다. 논쟁이 격화하자 WME는 자신의 변호사에게 받은 편지까지 올렸는데 중요한 정보를 지우는 것을 잊어버렸다. 그 페이지의 최상단에는 굵은 글씨로 이렇게 적혀 있었다. '알렉산더 비니크의 자산 지급 요구서'.

BTC-e 관리자의 진짜 이름은 그처럼 뻔히 보이는 곳에 숨어 있던 셈이다.

감바리안의 수사는 포스와 브리지스에 대한 수사와 정반대의 양상으로 진전되는 듯했다. 포스와 브리지스에 대한 수사는 처음에 한 명의 비트코인 도둑을 찾았지만 종국에는 둘이었음이 드러났다. 감바리안과 그로나거는 합동으로 마운트곡스와 BTC-e에 대한 수사 활동을 전개하며 두 범죄 활동의 배후 인물을 찾았다. 이들이 밝혀낸 사실은 배후가 두 명이 아니라 단 한 명의 러시아인이었다는 점이다. 그리고 이제 이들은 그 이름을 알아냈다.

· · ·

비니크라는 신원을 밝혀낸 일은 감바리안으로서는 달콤쌉쌀한 것이었다. 세계에서 가장 유명한 돈세탁 거래소의 배후 인물을 밝혀낸 사실은 달콤한 대목이었다. 하지만 장본인은 러시아에 있었고, 이름 하나만으로 그가 비니크를 기소(체포는 고사하고)하는 데 필요한 다른 모든 개인 정보와 연결 짓기는 훨씬 더 어려울 것이었다.

미국 정부와 우호적 관계인 나라라면 용의자의 사진과 신원 서류, 은행 기록, 이외 다른 증거들을 담은 프로필을 구축할 수 있을 터였다. 하지만 미국과 아무런 상호 사법공조 조약이 없는 러시아에서는 미국 수사권이 제약을 받을 수밖에 없었다. 그리고 비니크는 비트코인토크에서 부지불식 간에 저지른 실수말고는 디지털 활동에 매우 조심스러웠다. 온라인에서 그의 사진은커녕 소셜미디어 계정도 찾을 수 없었다. 심지어 자기 자신의 IP 주소에서는 웹사이트에 접속한 적조차 없는 것 같았다. 프록시 서버나 가상사설망VPN을 이용해 흔적을 남기지 않은 탓일 테다.

"그는 아주 용의주도했어요"라고 감바리안은 인정했다. "비니크를 식별하는 일은 아마 제가 해본 수사 중에서 가장 어려운 작업이었을 겁니다."

여러 달 동안 감바리안과 그의 가상화폐 그룹은 어떤 단서든 찾아내기 위해 고군분투했다. 비니크의 이름과 연관 지을 수 있는 일말의 개인 정보라도 찾아내려고 전 세계에서 확보한 기록들을 꼼꼼히 살폈다. 감바리안은 WME가 몇 년간 남긴 디지털 흔적과 연계된 IP 주소 수천 개를 훑으며 쓸 만한 단서를 찾았다.

그러다가 2016년 중반, 알렉산더 비니크라는 이름을 처음 알아낸 지 6개월이 지난 시점에 감바리안은 마침내 노다지를 캐냈다. 비니크가 자신의 계정 중 하나에 VPN을 사용하지 않고 로그인한 IP 주소 하나를 파고들었다. 그 IP는 러시아 밖에 있는 국제 럭셔리 호텔의 것이었다(감바리안은 어느 나라 어느 호텔인지 내게 밝히기를 거부했다). 감바리안은 그 호텔 체인의 미국 본사로 소환장을 보냈고, 호텔 측은 알렉산더 비니크가 거기에 실제로 투숙했음을 확인해줬다.

결국 그 호텔은 감바리안이 반년을 투자해 찾았던 자료를 그에게 건넸다. 비니크가 호텔에 체크인할 때 프런트 데스크에 제시한 여권의 사진, 이름, 출생일이었다. 사진 속 남자는 친절한 인상에 짧게 깎은 갈색머리, 왼쪽 볼에 사마귀가 난 잘생긴 남성이었다. 젊은 시절의 미하일 바리시니코프Mikhail Baryshnikov와 약간 닮은 듯도 했다.

．　・　・　・

감바리안이 그로나거에게 처음으로 알렉산더 비니크의 이름이 포함된 비트코인토크의 대화 내용을 보여주자, 그로나거는 곧바로 자신들의 발견 내용을 홍보하고 싶어 했다. 이들은 그로나거와 그의 신생 기업이 개발한 비트코인 추적 소프트웨어를 십분 활용해 사건의 수수께끼를 풀었다. 마운트곡스의 실종된 수백만 달러를 찾아낸다는, 불가능해 보였던 작업에 그가 헌신한 여러 달의 수고는 헛되지 않았다. 그리고 그런 개가에 한몫했다는 뉴스는 그의 신생 기업에 엄청난 홍보 효과로 작용할 것이 분명했다.

하지만 감바리안은 그로나거에게 자신들의 발견 내용을 비밀로 유지해야 한다고 말했다. 비니크나 다른 BTC-e 관리자들이 자신들의 신원이 발각됐다는 사실을 알게 해서는 안 된다는 것이었다.

비니크의 여권 사본을 확보했더라도 그에 대한 즉각적인 기소는 장본인이 빠진 재판으로 허망한 승리가 될 터였다. 러시아는 자국 시민을 미국에 인도할 의도가 없었다. 비니크를 법정에 세우고자 한다면 BTC-e와 도둑맞은 마운트곡스의 돈에 대한 수사가 물 건너갔다고 믿도록 그를 방심시켜야 했다. 자신은 안전하다고 생각해 (바라건대 궁극적으로) 다른 나라로 여행을 하도록 유도한 뒤 그 나라에서 그를 체포해 미국으로 인도하는 방법밖에 없었다. 감바리안은 그런 상황이 언제쯤 벌어질 수 있을지 전혀 알지 못했다.

그로나거는 감바리안의 주장이 일리가 있어 보였다. 그래서 비니크의 이름을 누구에게도, 심지어 애초에 자신에게 수사를 의뢰한 마운트곡스의 수탁자들에게도 발설하지 않겠다고 약속했다. 감바리안의 수사 그룹과 그로나거는 암호화폐 세계에서 드레드 파이어럿 로버츠의 신원이 밝혀진 이후 가장 큰 미스터리로 남았던 사안을 해결했다. 그런데도 이들은 누구에게도 알릴 수 없었다.

23장

아차상

한사건을 종결하지 못한 상황에서 감바리안은 또 다른 사안에 휘말렸다. 2015년 10월, 그가 워싱턴 DC로 이주한 지 얼마 지나지 않은 시점에 칼 포스는 6년 6개월 형을 선고받았다. 그로부터 두 달 뒤, 숀 브리지스는 5년 11개월 형을 받았다. 두 사람 다 유죄를 인정했다.

포스와 브리지스 사건의 전말은 로스 울브리히트에 대한 유죄 평결이 나온 지 불과 몇 달 뒤에 나왔고, 울브리히트의 변호 팀은 포스와 브리지스의 부패상을 감안할 때 울브리히트가 재심받을 자격이 있다고 주장했다. 연방 수사 요원들의 부정행위를 근거로 울브리히트에게 불리한 증거들은 무효가 돼야 한다는 것이었다. 하지만 울브리히트를 기소한 검사들이 볼티모어 수사관들은 울브리히트 체포로 이어진 뉴욕 요원들의 수사와 무관하다고 맞섰다. 캐서린 포레스트 판사는 비공개로 진행된 심리에서 부패한 요원들의 이야기를 배심원들에게 공개한다고 해서 이들의 결정이 달라지는 않을 것이라고 판시했다. 울브리히트의 항소심에서 판사들로 구성된 패널도 포레스트 판사의 판결을 확정했다.

포스는 선고받을 시간이 되자 묵비권을 행사했다. 하지만 브리지스는 선고 공판에서 짤막한 성명을 발표했다. 그는 칼 포스에 관한 수상한 동향 보고서에 서명하는 순간 포스에 대한 수사가 결국 자신에게도 미치리라는 것을 알았다고 법정에서 증언했다. "그를 신고한 사람은 그를 상대해 본 경험이 있었습니다. 저에 대해서도 수사하게 될 것이 뻔했죠"라고 브리지스는 말했다. 그는 포스 수사에서 자신이 차지하는 비중을 과장한 것 같았다. 브리지스에게 포스는 동맹이라기보다 걸림돌에 더 가까웠기 때문이다. "하지만 저는 인정합니다. 제 잘못을 조금도 축소할 의도는 없습니다." 그는 유죄 판결로 이어진 자신의 행위에 대한 책임을 완전히 인정한다며 사과했다.

브리지스 재판을 담당한 판사는 기소 인정 기일과 선고 기일 사이 몇 달간 그를 보석으로 풀어줬다. 검사들은 브리지스가 기소 뒤에 이름을 부인의 성을 딴 '칼로게로 에스포지토Calogero Esposito'로 개명하려다 실패한 사안을 지적하며 결정에 반대했다. 그런 개명 시도가 충분히 수상하지 않다면 그런 사실이 공식 기록으로 드러나지 않도록 '숨겨달라고shield' 정부 기관에 요청한 사실에 주목해야 한다고 강조했다. 그럼에도 브리지스는 2016년 1월 말 뉴햄프셔의 한 개방형minimum-security 형무소에 자진 신고하라는 지침과 함께 석방됐다.

브리지스의 형무소 입소일을 몇 주 앞둔 때 한 비밀 요원이 우연히 비트코인 주소 하나를 점검했다. 숀 브리지스가 범죄성 자금으로 의심해 비트스탬프에서 압수한 비트코인 1천 600개를 저장해 둔 주소였다. 텅 비어 있었다.

당시 70만 달러에 가까운 규모의 비트코인이 사라진 사실을 알게 된 티그란 감바리안은 즉각 그로나거에게 이를 알렸고, 이들은 사라진 비트코인을 블록체인에서 찾기 시작했다. 이들은 문제의 돈이 이제는 친숙해진 목적지인 BTC-e로 옮겨간 것을 발견했다. 감바리안은 10여 명의 수사 요원 중 누구도 텅 빈 비트코인 지갑에 대한 접근권이 없음을 확인했다. 다만 이 기관은 문제의 돈을 숀 브리지스가 키를 가진 비트코인 지갑에 남겨두는 실수를 저지른 것이었다.

브리지스가 뉴햄프셔의 형무소에 자진 신고하기 불과 이틀 전, 법원은 브리지스의 가택 수색 영장을 감바리안에게 발급해줬다.

1월 말 어느 눈 내리는 조용한 아침, 감바리안과 20여 명의 수사 요원이 메릴랜드주 로렐Laurel의 부촌에 자리 잡은 브리지스의 이층집을 포위했다. 문을 두드렸지만 인기척이 없었다. 돌아온 것은 작은 개가 짖어대는 새된 소리뿐이었다. 요원들은 어떻게 할지 논의했다. 브리지스가 응답하지 않는 다면 문을 부숴야 할지도 몰랐다. 하지만 감바리안은 문 앞에서 깽깽대는 작은 개가 다칠 수도 있다고 걱정했다.

조금 더 기다려도 개 짖는 소리밖에 들리지 않자 이들은 문을 억지로 여는 수밖에 없다고 판단했다. 바로 그 순간, 숀 브리지스가 마침내 문을 열었다. 문간에 선 브리지스는 대머리에 염소수염이 칼 포스와 비슷했지만 더 말랐고, 수척한 얼굴은 놀란 표정이었다고 감바리안은 회고했다.

집안을 수색한 요원들은 도주할 마음을 먹은 사람이 저질렀을 법한 여러 증거를 발견했다. 시리얼 번호를 지운 맥북, 브리지스의 여권이 든 더플백 두 개, 그가 열대 섬나라들에 설립한 여러 페이퍼 컴퍼니의 기록, 휴대전화 기, 플래시 드라이브 등. 감바리안은 브리지스가 탈출 계획을 막 실행에 옮기기 직전에 들이닥친 것이 틀림없었다.

브리지스는 현장에서 체포됐다. 궁극적으로 그는 비트코인 1천 600개를 훔친 사실을 자백했다. 20만 개 이상의 다른 비트코인을 훔쳤다는 유죄를 이미 인정한 다음에 다시 대담하게 시도한 절도였다. 판사는 이후 그의 형량에 2년을 더했다. 이번에는 보석도 허용되지 않았다.

．　．　．

마이클 그로나거는 마운트곡스가 잃어버린 수백만 달러의 행방을 규명한데 대한 아무런 대중적 인정을 받지 못했다. 그가 감바리안과 함께 찾아낸 절도범 중 한 사람의 이름은 비밀로 남았다. 한편 게리 알포드를 비롯해 뉴욕 수사 팀과 공조했던 스웨덴의 블록체인 수사관 킴 닐슨은 그로나거가 동일한 결론을 내린 지 얼마 지나지 않은 시점에 자신의 발견 내용을 블로그에 올렸다. WME나 비니크는 언급하지 않았다. 「월스트리트저널」은 그러한 수사 작업을 계기로 닐슨의 프로필 기사를 게재했고, 경제 잡지 「포춘」은 문제의 사안을 해결한 공로자로 그로나거를 소개했다. 그런 와중에도 그로나거의 작업은 자신과 감바리안 그리고 연방 수사 팀의 몇몇 요원 외에는 사실상 아무도 모르는 상태로 남아 있었다.

하지만 그로나거는 그런 홍보 부재에 별로 괘념치 않았다고 말한다. 2015년 말에 이르러 그는 이미 상당한 수준의 아차상을 받은 상태였기 때문이다. 그로나거의 회사는 크게 도약하고 있었다.

헌과 감바리안을 처음 만나고 나서 얼마 지나지 않아 연방 수사 기관에서 체이널리시스가 암호화폐를 추적할 수 있게 해주는 강력한 새 툴이라는 소문이 퍼지기 시작했다. 5월에 이르러 두 기관이 그 앱에 대한 접속료를 지불하기로 합의했다. 그와 비슷한 시기에 대형 암호화폐 거래소 세 곳도 그 소프트웨어에 거금을 들이기 시작했다.

그해 늦은 봄, 세 번째 공동 설립자가 회사에 합류했다. 조너선 레빈 Jonathan Levin이라는 영국 태생의 젊은 남아프리카 경제학자였다. 그로나거가 체이널리시스를 시작하기 1년 전, 레빈은 자신의 블록체인 분석 기업인 코이노메트릭스Coinometrics를 설립하려 시도했지만 끝내 궤도에 올리지 못했다. 한 친구의 소개로 두 사람은 코펜하겐에서 만났고, 비트코인의 잠재력에 대해 서로 비슷한 생각을 가졌다는 사실을 확인했다. 비트코인이 무정부주의나 자유주의 혁명의 무기가 아니며, 내재적인 투명성을 활용해 범죄자들을 걸러낸다면 세계의 금융 방식을 바꿀 것이 분명한 순수 기술이라는 것이었다.

레빈은 에너지가 넘쳤고, 그로나거가 '걸어다니는 명함철Rolodex'이라고 불렀을 만큼 암호화폐 커뮤니티에서 발이 넓었다. 늘 조용하고 점잖은 그로나거와 대조적으로 스타트업 기업가다운 자신감을 풍겼고 워낙 활발하게 돌아다니다 보니 고정된 주소지 없이 백팩을 맨 방랑자처럼 살았다. 글로벌 회사의 세일즈 수장으로 더없이 이상적인 셈이었다.

레빈은 얀 묄러와 더불어 체이널리시스를 대표하는 얼굴이 됐지만 묄러는 곧 회사의 더 조용한 내부 업무에 집중하는 쪽으로 자리를 잡았다. 얼마 안 있어 그로나거와 레빈은 뉴욕 다운타운의 소호SoHo 지역에 구두 상자처럼 작은 아파트를 빌렸다. 그곳은 작은 바퀴벌레로 들끓는 "진짜 뉴욕 경험"이었노라고 그로나거는 회고하면서도 얼굴엔 행복감이 묻어난다. 이들은 그 아파트를 본부로 삼아 월스트리트부터 워싱턴 DC에 이르기까지 민간 기업과 정부 고객들 그리고 점점 늘어나는 비트코인 거래소와 전 세계법 집행 기관에 체이널리시스를 홍보했다. 그들이 판매하는 추적 애플리케이션에 맞는 이름을 마침내 찾아낸 것은 레빈이었다. 이들은 '연쇄 반응chain reaction'이라는 표현과 고객들의 수사를 돕는 강력한 촉매제로 기능한다는 아이디어를 더해 '원자로'라는 뜻의 '리액터Reactor'로 명명했다.

2015년 말에 이르러 체이널리시스는 50곳 이상의 리액터 고객을 확보해 연간 30만 달러 이상의 건전한 매출 흐름을 확보했고, 2016년 2월 포인트 나인 캐피털Point Nine Capital을 위시한 벤처 자본 그룹이 이 회사의 빠른 성장세에 주목하고 160만 달러를 투자했다. 엘립틱Elliptic과 사이퍼트레이스Cipher-Trace라는 또 다른 경쟁사도 블록체인 분석 시장에 가세했다. 하지만 이들은 체이널리시스를 따라잡지 못했다. 특히 수사 기관 사이에서 체이널리시스의 활약은 압도적이었다. 한 검사는 체이널리시스를 코카콜라에, 경쟁사들을 펩시에 견줬다. "모두가 그걸 사용했죠"라고 그는 당연한 듯 말했다.

그로나거는 마운트곡스의 미스터리를 푼 자신의 작업이 아무런 각광을 받지 못한 사실을 별로 괘념치 않았다. 심지어 자신이 마운트곡스에 넣어 뒀다가 해커들이 대량의 비트코인을 훔칠 때 함께 사라져 버린 비트코인 100개도 신경 쓰지 않았다(현재 거래 환율로 따지면 그것만도 수백만 달러에 이를 것이다). 마운트곡스의 사라진 자산을 추적한 일은 자신을 성장시켜 준 경험 formative experience이었다고 그로나거는 말한다. 그 일은 비트코인이 태생적으로 추적 가능하다는 점을 증명하도록 그를 부추겼을 뿐 아니라, 추적 가능성을 더 확장하는 데 기여하도록 자극했다. 그런 과정이 궁극적으로 누구나 인정하는 비트코인 추적 소프트웨어 회사를 설립하는 결과로 이어졌다는 것이다. 그가 알렉산더 비니크라는 이름을 알게 됐을 즈음 체이널리시스는 이미 지구상에서 가장 가치가 큰 블록체인 분석 기업이, 암호화폐에 대한 세간의 시각을 영원히 바꿔놓게 될 주인공이 돼 있었다.

체이널리시스는 비트코인 경제의 베일을 꿰뚫는 강력한 조명등을 개발한 셈이었고, 전 세계 수사 기관의 요원들은 이 툴을 이용해 그 세계의 어두운 구석을 파헤쳤고 마약 밀매, 사이버 범죄, 돈세탁, 심지어 아동 학대와 유린 같은 지하 세계의 음습한 범죄 현장을 지하 세계의 범죄자들은 전혀 예상치 못했던 규모와 정확성으로 들여다보기 시작했다.

그로나거는 자신의 기여를 자랑스러워했다. "우리는 시스템을 고쳤습니다. 이제 비트코인은 투명해요."

3부

알파베이
(Alphabay)

24장

알파02(Alpha02)

로 버트 밀러(가명[1])는 그저 스왓SWAT 팀에 들고 싶었을 뿐이다.
이 젊은 마약단속국DEA 요원은 훈련소를 졸업하자마자 캘리포니아
주 프레즈노Fresno 현장 사무소에 배치됐다. 밀러는 프레즈노에 와본 적은
없었지만 이번 배치를 계기로 자신이 항상 원해온 법률 집행 업무를 수행
하게 될 것으로 기대했다. 범인들을 체포하고 수색 영장을 들고, 그의 표현
에 따르면 '문을 두드리는' 그런 업무였다. 그는 업무에 요구되는 물리적 속
성, 아드레날린이 치솟는 육체적 활동성, 서류만 다루는 관료적 따분함을
벗어나 직접 '나쁜 놈들을 검거하는' 특성에 이끌렸다.

2012년 DEA에 합류하고 나서야 그는 자신이 훈련소에서 가장 건장한
훈련생도, 사격장에서 돋보이는 명사수도 아니라는 사실을 깨달았다. 하지
만 교관들은 그의 직관적 판단 능력과 철저함을 칭찬했다. 마약 소굴을 급
습하는 훈련소의 모의 프로그램에서도 빈틈없이 자신의 주위를 정리했고
사각지대들을 커버했다.

프레즈노는 밀러가 바라는 유형의 활동을 벌일 기회를 확실히 제공할 듯
보였다. 캘리포니아주의 한가운데 있는 프레즈노는 뜨거운 햇살에 먼지가

---

1 그의 신분을 더 확실히 숨기기 위해 일부 신상 정보를 바꿨다.

날리는 농업 도시로 오랫동안 코카인, 헤로인, 마리화나, 메타암페타민 밀수자들이 지나는 통로로 기능했다. 남쪽 국경에서 온 마약 밀거래자들이 북서 지역과 동부 해안 지역의 구매자들을 찾아가기 위해 프레즈노를 통과하기 때문이었다. 요원들은 마약 밀거래자로 변장해 99번 고속도로를 타고 달리는 마약 운송 트럭들을 미행하고 추적하고 급습해 카르텔 운영자들을 체포하곤 했다.

그러나 미국 정부의 마약 전쟁에서 작은 부분을 담당할 준비가 됐을 무렵, 밀러는 훈련을 마치고 프레즈노로 배치된 지 얼마 되지 않은 시점에 공교롭게도 암벽등반 중 양발과 어깨를 다치고 말았다. 수술이 필요한 부상이었다. 수술 뒤 회복까지 최소한 2년간 밀러는 스왓SWAT 팀의 일원이 될 가망도, 범인이 은거한 곳의 '문을 두드릴' 일도 없게 돼 버렸다.

밀러에게는 감시surveillance 임무가 맡겨졌다. 때로는 몇 주간 혹은 몇 달씩 자신의 차에 앉아 용의자들을 감시하거나 프레즈노의 도청실에 앉아 용의자들의 통화 내용을 엿듣고 이들의 문자 메시지를 읽었다. 이 일은 종종 머릿속이 멍해질 만큼 지루했다. "지루함 99%에 재미는 1%밖에 안 됐죠"라고 그는 회고한다.

2013년의 어느 날, 밀러와 함께 감시 업무를 맡은 동료가 새로운 유형의 사건을 수사해 보지 않겠느냐고 제안했다. 실크로드라고 불리는, 요즘 막 떠오르는 다크웹의 마약 시장을 살펴보는 것은 어떨까? 하지만 밀러가 상관에게 그 사이트에 관해 묻자 뉴욕의 수사 팀과 볼티모어의 태스크포스 팀이 해당 사건을 맡고 있다는 대답이 돌아왔다. 그로부터 얼마 뒤, 밀러는 한 쇼핑몰 주차장에 차를 세워두고 감시 업무를 하던 중에 그 악명 높은 암시장이 일망타진됐다는 공지를 봤다.

잠복근무와 전화 도청 작업으로 다시 2년여가 흐른 2016년 초, 밀러의 상관이 도청실로 들어왔다. 밀러는 또 다른 마약 사범의 통화 내용을 도청하던 중이었다. 그는 밀러에게 다른 팀에 합류할 용의가 있느냐고 물었다. 그랜트 라벤Grant Rabenn이라는 지방 검사가 다크웹을 표적으로 삼은 수사팀을 꾸리는 중인데 프레즈노 다운타운의 코트하우스 파크Courthouse Park 주변에 밀집된 IRS, 국토안보 수사국, DEA 같은 연방 기관의 요원 중에서 자원자를 찾는다는 것이었다. 마침 DEA 사무실에서 누구를 보낼까 논의하던 중에 밀러가 실크로드에 관심이 있었다는 사실을 누군가가 기억해낸 것이었다.

그 업무는 자신이 꿈꾸었던 스왓 팀과는 정반대에 가까운 성격이라는 사실을 밀러는 알았다. 하지만 그것은 적어도 새로운 일이었다. "좋아요, 제가 해보겠습니다"라고 그는 수락했다.

· · ·

밀러는 프레즈노의 다크웹 타격대에 합류하자마자 그 팀은 또 다른 드레드 파이어럿 로버츠DPR를 잡겠다는 거창한 야심이 없다는 사실을 눈치챘다. 팀을 이끄는 그랜트 라벤은 젊은 검사로, 그의 목표는 좀 더 소박했다. 다크웹의 돈세탁자와 마약 밀매범을 잡는 것이 목표였지 그 시장의 킹핀이나 수괴까지 검거하겠다는 의지는 없었다. "우리는 뉴욕 남부지검이 아닙니다. 캘리포니아 센트럴 밸리의 먼지 날리는 작은 마을이에요. 홈런을 치려고 시도하기 전에 1루타부터 쳐봅시다"라고 그는 말했다.

당시만 해도 다크웹의 마약 거래가 어떻게 작동하는지조차 전혀 몰랐던 밀러는 그런 소박한 시삭에 별 불만이 없었다. 라벤이 밀러에게 마약 구매자로 위장해 헤로인을 사보라고 했을 때도 그는 마약은 고사하고 구매에 필요한 비트코인을 어떻게 사는지조차 몰랐다. 그는 간단히 온라인 거래소를 이용하는 대신 달러화를 비트코인으로 환전할 수 있는 물리적 비트코인 ATM을 사용하기 위해 두 시간 반을 운전해 산호세San Jose까지 갔다. 그런 다음에도 거래 수수료를 내고 나니 본래 의도했던 액수의 암호화폐를 살 수 없었고, 그래서 첫 위장 작전에서 계획했던 2g이 아니라 겨우 0.5g의 헤로인밖에 구입할 수 없었다.

하지만 다크웹을 이리저리 돌아다니고 다양한 시장을 꼼꼼히 살펴보면서 실크로드 이후의 온라인 마약 경제 동향에 점점 더 익숙해졌다. 그리고 곧 이 지하 세계가 단 한 기관에 의해 주도되는 것을 알게 됐다. 바로 알파베이AlphaBay라는 곳이었다.

알파베이는 2014년 말 처음 나타났고, 당시만 해도 점점 늘어나는 다크웹의 불법 거래 시장에서 두각을 나타내려 경쟁하는 여러 시장 중 하나에 불과했다. 하지만 알파02Alpha02라는 ID로 활동하는 이 사이트의 관리자는 경쟁 시장의 다른 관리자들보다 더 명민한 듯했다. 알파02는 천재적인 카더carder는 아니었지만 제법 잘 알려져 있었다. 카더는 신용카드 절도와 사기에 집중하는 사이버 범죄 해커들을 가리키는 용어다. 그는 해커들이 훔친 데이터를 거래하는 다크웹 사이트 중 하나인 '토르 카딩 포럼Tor Carding Forum'에서 중요한 인물이 됐다. 그는 심지어 초보자들에게 어떤 신용카드가 사기 치기 쉬운지, 전자상거래 사이트에서 어떻게 피해자의 계정을 장악하는지, 어떻게 하면 '소셜 엔지니어링' 기술을 써서 허위 전화번호로 은행의 고객 서비스 담당자를 속여 사기 거래를 승인받을 수 있는지 등 여러 기법을 가르칠 목적으로 작성한 16페이지 분량의 '카딩 가이드 대학University of Carding Guide'을 팔기도 했다.

알파02는 자신의 가이드에서 어떻게 카딩 수법으로 다른 사람의 계정을 사용해 1만 달러짜리 하이엔드 게임 장비를 샀는지 자랑했다. 이런 수법은 엘리트나 전문 사이버 범죄자들이 가끔 저지르는 수백만 달러 규모의 절도에 견주기는 어려웠지만 알파베이의 초창기 사용자들 사이에서 자신의 입지를 확보하는 데는 충분했던 것으로 보인다.

실제로 2014년 말부터 2015년 초까지 처음 몇 달 동안 알파베이는 마약 쪽은 건드리지 않은 채 거의 전적으로 훔친 계정 로그인과 신용카드 데이터 같은 사이버 범죄자용 수단에 집중하는 모습이었다. 하지만 알파베이가 카더 전문 사이트로 비즈니스가 안정되자 엑스터시, 마리화나, 메타암페타민, 코카인, 헤로인 등 수익성이 더 높은 밀수품까지 취급하는 곳으로 급격히 확장됐다.

다크웹에서 영업하는 상인들 편에서 생각하면 알파베이가 처음부터 사이버 범죄로 시작했다는 사실은 자신들이 실크로드 플랫폼에서 겪었던 것과 같은 이념적 제약이 없다는 뜻이었다. 실크로드는 적어도 이론상으로는 판매자들에게 '피해자가 나오지 않는victimless' 상품만을 제시해야 한다는 제한 사항을 요구했었다. 아동 학대 용품과 살인 청부를 제외하고, 알파02가 알파베이의 판매자들에게 요구한 유일한 규칙은 러시아나 다른 옛 소련 국가에서 훔친 데이터나 계정을 팔지 말 것과 그 나라의 컴퓨터를 맬웨어로 감염시키지 말라는 것이었다. 이 엄격한 금지 조항은 그 지역 출신 사이버 범죄자들 사이에서 공통된 대목으로, 러시아의 수사 기관들과 문제를 일으키지 않으려는 의도가 담긴 것이었다. 말하자면 '네가 자는 곳에 똥을 싸지 말라'는 류의 원칙이었다. 그 사이트 주변을 탐색하는 밀러와 다른 연방 수사 요원과 검사들이 볼 때 그런 내용이 시사하는 것은 알파베이와 베일에 싸인 그 창업자가 러시아에 기반을 둘 공산이 크다는 뜻이었다. 이런 짐작은 그 사이트의 사용자 포럼들에 남긴 알파02 메시지의 서명이었다. 거기에는 '조심하시오, 형제들'이라는 뜻의 러시아어 'Будьте в безопасности, братья'가 적혀 있었다.

2015년 4월, 다크웹에 특화된 뉴스 사이트 겸 디렉토리인 딥닷웹DeepDot Web과 가진 인터뷰에서 알파02는 그와 그의 사이트는 실크로드 스타일의 압수 수색이 불가능한 곳에 있다고 이용자들을 안심시켰다. "나는 우리의 운영 보안opsec[2]이 안전하다고 확신합니다"라면서 "나는 안전한 외국에 살고 있습니다"라고 썼다.

처음 시작할 때부터 알파02는 "알파베이의 목표는 이베이 스타일의 가장 커다란 암시장이 되는 것"이라고 선언했다. 그는 DPR이 내세웠던 화려한 자유주의적 미사여구를 거의 사용하지 않았고 오직 수익성을 맞추는 데만 집중하는 듯 보였다. 딥닷웹 인터뷰에서 알파02는 기업 보도 자료 스타일로 이렇게 썼다. "우리는 처음부터 보안을 염두에 두고 안전하고 빠른 마켓플레이스 웹 애플리케이션을 만들기 위해 최선을 다했습니다. 우리는 모든 이용자(판매자와 구매자 모두)의 보안, 프라이버시, 익명성이 우리의 최우선순위에 놓인다는 점을 강조하고자 합니다."

알파02는 정치적 영감이 결여된 자리를 기술적 영감과 코딩의 고품질로 만회하려는 듯했다. 알파02는 경매 형식의 입찰부터, 사기꾼들이 훔친 데이터를 꼼꼼히 살펴 다음 희생자를 고르게 해주는 검색 툴, 정부 수사 기관이나 내부의 불량 직원이 사용자가 예치해둔 비트코인을 훔치기가 이전 사이트들보다 훨씬 더 어렵게 만든 다중 서명 거래 시스템에 이르기까지 다양한 기능을 자랑했다.

"우리는 이 시장의 넘버원이 되기 위해 가능한 모든 기능을 넣고 싶습니다"라고 알파02는 딥닷웹에 썼다. 그는 알파베이의 모든 페이지에 '알파02가 자부심을 갖고 디자인함'이라는 표시를 남겼다.

2015년 5월 로스 울브리히트에 대해 이중 무기징역을 선고한 캐서린 포레스트 판사의 의도는 앞으로 나타나게 될 다크웹의 마약 구매자들, 거래자들, 관리자들을 겁주기 위한 것이었다. 알파베이의 부상은 그런 전례 없는 처벌이 실상은 정반대의 효과를 거둔 것 같았다. 「영국형법학지The British

---

2 'Operational security'를 줄인 말

Journal of Criminology의 한 연구에 따르면 당시 다크웹에서 최대 규모를 자랑하는 아고라Agora라는 사이트의 매출액은 울브리히트에 대한 판결 뉴스가 나온 날 평소보다 두 배 이상 많은 35만 달러에 이르렀다. 이 연구 저자는, 그처럼 충격적이고 가혹한 실형을 선고함으로써 포레스트 판사는 다크웹을 통한 마약 거래에 대한 대중의 인지도를 도리어 더 높이는 효과를 낳은 것 같다며 예기치 못한 증가를 설명하려 시도했다. 이용자들을 억제하기보다는 도리어 암호화폐를 이용한 암시장이 급속히 떠오른다는 광고를 해준 셈이 됐다는 것이다.

알파02도 그 소식에 전혀 주눅 들지 않았다. 울브리히트에 대한 판결이 나온 뒤, 「바이스」의 기술 뉴스 사이트인 '마더보드'의 조셉 콕스Joseph Cox 기자와 가진 서면 인터뷰에서 알파02는 DPR의 기치를 이어받기라도 한 것처럼 잠시 혁명가적 포즈를 취하는 멘트를 날렸다. "법원은 한 사람은 막을 수 있지만, 이념은 막을 수 없습니다"라고 썼다. "다크넷Darknet 시장은, 마약과의 전쟁이 멈출 때까지 존재할 겁니다."

하지만 다른 질문들에 대답하면서, 사상 운운하던 알파02의 얇은 베일은 사라진 듯했다. 이후 그가 내놓는 대답들은 처음부터 드러났던 실용적 장사꾼의 면모와 더 잘 어울리는 것처럼 보였다. "우리는 비즈니스를 계속할 수밖에 없어요. 누구나 먹고살자면 돈이 필요하죠."

· · ·

2015년 가을 무렵, 알파베이는 다크웹에서 가장 큰 시장이었다. 아고라의 관리자들은 전해 8월 토르에서 발견된 보안 취약점 때문에 자신들의 서버 위치가 발각될지 모른다는 우려를 언급하며 사이트를 폐쇄했다. 알파베이는 아고라를 이용했던 수만 명의 판매자와 구매자들을 적극 흡수하면서 다크웹의 왕좌에 올랐고, 아고라가 지적했던 보안 오류도 없는 것처럼 보였다. 실제로 밀러뿐 아니라 그보다 더 전문 기술을 갖춘 세계 곳곳의 수사 요원들이 보기에도 알파베이는 수사관들이 알파02의 소재는 고사하고 그 회사의 서버 위치를 파악할 수 있을 만한 작은 단서를 보여주는 코딩이나 운영 보안상 실수를 저지르지 않는 것 같았다.

알파베이가 다크웹의 1등 자리를 차지한 직후, 알파02는 해당 사이트에서 사용하는 자신의 사용자 이름을 관리자를 뜻하는 '어드민admin'으로 바꾸고, 알파베이의 직원을 제외한 누구든 자신에게 보내는 비밀 메시지는 더 이상 받지 않겠다고 발표했다. 대신 그는 대부분의 연락 업무를 제2인자이자 보안 책임자로 '디스네이크DeSnake'라는 가명을 쓰는 인물에게 맡겼다.

이런 탈바꿈은 실크로드가 유명해진 다음에야 자신의 온라인 활동을 적극 전개했던 DPR의 이전 사례와는 사실상 거꾸로 가는 모양새였다. 알파02는 다크웹의 킹핀이라는 누구나 탐내는 왕관을 일단 차지하고 나자, 유명세나 정치에 DPR이 보였던 것과 같은 관심은 전혀 없는 듯했다. 알파02라는 이름은 알파베이라는 사이트에 신뢰성을 실어주는 초기 목적을 달성했다. 이제 그는 세계 범죄 조직의 신중한 보스들이 그렇듯이 그림자 속으로 은거해 가능한 한 조용히 그리고 익명으로 자신의 부를 축적하려는 의도였다.

알파02의 이름이 바뀔 즈음 그의 재산은 사상 초유의 속도로 불고 있었다. 2015년 10월에 이르러 알파베이는 20만 명 이상의 이용자와 2만 1천 개 이상의 마약 상품 목록을 보유했는데, 이는 실크로드의 최전성기 시절 마약 목록이 1만 2천 개였던 것을 고려하면 실로 엄청난 규모였다. 카네기 멜런대학의 니콜라스 크리스틴 연구 팀에 따르면 2016년 중반에는 알파베이의 하루 매출액이 아고라의 최고 기록인 하루 35만 달러 선을 넘기도 했다. 달리 말하면 알파베이는 다크웹의 최대 암시장이 됐을 뿐 아니라 역사상 최대 규모의 '암호화폐' 암시장이 된 것이었다. 그리고 여전히 급성장하는 중이었다.

프레즈노의 검사인 그랜트 라벤이 볼 때 알파02는 이제 다크웹에서 가장 두드러진 수배자였고, 디지털 범죄 수사관들 사이에서는 오사마 빈 라덴 Osama bin Laden에 비교될 만큼 악명 높은 범죄자였다. 사이트 관련 숫자가 커지면서 알파베이와 알파02는 사이버 범죄에 특화된 모든 법 집행 관련 콘퍼런스, 수사 기관 간 모든 공조 회의, 모든 훈련 이벤트에서 언급되기 시작했다고 라벤은 말한다. 그리고 알파02의 영향력과 규모가 점점 더 확대되면서 수사 기관들은 마침내 만만찮은 상대를 만났다는 (이 다크웹의 수괴는 어쩌면 실제로 자신들보다 한발 앞서 있을지도 모른다는) 암묵적 두려움도 커졌다.

"이 인물은 모든 가능한 실수를 파악해서 피하는 진짜 천재일까? 이 인물은 그 코드를 깬 것일까?" 라벤은 속으로 자문했다. "이 인물은 그런 암시장을 운영할 적당한 IT 인프라를 갖추고, 법망이 접근할 수 없는 완벽한 나라를 찾아내서 그곳의 고위 관료들을 매수해 버린 것일까?"

"하루하루가 지날수록 이 사람은 특별한 존재일지도 모른다는 느낌이 점점 더 강해졌죠"라고 라벤은 말한다. "궁금해지기 시작했습니다. 이 인물은 다크웹계의 마이클 조던인가?"

25장

제보

그랜트 라벤과 그가 이끄는 프레즈노의 소규모 팀은 알파베이를 단속하겠다는 야망은 없었다. "우리 같은 사람들이 이런 종류의 사이트를 수사할 것이라고 기대하는 사람은 없습니다"라고 그는 말한다. 하지만 그렇다고 해서 그와 그의 타격 팀이 추적할 다크웹 범인들이 없다는 뜻은 아니었다. 라벤은 블록체인의 비밀을 어떻게 풀어야 할지 잘 모르긴 했어도 암호화폐 암시장의 자잘한 범죄를 단속할 만한 감은 있었다. 이는 짧지만 굴곡 많은 검사 경력을 통해 돈의 흐름을 따라가면 사건의 본질에 접근할 수 있다는 사실을 터득한 덕택이었다.

미 연방 법무 보좌관이 되기 전까지 라벤은 워싱턴 DC의 부티크 로펌에서 화이트칼라 범죄를 변호하는 역할로 돈세탁 생태계의 다른 지점에 서 있었다. 올리브색 피부에 검은 머리, 할리우드 배우를 연상시키는 미소의 젊은 변호사였던 라벤은 로스쿨을 나오자마자 갖게 된 지루하기 짝이 없는 직업에서 벗어나고 싶었다. 고급 로펌에서 규제 준수 여부를 검토하는 일이었는데 설상가상으로 러시아의 신흥 재벌oligarchs과 해외 정부들에 뇌물을 준 혐의를 받는 기업 중역들을 변호하기에 이르렀다. "아주 흥미로웠죠. 부자들이 재산을 숨기고 수사망을 피하려고 애쓰는 것이…."라면서 다른 비유도 썼다. "현금 가방을 들고 전용기로 전 세계를 누비는 제임스 본드 영화의 악당 캐릭터들 같았죠."

라벤은 눈에 보이지 않는 거래를 통해 오가는 수십억 심지어 수조 달러 규모의 숨은 세계에 매료됐고, 거기에 강하게 사로잡혀 자신이 고위 범죄자들을 도와주고 있다는 데 대한 죄책감조차 느끼지 못할 정도였다. 하지만 라벤은 자신과 대척점에 선 상대들, 공익을 위해 죄상을 폭로하고 범인을 잡기 위해 노력하는 연방 검사들을 존경하고 부러워하는 자아도 발견했다. 그래서 법무부 일자리를 지원하기 시작했고, 마침내 프레즈노에서 검사직을 얻었다. 프레즈노는 남부 캘리포니아에서 자라면서 막연히 들어보긴 했지만 정확히 어디에 있는지는 몰랐던 도시였다.

2011년 프레즈노의 법무부 사무실에 부임하자마자, 그는 이 일이야말로 자신이 항상 원했던 것임을 알았다. 그곳은 거의 아무런 위계나 관료주의가 없는 '와일드 웨스트wild west'였고, 라벤은 그저 돈세탁 사건들에 집중하라는 지시 외에는 모든 걸 본인 마음대로 할 수 있었다. 이후 수년간 그와 프레즈노 요원들은 돈의 출처와 흔적을 숨기기 위해 꾸며진 갖은 유형의 범죄들, 이를테면 사기와 공갈, 아동 학대, 부패 경찰, 프레즈노를 통로로 삼아 미국 전역으로 유통하는 마약 밀매 사건을 수사해 기소했다. "우리는 정신없이 사건 현장을 누비며 부딪혔습니다"라고 라벤은 수많은 기소로 점철된 과거 경험을 마치 소년 같은 열정을 내비치며 회고했다. "그건 정말로 환상적인 경험이었어요."

라벤의 돈세탁 수사들은 은행비밀보호법Bank Secrecy Act의 규정에 따라 고객의 수상한 행태를 보고하게 돼 있는 은행들의 제보로 시작되는 일이 많았다. 2013년 중반에 이르러 라벤은 점점 더 많은 은행 보고서가 암호화폐 거래를 통한 금융 거래로 촉발된다는 점을 발견했다. 은행들은 이를 불법 디지털 화폐를 현금화하는 방식으로 의심하고 있었다. 그래서 라벤은 아직 새로운 통화로 인식되던 비트코인을 이해하기 위해 몇십 시간을 들여 유튜브 비디오를 시청했다. 그를 통해 비트코인의 원리를 익히고, 그것이 어떻게 지하 세계의 온라인 상거래에서 익명성을 보장하는 통화 수단으로 악용되는지 배웠다.

라벤은 현실 세계에서라면 프레즈노에서는 불가능했을 사건 수사가 다크웹 환경에서는 오히려 기회로 작용할 수 있다는 사실을 재빨리 인식했다. 다크웹의 마약 밀매범을 유인해 마약을 캘리포니아 동부 지역으로 보내도록 한다면, 그 범죄는 공식적으로 자신의 관할 구역에서 벌어지는 셈이었다. "99번 고속도로를 이용하는 마약 운반책만 기소하는 일에 만족할 수는 없었죠"라고 그는 말한다. 만약 그의 관할권에 있는 잠복 경찰이나 수사관이 온라인으로 마약을 구매하고 판매자를 식별한다면 판매자가 미국 어디에 있든 체포할 수 있게 되는 것이었다. "내가 할 일이라곤 마약 판매자들에게 마약을 주문한 다음, 그들에게 들이닥치면 되는 것이었죠. 그게 바로 우리가 한 일이었습니다."

. . .

2014년 라벤은 다크웹에 집중한 수사 그룹을 만들기 시작하면서 프레즈노의 국토안보 수사국과 IRS-CI 부서에서 수사 요원들을 모집했다. 얼마 뒤 그의 표현에 따르면 '괴짜들odd ducks'을 모아 센트럴 밸리Central Valley의 FBI 동료들처럼 현관문을 부수고 들어가 범인을 체포하는 대신 컴퓨터 앞에 앉아 수상한 사이트의 콘텐츠를 분석했다.

라벤은 여전히 돈의 흐름을 추적하는 데 주안점을 뒀지만 바닥부터 출발해 수사의 정당성을 입증하는 방식을 고집했다. 그와 요원들은 우두머리들을 노리지 않고 (감바리안의 팀이 BTC-e를 수사할 때 그랬던 것처럼) 더 전형적인 암호화폐 세탁 방식에 초점을 맞췄다. 사람들은 로컬비트코인스LocalBitcoins라고 불리는 사이트에서 직접 만나 현금을 내고 비트코인을 사겠노라고 제안했다. 직접 매매 또는 일대일peer-to-peer 거래로 알려진 서비스를 광고하는 것이었다.

라벤은 이런 개별 거래자들은 여느 은행들이 준수해야 하는 고객 확인know-your-customer 관련 제약을 받지 않았기 때문에 이들이 다크웹 마약 거래를 위한 '인간 ATM' 구실을 하는 게 틀림없다고 판단했다. 라벤과 프레즈노의 IRS 요원들은 시험 삼아 직접 현금을 주고 비트코인을 산다고 광고하는 판매자 중 한 명과 거래하기로 하고, 위장 요원이 캘리포니아주의 베이커스필드Bakersfield에 있는 버펄로 와일드 윙즈Buffalo Wild Wings 레스토랑에서 만나기로 했다. 고객으로 위장한 요원은 자신이 스테로이드 딜러인데 수십만 달러 상당의 비트코인을 현금화할 방도를 찾고 있다며, 가능하다면 만난 자리에서 대부분을 현금이 든 서류 가방과 교환하자고 제안했다. 첫 번째 대면 접촉 이후, 위장 요원은 상대와 추가 거래를 터 암호화폐를 보냈고 상대방은 메일로 현금을 보내왔다. 라벤과 위장 요원은 그 증거를 사용해 해당 거래자에 대한 수색 영장을 발부받았다. 수색 결과 이들은 큰 수확을 얻었다. 그가 자신의 고객 정보를 기록한 스프레드시트를 발견한 것인데, 이들 중 많은 경우는 집 주소까지 적혀 있었다.

라벤의 프레즈노 팀은 상황에 맞춰 양쪽 역할을 번갈아 하면서 이런 식의 돈세탁 단속을 계속했다. 한 작전에서는 위장 요원들이 현금으로 비트코인을 구매하는 역할을 맡아, 마리화나 판매로 축적한 비트코인을 수십만 달러 규모의 현금으로 바꾸려는 콜로라도 출신의 남자를 만난 뒤 그를 마약 모의 죄로 기소했다. 또 다른 작전에서는 로컬비트코인스에서 특히 왕성하게 활동하는 비트코인 구매자(그는 파일럿 자격증도 있었다)를 추적해 새크라멘토Sacramento의 한 공항에서 수색했다. 이 남성은 자신의 세스나Cessna 경비행기를 몰고 전국을 날아다니며 비트코인 구매에 지불할 현금 가방을 직접 배달했다.

프레즈노의 수사관들은 더 큰 규모의 다크웹 표적을 찾아내기 위해 이들 비트코인 수집자들의 연락처를 파고들기 시작했다. 이들은 P2P^Peer to Peer 방식으로 수백만 달러 상당의 비트코인을 현금화한 캘리포니아주 머세드^Merced에 사는 한 남성으로 시작했다. 국토안보부의 한 요원이 용의자의 트럭에 GPS 추적 장치를 달아도 좋다는 법원 영장을 발부받아 그를 근처 우체국까지 쫓아가서 그가 부치려던 소포 세 개를 가로챘는데 그것이 다름아닌 마리화나라는 사실을 발견했다. 수사관들이 남성의 집을 수색하고 그의 노트북에 걸린 암호를 깬 결과 (비밀번호는 'asshole209'로 자신이 사는 캘리포니아주 모데스토^Modesto 지역의 우편번호에 착안한 것이었다) 그는 실크로드가 아직 성업 중이던 시절부터 코카인을 팔아온 것으로 드러났다. 알고 보니 그는 당시 사이트에서 세 번째로 큰 미국 거주 마약상이었다. 수사관들이 비트코인 수집자들의 목록을 통해 찾아낸 LA 거주민은 마리화나, 코카인, LSD 등을 밀매했는데, 나중에 알고 보니 불법 매출을 합법적인 마리화나 비즈니스와 섞어 700만 달러 상당의 마리화나를 다크웹에서 판매한 대규모 밀매 조직의 일부였다.

그랜트 라벤과 그의 팀은 P2P 거래자들에 집중한 수사에서 꾸준히 성과를 올리고 있었다. 하지만 도청실에서 나오던 DEA의 로버트 밀러를 스카우트할 즈음, 라벤은 그런 모든 노력이 과연 그 정도 성과를 거두는 데 정말로 필요한 것이었는지 회의하기 시작했다. 그 무렵 이들은 위장 근무를 통해 꽤 많은 구매를 했지만, 이들이 표적으로 삼은 용의자들은 대부분 치밀하지 못해서 단순히 이들의 물건을 사서 포장 내용이나 판매자의 온라인 프로필을 보면 단서를 찾을 수 있었다.

새 임무를 시작한 밀러는 알파베이의 주도적인 헤로인과 펜타닐^fentanyl 판매자들의 사용자 이름을 모은 다음, 그들에게서 마약을 하나하나 구매하기 시작했다. 소포들이 은색 마일라^Mylar 테이프와 플라스틱 봉지에 삼중으로 포장돼 배달되면, 밀러와 팀원들은 보낸 곳의 정보와 판매자의 영업 보안 사항을 꼼꼼히 살폈다. 한 판매자는 기초적인 실수를 저질렀다. 고객들과 암호화된 메시지를 주고받기 위한 자신의 PGP^{Pretty Good Privacy}를 이용자 신원 정보를 저장해 둔 PGP 키 서버상 이메일과 연결해 둔 것이다.

밀러와 라벤은 그 이메일을 통해 곧바로 해당 마약상의 소셜미디어 계정과 실명을 파악했다. 이들은 그가 뉴욕에 산다는 사실을 발견했다. 이어 그의 여러 계정 중 하나에서 배달된 헤로인 소포에서 지문을 채취해 데이터베이스에 넣은 결과, 또 다른 뉴욕 거주자의 지문과 일치한다는 점을 확인했다. 마침내 밀러는 우편 조사관의 협조를 얻어 우체국의 셀프서비스 키오스크에서 찍은 당사자의 사진들을 취득했다. 그 사진들은 두 번째 뉴욕 거주자가 마약 소포를 우체통에 넣는 모습을 보여줬다. 밀러와 수사관들은 뉴욕으로 날아가 두 남성의 집을 수색했고 모두 체포했다.

밀러는 앞서 언급한 것과 같은 간단한 PGP 트릭을 이용해 다크웹의 또 다른 아편 딜러의 실명을 찾아낸 데 이어(알고 보니 다크웹의 사용자 이름은 실명을 거꾸로 쓴 것이었다), 우체국 키오스크의 카메라에 잡힌 증거를 사용해 그를 마약 밀매 혐의로 체포했다. 밀러와 동료 수사관들은 샌프란시스코에 있는 그 남성의 집을 급습해 탁자 위에 놓인 다량의 펜타닐과 비닐 백에 담긴 헤로인 가루를 발견해 압수했다.

라벤의 팀은 날이 갈수록 승승장구하면서 큼직큼직한 사건들도 해결하고 있었고, 나름의 명성까지 쌓아가는 중이었다. 밀러는 샌프란시스코의 용의자에게 프레즈노 주소로 아편을 주문했을 때 센트럴 밸리의 연방 수사관들이 특히 저돌적인데 다크웹 거래자들을 표적으로 삼은 것 같으니 조심하라는 경고 메시지를 받고 실소하지 않을 수 없었다.

하지만 밀러와 라벤은 냉엄한 현실을 알고 있었다. 프레즈노 타격대는 여전히 우두머리들이 아닌 자잘한 밀매자들을 단속하고 있을 뿐이었다. 알파02는 여전히 누구도 건드릴 수 없을 것처럼 보였고 시장 규모도 계속 커지는 중이었다. 그 사이트의 몇몇 밀매자를 단속하는 방식으로 암시장을 무너뜨릴 가능성은 99번 고속도로로 마약을 실어나르는 운반책을 추적하는 것으로 멕시코의 마약 카르텔을 일망타진할 가능성만큼이나 낮았다.

. . .

2016년 12월, 밀러는 다시 새로운 무엇인가를 시도할 준비가 돼 있었다. 그는 꽤 큰 규모의 다크웹 밀매범을 두 차례 체포하는 성과를 냈지만 지루한 서류 작업이나 몇 주씩 스크린 앞에 앉아 있어야 하는 일을 좋아할 수가 없었다. 그 무렵 그의 어깨와 발은 완치된 상태였다. 스왓 팀에 합류하는 것이 너무 늦은 건 아니라는 생각이 들었다.

그러던 어느 날 오후, 밀러는 점심을 사들고 사무실로 돌아왔다. 자신에게 매우 흥미로운 이메일이 온 것을 발견했을 때는 인앤아웃 버거^{In-N-Out Burger} 백을 손에 든 채였다.

이메일에 따르면 송신자는 담당 수사관의 연락처를 찾기 위해 다크웹 단속 기록을 구글로 뒤졌노라고 설명했다. FBI에 제보 전화를 시도했지만 아무도 관심 갖지 않았다. 국토안보부도 마찬가지였다. 마침내 이들은 알파베이 마약 밀매범을 형사 기소한 프레즈노 팀의 멤버 중 한 사람인 밀러의 연락 정보를 찾아냈다.

그는 밀러에게 연락해 보기로 했다. 이제 이들은 알파02의 신원에 관한 매우 중요한 정보를 공유할 준비가 된 것이었다.

26장

카제스(Cazes)

운명적인 제보가 들어오기 1년여 전인 2015년 초, 캐나다 퀘벡주의 소도시인 트루와 리비에르^{Trois- Rivières}의 한 기술 기업가(폴 데자댕^{Paul Desjardins}이라고 부르겠다)는 태국 여행을 계획하고 있었다. 한 친구는 자신과 동향인, 지금은 방콕에 사는 한 남자를 여행 기간에 만나보라고 권했다. 남성의 이름은 알렉상드르 카제스^{Alexandre Cazes}였다.

데자댕이 카제스의 방콕 집을 방문했을 때 그는 안락한 삶을 누리는 것 같았다. 그가 사는 곳은 담장으로 둘러싸인 주택 단지 안에 있는 중간 크기의 평범한 집이었다. 20대 초반에 아기 같은 얼굴을 한 카제스는 데자댕에게 비트코인 초기에 투자했고 그것이 주효했다고 말했다.

재무 면에서 카제스의 가장 큰 문제는 감당할 수 있는 수준 이상의 현금을 보유한 데 있는 듯했다. 그는 비트코인을 방콕에 있는 러시아 마피아의 연락책에 팔았음을 암시했다. 거기에서 얻은 많은 액수의 태국 바트^{baht}화貨를 은행에 예치하면 당장 규제 기관의 주목을 받을 것이었다. 그래서 카제스는 상당량의 현금을 집안 곳곳에, 심지어 벽의 움푹 들어간 곳에까지 숨겨놓았다.

"돈이 사방에 있었어요"라고 데자댕은 회고한다. "서랍을 열면 거기에도 돈이 있는 거예요."

카제스의 현금 처분 문제와 약간 우려스러운 러시아 갱단 언급에도, 데자덴은 새로 알게 된 남자가 노골적으로 불법적인 활동에 연루됐다는 어떤 증거도 발견할 수 없었다. 그는 어떤 마약류도 사용하지 않았고 간혹 맥주나 마시는 정도로 보였다. 카제스는 비록 사회적으로 초연하고, 인간관계를 퍽 기계적이고 '매우 차갑게' 유지하는 것 같기는 했어도 우호적이고 지적이었다. "모든 게 1과 0처럼 명백한 논리였죠"라고 데자덴은 말한다. 그는 카제스가 대체로 관대하고 부드러웠지만 여성과 섹스에 대해서는 매우 보수적일 뿐 아니라 거의 여성 혐오적인 태도를 보였다고 기억한다.

첫 방문 동안 두 사람은 새로운 전자상거래 웹사이트에 대한 데자덴의 아이디어를 논의했다. 카제스는 흥미를 보였고, 데자덴은 함께 일하자고 제안했다.

그해 말 크리스마스 즈음 카제스와 데자덴은 퀘벡에서 다시 만났고, 이번에는 정식 비즈니스 논의를 위한 자리였다. 논의를 시작한 지 채 15분도 안 돼서 카제스는 협력하기로 결정했다. 그리고 비즈니스용 웹 도메인 이름을 구매하는 과정에서 15만 달러를 쾌척해 도메인 판매자와 옥신각신할 필요조차 없게 만들어 데자덴에게 깊은 인상을 남겼다.

카제스는 더욱이 데자덴이 다른 비즈니스와 분쟁하는 바람에 부담하게 된 수십만 달러의 변호사 비용까지 지불해 그에게 또 다른 행복한 충격을 안겼다. 카제스는 또한 코딩의 귀재였다. 데자덴은 코딩을 짜는 사람들을 몇 명 채용할 계획이었지만 카제스 혼자서도 막 출범한 사이트에 필요한 초기 프로그래밍 작업을 해낼 수 있다는 점을 입증했다.

이들이 비즈니스를 띄우기 위해 작업하는 동안 데자덴은 카제스의 재산이 그가 처음 추산했던 것보다 훨씬 많다는 사실을 알 수 있었다. 그가 키프로스Cyprus에 빌라를 사들이는 중이고 안티구아Antigua에도 일종의 부동산 투자를 벌인다는 사실도 알게 됐다. 데자덴이 다음에 방콕을 방문했을 때 카제스는 암회색의 람보르기니 아벤타도르Lamborghini Aventador를 몰고 그를 픽업하러 공항에 나타났다.

데자덴은 람보르기니에는 자신의 커다란 트렁크를 넣을 공간이 없다는 점을 지적했다. 카제스는 어쨌든 타라면서 장난치듯 짐을 끌어당겨 데자덴의 무릎에 올렸다. 데자덴의 트렁크가 람보르기니의 실내 일부를 긁어 스크래치 냈지만 카제스는 별로 신경 쓰는 것 같지 않았다. 아니, 데자덴이 보기에는 카제스가 그 차에 별다른 정서적 친밀감을 느끼는 것 같이 보이지 않았다. 그는 어떻게 라디오를 조작하는지조차 몰랐다. 데자덴은 카제스가 단지 자신의 부를 드러내는 사회적으로 온당한 방식이라고 생각해 그 차를 모는 것 같았다.

공항을 나오면서 카제스는 데자덴에게 람보르기니를 타본 적이 있느냐고 물었다. 그는 없다고 대답했다.

눈 깜짝할 사이에 카제스는 차를 가속해 시속 240km 이상의 속도로 방콕의 고속도로를 질주하기 시작했고 데자덴은 아벤타도르의 조수석 등받이 쪽으로 온몸이 납작해지는 느낌이었다.

· · ·

2016년 11월 말 추수감사절 직전, 라벤은 사무실에 앉아 담당 사건들을 정리하면서 휴일을 준비하던 중에 밀러의 전화를 받았다. "이봐요, 그랜트. 우리가 직접 만나서 논의해야 할 큰 건이 생긴 것 같아요"라고 밀러는 말했다.

두 사람은 프레즈노 법원에서 한 블록 떨어진 스타벅스에서 만났다. 밀러는 라벤에게 제보받은 내용을 설명했다. 알파베이의 온라인 초창기, 그곳이 수십만 명의 사용자를 끌어모으고 법 집행 기관들의 레이더 망에 들어오기 한참 전에 알파베이 설립자는 치명적이면서 터무니없는 보안 실수를 저질렀다. 당시 알파베이 포럼에 등록한 사람은 누구나 토르의 보호를 받는 그 사이트의 서버를 거쳐 전송된 환영 이메일을 받았다. 하지만 서버를 설정할 때 저지른 실수 때문에 메시지의 메타데이터가 송신자의 이메일 주소(Pimp_alex_91@hotmail.com)와 함께 네덜란드에 소재한 것으로 밝혀진 송신 서버의 IP 주소를 고스란히 노출한 것이다.

어처구니없는 실수는 재빨리 수정됐지만, 다크웹 사이트들을 파고드는 버릇이 있는 그 제보자가 알파베이에 등록해 이미 환영 이메일을 받은 다음이었다. 제보자는 알파베이가 역사상 최대 규모의 다크웹 시장으로 성장하기까지 2년간 기록을 보관해 뒀다.

그리고 이제 그 기록을 밀러에게 넘겨주겠다는 것이었다. 라벤이 한 때 '다크웹의 마이클 조던'으로 여겼던 수수께끼의 인물조차 초보적인, 그러나 여파는 영원히 남는 치명적 보안 실수를 저지를 수 있는 것 같았다.

라벤은 밀러의 제보 내용을 침착하게 접수했다. 과거에도 지나치게 흥분한 요원들이 사건의 유력해 보이는 단서들을 들고 왔지만 막다른 골목에 다다르고 말거나 거짓으로 판명된 경우가 많았다. 그의 작은 팀이 이런 단서를 얻었다면 미국 정부의 다른 부서나 대형 수사 팀도 그것을 전해 들었을 것이고, 그것도 우리보다 훨씬 먼저 입수했을 것이라고 라벤은 생각했다. 하지만 그는 밀러가 신중하고 꼼꼼한 요원임을 알고 있었고, 알파02의 신원을 밝혀낼 수도 있는 단서는 결코 무시할 수 없을 만큼 중요했다. 그래서 이들은 만사 제쳐놓고 단서를 따라가기로 했다.

제보자의 정보는 대부분 몇 번의 구글 검색으로 사실임을 확인할 수 있었지만 주목할 만한 대목이 더 있었다. 'Pimp_alex_91@hotmail.com'이라는 이메일 주소는 불어 소셜미디어 사이트인 스카이록Skyrock.com에도 나타났다. 사이트에는 '알렉스Alex'라는 이름의 누군가가 2008년부터 2009년까지 올린 사진들이 나와 있었다. 달러 지폐와 보석 이미지가 그려진 헐렁한 셔츠에 새 야구모자를 썼고, 목에는 커다란 펜던트를 걸고 있었다. 한 사진은 데뷔 랩^{rap} 앨범 스타일의 이미지 위에 '래그 마인드^{RAG MIND}'라는 자신의 힙합 예명이 적힌 모양이었다. 셔츠에는 '허슬 킹^{HUSTLE KING}'이라는 글자가 프린팅돼 있었다.

'싱글'임을 밝힌 데이트 프로필에는 퀘벡주 트루와 리비에르를 고향으로 적었고, 당시 나이는 17세로 돼 있었다. 달리 말해 이메일 주소에 나온 '91'은 그의 출생연도였다. 이 남자가 정말로 알파베이 설립자라면 사이트를 만들 당시 스물세 살이었다는 뜻이 된다.

힙합 스타가 되고 싶어 하는 나이 어린 불어권 캐나다인의 어떤 내용도 알파02로 알려진 암시장 수괴에 대한 수사관들의 예상 이미지와는 맞지 않았다. 그렇다면 러시아와 러시아어를 내비친 자잘한 단서들은 모두 계략이었던 것일까? 제보자의 이메일에 포함된 IP 주소에 따른다면 그 사이트의 포럼들 서버는 최소한 서유럽 지역에 있는 듯했다.

밀러와 라벤이 보기에는 '알렉스'라는 인물이 알파02라는 결론을 짓기가 처음엔 거의 불가능했다. 하지만 들여다볼수록 가능성이 더욱 커졌다. 퀘벡의 어린 용의자는 그보다 몇 년 전에도 '작동 방법'이라는 뜻의 'Comment Ça Marche'라는 불어 기술 포럼에 'Pimp_alex_91@hotmail.com'이라는 이메일 주소를 사용했다. 그는 자신의 메시지들에 '알렉상드르 카제스^{Alexandre Cazes}'라는 성명을 적었다.

그 이름을 찾던 수사관들은 링크드인에서 더 근래 프로필을 찾아냈다. 확실히 나이가 들어 보이는 카제스는 더 이상 힙합 패션이 아니었고, 자신을 웹 프로그래머이자 EBX 테크놀로지스라고 불리는 퀘벡의 호스팅 및 웹 디자인 회사 설립자로 광고하고 있었다. 사이트에 나온 그의 사진은 넥타이를 매지 않은 흰 셔츠에 회색 재킷을 입은 평범한 비즈니스맨 외모였다. 둥근 얼굴에 홈이 패인 턱, 머리숱이 빠지기 시작한 앞머리, 순진한 개방성의 인상을 보여줬다.

카제스는 자신의 위치를 캐나다의 브리티시 콜럼비아로 적어 놓았지만 소셜미디어 연결망을 통해 그가 실제로는 태국에 있음을 수사관들은 알 수 있었다. 그곳은 프레즈노의 뒷마당은 아니었지만 그렇다고 알파02가 큰소리쳤듯 '역외域外 국가offshore country'라고 보기도 어려웠다. 소셜미디어를 더 깊이 판 끝에 수사관들은 카제스의 약혼녀 페이스북 계정을 찾아냈다. 수니사 탑수완Sunisa Thapsuwan이라는 이름의 예쁘장한 태국 여성이었다. 한 친척의 프로필에는 정장 차림에 선글라스를 낀 카제스가 암회색 람보르기니 아벤타도르 옆에 선 사진이 있었다. 소규모 웹 호스팅 서비스 설립자가 몰 수 있을 만한 차는 아니었다.

라벤과 밀러는 공개된 자료 외 정보를 수집하려 적절한 툴을 사용해 과거 기록까지 검색하기 시작했고, 제보 내용이 진짜라는 사실을 깨달았다. 이들은 불어 포럼인 'Comment Ça Marche'와 '드림 인 코드Dream in Code'라는 또 다른 프로그래밍 포럼에서 카제스의 옛날 프로필을 찾아냈다. 몇 년 전 그는 거기에 글을 썼고, 당시 사용한 이용자명은 그때까지 남아 있던 일말의 의심마저 날려버렸다. 이용자명은 알파02였다.

알파02는 자신의 흔적을 지우고 포럼에 올린 메시지를 삭제하고 이제는 악명 높아진 옛 이용자 이름도 바꾸려고 시도했다. 그러나 모든 증거는 후세를 위해 웹 페이지들을 긁어모아 복제해 두는 비영리 프로젝트인 인터넷 아카이브Internet Archive에 고스란히 보관돼 있었다. 로스 울브리히트가 그랬던 것처럼 알렉상드르 카제스의 영업 보안의 허점들은 인터넷의 긴 기억 속에 영구히 각인돼 있던 것이다.

. . .

며칠 만에 라벤과 밀러는 알파02의 단서가 진짜라고 믿게 됐고, 라벤은 이 사안이 프레즈노 팀 혼자 감당하기엔 너무 큰 사건이라고 판단했다.

둘은 찾아낸 정보를 북쪽으로 몇 시간만 운전하면 닿을 수 있고 규모도 훨씬 더 큰 새크라멘토의 FBI 사무소로 가져갔다. 컴퓨터 범죄에 대한 전문성과 자원 면에서 프레즈노 팀보다 월등히 뛰어난 팀이었다. 알고 보니 새크라멘토 FBI 요원들도 알파베이를 수사 중이었고, 사이트 출범 때부터 동향을 추적하고 있었다. 그럼에도 불구하고 밀러의 제보는 이들에게 새로운 정보였다.

라벤은 그 사무소의 법무 보좌관인 폴 히메사스Paul Hemesath를 수사 파트너로 발탁했다. 오랫동안 친밀하게 지내온 히메사스는 연배 높은 대학교수 같은 이미지로 진중하며 차분한 분석형 검사로, 라벤의 일단 부딪쳐보는 식의 저돌적 접근법과 균형이 맞았다. 히메사스는 합류하자마자 워싱턴 DC에 있는 법무부의 컴퓨터 범죄 및 지적재산부에 도움을 요청했다. 이곳은 사이버 범죄에 집중하는 요원들과 컴퓨터 포렌식 분석자들이 진을 친 부서였다.

전문 수사 팀을 꾸리는 한편, 밀러와 라벤은 혹시 다른 기관과 태스크포스 팀이 별도로 카제스에 대한 수사를 진행 중인지 파악해 조율하는 소위 '갈등 회피deconfliction' 절차를 시작했다. 이들은 다른 수사 팀의 작전에 끼어들거나 다리를 거는 일이 벌어지지 않도록 유의해야 한다는 점을 잘 알고 있었다. 한편으로는 일생일대의 큰 사건을 다른 기관이나 그룹에 허망하게 넘기고 싶지 않은 바람도 있었다.

얼마 지나지 않아, 이들은 예상했던 상대와 정면충돌이 불가피하다는 점을 깨달았다. 볼티모어의 태스크포스 팀이었다. 라벤이 칼 포스와 숀 브리지스의 실크로드 팀을 꾸렸던 그 사무소에 전화했을 때 그들도 이미 알파02의 족적을 뒤쫓는 중이라고 답했다. 볼티모어 팀은 실크로드 수사 때와 마찬가지로 위장 요원을 알파베이 직원으로 침투시켜 알파베이의 수괴를 식별하려는 접근법에 치중하고 있었다.

라벤은 이것이 성공할 수 없는 전략임을 감지할 수 있었다. 실크로드 때처럼 수십 명에 이르는 알파베이의 중개자와 관리자들은 대표의 신원은 고사하고 서로의 신원조차 몰랐다. 각자는 토르 연결망 뒤에 숨어 가명만 썼기 때문이다. 알파02처럼 맨 꼭대기의 수괴가 신중하고 익명일 때는 바닥부터 시작해 상층부의 신원을 밝혀낼 방법은 없어 보였다. 더욱이 라벤은 바로 그 수괴에게 곧바로 직결되는 제보를 자신의 팀이 확보했다고 볼티모어 팀에 통보했다. 라벤은 볼티모어 팀의 위장 침투 전략은 알파02를 불안하게 만들고, 과거의 다른 다크웹 사이트들이 그랬던 것처럼 알파베이의 직원들이 '투자 회수 사기exit scam'를 저지르도록 부추길 위험이 있다고 우려했다. 증거를 인멸하고 투자자들의 돈을 챙겨 잠적하는 행위로 연결된다면 범인들을 기소하기가 훨씬 더 어려워질 것이었다.

볼티모어 팀은 물러서기를 거부했다. 포스와 브리지스의 기소를 계기로 볼티모어 팀의 평판을 잘 아는 라벤은 그들과 제휴할 의도가 없었다. 그래서 실크로드 수사의 판박이 양상을 보이며 두 그룹은 각자 방식대로 수사를 진행하기로 했다. 2017년 초, 밀러는 자신들의 정당성을 입증하기 위해 버지니아로 날아갔고 전화로 회의에 참석했지만 미팅은 '회의실에 앉은 모두가 서로를 향해 윽박지르는' 분위기였다.

궁극적으로 이들은 두 팀이 별개로 알파베이를 수사하는 쪽을 택했다. 라벤의 캘리포니아 그룹 입장에서 그런 결정은 이들의 수사가 시간과의 싸움이 될 것이라는 뜻이었다. 알파02가 수백만 달러의 부당 이익금을 챙겨 언제든 도망칠 수 있었을 뿐 아니라, 라벤의 팀이 구사하는 수사 전략이 그런 탈출을 초래하게 될 것은 시간문제였기 때문이다.

한편, 라벤은 전국의 동료 검사들은 물론 해외의 법 집행 기관들과 연락을 취해 그가 표적으로 삼은 용의자와 관련된 추가 정보가 있는지 타진했다. 또 다른 도시의 수사 팀이 알파베이를 수사하고 있다는 소식이 계속 들려왔지만 실질적 진전을 보이는 팀은 없는 것 같았다. 아무도 알렉상드르 카제스라는 이름을 아는 것 같지도 않았다.

라벤은 모든 악조건 상황에서도 자신의 프레즈노 팀이 다크웹의 가장 중요한 수사의 선봉에 서 있다는 사실을 깨닫기 시작했다.

27장

태국

만약 알렉상드르 카제스가 서구의 법망이 미치지 않는 곳에서 알파베이를 운영할 요량으로 지구 반 바퀴를 날아 방콕으로 거주지를 옮겼다면, 그는 몇 가지 이유로 정확히 잘못된 장소를 선택했다.

50년이 넘는 시간 동안 미국 정부는 태국과 긴밀한 법 집행 공조 체제를 구축해 왔다. 심지어 1973년 마약단속국DEA이 설립되기 이전에 마약류 및 위험 약품 관리국Bureau of Narcotics and Dangerous Drugs은 방콕에 사무소를 세웠다. 이른바 '차이나 화이트China White'로 알려진 헤로인이 태국, 라오스, 미얀마의 일부 지역을 아우르는 골든 트라이앵글 아편 재배 지역에서 흘러들어오는 것을 단속할 목적으로 그곳에 미국 요원들을 파견해왔다. 트라이앵글 지역은 1950년대 말 전 세계 헤로인 공급의 절반을 공급했고, 1960년대와 1970년대 베트남에 파병된 미군의 집단 마약 중독을 초래하는 바람에 DEA는 태국의 마약 밀매 단속을 주요 목표로 삼았을 정도였다. 그로부터 50년이 지난 지금도 방콕은 세계적으로 DEA가 단속 활동을 가장 적극적이고 대규모로 벌이는 지역이다. 다른 어느 나라보다 더 많은 해외 지사를 거느린 DEA의 동아시아 지역 본부가 자리 잡은 곳이기도 하다.

DEA에서 26년을 근무한 베테랑 젠 산체즈Jen Sanchez에게도 방콕 파견은 퍽 달가운 임무였다. 화창한 날씨, 낮은 생활비, 훌륭한 음식은 기본인 데다 적어도 DEA의 다른 작전 지역과 비교해 특별히 위험하지 않은 도시여서다.

50대 중반에 어깨까지 내려오는 흰 머리의 산체즈 요원은 허튼소리를 용납하지 않았고, 대화에 육두문자를 많이 썼으며, 자신은 방콕 업무에 발령될 자격이 있다고 믿었다. 그녀는 멕시코 시티에서 여러 해 동안 돈세탁 사건에 집중했고, 이어 텍사스에서는 제타스Zetas 마약 카르텔에게서 뇌물을 받고 거액의 정부 돈을 횡령한 멕시코 주지사 세 명을 체포하는 작전을 주도했다. '폴리티코 정션 작전Operation Politico Junction'으로 불리는 그 수사에서 산체즈는 주지사들이 돈세탁을 목적으로 사들인 기업, 맨션, 고급승용차, 심지어 자가용 항공기에 유입된 불법 자금을 추적했다. 산체즈는 총 9천만 달러 이상의 재산을 압류하는 공증서들에 서명했고, 그에 대해 "내가 직접 지불하게 만들었죠"라고 겸손하게 표현했다.

산체즈가 태국에 온 지 9개월째 되던 2016년 말, 그녀는 주로 태국 남부의 폭력적인 이슬람 운동에 유입되는 자금의 흐름을 추적하는 일을 돕고 있었다. 그녀가 근무하는 방콕의 DEA 사무소는 야자수로 둘러싸인 흰색 석조 건물인 미국 대사관에 있었다. 건물 주위로 운하가 흐르고 저녁이면 2m 가까운 왕도마뱀들monitor lizards이 무성한 나뭇잎 사이로 나타나 잔디밭을 어슬렁거리는 곳이었다. 어느 날 산체즈의 상관이 전화를 걸어 DEA에서 가상화폐에 관한 프리젠테이션을 위해 한 사람을 보낼 것이라고 알려줬다.

산체즈는 가상화폐에 문외한이었다. 더욱이 은퇴가 몇 년 남지 않은 시점에서 새삼 새로운 세상에 관해 알고 싶지도 않았다. 하지만 그녀의 직업상 돈과 관련된 무엇이든 관련 내용을 파악해야 할 필요가 있다고 판단했기에 프레젠테이션을 예의 바르게 경청했다.

미팅이 거의 끝날 무렵이 돼서야 산체즈는 방문 요원의 말에 주목하게 됐다. 그가 지나가는 말로 DEA는 최근 세계 최대 다크웹 시장의 관리자에 대한 단서를 찾아냈는데 그가 태국에 있는 것으로 보인다고 언급한 것이다.

산체즈는 실크로드에 대해 들어 본 적이 있었다. 그녀는 이 사이트가 그 전설적인 암시장만큼 크냐고 물었다. 요원은 실크로드의 규모보다 최소한 서너 배 더 클 뿐 아니라 계속 커지는 중이라고 대답했다. '이런 제기랄!' 산체즈는 속으로 생각했다. '역사상 최대 다크웹의 우두머리가 내 뒷마당에 있다고?' 그 사이트는 돈세탁 규모만도 엄청날 것이었다.

그녀는 '그는 분명 거액의 불법 자금을 갖고 있을 거야'라고 짐작했다. 그리고 그를 잡아내서 그 돈을 압류하는 주인공이 되고 싶었다

하지만 알파베이 사건을 다루도록 배당받은 부서는 따로 있었다. 산체즈의 직속 상관은 그녀의 바람과 달리 큰 건이나 장기 수사 대상보다 관광객들로 붐비는 파타야Pattaya 해변에서 활동하는 소규모 마약 밀매자들을 잡는 데 더 관심이 있었다. 하지만 산체즈는 태국 DEA 사무소 역사상 최대 규모의 자산 압류(그것이 가상이든 실제든) 기록이 될 수도 있는 사건에서 소외되고 싶은 마음은 추호도 없었다. 프레젠테이션이 끝나자마자 방문 요원은 떠났고, 산체즈는 상관의 사무실로 걸어 들어가 그를 손가락으로 가리키며 자신은 알파베이 수사를 원한다고 말했다.

· · ·

산체즈는 자기 뜻을 관철했고 그 결과 새로운 상관을 맞게 됐다. 윌프레도 구즈만Wilfredo Guzman이라는 이름의 DEA 요원으로 푸에르토리코 태생에 마흔일곱 살이었다. 구즈만은 야음을 틈타 마약을 운반하는 쾌속선들을 헬리콥터를 타고 단속하는 일을 시작으로 카리브해와 남아메리카 지역의 여러 대형 사건을 해결하면서 승진했다. 전설적인 DEA 요원인 하비에 페냐Javier Peña(1970년대 파블로 에스코바르Pablo Escobar를 수사해 검거한 업적으로 페냐는 넷플릭스 시리즈 〈나르코스Narcos〉에서 주요 인물 중 하나로 그려졌다) 밑에서 몇 년

일하는 동안 구즈만의 수사 팀은 2010년 도미니카 공화국과 푸에르토리코 정부들을 도와 그 지역의 가장 악명 높은 마약왕 호세 피게로아 아고스토^{José Figueroa Agosto}를 추적해 검거했다.

이제 그는 방콕 사무소 책임자로서 다른 무엇보다 태국 경찰의 DEA에 해당하는 '마약 단속국^{NSB, Narcotics Suppression Bureau}'과 손과 장갑처럼 긴밀한 관계를 유지하는 데 주안점을 뒀다. 그러려면 심야 업무에 자극적인 태국 음식을 먹거나, 술에 취하기 십상인 만찬에 참여하거나, 노래방에 들러 방콕의 고위 경찰들과 함께 무대에서 존 덴버^{John Denver}의 노래를 부르는 일이 일상다반사가 돼야 했다.

태국 왕립 경찰은 마약 밀매와 부패에 관한 한 결코 모범적이라고 볼 수 없었다. 조무래기 마약 사범들을 갈취하는 일은 업무 특성상 용인되는 혜택 정도로 여겨졌다. 티티산 우타나폰^{Thitisan Utthanaphon}이라는 태국 경찰 관료는 출처가 불분명한 돈으로 수많은 스포츠카를 수집해 '조 페라리^{Joe Ferrari}'라는 별명을 얻었다. 그는 나중에 여섯 명의 동료 경찰과 함께 메타암페타민 밀매 용의자 얼굴에 비닐을 씌워 질식사시키는 장면을 담은 비디오가 유출되면서 비행이 드러났다.

이런 배경적 이유로 DEA 요원인 로버트 밀러가 구즈만에게 카제스 체포를 도와달라고 연락했을 때, 그는 그 사안을 NSB에서 가장 신뢰하는 피살 에르브 아르브^{Pisal Erb-Arb} 대령에게 가져갔다. 50대 중반인 그는 방콕 정보센터^{Bangkok Intelligence Center}의 책임자로 활기차고 친근한 인상이었고, 대머리에 평범한 아버지 인상을 활용해 잠복근무도 자주 하는 인물이었다. 그는 DEA 안에 소수 정예 팀을 꾸렸다. 모두 티 하나 없이 깨끗하고 교범대로 수사한다는 소리를 듣는 요원들이었고, 피살 대령으로서는 드물게 여성 요원을 승진시키는 방식이기도 했다.

구즈만과 피살, NSB 팀은 새로운 표적(알파02)을 추적하는 작업에 즉시 돌입했다. 처음에는 카제스라는 이름과 전화번호만 들고 그의 자산을 지도에 표시하기 시작했다. 그가 이따금 방문하는 담장 두른 주택단지의 집(수사관들은 이를 그의 '독신자 숙소bachelor pad' 또는 '안가safe house'라고 불렀다)과 아내 명의로 된 다른 지역의 주택이 있었고, 그는 주로 그곳에서 생활하는 것 같았다. 그는 방콕 외곽에 300만 달러짜리 맨션인 세 번째 집을 구입해 리모델링 중이었다.

수사관들은 카제스의 도시 내 일거수일투족을 미행했다. 태국 사람들은 특히 100만 달러 가까이 하는 그의 슈퍼카 람보르기니 승용차와 포르셰 파나메라Panamera, BMW 오토바이에 매료됐다. 방콕의 교통 사정이 허락하는 한 그는 시속 160km 이상의 고속으로 차와 오토바이를 몰고 다녔다.

카제스를 감시하는 일은 가끔 골칫거리이기도 했다. 뻥 뚫린 고속도로에서 스포츠카를 질주해 추적 요원들을 멀리 따돌리거나, 오토바이를 타고 차량과 삼륜차인 툭툭tuktuk 사이로 뱀처럼 빠져나가 사라지기도 했다. 피살은 약간의 개인적 전문 기술을 활용해 주차장에서 카제스의 포르셰 옆으로 술에 만취해 쓰러지는 척하며 승용차 밑바닥에 GPS 추적기를 붙였다. 경찰은 비슷한 추적기를 람보르기니에 붙이려 시도했지만 자동차의 몸통이 도로 바닥에 거의 닿을 정도로 낮아 장치가 맞지 않았다. 이들은 대신 인접 기지국 세 곳을 삼각측량 방식으로 계산해 카제스의 아이폰을 추적하기로 했다.

피살의 팀이 카제스의 일상 동선을 파악하기 시작하면서, 이들은 그의 행태가 지극히 합법적이고 공정한 데 놀랐다. 그는 종일 집에서만 시간을 보내는 일이 잦았다. 한 요원의 표현을 빌리면 '집돌이homebody'였다. 하루 중 집을 나서는 때는 은행에 가거나 다운타운의 태국어 학원에 가거나 아내를 레스토랑이나 쇼핑몰에 데려가는 정도가 전부였다. 태국 사람들이 흔히 쓰는 표현에 따르면 그는 여유롭고 느긋하기 그지없는 '칠칠chill-chill' 인생을 살고 있었다.

얼마 후 구즈만과 태국 경찰이 깨달은 사실은 카제스가 아날로그 삶에서 한 가지 매우 주목할 만한 비밀을 숨기고 있다는 점이었다. 그는 여성 편력가였다. 저녁이면 빈번하게 세븐일레븐이나 쇼핑몰, 태국어 강좌 등에서 데이트 상대를 구해 자신의 독신 주거지나 일명 '러브 모텔'로 데리고 갔다. 이런 만남은 대부분 사업적이고 짧았다. 밤이 끝날 무렵이면 카제스는 귀가해 아내 곁에 있었다.

부를 이용해 해외로 건너와 다자간 연애의 환상을 실천하는 이른바 '섹스패트sexpat'가 태국에는 흔했다. 카제스의 잦은 외도는 스캔들은 될지언정 처벌 근거가 될 만한 법은 없었다.

그럼에도 카제스가 특정한 범죄의 수괴일 것이라는 점에는 의심의 여지가 없었다. 한 번은 그의 람보르기니를 추적해 그가 시로코Sirocco라는 레스토랑에 간 것을 감시 팀은 발견했다. 방콕의 레부아Lebua 호텔 63층에 자리 잡은 시로코는 미슐랭 스타 두 개를 받은 고급 레스토랑으로 세계에서 가장 높은 '알프레스코alfresco(야외)' 식사를 제공한다고 자랑하며 한 병에 2천 400달러를 호가하는 와인을 메뉴에 포함할 정도였다.

카제스와 친구들이 레스토랑을 떠나자마자 경찰은 시로코의 매니저에게 그날 하루 전체 매상 영수증을 요구했다. 카제스 일행의 주문 내역을 찾는다는 점을 숨기려는 조치였다. 와인과 거액의 팁이 포함된 카제스 일행의 식사 한 끼 영수증은 130만 바트baht(거의 4만 달러)가 넘었다. 돈을 물 쓰듯 하는 마약왕들에 익숙한 요원들조차 액수에 놀라는 표정이었다.

마약왕들이 정작 자신은 마약을 건드리지도 않거나 직접 범죄를 저지르지는 않는 행태는 NSB 요원들에게 낯설지 않았다. 용의자의 행적이 깨끗할수록 마약 밀매 조직에서 더 높은 자리에 있다는 개념에도 익숙했다. 하지만 고위 보스들은 실제 범죄를 자행하는 부하들이나 그보다 한두 단계

아래 관계자들과 적어도 직접 만났다.

그와 대조적으로 카제스의 범죄 행각은 전적으로 다크웹의 불투명한 채널로만 진행됐다. 물리적 세계에서 그의 행적은 형사들이 경험했던 어떤 범죄 두목들보다 깨끗했다.

·　·　·

다크웹 수사 경험이 없기로는 젠 산체즈도 태국 경찰과 마찬가지였다. 토르 사용 경험은커녕 실크로드 사이트를 방문해 본 적도 없었다. 하지만 알파베이가 매일 중개하는 마약 거래의 엄청난 비즈니스 규모와 그것이 사회에 미치는 악영향을 실감하기 시작하면서 그녀는 분개했다. 그 무렵 미국의 마약 위기는 최고조에 달해 있었다. 2016년 한 해 동안 4만 2천 명이 합성 마취제인 오피오이드 과다 복용으로 사망해 역사상 최대 규모를 기록했다. 그러한 사망률 급증은 부분적으로 모르핀보다 100배나 더 강력한 아편 파생물인 펜타닐^{fentanyl}의 유입 때문이었다. 그런데 여기 이 스물다섯 살의 퀘벡계 캐나다인이 막대한 규모의 헤로인과 펜타닐 시장을 공개적으로 운영한다고? 산체즈는 매일 온라인에서 알파베이에 들어갔다가 나올 때마다, 누구든, 심지어 어린이들조차 펜타닐을 그 사이트에서 주문해 메일로 받아서 불과 몇 시간 만에 과다 복용으로 죽을 수 있다는 생각에 심란했다.

프레즈노의 밀러 요원과 전화 통화에서 산체즈는 6개월 안에 알파베이를 폐쇄함과 동시에 카제스를 잡아들이겠다고 맹세했다. "나는 그놈의 비즈니스를 박살내 버릴 거예요. 그놈은 감옥에 갈 거고, 우리는 그놈을 플로렌스의 최고 보안 교도소^{supermax}로 보내버릴 겁니다"라고 밀러에게 말했다. 그곳은 당시 로스 울브리히트가 종신형을 선고받고 복역 중인 형무소였다. "나는 이 녀석을 꼭 잡고 싶어요."

하지만 산체즈는 디지털 환경의 마약 단속에 관한 한 열정만 앞섰지 노하우는 거의 없었다. 라벤, 밀러, 히메사스, 새크라멘토의 FBI 사무소 등이 한데 모여 카제스 체포 전략을 논의하는 첫 번째 회동에서 한 FBI 요원이 알파베이의 기본적인 작동 방식, 지불 수단으로 암호화폐를 사용하는 것, 사이트의 예탁 시스템 등을 설명했다. 산체즈는 FBI 요원의 말을 끊고 알파베이가 어떤 기관의 지불을 대행하느냐고 물었다. 잠시 침묵이 이어졌다. 산체즈는 같은 질문을 반복했다. 그녀는 과거에 수없이 했던 방식대로 어떤 기관이 그 비트코인을 보유하고 있는지 알면, 그곳에 소환장을 보내고 알파베이의 자금을 압수할 수 있다고 생각했다.

더 긴 침묵이 이어졌고 산체즈는 화를 내기 시작했다. 왜 이들은 그처럼 기본적인 사실조차 알려주길 거부하는 걸까? 마침내 새크라멘토의 FBI 팀장이 조심스럽게 끼어들어 비트코인과 블록체인의 기본 내용을 산체즈에게 설명했다. 지불 처리 기관도, 은행도, 중개인도 없다고. 수사 팀의 몇몇 멤버를 대상으로 '비트코인 101' 교육이 필요하다는 사실 앞에서 "우리는 모두 충격에 휩싸였죠"라고 라벤은 말했다.

산체즈처럼 물리적 환경의 돈세탁에 익숙한 수사관에게 암호화폐는 포렌식 회계학forensic accounting 분야에서 심각한 장애였고, 이는 온라인 범죄자들이 의도한 것이었다. 하지만 2017년 초에 이르러 비트코인을 매우 다른 시각으로 바라보는 새로운 유형의 수사관들이 등장하기 시작했다. 그리고 알파02를 잡기 위한 경주에 다음 돌파구를 제공한 사람들은 바로 블록체인 추적자들이었다.

28장

튜나피시(Tunafish)

알파02가 다크웹에서 가장 악명 높은 지명 수배자로 떠오르면서 그가 운영하는 알파베이 또한 세계 최고의 암호화폐 추적 기업인 체이널리시스가 가장 시급히 풀고 싶어 하는 수수께끼가 됐다. 2015년 말에 이르러 그 회사의 세 번째 공동 창업자인 조너선 레빈은 주요 클라이언트 그룹에 해당하는 여러 법 집행 기관이 쏟아내는 불평을 끊임없이 들어야 했다. 이들은 체이널리시스의 핵심 툴인 리액터Reactor가 알파베이의 지갑 내역을 완전히 식별해 내는 일을 도와줄 수 있는지 알고 싶어 했다. 그것은 블록체인 안에 숨은 암시장 주소들의 방대하기 그지없는 은하계 같은 것이었다.

당시 수천만 건의 거래 내용을 담았던 실크로드는 알파베이에 견주면 비교적 간단한 편이었다. 한 사용자가 자신의 비트코인을 실크로드 계정의 지갑에 넣으면 그것은 보통 다른 사용자들의 돈과 한데 묶여 적은 숫자의 중앙집중화된 주소 중 하나에 저장됐고, 그런 특성 때문에 새라 미클존은 2013년 나의 마리화나 구매 내역을 너무나 쉽게 찾아낼 수 있었다.

그런 방식은 구매자의 비트코인이 실크로드의 어떤 중개인에게 가는지 그 경로를 추적하기 어렵게 만들었지만, 그 돈이 실크로드 자체를 거쳤다는 점을 알아채기는 쉬웠다고 레빈은 말한다. 시험 삼아 비트코인 몇 개를 아무 실크로드 계정에나 보내면 실크로드의 지갑 시스템은 곧 이들을 다른 비트코인들과 덩어리로 묶어 다른 실크로드 주소들의 한 클러스터^{cluster}로 전송한다. 자동 유도 장치가 장착된 현금 가방이 범죄자의 은닉처로 회수되는 것과 비슷한 경우다.

하지만 레빈이 알파베이에서 시험용 거래를 해본 결과 이곳은 다르게 기능한다는 점을 발견했다. 사용자들의 돈과 한데 통합하지 않고 수많은 작고 절연된 주소로 유지한 것이다. 2016년 4월 알파베이는 사용자들에게 실크로드처럼 비트코인 혼합기로 기능한다고 광고했다. 알파베이 계정에 돈을 넣으면 돈이 어디에서 들어왔고 어디로 나갔는지 추적될 수 있는 모든 연결을 끊어버린다는 것이었다. "우리는 우리만의 난독화^{obfuscation} 기술을 사용하기 때문에 어떤 수준의 블록체인 분석으로도 당신의 비트코인이 알파베이에서 온 것을 증명할 수 없습니다"라고 2016년 알파베이의 사이트에 게재된 한 포스트는 사용자들에게 자랑했다. "당신은 이제 당신이 가진 비트코인의 완벽한 비밀성을 갖게 된 것입니다."

그러한 주장은 부분적으로만 맞는다고 레빈은 말한다. 비트코인을 알파베이에 넣었다가 다시 꺼내면 대부분 추적이 가능하다. 하지만 실크로드와 달리 알파베이의 부인권^{deniability} 주장은 단순한 과장 마케팅은 아니었다. 비트코인들을 한 곳에 쉽게 식별할 수 있는 지갑들로 수렴해 대량 수집하지 않기 때문에 알파베이의 구매자와 판매자들을 블록체인상 다른 선량한 사용자들과 구별하기는 훨씬 더 어려웠다.

체이널리시스 입장에서, 2016년까지 진행된 수억 건의 비트코인 거래 중 알파베이 지갑과 연결된 것을 식별하는 작업은 창사 이래 가장 어려운 문제가 됐다. 알파베이는 "다크웹의 암호화폐 사건을 수사하는 이들에게는 하나같이 최우선 순위"였다고 레빈은 말한다. 그것은 또한, 체이널리시스 직원들이 이전에 다뤄본 어떤 암시장보다도 강력하고 적극적으로 이들의 식별 능력을 저지하고 무력화하려 했다.

이 무렵 체이널리시스의 임직원 규모는 30명 선으로 불어나 있었다. 하지만 가장 풍부한 블록체인 분석 경험을 가진 사람은 공동 창업자인 레빈, 그로나거, 묄러 그리고 이들이 스카우트한 체코 공화국의 프로그래머이자 '월렛익스플로러WalletExplorer'의 발명가인 알레스 얀다였다. 이들은 정식으로 알파베이와 부닥쳐 보기로 했다.

이들은 새라 미클존이 여러 해 전 UCSD에 있을 때 수행했고, 지금은 산업적 규모로 발전한 블록체인 관찰 실험으로 시작했다. 이들은 여러 달에 걸쳐 알파베이 지갑을 이용해 수백 건의 시험 거래를 수행했다. 시장에서 실제로 구매하지는 않고 단순히 계정에서 돈을 넣었다 뺐다 하면서 그런 거래들이 블록체인에서 생성되는 패턴을 지켜봤다. 비트코인 계정 원장의 거대 공간에서 이들이 활용할 수 있는 특정 단서나 패턴을 찾아내겠다는 바람에서였다.

이 수준의 단계에서는 미클존이 초기 실험들에서 시도했던 두 가지 무리 짓기 기법은 그 자체로는 충분하지 않았다. 대신 체이널리시스 설립자들은 알파베이가 사용자들의 돈을 옮기는 방식에서 뭔가 뚜렷한 특징(비트코인의 프로토콜에 고유한 특징은 아니지만 알파02와 알파베이의 지갑 코드를 설계한 다른 누군가가 내린 매우 고유한 선택에 의해 규정된 특징)을 찾아내려 시도했다. 그 소프트웨어가 재작성될 때마다 체이널리시스 팀은 관찰 렌즈를 다시 바꿔 이들이 뒤에 남긴 흔적 중 알파베이에만 적용되는 고유한 특징을 찾으려 시도했다.

레빈은 체이널리시스가 발굴한 단서 대부분을 공개하기를 거부했다. 그중 일부를 그는 '비밀 양념secret sauce(체이널리시스의 분석가들과 점점 더 빈번하게 인터뷰하면서 등장한 용어)'으로 묘사했다. 하지만 레빈은 모든 지갑은 거래를 '확인'해주는 속도와 그것이 지불하는 수수료 간 적정선에서 타협점이 필요하다는 점을 한 사례로 들었다.

비트코인 네트워크로 하여금 거래를 기록하도록 설득하기 위해 해당 지갑은 수수료를 내야 했다. 지갑이 지불할 용의가 있는 수수료가 높을수록 전 세계의 다른 노드들이 그 거래를 중계해 모든 비트코인 노드가 그런 거래가 실제로 일어났음을 확인하기까지 걸리는 시간이 단축될 동기도 더 커졌다. 대다수 지갑은 사용자들이 속도 대 비용의 차등 수준에 따라 직접 자신들의 수수료를 책정할 수 있게 해준다. 하지만 다크웹 시장들은 대체로 그들만의 설정 기준을 사용한다.

체이널리시스는 알파베이의 경우 거래 규모에 따라 수수료 설정이 독특하게 달라지는 방식을 감지하기 시작했다. 이런 특징이 알파베이의 모든 주소를 한꺼번에 분리할 수 있게 해주는 완전한 해법이 되지는 않았다. 하지만 이는 알파베이의 복잡다단한 지불 기록들을 기술할 수 있게 하는 여러 근거 중 하나였다고 레빈은 말한다. 그리고 미클존의 무리짓기 기법처럼, 이러한 수수료 관련 설정과 같은 새로운 기법을 발견할 때마다 새로운 주소들의 세트를 만들 수 있었고, 이를 통해 체이널리시스는 그들이 찾고 있는 다른 숨은 주소들의 특성을 한 번 더 정제할 수 있었다.

2016년 말에 이르러 체이널리시스는 2백 50만 개 이상의 주소를 알파베이 지갑의 일부로 판별해 표시했다. 하지만 그런 몇 년간의 프로젝트조차 막대하기 그지없는 알파베이의 총체적 재무 상황을 규명하는 작업의 시작점에 지나지 않았다. 수사의 일환으로 체이널리시스를 사용하는 요원들에게 그런 임무는 방대한 숫자의 산에서 돈의 흐름을 추적해 실제 사람의 은행 계좌를 찾아내는 것과 비슷했다.

· · · ·

비트코인이 사이버 범죄의 수단이자 다크웹의 통화로 부상한 지 5년여가 지난 시점에서 블록체인에 집착하는 연방 요원은 티그란 감바리안만이 아니었다. 2016년 말, 워싱턴 DC 지역에서 활동하는 FBI 분석가 두 명은 미국 정부에서 가장 뛰어난 암호화폐 추적자들이라는 명성을 얻었다. 두 여성 분석가는 여러 해 동안 암호화폐의 흐름을 조용히 따라가 온라인 사기꾼과 암시장 밀매자들을 추적해 잡아냈다. 하지만 이들은 소리 소문도 없이 증거를 다른 수사관들에게 인계했고, 그런 단서들은 범죄 진술서나 법정 증거 어디에도 등장하지 않았다.

두 사람은 프라이버시를 매우 중시했으므로 성姓은 공개하지 않고 알리Ali와 에린Erin이라는 이름만 언급하겠다. 로버트 밀러가 알파02에 대한 제보를 받기 며칠 전, 이전에는 아무도 시도하지 않은 새로운 기법을 써봐야겠다고 처음 제안한 사람은 알리였다. 그것은 블록체인 분석만으로 다크웹의 관리자를 찾아내는 시도였다.

알리와 에린은 여러 다른 수사 그룹과 공조했다. 알리는 주로 다크웹 사건들에 집중했고, 에린은 좀 더 전형적인 사이버 범죄 해커들에 초점을 맞췄다. 하지만 디지털 돈세탁에 주목하고 암호화폐에 매료됐다는 점은 다르지 않았으며 두 사람의 우정도 돈독했다. 이들은 둘만으로 구성된 자체 팀을 만들기에 이르렀고, 둘의 팀워크는 워낙 긴밀해서 마치 비트코인에 중독된 하나의 두뇌로 융합된 것 같았다.

그해 겨울, 알리는 버지니아주 챈틸리Chantilly의 삭막한 복합상업지구에 있는 FBI 사무실을 나와 30분을 운전한 끝에 워싱턴 DC 본사에 있는 에린의 칸막이 사무실에 닿았다. 둘 중 좀 더 패기 있고 야심찬 알리는 좀 더 차분하고 꼼꼼한 에린에게 자신의 아이디어를 알리고, 다른 모든 일은 제쳐둔 채 한 가지 업무에 집중하자고 제안했다. 에린이 이의를 제기할 틈도 없이 알리는 의자를 끌고 컴퓨터 앞으로 가서 마우스를 잡고 스크린에 뜬 비트코인 주소들을 클릭하기 시작했다.

알리는 자신이 발견한 내용을 에린에게 알렸다. 다크웹 시장의 관리자가 사기극을 마무리하기로 하고 사용자들이 맡긴 돈을 빼돌려 빠져나올 때마다, 다크웹의 포럼들은 자신들이 도둑맞은 돈에 분개하는 사용자들과 당장 지출 계획이 있는 암호화폐 외에는 결코 다크웹에 저장하면 안 된다고 서로 상기하는 사용자들로 북적였다.

하지만 자신의 암호화폐 예치금을 어디에 보관할지 고민할 때 그런 사기극을 걱정할 필요가 없는 단 한 사람이 있음을 알리는 깨달았다. 바로 다크웹의 관리자 자신이었다. "자신의 돈을 웹사이트에 맡길 때 누가 가장 안심할까?"라고 알리는 에린에게 물었다. "물론 사이트를 관리하는 사람이지."

다른 여러 시장에서 사이트 폐쇄 사기극이 벌어져 거액의 비트코인을 보유한 이들이 비트코인을 회수하려 분주한 와중에도 이를 빼내지 않고 오랫동안 계속 보유하는 암시장의 주소들만 검색해 본다면 어떨까? 가장 큰 규모에, 가장 움직임이 없는 비트코인의 주인이야말로 사기극의 주범일 수 있는 것이다.

에린은 그것이 좋은 생각임을 인정했다. 하지만 살펴볼 주소를 몇 개 식별한 다음, 그녀는 알리를 쫓아내고 자신의 다른 일에 몰두했다. 따지고 보면 그들에게 알파02를 추적해 달라고 요청한 사람은 아무도 없었다. 이들은 작성해야 할 정보 보고서와 더 현실적이고 성취 가능한 표적들이 눈앞에 있었다.

하지만 다음 날 알리는 몇 분 간격으로 에린에게 전화를 걸어 흥분한 말투로 진척 상황을 알렸다. 그녀는 알파베이 그룹과 연계된 모든 지갑 주소 중에서 오랫동안 전혀 거래되지 않은 채 예치된 최대 규모의 비트코인 주소로 시작했다. 그리고 그 돈이 알파베이를 나와 결국 어디로 이체되는지 관찰한 가운데 마치 가지를 치듯 알파베이에서 갈라져 나가는 움직임들을 체이널리시스의 리액터 소프트웨어(대부분 미국 수사 기관들처럼 FBI도 당시 체이널리시스의 고객이었다)로 추적할 수 있었다.

얼마 안 있어 에린도 알리의 열성에 감화돼 관리자의 수수료로 의심되는, 다시 말해 오랫동안 움직이지 않은 비트코인 더미들을 파고들었다. 각자 워싱턴 DC와 챈틸리 사무실에서 몇 시간씩 전화로 진척 상황을 서로 업데이트하고 수백 개에 이르는 알파베이의 주소를 리액터로 분석하며 알파02 사냥에 집중하기 시작했다.

누가 범죄성 비트코인 더미들을 소유했든, 적어도 일부는 블록체인에서 자신들의 흔적을 숨기려고 무진 애를 쓴 게 분명했다. 이 비트코인들은 때때로 이른바 '혼합 서비스^{mixers}'로 알려진 수단에 의해 만들어진 주소들의 무리 속으로 흘러들었다. 다크웹 사이트들에서 헬릭스^{Helix}와 비트코인 포그^{Bitcoin Fog} 같은 이름으로 광고되는 혼합 서비스들은, 비트코인을 받아 다른 사용자들의 비트코인과 뒤섞어 새로운 주소를 만든 다음 이들을 최초 송신자에게 보내는 비트코인 세탁 서비스였다. 이론상으로는 이렇게 하면, 마치 은행 강도들이 영화관으로 숨어들어 스키 마스크를 벗고 일반 관객들과 함께 걸어 나옴으로써 경찰의 추적을 따돌리듯 연결을 끊어 추적자들을 따돌릴 것이었다.

알리와 에린은 알파02의 수익금을 추적하는 작업 과정에서 때로 막다른 골목에 다다르기도 했다. 하지만 다른 사례들에서는 난독화의 장벽을 뚫을 수 있었다. 둘 중 누구도 어떻게 알파02의 혼합 서비스 사용을 극복했는지 밝히지는 않았지만, 체이널리시스의 관계자들이 그랬듯이 일말의 힌트는 제공했다.

조너선 레빈에 따르면 혼합 서비스는 그것이 가진 '익명성의 세트^{anonymity set}(혼합되는 코인들의 사용자 그룹)'의 수준과 비례해 추적 가능성이 결정된다. 혼합 서비스들은 저마다 철저한 익명성 보장을 주장했으나 이들의 블록체인 작업을 면밀히 조사한 결과, 대부분은 수사관이나 추적자를 확실히 따돌리기에 충분할 만큼 큰 익명성의 세트를 제공하지는 않았다. 세탁하려는 비트코인의 액수가 더 클수록 혼합 서비스를 거치더라도 출처를 숨기기가 어려웠다.

어떤 서비스든 웬만하면 거액의 비트코인을 소유주에게 돌려줄 때 눈에 잘 띄지 않는 소규모 지불 기록으로 분리한다. 하지만 일정 지점에 이르면, 해당 지불에 대한 거래 수수료에 따라 거액의 돈을 자잘하고 눈에 덜 띄는 규모로 쪼개는 데도 한계가 있다고 레빈은 말한다.

물론 블록체인 분석을 회피할 목적으로 사용되는 툴은 혼한 서비스만이 아니다. 일부 지갑 소프트웨어는 다른 여러 사용자의 거래를 한데 조합해 누가 누구에게 돈을 보냈는지 불투명하게 만드는 '코인조인CoinJoin'이라는 기능을 제공했다. 하지만 마이클 그로나거가 (구체적 설명은 없이) 시사했듯 체이널리시스는 그런 기법도 무력화할 때가 많았다. 특히 두드러지게 큰 액수의 비트코인을 숨기려 시도할 때는 더더욱.

사실상 체이널리시스는 사용자들에게 블록체인상 돈의 경로 증거를 제공할 필요가 없었다. 암호화폐 거래소에 특정 사용자의 신원 정보를 요구하는 소환장을 보내는 기준은 워낙 낮아서, 여러 타당한 추측을 할 수 있을 정도였다고 그랜트 라벤은 솔직하게 설명했다.

이것은 곧 범죄자의 노력에도 불구하고 수사관들은 흔히 혼합 서비스와 코인조인 기능이 적용된 지갑들에서 의심스러운 결과를 얻었고, 그것만으로도 수사 표적의 자취를 쫓기에 충분한 가능성(확실성까지는 아니더라도)이 됐다. (비유하자면) 붐비는 영화관 트릭조차 도둑이 너무 큰 돈주머니를 들고 나간다면 경찰 눈에 띌 수밖에 없다는 점을 보여준 셈이었다.

. . .

알리와 에린은 알파02의 개인적 거래로 의심되는 기록을 추적하는 동안 가장 눈여겨보는 요주의 비트코인 주소들에 별명을 붙여 무의미한 부호들의 일련번호를 자신들만의 사적인 언어로 바꿔놓았다. '1Lchyn4t'로 시작되는 주소는 둘 사이에서 '라이 신 포트Lye sin fort'가 됐다. '3MboAt' 부호로 시작되는 주소는 '엠 보트Em boat'로 발음됐다. 두 분석가는 수많은 주소를 검토하고 논의하는 데 워낙 많은 시간을 보내다 보니 그 주소들은 이들의 마음속에서 '퍼스낼리티'를 갖기 시작한 것이었다. ("건강한 현상이라고 보기는 어렵죠"라고 에린은 말했다.)

이들이 별명을 붙인 여러 주소 가운데 특히 하나가 두 분석가의 대화에서 가장 중요한 몫을 차지했다. 이들은 누군가가 역설계 공학을 써서 자신들의 기법을 알아낼지도 모른다는 우려 때문에 그 주소의 별명조차 알려주지 않았다. 이 책의 목적상 그 별명을 '참치'라는 뜻의 '튜나피시Tunafish'라고 부르기로 하자.

튜나피시는 알리와 에린이 알파02의 소유 중 하나라고 가정한 최초 주소 중 하나를 추적한 긴 경로의 맨 마지막에 놓여 있었다. 하지만 이것은 특별히 중요하게 여겨졌다. 한 거래소와 직접 연결돼 있었기 때문이다. 두 사람은 알파베이 관리 수수료의 모음으로 추정되는 비트코인 클러스터를 알파02가 현금으로 바꿀 때까지의 모든 경로를 사상 처음으로 추적해냈다는 사실을 깨닫고 흥분했다. 그들은 블록체인과 실제 금융기관 간의 접점, 바로 그 현금 인출 지점이야말로 해당 거래와 실제 인물을 일치시킬 수 있는 지점임을 알았다.

알리가 미국 수사 기관들 사이에서 회자되는 범죄 용의자의 신원에 대한 소문을 들은 것은 두 사람이 알파02의 배후 이름을 찾아내기 직전 시점이었다. 오랫동안 다크웹 분석가로 일한 알리는 알파베이 수사 파일을 처음 개시한 새크라멘토의 사이버 범죄 전문 FBI 요원과 긴밀한 연락을 유지하고 있었다. 그래서 새크라멘토 사무소가 그랜트 라벤의 프레즈노 팀과 손을 잡았을 때 그곳 요원이 가장 먼저 연락을 취한 사람 중 하나도 알리였다. 그는 자신들이 마침내 알파02의 온라인 페르소나와 일치하는 실제 인물을 찾아냈다고 알려줬다. 그녀에게 문제의 이름도 전달했다.

새크라멘토 요원은 알리가 이미 알파베이의 블록체인 촉수들을 분주히 추적하고 있다는 사실을 알았다. 그는 그녀에게 수사 팀에 합류하라고 요청했다. 알리는 FBI 본사에 있는 에린의 사무실로 돌아와 그녀도 수사 팀에 가세해야 한다고 강조했다.

알리는 "이건 엄청난 수사가 될 거야"라고 그녀에게 말했다. "우리는 힘을 합쳐야 해"라며 에린도 동의했다.

이제 이들은 알파02를 더 이상 강박적 취미가 아니라 공식 수사의 일환으로 추적하고 있었다. 알리와 에린은 자신들의 튜나피시 발견 내용을 역시 수사 팀에 가세한 워싱턴 DC의 법무부 보좌관에게 설명했다. 사이버 범죄에 풍부한 경험이 있는 루이자 매리언Louisa Marion 검사였다. 그녀와 라벤, 히메사스는 즉시 튜나피시 주소가 현금화된 거래소에 해당 인물의 신원 기록을 제공하라는 소환장을 보냈다.

소환장이 결실을 보기까지는 여러 주가 걸렸다. 2017년 1월 초 어느 저녁, 알리는 로스쿨 야간 수업 도중에 새크라멘토 FBI 요원의 연락을 받았다. 소환장 결과가 방금 도착했다는 소식이었다.

그 요원은 그녀에게 튜나피시 주소와 연계된 해당 거래소 계정의 이름을 알려줬다. 알렉상드르 카제스였다.

29장

로미오(Rawmeo)

로버트 밀러가 받은 최초의 제보 내용(처음으로 수사관들에게 알렉산더 카제스와 연결시켜 준 이메일 주소 Pimp_alex_91)을 근거로 수사를 전개하는 동안 프레즈노와 새크라멘토의 법무 보좌관들인 라벤과 히메사스는 이따금씩 자신들이 정말로 진범을 찾은 것인지 서로에게 묻곤 했다. 사실이라고 믿기엔 제보 내용이 너무 대단해서 혹시 일종의 정교한 속임수는 아닐까? 누군가가 이 카제스라는 인물에게 누명을 씌워 희생양으로 삼기 위해 의도적으로 주소를 유출하고 심지어 알파02라는 ID를 선택한 것은 아닐까? "최악의 시나리오는 그 제보자가 우리를 함정에 빠뜨리고 있다는 것"이라고 라벤은 생각했다.

그 제보자가 밀러에게 제공한 알파베이의 환영 이메일은 단순히 이메일 주소만을 알려준 것이 아니었다. 네덜란드의 IP 주소도 알려줬다. 그것은 또 다른 결정적 단서였지만 수사관들은 아직 그 주소를 어떻게 활용해야 좋을지 미처 생각하지 못한 상태였다. 그 IP 주소가 가리키는 네덜란드의 인터넷 서비스 제공사에 섣불리 접근했다가는 그쪽에서 알파02에게 수사관들이 알파베이 사이트의 인프라를 훔쳐본다고 귀띔해 수사 사실을 들켜 버릴 수도 있었기 때문이다.

그러나 알리와 에린의 블록체인 추적 내용에 따른 소환장 결과도 같은 이름으로 나오면서, 수사관들의 확신은 한 단계 더 높아졌다. 이들은 맞는 길에 들어서 있었다.

이후 몇 주와 몇 달에 걸쳐 알리와 에린은 알파베이 클러스터에서 가치가 더 높은 주소들을 추적해 그와 연계되는 암호화폐 거래소들을 찾아냈다. 비슷한 작업이 되풀이되는 가운데 두 사람은 카제스를 분별해낼 만한 특징을, 심지어 비트코인 세탁 습관에서도, 인식할 수 있게 됐다. 일부 경우, 자신의 비트코인 소유 사실을 숨기려는 그의 시도들조차 그 자체로 카제스만의 지문처럼 여겨졌다.

알리와 에린은 카제스의 수수료를 도합 12개의 암호화폐 거래소들까지 추적했고, 그에 근거해 검사들은 하나하나 소환장을 발부해 카제스와 아내의 이름으로 등록된 계정들을 찾아냈다. 그리고 그런 결과들을 입수하면서 이들은 몇 년간 지속돼 온 패턴을 발견했다. 바로 카제스는 비트코인 거래소에 계정을 만들고 알파베이에서 얻은 수익금을 그것을 이용해 현금화하려 시도했다. 어느 단계에서, 보통 그의 현금화 거래가 벌어진 지 몇 달 안에, 문제의 거래소는 이 막대한 규모의 암호화폐 거래의 출처에 의심을 품게 되고 그래서 카제스에게 추가적인 고객 확인 정보를 요청한다.

카제스는 그러한 요청에 자신은 비트코인의 초기 투자자였을 뿐이라고 설명한 메모를 보내곤 했다(칼 포스부터 로스 울브리히트에 이르기까지 모든 암호화폐 범죄자들이 공통적으로 내놓는 모호한 변명). 어떤 경우에는 2011년인가 2012년에 마운트곡스에서 수천 개의 코인을 산 것이라고 대답했다. 이미 폐쇄된 거래소의 기록을 확인하기는 어려울 것이라는 계산에서 나온 변명이었다. 다른 경우에는 하나당 1달러의 환율로 '개인 판매자'로부터 산 것이라고 주장했다. "그렇게 구입한 다음부터 마치 주식 투자하듯 코인을 사고 팔았지만 한 번도 현금화한 적은 없었다"라고 한 거래소에 설명한 이메일에서 밝혔다.

하지만 2017년 무렵부터 비트코인 거래소들은 이처럼 확인할 수 없는 이 야기들에 경계심을 품기 시작했다. 대부분의 경우, 거래소들은 카제스의 계정을 폐쇄하거나 정지하려 했고, 그래서 그는 어쩔 수 없이 다른 거래소 로 옮겨가야 했다. 한편 알리와 에린은 카제스가 어디에서 돈을 버는지 알 수 있었고, 블록체인의 연결망들을 하나하나 추적해냈다.

이후로도 몇 년간, 알파베이 사건에 참여했던 수사관들은 Pimp_ alex_91 제보가 전혀 없었더라도, 자신들의 암호화폐 추적만으로도 과연 그 사건을 해결할 수 있었을까를 놓고 논쟁을 벌이곤 했다. 거래소 계정들 에서 카제스의 이름이 나온 것만 보고도 그의 흔적을 추적해야겠다는 판단 이 충분히 나올 수 있었을까, 아니면 단지 또 다른 모호한 단서일 뿐이라며 무시해 버렸을까?

하지만 실제 상황은, 밀러가 알파02에 대한 제보를 받은 직후, FBI의 두 분석가인 알리와 엘리의 블록체인 작업은 자칫 몇 가닥 미약한 단서로 그 쳤을 이론에 확실한 근거를 제공했다. 모든 거래소에 대한 소환장과 그 결 과는 카제스와 알파베이의 거금 간에 또 다른 연결선을 그어줬다.

"알파베이와 연계된 것으로 보이는 지갑들로부터 그에게 수백만 달러 규 모의 암호화폐가 흘러드는 것을 봤을 때, 저는 장본인을 찾았다고 꽤 확신 한 편이었습니다"라고 라벤은 말한다. "그런 지점에 이르면 기소 단계로 가 기 시작하는 거죠."

· · ·

2017년 3월, 늘 저돌적인 스타일의 라벤은 알렉산더 카제스를 알파베이의 운영자로 기소할 준비가 돼 있었다. 하지만 그보다 더 신중한 히메사스 검 사는 추가 증거를 원했다. 이들은 카제스의 암호화폐 거래소 계정뿐 아니 라, 이메일부터 뱅킹까지 그의 모든 온라인 활동에 대해 소환장을 제출하느라 여전히 분주했고, 그에 따른 결과들은 카제스의 총체적인 온라인 프로필로 형성되기 시작한 상태였다. 그리고 4월이 돼서야 수사 팀은 그러한 디지털 라이프의 새로운 요소, 카제스에 대해 이전에는 가능하리라 생각조차 못했을 정도의 상세한 정보를 접하게 됐다.

이들은 수사 과정에서 '루쉬 V^Roosh V'라고 불리는 온라인 포럼을 만나게 됐다. 그 사이트는 일종의 남성성 과잉의 성격을 과시하는, 어떻게 하면 여성을 유혹할 수 있는지 정보를 주고받는 소위 '우두머리 수컷^alpha male'들의 온라인 공동체로, 충격적인 여성혐오증, 극우 인종차별주의 그리고 LGBTQ[3]에 대한 적대적 편견을 여과없이 드러내는 곳이었다. 2008년 다리우쉬 "루시" 발리자데^Daryush "Roosh" Valizadeh라는 블로거가 설립한 이 사이트는 수만 명의 등록 사용자, 어떻게 하면 여성들에 대한 성적 장악을 극대화하고 소위 '알파' 라이프스타일을 살아갈지 서로에게 코치하는 남자들을 거느리고 있었다.

프레즈노 수사 팀은 그 포럼에서 기묘한 인물을 발견했다. 2014년 말에 루쉬 V에 가입한 그는 '로미오^Rawmeo'라는 사용자 이름을 쓰고 있었다. 그 가명은 '로도깅^rawdogging'에 대한 그의 남다른 선호를 시사하는 것 같았다. 로도깅은 피임이나 성병 전염을 막기 위한 콘돔 등 보호 기구를 사용하지 않은 성 관계를 가리키는 말이다. 로미오는 1천 건이 훨씬 넘는 글을 사이트에 게시해 그 포럼에서 '진짜 선수^True Player'의 지위를 획득했다. 그는 자신을 태국에서 안락하게 살고 있고, 거금의 비트코인을 가졌으며, 웹 호스팅과 디자인 회사를 소유하고 있다고 소개했다. 모두 알렉산더 카제스의 공개 페르소나와 일치하는 내용이었다. 검사 팀이 카제스의 페이팔^PayPal

---

3　LGBT는 성소수자 중 레즈비언(Lesbian), 게이(Gay), 양성애자(Bisexual), 트랜스젠더(Transgender)를 통칭하는 단어 - 옮긴이

계정에 소환장을 발부한 결과 이들의 추측은 맞았음이 확인됐다. 카제스는 자신의 계정을 사용해 루쉬 V에 프리미엄 구독료를 내고 있었다. 로미오는 그의 많은 퍼스낼리티 중 또 다른 하나였다.

몇 가지 면에서, 로미오는 알파02에서 드러난 특징과는 정반대되는 측면을 보여준다. 다크웹의 수괴로서, 알파02는 비즈니스의 프로다운 면모를 유감없이 발휘했다. 알파베이 커뮤니티와의 소통을 최소한으로 제한했고, 아무런 색채도 없는 톤으로 사이트의 기능에 관한 성명을 이따금씩 발표할 뿐이었다. 로미오는 그와 대조적으로 색깔이 뚜렷한, 모든 것을 노출한 페르소나로, 마치 드레드 파이어럿 로버츠DPR가 로스 울브리히트를 대리했던 것처럼 대성공의 보상을 만끽하는 카제스의 배출구로서 그가 자신의 에고ego를 한껏 확장하고 주위의 찬사에 흠뻑 빠지는 캐릭터였다. 하지만 DPR이 자유주의와 개인적 자유라는 급진적 에토스를 중심으로 추종자들을 모은 데 견줘, 로미오는 훨씬 덜 이상적인 신념에 매달리는 것 같았다. 그의 표현을 빌린다면 "어떤 상황이나 결과에 가장 연연하지 않는 사람이 항상 더 우위에 있다"라는 믿음이었다.

뒤에 드러난 사실에 따르면 카제스는 '나 방금 섹스했어I-Just-Had-Sex'로 알려진 루쉬 V의 특정 섹션에 수많은 글을 올렸다. 거기에서 카제스는 자신이 어떻게 태국의 여성들을 빈번하게 유혹(람보르기니나 포르셰 승용차로 마음 사로잡기)하며 아무런 조건도 붙이지 않은 채 묻지마 성 관계를 시도하는지 등을 설명했다. 그는 그 여성들을 자신의 '첩harem'이나 '접시plates'로 불렀는데, 이는 수많은 접시를 계속 돌리면서 그중 어느 하나에 지나친 주의를 기울이면 자칫 다른 하나를 땅에 떨어뜨릴 수 있는 서커스의 저글러juggler에 견주는 루쉬 V 포럼의 단골 비유였다.

로미오의 모든 포스트는 자신의 라이프스타일을 요약하고, 남성의 난잡한 성관계와 여성의 처녀성이라는 역설적 미덕을 격찬하는 긴 서명으로 끝을 맺었다. "태국에 살고 인생을 즐기며 돈을 벌고 서양 여성에겐 관심이 없고 밀레니얼 문제엔 추호도 신경쓰지 않으며 로도킹에 중독된 남자. #No HymenNoDiamond #PoppedCherryDontMarry #RealMenDont DateSingleMoms[4]."

카제스는, 많은 '픽업 아티스트'[5]가 그런 것처럼 남성의 성적 매력과 행운을 계산하는 소위 '성적 시장 가치'SMV, sexual market value'의 엄격한 시스템을 신봉했다. "SMV의 네 기둥은 명성, 외모, 돈, 게임인데, 나는 그중 명성이 넘버원이라고 생각한다"라고 그는 썼다.

그는 유혹하려는 태국 여성들에게 자신은 그들보다 더 높은 사회 계급에 있으며 따라서 잠시라도 자신의 주목을 받은 것이 행운이라고 생각하게 만들었다고 설명했다. "일단 여자가 '강한 개성'을 드러내기 시작하면 나는 잘라버릴 수밖에 없었다"라고 그는 한 여성에 대해 썼다. 또 다른 포스트에서 그는 손쉬운 섹스를 하려면 싱글 맘을 찾아보라면서, 하지만 절대 장기적인 관계는 맺지 말라고 다른 알파 메일들에게 조언했다. "관계를 맺기도 전에 오쟁이 진 남자가 되고 싶지는 않지만 빠른 섹스를 원한다면 그게 좋은 방법"이라고 그는 썼다. "좋은 아버지 감이라는 인상을 심어주기만 하면 성공할 겁니다."

카제스는 많은 루쉬 V 회원처럼 허위 강간 주장의 위협에 집착적 관심을 보였다. 그는 자신의 해법을 자랑했는데, 이는 자신의 프라이버시에 집착하는 사람치곤 충격적인 인정이었다. "나는 새 여자와 처음 섹스할 때마다

---

4 해시태그로 달린 표현들은 모두 대단히 여성 차별적이며 남성우월적 편견으로 가득하다. #NoHy menNoDiamond(처녀막이 없으면 진짜 여자가 아니라는 뜻), #PoppedCherryDontMarry(혼전 경험이 있는 여자는 무가치하니 결혼하지 말라는 뜻), #RealMenDontDateSingleMoms(진짜 남자는 싱글맘과 데이트하지 않는다는 뜻) – 옮긴이

5 Pickup artist(PUA). 여성을 효과적으로 유혹하기 위한 기법과 전술에 능한 사람을 일컫는 말. 이들의 목적은 단기간의 로맨틱한 관계나 성관계인 경우가 대부분이다. – 옮긴이

내 방에 설치해둔 몰래 카메라로 그 장면을 녹화합니다"라고 그는 썼다. "이 기록은 암호화된 하드드라이브에 저장돼 있고 문제가 생기면 언제든 증거로 꺼낼 수 있습니다. 아무런 문제도 생기지 않으면 그런 비디오가 존재하는지 아무도 모르죠. 나는 내가 상대한 여자들의 프라이버시를 존중합니다."

다른 포스트에서, 로미오는 자신이 기혼자이며 첫 아이를 임신한 아내를 사랑한다고 적었다. 그는 그녀에 대해 '아내가 가져야 할 모든 것을 갖춘' 사람으로 묘사했다. (그 포럼에서 흔히 드러나곤 하는 동성애자에 대한 혐오를 심상하게 드러내면서) '(아내는) 처녀였고, 잘 보전된 몸매를 가졌으며, 대학을 졸업했고, 온전한 가족 출신이며, 교류하는 사람들 중에 LGBT가 없고, 자신을 위해 요리를 하며, 아무런 불평도 하지 않는다'고 자랑했다. 그는 가계 재무 면에서 아내를 단단히 통제해, 자신의 돈은 대부분 암호화폐로 저장해두고 필요할 때만 현금화한다면서도, 자신의 재산이 어느 정도인지는 끝내 밝히지 않았다.

어떤 면에서 카제스는 로미오라는 페르소나를 사용할 때도 알파베이의 보스 자격일 때만큼이나 프라이버시에 신경을 썼던 셈이다. 그는 알파02 페르소나를 자신의 실제 정체성으로부터 벽을 쌓았듯이 일상의 삶 또한 철저히 구분해서, 망나니 외도짓을 가정 생활로부터 거의 완전히 차단했다. "나는 소위 '프로 외도꾼'입니다"라고 고백했다. 외간 여자들과 섹스하는 데 사용하기 위한 두 번째 거주지를 아내에게는 철저히 숨겼다. 그는 일회성으로 상대하는 여성들이 자신의 실명을 알지 못하도록 허위 신원을 사용했다. 심지어 다른 페르소나로 활동할 때는 별도의 전화번호를 사용했으며, 심SIM 카드[6]를 바꾸더라도 모바일 통신사들이 동일한 기기상의 다른 두 번

---

6 휴대전화 속의 개인 정보 카드(subscriber identification module card)

호가 같은 사용자임을 파악할 수 있게 해주는 IMEI[7] 식별 번호까지 도용했다고[spoof] 그는 자랑했다. "나는 다른 여자들과 있을 때는 완전히 다른 신분입니다. 내 두 개의 삶이 하나로 연결될 수 있는 방법은 전혀 없어요"라고 그는 썼다.

· · ·

알파베이 수사 임무를 맡은 글로벌 차원의 요원 그룹에서 방콕 DEA 사무실의 젠 산체즈보다 더 많은 시간을 로미오 행적 추적에 바친 사람은 없었다. 그녀는 루쉬 V 포럼에 게재된 그의 모든 메시지를 거의 병적으로 매달려 몇 번이고 재독하면서 충격적일 정도로 상세하게 묘사된 그의 변태적 성 행각에 놀라고, 그의 글에 담긴 위선성에 혀를 내둘렀다. 중독성 높은 마약류와 사이버 범죄용 도구들을 파는 대규모 암시장의 보스로 암약하는 장본인이, '사회적 정의를 외치는' 고객들의 웹 디자인 작업을 거부하고 LGBTQ 커플들의 결혼식 행사에 자신의 사유지를 빌려주지 않기로 한 결정을 설명하면서 이렇게 말했다. "나는 돈보다 도덕성을 훨씬 더 중요시합니다. 설령 그런 결정이 금전적 손해로 이어지더라도 원칙을 따르는 것이 중요하죠."

알파베이 수사에서 돈 세탁 수사 전문인 산체즈의 핵심 역할은 카제스의 외도 행각을 기록하는 게 아니라 태국과 전 세계에 걸친 그의 금융 자산을 추적하는 데 있었다. 그녀는 전문가적 완벽성으로 방콕에 있는 네 채의 집(미혼자용 아파트, 그가 아내와 거주하는 주택, 처가용 주택, 그리고 수리 중인 맨션)과 푸켓에 있는 600만 달러 상당의 방 다섯 개짜리 해변 빌라, 두 대의 스포츠카와 오토바이, 그리고 그가 아내에게 사준 자동차 미니 쿠퍼[Mini Cooper]까지

---

7 휴대전화마다 부여되는 국제 이동 단말기 식별 번호(International Mobile Equipment Identity) - 옮긴이

찾아냈다. 오랫동안 부패한 정치인과 조직 범죄자들을 추적해 온 산체즈지만 카제스의 심상한 사치 행각에 놀라지 않을 수 없었다. 그는 자주 찾는 옥상 레스토랑인 시로코^Sirocco 측에 보내는 한 이메일에서 서비스가 실망스러웠다고 불평하면서 지나가는 말처럼 지난 두 달간 약 12만 달러를 그 레스토랑에서 썼다고 언급했다.

또 한 번은 일일 감시 중에 산체즈의 상관인 월프레도 구즈만과 태국 경찰은 카제스가 어떤 문서 패키지를 보내기 위해 우편 서비스 상점인 '메일박시즈 에트세테라^Mail Boxes Etc.'에 들어가는 것을 목격했다. 경찰은 그가 떠난 직후 그 소포를 가로챘고 그 속에서 키프로스에 경제적 기여를 명분으로 한 시민권 신청서를 발견했다. 키프로스는 그가 재산을 은닉한 곳 중 하나였고, 혹시라도 태국 당국이 그의 꼬리를 밟게 될 경우 안전한 대피처로 정해둔 여러 나라 중 하나였다. 이들이 가로챈 문서는 카제스의 상세한 재무 정보를 담고 있어서 그가 키프로스의 부동산에 투자한 수백만 달러뿐 아니라 태국과 리히텐슈타인^Liechtenstein, 스위스 등지에 있는 은행과 암호화폐 거래소를 산체즈가 추적하는 데 도움이 됐다. 나중에 산체즈는 카리브해 연안국인 앤티가 바부다^Antigua and Barbuda에 투자한 또 다른 재산도 찾아냈다.

하지만 그러한 재무 정보를 추적하는 가운데 산체즈는 점점 더 카제스의 루쉬 V 페르소나와, 그로부터 얻게 되는 그의 사생활에 집착하게 됐다. 그녀는 또한 그가 로미오라는 아이디로 올린 글들은 정확히 카제스가 온라인에 접속해 있을 때만 게시된다는 점을 발견했다. 루쉬 V 사용자의 프로필에 뜬 작은 회색 아이콘은 해당 사용자가 사이트에 들어와 있는 경우 녹색으로 바뀐다. 로미오의 이름 옆에 있는 아이콘이 녹색으로 바뀔 때마다 산체즈는 자신이 카제스의 활동을 실시간으로 지켜보고 있다는 점을 알았다. 사실상 그의 어깨 너머로, 그는 아직 비밀로 유지되고 있다고 믿는 자신의 다른 삶을 산체즈가 훔쳐보는 셈이었다.

어떤 경우는, 산체즈와 다른 추적 요원들은 카제스가 자신의 실제 행동과, 그런 행동을 온라인에 게시한 내용이 서로 일치한다는 점까지 확인할 수 있었다. 구즈만과 태국 경찰은 카제스를 따라다니고 그의 휴대전화 위치를 추적하는 가운데, 카제스가 세븐일레븐에서 젊은 여성을 태워 자신의 미혼자 아파트로 데려가 안으로 사라지는 것을 목격했다. 다음 날, 거의 예외없이, 산체즈는 카제스가 자신이 그 여성과 나눈 섹스 경험을 루쉬 V에 상세히 묘사한 글을 보곤 했다. 그것은 마치, 카제스의 움직임뿐 아니라 그의 은밀한 마음속까지 들여다보는 것 같았다.

적어도 그의 마음속 한 구석은 말이다. 카제스는 루쉬 V 포럼에서 자신이 알파베이의 설립자라는 어떤 힌트도 내비치지 않으려고 신중했다. 하지만 그 포럼에 올린 글은 어쨌든 그의 내면 깊숙이 자리한 심리적 초상을 표출한 것이라고 산체즈는 생각했다. 이를테면 그는 한 게시글에 자신의 어린 시절을 언급하면서 부모의 별거가 어떤 영향을 끼쳤는지 썼다. "내 아버지는 분명히 알파였지만 부재했습니다. 당신은 자녀 양육권을 얻기 위해 유능한 변호사들을 기용하려 했지만, 형평성의 문제 때문에 나는 한 달에 고작 4일밖에 당신을 볼 수 없었습니다. 당신은 내가 생후 19개월쯤 됐을 때 내 어머니로부터 버림받았습니다. 그녀는 누군가 더 매력적인 남자를 찾았기 때문인데, 1년 뒤에는 그녀가 버림을 받았죠."

카제스는 자신이 어릴 시절에 아버지와 함께 살 기회가 없었기 때문에 18세가 될 때까지 남성적인 경험을 거부당했다고 불평했다. 그리고 그 남성적인 필수 활동들이 무엇인지 구체적인 목록으로 열거했다. "기계톱 사용하기, 오토바이 몰기, 고카트go-kart 경주, 여자애들 꼬시기, 타이어 갈기. 이 모든 것은 아무것도 모를 때 배웠어야 합니다"라고 그는 유감스럽다는 투로 썼다.

산체스가 볼 때 이것이야말로 알파02의 기원담이었다. 그녀는 그 내용을, 아마도 얼마간 단순화해서, 자신의 남성성 결여를 어머니 탓으로 돌리고, 어른이 돼서는 궁극적인 '알파' 남성이 되기 위해 과잉 보상을 시도하는 한 남자의 자서전으로 해석했다.

수사관들이 캐낸 또 다른 자전적 문서는 카제스의 아웃사이더 심리, 주위의 대다수 사람보다 더 영리하지만 사회에서 자신의 자리를 찾지 못해 어려움을 겪는 심경을 잘 포착한 것처럼 보였다. 카제스는 그레나다^{Grenada} 정부에도 경제적 기여를 근거로 한 시민권을 신청했고, 그 안에 자신의 직업적 경력을 기록했다. 거기에는 트루와리비에르^{Trois-Rivière}의 초등학교 2학년 때 (그의 말로는 '다른 급우들보다 너무 앞선 탓에') 학년을 건너뛴 일부터 대학을 중퇴한 일, 그리고 정상적인 직업을 가지려 시도한 일 등 그의 인생사가 간략하고 직설적인 용어로 적혀 있었다.

그는 대학 1학년 때 맥도널드에서 파트타임으로 몇 달을 일했지만 '다른 직원들과 맞지 않아' 해고된 사례를 적었다. 이듬해에는 퀘벡 주의 또 다른 레스토랑 체인에 취직했지만 '업무 중에 너무 먹는다'는 이유로 해고됐다. 카제스는 한 보험회사에 취직했지만 '임금이 너무 낮고 업무 시간은 너무 길어서' 몇 달 만에 그만뒀다. 캐나다의 한 전기통신 회사에 다시 취직했지만 역시 '다른 직원들과 맞지 않아' 해고됐다. 그리고 대학 학기 중에 또 다른 하계 일자리를 구했지만 고작 한 달밖에 가지 못했다. 카제스는 '그 회사의 주주 중 한 명이 내가 학위도 없이 취직한 사실을 이유로 나를 싫어했다'면서 '그리고 내가 그 주주의 아내와 만난다는 사실이 발각돼 해고됐다'고 썼다.

· · ·

카제스의 난잡하고 엽기적인 사생활의 줄거리를 잡는 일은 때로 관음증적이기까지 했다고 산체즈는 인정한다. 하지만 그것은 단순히 수사의 초점을 흐린 것만은 아니었다. 때때로, 그의 음란하고 추잡한 게시글 중에서, 수사관들은 수사에 중요한 단서가 되는 정보를 발견했다.

그와 같은 알짜 정보의 한 경우는 윈도우와 맥 운영체제 중 어느 것이 더 낫느냐는 논의를 벌이는 루쉬 V 포럼의 한 글타래에서 나왔다. 유능한 프로그래머이자 IT 관리자로 포럼의 다른 알파 회원들보다 한발 앞서 갈 수 있는 기회라면 결코 놓치지 않는 카제스는 자신의 개인용 컴퓨터 설정 내용을 공개했다. 그는 운영체제의 '캐딜락'인 리눅스Linux를 사용한다고 말했다. 거기에서 더 나아가, 자신이 어떻게 리눅스 전용 무료 암호화 툴인 '리눅스 통합 키 셋업LUKS, Linux Unified Key Setup을 사용해 노트북의 전체 하드디스크를 안전하게 암호화함으로써 자신의 컴퓨터 장비를 완벽하게 보호하는지 설명했다. 자신의 비밀번호 없이는, 세계에서 가장 강력한 슈퍼컴퓨터를 이용하더라도 몇백 년 안에는 암호를 깰 수 없다고 그는 큰소리 쳤다.

카제스의 체포에 근접해 있던 수사관들에게 이것은 매우 중요한 정보였다. 실크로드에 대한 수사가 이들에게 가르쳐 준 교훈은, 진정으로 성공적인 다크웹 단속에는 세 가지 핵심 요소가 필요하다는 점이었다. 수사 대상이 유죄임을 보여주는 직접적인 증거를 확보하기 위해서는 알파베이의 서버를 압수하고, 그 관리자를 체포하며, 관리자의 노트북에 접근할 수 있어야 했다.

카제스이 노트북에 담긴 비밀을 확보하기 위해 무엇이 필요한지, 이제 수사관들은 확실히 인지하고 있었다. FBI가 로스 울브리히트의 노트북을 그가 일을 하고 있던 공공 도서관의 탁자 맞은 편에서 노트북이 닫히기 전에 잽싸게 가로챘듯이, 노트북이 미처 암호화되지 않은 상태에서 증거를 확보하자면 수사관들은 카제스의 컴퓨터를 그가 그것을 사용하고 있는 동안에 확보해야 할 것이었다.

이것은 더없이 어려운 일이었다. 카제스에 대한 물리적 감시 결과에 따르면, 그는 자신의 집 이외에는 다른 어디에서도 알파베이에 로그인하지 않는 것 같았다. 그는 로스 울브리히트 체포의 사례로부터 그 나름의 교훈을 얻은 듯했다.

수사 팀은 알파베이 수사에 6개월 차에 접어들고 있었고, 알파02에 대한 정황 증거를 확보해 사실상 체포 직전까지 다다른 상태였다. 하지만 이들이 카제스의 노트북을 암호화되지 않은 상태로 확보하지 못한다면 그의 가장 결정적인 범죄 비밀은 영원히 암호화 속에 잠겨버릴 공산이 컸다.

30장

한사(Hansa)

2017년 5월 무렵, 라벤, 히메사스, 밀러, 그리고 법무부 컴퓨터 범죄 분과의 루이자 매리언^{Louisa Marion} 검사로 구성된 알파베이 수사의 주도 그룹은 그간 축적한 증거를 검토하기 위해 새크라멘토의 법무부 사무실에 모였다. 그날의 핵심 질문은 이것이었다. 알렉산더 카제스를 기소할 준비가 됐는가?

수사 요원들과 검사들은 은행 문서, 암호화폐 거래소 기록, 소셜미디어의 단서들을 앞에 놓고 한 시간여 동안 토론하는 동안, 폴 히메사스는 자신의 노트북을 바라보며 조용히 키보드를 두드리고 있었다. 그날 모임의 몇몇 참가자들은 다소 괴짜로 알려진 히메사스 검사가 혹시 미팅에 집중하지 않고 무례하게 다른 일을 하거나 이메일 답장을 쓰고 있는게 아닐까 의심하기도 했다.

그린데 어느 순간, 히메사스는 돌여 자신이 집약한 내용을 참가자들에게 보여줬다. 그는 자신의 노트북을 회의실 벽에 걸린 커다란 모니터에 연결해 그래픽 이미지를 회의 참가자들에게 보여줬다. 그것은 수많은 접점과 선으로 연결된 플로차트였다. 각각의 접점은 체이널리시스의 리액터 소프트웨어로부터 얻은 블록체인 연결망들 간의 서로 다른 선들과 연결된 특정한 증거로, 수사관들이 추적한 통상적인 지불 기록들, 이들이 추적 대상과 연결된 것으로 파악한 이용자 이름과 이메일 주소들이었다. 왼쪽에는 알렉산더 카제스라는 실제 인물의 이름이 적혀 있었다. 오른쪽은 알파02였다. 몇몇 선들은 복수의 접점들을 거쳐 에두르기도 했지만 모든 선은 카제스로부터 시작됐고, 그의 복잡한 온라인 행태들로 가지를 쳤다가, 그의 다크웹 페르소나인 알파02로 수렴됐다.

그것은 결정적 증거는 아니었다. 그런 점에서 수사관들은 카제스가 키보드에 손가락을 얹고 있을 때 체포할 필요가 있었다. 하지만 차트를 일별하고, 카제스의 온라인 보안 실패 사례들과 블록체인에 남긴 지울 수 없는 흔적들을 검토한 수사 그룹은 한 가지에 동의했다. 그는 어수룩한 인물이 아니었다. 우연은 없었다. 이들은 알파02의 실체를 찾아냈고, 그를 체포할 준비가 됐다.

· · ·

그와 비슷한 시기, 미국 서부에서 동쪽으로 8,000km 이상 떨어진 네덜란드 중부의 드리베르겐Driebergen이라는 소도시에 있는, 숲과 고속도로에 둘러싸인 4층짜리 길고 검은 경찰 빌딩 내에서는 한 가지 비밀스런 내용이 유포됐다. 미국 수사관들이 알파베이를 단속하기 직전이라는 내용이었다.

네덜란드 경찰 측에서 알파베이의 네덜란드 IP 주소를 미국의 FBI 수사팀에 귀띔했을 때, 이들은 네덜란드의 감시 협조가 필요하며 궁극적으로는 네덜란드에 있는 암시장 서버를 압수해야 할 것이라고 비밀리에 알려줬던 것이다.

미국이 세계 최대의 다크웹 시장인 알파베이에 곧 들이닥칠 것이라는 소식은 네덜란드의 한 수사 그룹의 귀에도 들어갔고, 이들은 수사 내용의 우연한 공통점에 흥미를 느꼈다. 이들은 세계 제2위의 다크웹 시장으로 급성장하는 한 사이트를 깊숙이 추적해 온 참이었다. 그리고 이들은 그런 수사의 공통적인 대목이 이들의 수사 작업에 어떤 도움의 기회가 될 수 있을지 궁금해 했다.

2016년 가을 이래, 다크웹에 특화한 수사 팀이 새로 결성돼 네덜란드 경찰의 드리베르겐 사무실을 거점으로 한사Hansa라고 불리는 다크웹의 마약 시장을 수사해 왔다. 한사는 알파베이보다 훨씬 더 작은 규모이긴 하지만 수천 개의 자체 판매상을 거느리고 있었고, 거래되는 온갖 마약류만 수만 종에 이르렀다. 네덜란드 경찰이 한사를 수사하게 된 동기는 비트디펜더 Bitdefender라는 보안 회사가 유럽의 경찰 공조 기관인 유로폴Europol에 보낸 제보였다. 이 회사는 네덜란드의 한 데이터 센터에서 한사의 것으로 보이는 서버를 발견했다. 한사의 암시장을 직접 운영하는 메인 서버는 토르Tor 의 보호를 받는 탓에 찾아내지 못했지만, 이것은 이전에 사용한 듯한 노후 장비로 한사의 관리자들이 취약한 상태로 내버려뒀다(비트디펜더는 그 서버의 취약한 IP 주소를 어떻게 찾아냈는지는 공개하지 않았다).

네덜란드 경찰은 그 컴퓨터에 도청 장비를 설치했고, 그 결과 관리자들이 그것을 또 다른 네덜란드의 서버, 독일에 있는 두 개의 다른 서버와 연결해 모두 네 개의 서버를 운영하는 것을 발견했다. 네덜란드 경찰은 독일의 연방 경찰과 공조해 신속하게 네 개의 서버를 모두 압수하는 계획을 세웠다. 네덜란드의 수사관들은 신속 기습으로 끝내버릴 의도였다. 문제의 컴퓨터들을 압수함으로써, 해당 사이트를 최소한의 수사 자원으로 신속히 폐쇄하고, 혹시 운이 좋다면, 그 관리자들을 식별하고 체포하기에 충분한 데이터를 취득한다는 계획이었다.

하지만 독일의 서버들을 입수해 거기에 담긴 데이터를 검토한 네덜란드 경찰은 신속 기습의 적기를 놓쳤을지 모른다는 예감이 들었다. 그 서버들에서 경찰은 한사의 민감 데이터를 대규모로 발견했다. 거기에는 암시장의 소스코드, 이용자 이름과 비밀번호 모음, 시장의 모든 거래 내용을 담은 데이터베이스, 그리고 이용자들 간에 주고받은 메시지들이 담겨 있었지만, 대부분, 심지어 관리자들이 수신 메시지를 해독하고, 자신들이 보내는 메시지가 진짜임을 입증하는 데 사용되는 두 관리자의 PGP 개인키들조차 암호화된 형태였다.

압수한 한사 데이터베이스는 그 사이트 사용자들의 가명만을 열거해 놓았고, 그 사용자들과 사이트 간의 연결은 토르에 의해 익명화됐다. 손쉽게 명함철에서 고객들의 이름을 빼내는 상황과는 전혀 달랐다. 하지만 그 데이터는 또 다른 보너스를 담고 있었다. 한사의 두 관리자가 서로 주고받은 방대한 규모의 채팅 로그로, 한 사람은 HL, 다른 한 사람은 론스완슨RonSwanson이라는 이름을 사용했다. 이것은 1만 7천 개의 메시지를 담은 노다지였다. 이들 통신 중 일부에는 서로의 성명까지 나와 있었다. 하나는 그의 집 주소까지 드러냈다. 소셜미디어로 검색한 결과 이들의 실상에 대해 더 많은 정보를 얻을 수 있었다. 한 사람은 독일의 시겐Siegen이라는 도시에 사는 30세의 남성이었고, 다른 한 사람은 쾰른Cologne에 사는 31세의 남성이었다.

2016년의 어느 가을, 네덜란드의 두 수사관은 드리베르겐 경찰 건물의 2층 사무실에 앉아 압수한 서버들에서 취득한 데이터를 검토하고 있었다. 그중 닐스 안데르센 뢰에드Nils Andersen-Röed는 네덜란드 경찰에서 새롭게 결성한 다크웹 수사 팀의 요원이었고, 익명을 요구한 또 다른 수사관은 네덜란드 검찰의 기술 고문이었다. 두 사람은 눈앞에서 펼쳐지는 고도로 민감한 정보의 내용에서 눈을 떼지 못했다. 두 사람은 드물게 취득한 이 정보의 보고를 어떻게 활용해야 할지 고민했다.

두 관리자들의 PGP 개인키들에 관심이 간 안데르센 뢰에드는 농담조로 이렇게 말했다. 그 두 키를 이용해서 다크웹의 포럼들에 들어가 관리자들인 척하며 메시지를 쓰고, 스스로를 한사 시장의 설립자들로 행세하면 어떻겠느냐고. 두 수사관은 실제로 관리자들이 될 수 있을 것이었다.

두 사람이 위장 수사 아이디어를 이리저리 굴리는 사이, 이들의 대화는 더 진지해졌다. 두 사람 모두 지난 5년간 다크웹 시장이 부침하는 현상을 지겹도록 목도했다. 경찰이 하나를 단속하면 (혹은 그 사이트의 관리자들이 사용자들의 돈을 가지고 도망가 버리면) 새로운 사이트가 나타나 그것을 대체했고, 끊임없는 두더지 잡기 게임이 이어졌다.

"우리는 이걸 가지고 시장 사이트 하나 내리고 또 다른 사이트를 잡기보다는 뭔가 그 이상을 할 수 있어야 해요"라고 한 요원이 다른 요원에게 말했다. "지금은 천재일우의 상황이에요. 뭔가 다른 걸 해야 돼요."

얼마 안 있어, 한사의 보스 노릇을 한다는 아이디어는 더 이상 농담이 아니게 됐다. 단순히 관리자들을 체포하고 사이트를 폐쇄하는 대신, 그 시장을 비밀리에 징발해 버린다면 어떨까? 다크웹에서 가장 활발한 사이트 중 하나를 자신들의 통제 아래 둔다면 막강한 권한으로 대규모 마약 밀매자를 비롯해 한사의 사용자들을 대규모로 식별할 수 있을 것이었다.

함정 수사를 과연 실행할 것인지, 한다면 언제가 좋을지, 두 요원은 백일몽을 꾸듯 서로 이야기를 이어갔다. 함정 수사가 성공한다면 다크웹 진영에는 막대한 심리적 트라우마를 초래할 것이었다. 누구도 더 이상 다크웹 관리자가 진짜인지 아니면 그렇게 위장한 경찰인지 확신하지 못할 것이고, 따라서 불신의 골도 깊어질 것이었다.

· · · ·

네덜란드 경찰의 나머지 팀원들에 이어 해당 서버들을 압수하는 데 도움을 줬던 독일의 연방 경찰 관계자에게도 그런 아이디어를 알려준 두 사람은 그 과정에서 또 다른 희소식을 접하게 됐다. 독일 경찰은 이미 한사 관리자들로 의심되는 두 사람을 추적 중이었는데, 그들이 만든 대규모 마약 시장 때문이 아니라 부업 삼아 운영한 도서 불법 복제 행위 때문이라는 것이었다.

이들은 그런 정황을 잘 이용할 수 있다고 판단했다. 독일 경찰이 이들을 불법 복제 도서 사이트를 운영한 혐의로 체포할 때, 네덜란드 경찰은 은밀하게 이들의 장소로 잠입해 아무일도 없었던 것처럼 한사 사이트를 운영한다면 외부 노출과 운영상의 차질을 최소화할 수 있을 것이었다. "우리는 그 체포 순간을 이용할 수 있었습니다"라고, 한사 사이트 운영을 맡기 위해 파견된 네덜란드 경찰의 하이테크 범죄 부서의 책임자인 게르트 라스Gert Ras는 말한다. "우리는 그 사이트의 관리자가 되기 위해 진짜 관리자들을 제거해야 했죠."

하지만 이 과감한 계획이 가닥을 잡아가면서, 이들은 근본적인 문제에 봉착했다. 이들은 네덜란드와 독일의 한사 서버들을 기습적으로 압수하면서 그들의 패를 보여준 셈이 됐다. 수사관들이 네덜란드에 있는 한사의 핵심 서버을 찾아냈을 즈음, 겁을 집어먹은 관리자들은 이미 데이터를 그 정체를 알 수 없는 데이터 센터로 옮기고, 데이터를 뒤섞어 토르로 보호된 전 세계의 익명 컴퓨터들로 분산시킨 다음이었다. "계획에 차질이 생긴 것이었습니다"라고 라스는 사태의 심각성을 애써 축소해 말했다.

그 단계에서 네덜란드 경찰은 간단히 손절하고 독일 경찰로 하여금 한사의 관리자들을 체포하게 한 뒤 (따지고 보면 이들은 용의자들의 이름과 위치를 알고 있었으므로) 대규모 마약 시장을 운영한 혐의로 기소할 수도 있었다. 그간 확보한 증거도 충분했다. 하지만 놀랍게도 이들은 기존의 함정 수사 계획을 더 강력히 추진하는 쪽을 택했다. 이는 관리자들뿐 아니라 수사망을 벗어나 사라져버린 서버들도 찾아내야 한다는 뜻이었다.

이들은 이후 몇 달간 끈기있게 그 서버들을 찾았고, 추적로를 다시 회복하는 데 도움이 될 수 있는 어떤 단서든 찾으려고 시도했다. 이들이 마침내 또 다른 단서를 확보한 것은 기습적인 서버 압수 작전으로부터 6개월 이상이 지난 2017년 4월 무렵이었다. 그 단서는 이번에는 블록체인에서 나왔다.

압수한 독일 서버들에서 확보한 두 관리자들이 서로 주고받은 수천 개의 메시지 중 몇 곳에서 비트코인 지불을 언급하고 있었다. 네덜란드 경찰이 그 주소들을 체이널리시스의 리액터 소프트웨어에 입력하자 그 거래들이 비트페이BitPay의 한 계정으로 들어간 것을 보여줬다. 비트페이는 사용자들이 전통적인 물품과 서비스를 구매하는 데 암호화폐를 쓸 수 있게 해주는 지불 처리 서비스였다. 이 경우는 대부분의 다크웹 지불과 달리 수사관들이 추적할 수 있는 중개상이 있었다. 네덜란드 경찰은 비트페이의 네덜란드 지사에 소환장을 발부했고 그 결과 관리자들이 리투아니아의 서버 호스팅 제공사로부터 서버들을 빌리기 위해 비트코인을 비트페이 서비스로 보낸 사실을 확인했다.

그래서 네덜란드의 수사관들은 리투아니아의 수도인 빌니우스Vilnius로 날아가 그 지역 경찰에게 사상 그 전례가 없는 다크웹 장악 계획을 설명했다. "그 사람들은 정말로 경악했습니다"라고 한사 수사 팀을 지휘하는 페트라 한드리크만Petra Haandrikman은 말한다. "당신들이 무얼 하려고 한다고요?" 빌니우스 경찰은 놀랐지만 협조하겠다고 동의했다. 네덜란드 수사관들은 이제 한사의 인프라를 다시 사정권에 두게 됐다.

이들의 한사 강탈 계획이 진정한 가능성으로 다시 떠오를 무렵, 네덜란드 경찰은 미국의 수사관들이 한사보다 훨씬 큰 표적인 알파베이에 근접했다는 사실을 알게 됐다. 이들은 그 수사가 거의 1년 가까이 진행돼 온 자신들의 작전에 어떤 영향을 미칠지 논의했다.

이들의 한사 장악 아이디어는 이미 다크웹의 마약 세계를 겨냥한 가장 야심찬 비밀 작전이었다. 하지만 어쩌면 애초 의도한 것보다 조금 더 큰 모험수를 띄울 수 있을지도 모르겠다고 이들은 생각했다.

．　．　．

5월의 어느 이른 아침, 미국 알파베이 수사 팀의 대표들이 드리베르겐으로
부터 서쪽으로 60km쯤 떨어진 네덜란드의 북해변 도시 헤이그^{Hague} 공항
에 도착했다. 야간 비행에 시차로 피로해진 이들은 아침을 먹기 위해 네덜
란드 스타일의 지하 팬케이크 레스토랑에 들렀다.

　비행 중에는 잠을 못 자는 폴 히메사스는 그 시간을 알파베이 단속 작전
의 이름을 짓는 데 활용했다. 그는 자신의 작명 리스트를 일행에게 알려줬
다. 여기에는 블록버스터 작전^{Operation Blockbuster}, 블록 파티 작전^{Operation}
^{Block Party}, 바보의 체인 작전^{Operation Chain of Fools}, 샴고양이의 꿈 작전
^{Operation Siamese Dream}, 그리 어둡지 않은 다크넷 작전^{Operation Not-So-Darknet},
그리고 로도거 작전^{Operation Rawdogger} 등 모두 자신들의 블록체인 추적 증거
를 시사하는 표현들로 작명한 이름들이 포함됐다. (히메사스는 "이들 이름 중
일부는 다소 부적절한 것도 있었음을 인정합니다"라고 말한다.) 야간 비행으로 잠을
설친 팀원들은 히메사스의 제안명을 모두 기각하고 다른 이름을 짓기 위해
열띤 설전을 벌였다. 마침내 이들은 알파베이라는 이름의 일부를 따고, 거
기에 자신들이 그 주위로 그물을 둘러 바짝 조인다는 개념을 얹고, 다크웹
의 베일을 찢는다는 의미를 더해 '베요넷⁸ 작전^{Operation Bayonet}'이라고 작명
했다.

　몇 시간 뒤, 방문 팀은 블루그레이 벽돌로 지어진 성채 같은 건물에, 입
구 앞에 해자까지 설치된 유로폴 본부에 도착했다. 이들은 방금 작명한 작
전의 진전 내용을 전 세계 수사 기관원들에게 발표하도록 돼 있었다. 이들
은 각 나라 대표들이 명패와 마이크가 설치된 테이블에 죽 둘러 앉은 웅장

8　Bayonet은 총검이라는 뜻. 단어의 앞부분 'bay'는 알파베이의 베이와 겹친다. – 옮긴이

한 콘퍼런스 룸에 앉았다. 그것은 마치 다크웹 수사 요원들의 UN 총회 같은 양상이었다.

그 모임은 정례적인 이벤트로, 보통 각 나라의 수사 기관들끼리 서로 충돌하거나 겹치지 않도록 조율하는 목적이었다. 미국의 대표들이 먼저 나서서 알파베이에 관한 최근 동향을 발표했다. 이들은 알파베이의 서버를 찾아냈고 그 관리자인 알렉산더 카제스를 체포하기 직전이라고 설명했다. 이들은 카제스를 수일 안에 비밀리에 기소한 직후 태국 경찰과 공조해 체포할 계획이었다.

짧은 커피 휴식이 끝나고 네덜란드 대표단의 차례가 왔다. 네덜란드 검사 사무실의 기술고문은 미국의 발표 내용을 현지 검사들에게 급히 브리핑한 다음 불과 몇 분 전에 승인을 받은 제안을 내놓았다. 그는 네덜란드 경찰은 독일 연방 경찰의 도움을 받아 한사의 관리자들을 체포한 뒤 한사 사이트를 장악해 비밀리에 운영할 준비가 됐다고 설명했다.

그는 미국의 수사관들이 알파베이를 폐쇄하기 직전임을 이제 알았다면서, 자신들의 작전과 미국의 작전을 연합하면 어떻겠느냐고 제안했다.

미국의 수사 팀이 해야 할 일은 네덜란드가 한사를 장악할 때까지 기다렸다가 알파베이를 공략한다는 것이었다. 그러고 나서, 알파02를 체포하고 그의 서버들을 압류한 뒤 그 사실의 공표를 미루는 것이었다. 모든 것이 계획대로 된다면 다크웹의 사용자 무리는 압류된 알파베이 시장에서 2위 시장인 한사로, 네덜란드 경찰이 장악한 제2의 시장으로 몰려들 것이었다.

그렇게 해서 네덜란드 경찰이 다크웹 경제의 내부 메커니즘을 사상 초유의 깊이와 범위로 (새롭게 다크웹의 최정상이 된 자리에서) 감시할 수 있는 기회를 확보한 다음에, 이들은 한사와 알파베이 작전 내용을 공식 발표하자는 제안이었다. 공조를 통해 그들의 함정 작전은 네덜란드 기술고문의 표현에 따른다면 '원투 펀치'가 될 것이었다.

미국 대표들은 눈이 휘둥그레졌다. FBI 분석가인 알리는 그 계획의 엄청난 야심에 환희를 느꼈다. 루이자 매리언 검사의 심장은 위험과 보상의 흥분에 두방망이질 쳤다. 이것은 합법인가? 이것은 윤리적인가?

폴 히메사스는, 아직 시차로 피로해진 상태에서, 네덜란드 측의 제안에 깊은 인상을 받은 한편, 그것이 자신들의 알파베이 작전에 더하게 될 복잡성에 경계심을 느꼈다. 수사 기관이 비밀리에 다크웹 사이트를 장악한 사례는 이전에도 있었다. 예를 들면 2014년, 호주의 연방 경찰은 '러브 존Love Zone'이라고 불리는 아동 성 학대 자료들을 밀매하는 사이트를 6개월간 운영했다. 러브 존 같은 경우는 작전상으로는 성공이었지만 논쟁적이기도 했다. 언론인과 법학자들은 나중에, 법 집행 기관이 표적으로 삼은 지하 범죄 커뮤니티에 잠입하기 위해 그들이 수사하는 것과 동일한 범죄에 가담한 꼴이라고 비판했다.

이제 네덜란드 경찰은 그와 유사한 작전을, 하지만 이번에는 온라인에서 두 번째로 큰 마약 시장을 대상으로 수행하자고 제안하고 있었다. 여기에는 전례가 없었다.

"다크웹의 마약 시장에 위장 잠입하는 경우로 따진다면 이것은 우주로 쏘아 올린 첫 번째 원숭이라고 할 수 있었습니다"라고 히메사스는 말한다.

법률적, 도덕적 문제 말고도, 그는 이것이 혹시 '허황한 희망pie in the sky'은 아닐까 의심했다. 미국 내의 수사 기관들끼리 공조하고 조정하는 것만도 이미 충분히 어려웠다. 이제는 거기에서 한발 더 나아가 네덜란드, 독일, 예닐곱 개에 이르는 미국의 수사 기관, 게다가 태국 경찰까지 조정해야 한다고?

그럼에도, 이 두 수사가 서로 짝을 이루며 그 전모를 드러내는 뜻밖의 행운은 실로 기묘했다. 이와 같은 기회를 언제 또 볼 수 있을까?

"타이밍을 맞추고 거기에 맞게 일이 진행될 거라고 예측하기는 난망하기 짝이 없지." 히메사스는 속으로 생각했다. "하지만 한번 해보자."

31장

장악

몇주 뒤인 6월 초, 태국 경찰 팀이 미국 새크라멘토의 코트야드 매리엇 호텔에 도착했다. 윌프레도 구즈만은 젠 산체즈에게 태국 팀을 방콕에서 캘리포니아로 대동하고 베요넷 작전이 큰 갈등없이 순조롭게 진행되도록 현지의 미국 팀과 조율하는 역할을 맡겼다. 그녀는 태국 파견단의 '베이비시터' 노릇을 맡게 된 것이 마뜩잖았는데, 설상가상으로 미국으로 가기 며칠 전까지 세 명의 전문 요원에 불과했던 그룹은 금세 여덟 명으로 불었고, 더욱이 그중 몇몇은 지구 반대편까지 여행하는 것은 물론이고 비행기를 타본 적조차 없었다.

태국 경찰은 미국의 수사관, 분석가, 검사들을 미국 법무부 사무실에서 만났다. 회의실은 스무 명이 넘는 사람들로 북적거렸다. 두 나라 수사 팀은 파워포인트 브리핑을 서로 주고받았다. 워싱턴 DC에서 온 알리와 에린은 '비트코인 101'과 카제스의 암호화폐 흐름을 추적한 과정을 소개했다. 태국 경찰은 몇 달간 카제스의 뒤를 추적하며 얻은 모든 정보를 공유했다. 이어 태국 법률 시스템의 구체적인 특징을 설명하면서, 모든 일이 계획대로 진행돼 카제스를 체포하는 경우, 그 뒤에 미국 수사 요원들이 해도 되는 일과 해서는 안 되는 일을 알려줬다.

회의 막간에 산체즈는 태국 그룹을 이끌고 골프장으로, 쇼핑몰로 현장

견학을 나갔고, 렌트한 밴으로 샌프란시스코까지 다녀왔다(태국 그룹은 코치 Coach 아울렛의 물건을 사실상 싹쓸이해 버렸다). 열대 기후에 익숙한 태국인들은 샌프란시스코 피셔맨즈 워프Fisherman's Wharf에서 거의 얼어죽을 뻔했다. 피로로 탈진한 나머지 이들은 금문교를 건너 오가는 동안 잠에 곯아떨어졌다. 또 다른 날에는 FBI 측에서 새크라멘토 지사의 폭발물 연구실을 견학시켜 줬고, 태국 경찰은 이들의 폭발물 해체 로봇들에 깊은 인상을 받았다. 히메사스는 나중에 자신의 HTC 바이브Vive 가상현실VR 헤드셋을 가져왔고, 두 나라의 요원들은 서로 돌아가며 헤드셋을 쓰고 디지털 심연 위로 난 판자를 걷고 좀비들을 상대로 가상의 칼을 휘둘렀다.

관광과 팀 단합 연습이 없어 한가할 때는 다크웹의 두목인 카제스를 급습하는 시나리오의 실질적인 세부 내용을 검토했다. 그 과정에서 수사를 주도하는 FBI 요원이 카제스의 노트북 암호화의 문제를 제기했다. 산체즈와 태국 경찰은 자신들의 감시 결과를 근거로, 카제스는 자기 집 밖에서는 컴퓨터를 여는 경우가 거의 없다고 설명했다. 요원들은 한 가지에 동의했다. 그를 자택에서, 알파베이에 로그인해 있을 때, 그리고 어떤 이유로든 방심하게 만들어 노트북이 열린 상태일 때 잡아야 한다는 것.

그 컴퓨터에 버금갈 만큼 중요한 것은 카제스의 아이폰이었다. FBI는 아이폰의 잠금 장치가 풀린 상태에서 압수해야지 그렇지 않으면 암호화돼 도저히 풀 수 없는 상태가 될 것이라고 태국 수사관들에게 경고했다. 예상컨대 그 전화기는 카제스의 암호화폐 지갑들이나 다른 주요 데이터에 접근하는 열쇠 정보를 담고 있을 공산이 컸다. 그렇다면 이 두 전자 장비와 거기에 담긴 정보를 어떻게 안전하게 확보할 수 있을까? 질문은 허공에 걸린 채, 누구도 선뜻 대답하지 못했다.

그때 산체즈가 그 FBI 요원에게 카제스의 일상, 시간별 행태를 세세하게 꿰는 것이 도움이 되겠느냐고 물었다. 따지고 보면, 카제스는 자신의 모든 개인사를 루쉬 V 포럼에 펼쳐놓고 있었다. FBI 요원은 산체즈에게 계속해 보라고 독려했다.

그래서 산체즈는 수사 그룹에게 카제스의 일일 스케줄을 지극히 상세하게 설명했다. 동틀 무렵 일어나 이메일과, 루쉬 V 포럼을 비롯한 소셜미디어를 체크한다. 늦은 아침까지 집에서 일한다. 아내와 섹스를 한다. 이어 노트북으로 저녁 무렵까지 비즈니스에 집중하는데, 그동안 오후에 가벼운 점심을 먹기 위해 잠깐 휴식을 취하는 게 고작이다. 저녁 일곱 시에 그날 일을 접고 밖으로 나가 저녁을 먹고 람보르기니를 몰며 여자를 사냥한다. 거의 예외 없이 귀가해 밤 열한 시면 잠자리에 든다.

이어 산체즈는 루쉬 V 포럼을 꼼꼼히 추적하며 관찰한 자신의 생각을 제시했다. 그녀는 언제 카제스가 온라인에 올라오는지 정확히 알 수 있었다. 로미오Rawmeo의 이름 옆에 나타나는 녹색등 표시는 카제스의 생각을 실시간으로 보고 있다는 뜻만이 아니었다. 그것은 언제 그의 노트북이 열려 있고, 그래서 언제 알파02가 취약한 상태인지 보여주는 신호이기도 했다.

. . . .

2017년 6월 20일 늦은 아침, 드리베르겐 경찰청의 콘퍼런스 룸에서 대여섯 명의 네덜란드 경찰은 이른 아침부터 긴장을 감추지 못한 채 무엇인가를 기다리고 있었다. 마침내, 수사관 중 한 사람의 전화기가 울렸다. 독일 연방 경찰로부터 온 연락이었다. 이들은 방금 두 명의 한사 관리자를 그들의 자택에서 체포했다. 두 사람은 이제 경찰에 구금된 상태였다. 베요넷 작전의 '원투 펀치' 중 첫 단계가 이제 시작된 것이다.

네덜란드의 국립 하이테크 범죄 팀은 이 순간을 몇 주간이나 기다려 왔다. 이들은 압수한 독일측 한사 서버들에서 뽑아낸 데이터를 기반으로 소스코드를 사용해 이들만의 계통을 구축하고, 오프라인 상태에서 마치 온라인 시장 환경에서 비즈니스를 하듯 연습을 거듭해 한사 사이트가 어떻게 구축되고 관리되는지 익혀 왔다. 심지어 비트코인에 상응하는 연습용 화폐를 만들어, 암호화폐 개발자들이 '테스트넷testnet'이라고 부르는 자체 블록체인상에서 한사 사이트가 금전적 거래를 어떻게 다루는지 실험까지 수행했다.

이제 진짜 관리자들이 체포된 마당에서, 이들은 한사 사이트를 장악해 수만 명의 사용자 간에 몇백만 달러씩 오가는 실제 라이브 버전을 운영해야 하는 상황이 된 것이었다. 더욱이 이들은 매끄럽게, 사이트가 다운되는 일 없이, 그리고 무엇보다 사이트의 사용자나 직원들이 두 관리자들이 실상은 위장 침입한 네덜란드 경찰이라는 사실을 눈치채지 못하도록 해야 했다.

독일 측의 신호에 맞춰 네덜란드 팀은 즉각 리투아니아의 데이터 센터로 파견한 두 요원에게 연락을 취했다. 리투아니아는 한사의 현행 서버들이 호스팅 된 곳이었다. 두 요원은 데이터의 백업 카피에 접속하기 위해 장비가 설치된 랙rack에서 하드드라이브를 직접 꺼냈다. 드리베르겐과 리투아니아에 있는 요원들은 이어 한사 사이트의 모든 디지털 데이터를 자신들의 컴퓨터에 하나하나 급박하게 복사한 다음, 자신들이 장악한 네덜란드의 서버로 옮겨 해당 사이트의 정확한 복제본을 구축했다.

이후 이틀간 네덜란드의 수사관들은 피자와 레드불Red Bull로 끼니를 때우며 밤낮을 가리지 않고 컴퓨터 앞에 앉아 작업을 이어갔다. 작업 초기에 누군가 소다를 회의실 책상에 쏟는 바람에 전체 한사 데이터를 저장한 노트북을 날려버릴 뻔 했지만 수사관 중 한 사람이 몸을 날려 노트북을 밀쳐낸 덕택에 위기를 모면하기도 했다. 또 한 번은 명령어에서 작은 오자를 내는 바람에 사이트 전체가 몇 분간 다운돼 그것을 복구하느라 진땀을 빼야 했다.

마침내, 관리자들을 체포한 지 사흘째 되는 날 새벽 3시 무렵, 네덜란드의 수사관 중 한 명인 마리누스 베켈로Marinus Boekelo는 재구축한 사이트에서 마지막 문제, 즉 누군가가 페이지 맨 위에 놓인 검색 바를 사용할 때마다 화면 전체에 걸쳐 에러 메시지가 나타나는 상황을 바로잡고 있었다. "제기랄, 제기랄, 제기랄!" 베켈로는 노트북을 바라보며 손으로는 얼굴 한쪽을 감싼 채 에러를 하나하나 고치려 시도했다.

그러곤 잠시 뒤, 그는 몸을 뒤로 젖히며 안도의 한숨을 내쉬었다. 에러 메시지들은 사라져 있었다. 마지막 심각한 버그가 잡힌 것이었다.

거의 72시간 만에, 이들은 재구축한 한사 사이트를 매끄럽게 운영되도록 만들었고 이제 완전히 자신들의 통제하에 두게 됐다. 콘퍼런스 룸에 남아 분초를 다투며 일하던 직원들은 기쁨의 환성을 질렀다. 한 번의 짧은 에러로 초래된 2~3분의 지연 시간을 제외하곤, 사이트를 리투아니아에서 네덜란드의 데이터 센터로 이전하는 일은 사용자들 몰래 순조롭게 완료됐다.

한사 사이트가 다른 누군가에 의해 장악됐다는 가장 뚜렷한 징후는 거의 사흘간 두 관리자가 아무런 발표나 메시지도 띄우지 않았다는 점이었고, 네덜란드 경찰도 그 대목을 우려했다. 한사 장악 팀은 즉각 그 사이트의 중개 역할을 맡은 네 직원과 소통을 재개할 필요가 있었다. 네 명의 중개자는 늘 두 관리자의 지시를 기다렸고, 구매자와 딜러 간의 분쟁을 해소하기 위해, 혹은 자신들이 처리할 수 없는 문제가 생겼을 때 두 관리자를 찾았다. 관리자들은 한사의 직원들과 톡스 챗Tox Chat이라는 암호화 메시징 시스템을 사용해 메시지를 주고받았지만 수사관들은 구속된 관리자들의 채팅 계정에 로그인할 수 있는 비밀번호가 없었다. 수사관들이 압류한 서버는 제한적인 분량의 이전 소통 기록을 담고 있을 뿐이었다.

그래서 이들은 간단한 해법을 시도했다. 구속된 진짜 관리자들에게 도움을 요청한 것이다. 감형을 기대한 두 사람은 협조에 재빨리 동의했다. 이들은 독일 경찰에 톡스 챗의 비밀번호들을 넘겼고, 이는 네덜란드 경찰에 중계됐다. 드리베르겐의 장악 팀은 한사 시장의 관리자를 가장하고 직원들과 일상적인 채팅을 재개했다. 구속된 실제 관리자들의 협조와 지난 톡스 챗 기록을 이용해, 장악 팀은 직원의 의심을 사는 일 없이 한사 사이트의 비즈니스를 자연스럽게 이어갈 수 있었다. 초기에 이들이 저지른 유일한 실수는 디지털 통화를 잘못 계산하는 바람에 한 중개역 직원에게 부정확한 액수의 비트코인 급여를 지불한 일이었다. 한사 관리자를 가장한 경찰 팀은 해당 직원에게 차액을 지불하면서 실수를 바로잡았고 모든 게 용서됐다.

네덜란드 팀은 두 관리자가 사흘을 오프라인 상태로 지낸 이유를 누군가가 물으면 사이트 업그레이드에 필요한 코딩 때문이었다고 변명하기로 했다. 하지만 아무도 묻지 않았다. 한사의 조직적 위계 체제와, 직원 누구도 사용자 이름과 공유된 채팅 기록 외에는 아무것도 모르는 다크웹의 비밀주의 덕택에, 관리자로 가장한 수사 요원들은 왜 그들이 며칠간 오프라인 상태였느냐는 식의 호기심 섞인 질문을 받지 않았다.

그뿐 아니라 따라잡아야 할 내부자들끼리의 농담이나 물리적인 사무실 환경에서 동료들끼리 나누곤 하는 뒷담화도 없어서 이들은 안도했다. "알고 보니 이들은 서로 개인적인 내용은 나누지 않았어요. 완전히 비즈니스만 다뤘죠"라고 한 수사관은 회고한다.

업그레이드하느라 바빴다는 핑계는 어쨌든 새빨간 거짓말은 아니었다. 그 사이트를 재구축하는 과정에서, 네덜란드 경찰은 실제로 사이트의 일부 버그를 잡았을 뿐 아니라 코드의 일부도 더 효율적으로 재작성했기 때문이다. 그리고 장악 팀은 단 두 명에게 과부담을 지우는 대신 여섯 명의 요원이 서로 돌아가며 관리자 역할을 맡았기 때문에, 사이트의 사용자들은 운영의 효율성이 이전보다 훨씬 더 향상됐다고 평가했다.

사이트 관리를 맡은 요원 중 비교적 젊은 한 수사관은 IT 헬프데스크의 관리자로 몇 년을 일한 경험이 있었다. 그는 한사의 운영을 돕는 자신의 새 업무가 놀라울 정도로 그와 흡사하다는 점을 깨달았다. 그는 한사 사이트의 마약 거래를 둘러싼 분쟁들을, 관리자들이 온라인 패널에 준비해둔 예상 답변들을 참조해 효율적으로 조정해야 한다. 이들 위장 요원들은 심지어 시각 장애가 있는 마약 거래상이 자신의 화면 읽기 소프트웨어를 토르 브라우저에 통합할 수 있도록 기술 지원까지 해줬다.

윤리적 곤경은 논외로 치더라도, 이들 장악 팀은 자신들의 업무가 가진 전문성에 일정 부분 긍지를 느끼지 않을 수 없었다. "비즈니스의 품질이 정말로 올라갔어요"라고 네덜란드 국립 하이테크 범죄 팀의 책임자인 게르트 라스^{Gert Ras}는 말했다. "모든 사용자가 자신들이 받는 서비스의 품질에 매우 만족해 했죠."

. . .

장악 팀은 자신들의 한사 사이트 장악 사실이 누구에게도 들키지 않은 사실에 놀라면서도, 조심스럽게 그 사이트의 내부 메커니즘을 지켜봤다. 하지만 이들이 한사 사이트를 영구적으로 장악할 수도 있다는 사실이 분명해지자, 이들은 곧 교대 근무로 사이트를 운영하는 일에 익숙해졌고, 그와 함께 드리베르겐의 작은 회의실은 일종의 24시간 작전 상황실이 됐다.

한쪽 벽에는 65인치 스크린을 설치해 누군가가 켜놓은 스톱워치가 작동하며 정확히 얼마 동안 이들이 한사 사이트를 장악했는지를 보여줬다. 그러곤 천천히, 조용히, 이들은 덫을 짜기 시작했다.

한사는 다른 효율적인 다크웹 마약 시장과 마찬가지로 그 사용자들에 대해서는 신뢰할 만한 마약 거래에 반드시 필요한 내용 외에는 정보 수집을 최소화하도록 설계돼 있었다. 사용자들의 계정 비밀번호들은 해독 불가능한 부호들의 집합으로 구성된 '해시' 형태로만 저장함으로써, 사이트 자체는 사용자들의 민감한 로그인 정보를 보호해야 할 부담을 떠안지 않았다.

한사는 또한 사용자들이 PGP를 이용해 모든 메시지, 특히 구매자들이 주문할 때 판매자들과 공유하게 될 배송 주소를 자동으로 암호화하도록 했다. 이는 이론적으로 그 사이트 자체는 사용자들의 계정 정보를 완전히 파악할 수 없거나 사용자들의 주소 같은 대부분의 개인 비밀을 모른다는 뜻이었다.

장악 팀 요원들은 그러한 안전망들을 눈에 보이지 않게 제거하기 시작했다. 이들은 구매자들과 판매자들이 로그인할 때 그들이 입력하는 모든 사용자 이름과 비밀번호를 기록하기 시작했다. 또 사용자들이 한사 사이트로 보내는 모든 메시지를 그것이 암호화하기 직전에 비밀리에 수집하기 시작했다. 얼마 지나지 않아 이들은 주문 정보를 통해 수백, 수천 개의 구매자 주소들을 수집했고, 전체 마약 밀매 시장을 자신들의 감시하에 놓인 유리 어항처럼 바꿔놓았다.

네덜란드의 법에 따라, 경찰은 해당 사이트를 장악한 동안 그곳에서 진행되는 모든 마약 주문을 기록하고 가로채야 했다. 그런 사정 때문에 작은 콘퍼런스 룸에서 일하던 6명의 위장 요원 외에, 같은 층에서 근무하던 십여 명의 요원이 작전에 가세해 모든 매매 행위를 수작업으로 기록했다. 네덜란드 경찰은 그 기록을 넘겨받아 국내 우편을 통해 배달되는 헤로인, 코카인, 메스암페타민 소포들을 모두 압류할 것이었다. 네덜란드 밖의 해외 마약 주문 내역은 유로폴을 통해 해당 나라의 수사 당국으로 전달될 것이었다.

네덜란드 경찰은 법 집행 기관들이 이전에는 시도해본 적조차 없는 사상 초유의 일을 해냈다. 그것은 다크웹의 마약 시장을 그 사용자들 몰래 실시간으로 사냥하고, 포착하고, 해부하는 일이었다. 하지만 베요넷 작전은 이제 막 시작됐을 뿐이었다. 네덜란드 경찰(그리고 새크라멘토에서 방콕에 이르는 공조 팀들)은 다른, 더 큰 사냥감을 표적에 두고 있었다.

32장

고등 분석

한사 장악 이틀째인 2017년 6월 22일, 계획된 알파베이 단속일까지 채 2주도 남지 않았을 즈음, 티그란 감바리안과 체이널리시스의 공동 창업자들인 마이클 그로나거와 조너선 레빈도 우연히 네덜란드에 있었다. 이들은 가상 화폐 수사를 주제로 한 유로폴 콘퍼런스에 참석차 헤이그로 날아갔는데, 이곳은 네덜란드 경찰이 한사를 장악해 정보를 분주하게 수집하고 있던 드리베르겐으로부터 차로 한 시간 정도 거리였다.

이 무렵, 베요넷 작전의 모든 퍼즐 조각은 자리를 잡아가던 중이었다. 네덜란드의 한사 장악은 한창 진행 중이었다. 알파베이를 수사 중이던 미국의 한 팀은 7월 5일부터 알파베이의 네덜란드 서버에 대한 감시 체제를 갖추고 카제스가 그에 로그인해 있는 동안 그 콘텐츠의 일부 내용을 점검했다. 이들은 태국 경찰이 방콕에서 카제스를 체포한 이후에만 그것을 오프라인으로 끊어버릴 것이었다. 그보다 일찍 서버를 건드릴 경우 카제스를 겁먹게 해 증거를 파기하거나 도주할 우려가 있었기 때문이다. 미국측 검사들은 이어 카제스를 심문하고 신속하게 미국으로 신병을 옮길 계획이었다. 심지어 캐나다의 연방기마경찰RCMP까지 연계해 퀘벡에 사는 카제스 모친의 집을 수색하기로 돼 있었다.

이 국제적 차원의 수사 작전이 속도를 붙여가는 가운데, 감바리안은 아직 주변적 변수로 남아 있었다. 그는 평소 친하게 지내는 프레즈노의 IRS 범죄 수사관으로부터 초기 알파베이에 대한 내용을 들은 적이 있었다. 그는 프레즈노가 고향이라 부모를 뵙기 위해 아직도 종종 그 도시를 찾고 있었다. 그는 수사의 진척 상황을 따라가고는 있었다. 하지만 해당 수사에 직접 배치된 적은 없었다.

그럼에도 감바리안은 역사상 최대 규모의 다크웹 시장인 알파베이의 수사 내용에 이따금씩 호기심 섞인 관심을 가질 수밖에 없었다. 여러 달 동안 블록체인을 통해 알파베이의 흔적을 추적했고, 강박적으로 레빈에게 연락해 어떻게 하면 알파베이 지갑의 경계를 에두를 수 있는지, 혹은 그를 통해 거래되는 불법 자금의 흐름을 추적할 수 있는지 여러 아이디어를 제시하곤 했다. 레빈은 당시 IRS와 체이널리시스 간의 업무 관계를 그로나거로부터 인계받아 담당하던 참이었다. 그에 따르면 감바리안은 '완전히 거기에 몰입해' 있었다.

그해 봄, 감바리안과 레빈은 한 가지 아이디어를 시험하기로 했다. 알파베이의 암호화폐 사용을 조사하는 새롭고 실험적인 방법이었다. 알파베이 수사에 가담한 검사들은 이를 지극히 모호한 '고등 분석advanced analysis'이라는 용어로 불렀다. 하지만 감바리안과 레빈은 그 방법을 사용해 중요한 정보, 즉 알파베이의 비트코인 지갑을 호스팅하는 서버의 IP 주소를 발견할 수 있을 것으로 기대했다.

그간의 어떤 상식이나 전형적인 논리에 기대더라도, 블록체인 감시를 통해 그와 같은 데이터 포인트를 알아낸다는 것은 불가능했다. 블록체인은 IP 주소를 기록하지 않기 때문이다. 그러한 IP 식별자를 모니터할 수 있는 노드들nodes을 설정하려던 체이널리시스의 초기 시도는 큰 논란만 빚고 무산된 바 있었고, 비트코인의 프로토콜은 거래 메시지들로부터 IP 주소들을 가로채려는 시도들이 훨씬 더 어렵도록 업데이트돼 왔다.

2017년 봄 무렵, 알파베이의 수사관들은 물론 알파베이의 IP 주소를 이미 알고 있다고 믿었다. 밀러의 제보자가 넘겨준 환영 이메일을 통해 네덜란드에 있는 서버를 찾아냈기 때문이었다. 하지만 감바리안은 이 지극히 중요한 증거 정보를 독립적으로 한 번 더 확인한다고 해서 손해볼 것은 없다고 생각했다. 한편 레빈의 입장에서는 이미 몇 년째 알파베이를 추적해 온 마당이었기 때문에 새로운 수사 기법을 무척 시험해 보고 싶었고, 만약 통한다면 그 기법을 내세워 체이널리시스를 다른 고객들에게도 팔 수 있을 것이었다.

그래서 그해 6월 아침, 레빈은 조용한 해변 도시인 헤이그의 아파트에 앉아 작업을 시작했다. 레빈과 그로나거는 북해의 바람이 불어오는 해변에서 멀지 않은 에어비앤비의 숙소를 빌려 함께 쓰고 있었다. 넉넉한 매출 규모를 감안하면 돈이 없어서라기보다는 일종의 습관처럼, 서로 공동 작업을 하기 편하다는 이점 때문이었다. 한 사람은 침대를 썼고, 다른 한 사람은 응접실의 소파를 썼다.

레빈과 그로나거는 둘 다 일찍 일어났다. 콘퍼런스가 시작되기 전이었다. 그래서 레빈은 이 여유 시간을 이용해 자신과 감바리안의 '고등 분석' 시험 결과를 점검했다. 레빈과 감바리안 모두 자신들의 방법이 어떻게 작동하는지는 함구했다. (사실은, 나는 그들과 가진 인터뷰에서 어떤 암호화폐를 추적하는 일과 관련된 기법도 이 경우처럼 철저히 비밀로 부치는 것을 본 적이 없다.)

그럼에도 불구하고, 해답은 레빈이 스크린에, 아무런 거창한 팡파레도 없이 나타났다. 바로 알파베이의 IP 주소였다. 아니, 좀 더 정확하게는 알파베이 사이트의 지갑 서버에 속한 것일 가능성이 높은 일련의 IP 주소들이었고, 그중 하나가 특히 가능성이 높아 보였다. 재빨리 검색해본 결과 가장 가능성이 높아 보이는 IP 주소는 사실은 네덜란드에 있지 않았다. 그것은 리투아니아의 한 데이터 센터에 있었다.

레빈은 그 순간 자신이 보인 반응은 드라마틱한 각성보다는 번쩍하는 인식에 더 가까웠다고 기억한다. '그랬군' 하고 그는 생각했다. 알파베이는 발트해 나라들에 데이터 센터를 구축한 것 같았다. 그는 나중에 감바리안을 보게 되면 그 리투아니아의 IP 주소에 대해 알려주리라 다짐했다.

그는 그런 발견 내용에 대해 별로 특별한 시급성을 느끼지 못했다. 아무런 기밀 정보 접근 권한이 없는 계약자 신분인 레빈은 알파베이 수사 관련 비밀 정보에 아무런 접근권도 없었다. 따라서 알파베이를 단속하기 위한 글로벌 차원의 공조 작전이 불과 10여 일 뒤에 벌어질 것이고, 이들이 엉뚱한 나라에 있는 서버를 표적으로 삼고 있다는 사실을 그는 전혀 모르고 있었다.

레빈과 감바리안의 다음 미팅은 우연하게도 그날 저녁이었다. 유로폴 콘퍼런스에서 하루를 보내고 난 저녁, 그는 감바리안의 옆자리에 앉았다. 십여 명의 수사관, 분석가, 검사, 그리고 계약자들이, 유로폴 본부로부터 몇 블록 떨어진 '플레이버스Flavor's'라는 립앤스테이크 레스토랑의 긴 식탁에 둘러앉았다. 레스토랑의 벽은 중세 시대의 축제를 표현한 그림들로 도배돼 있었다. 음료를 주문하고 나서 레빈은 감바리안에게 자신들의 실험적 아이디어가 통했다는 결과를 알려줬다. 그리고 감바리안에게 자신의 전화기에 적힌 세 개의 IP 주소를 보여주면서, 그중 가장 유력한 것은 리투아니아에 있는 것 같다고 말했다.

감바리안은 침묵에 잠겼다. 이어 자신의 전화기를 꺼내 레빈의 스크린에 나온 IP 주소들을 찍었다. 그러곤 자리에서 일어나 무표정한 얼굴로 아무런 설명도 없이 재빨리 레스토랑을 나갔다.

레빈은 그가 나가는 모습을 보며 멍한 기분이 됐다. 감바리안은 자기가 주문한 맥줏값도 치르지 않은 상태였다.

．　．　．

감바리안은 여덟 블록 거리를 뛰어갔다. 주택가를 지나고 헤이그의 예술 박물관을 지나 유로폴 본부 옆에 자리잡은 매리엇 호텔로 갔다. 콘퍼런스에 참석한 여러 나라의 수사 요원들이 대부분 묵고 있는 숙소였다. 그는 국제 기구의 빌딩들로 둘러싸인 소르그블리에트 공원Sorghvliet Park의 어둑해진 숲이 내려다보이는 호텔의 맨 꼭대기 층으로 올라갔다. 텅 빈 회의실의 한 탁자로 가서 노트북을 열고, 레빈이 발견한 IP 주소가 과연 리투아니아의 데이터 센터에 있다는 사실을 확인한 다음, 검사들(캘리포니아의 그랜트 라벤과 폴 히메사스, 워싱턴 DC의 사이버범죄 검사로 수사에 참여 중인 올든 펠커Alden Pelker, 그리고 FBI의 비트코인 추적 분석가로 당시 유로폴 콘퍼런스 참석차 헤이그에 와 있던 에린)에게 전화를 걸어 자신과 체이널리시스가 알파베이 중앙 서버의 진짜 위치로 여겨지는 곳을 발견했으며 그곳은 네덜란드가 아니라 그로부터 동쪽으로 1,600km 더 떨어진 곳이라고 알렸다.

곧 에린은 감바리안과 함께 호텔의 회의실에 모여 스피커 폰으로, 아직 새벽 시간대인 캘리포니아의 히메사스와 라벤 검사와 회의를 갖기로 했다. 얼마 뒤 레빈이 도착했고, 이어 다른 비즈니스 만찬에 참석했던 그로나거도 합류했다. 그날의 나머지 밤 동안, 다음 날 아침이 가까워질 무렵까지, 이들 그룹은 애초 예상했던 네덜란드가 아니라 리투아니아에 있는 알파베이의 인프라를 7월 5일 데드라인이 며칠 남지 않은 상황에서 어떻게 효과적으로 압류할지를 놓고 열띤 토론을 벌였다. 회의 도중 호텔 직원이 라운지에 들어와 그 회의실은 사용할 수 없다고 말하려 했다. 감바리안은 알파베이 작전의 일원도 아니었지만 본능적으로 자신의 배지를 꺼내 보였고, 놀란 호텔 종업원은 그들을 내버려두고 황급히 사라졌다. 그 배지는 사실은 미국 외에서는 아무런 실질적 권한도 없는 표식이었다.

궁극적으로, 감바리안과 체이널리시스의 소위 '고등 분석'은 베요넷 작전을, 거의 마지막 순간에, 망신스러운 실수로 귀결될 위기에서 구했다. 수사관들은 자신들이 몇 달간 주의를 기울였던 네덜란드의 IP 주소는 자신들이 찾던 핵심 서버가 아니라 알파베이 사이트의 오래된 데이터를 저장해둔 데이터 센터에 불과했음을 나중에 알았다. 한사의 경우처럼, 알파베이는 어느 시점에 네덜란드의 호스트 제공사에서 리투아니아로 옮긴 것이 분명했다. 레빈이 레스토랑에서 감바리안에게 전달해 준 리투아니아의 IP 주소가 없었다면, 알파베이의 수사관들은 알파베이의 실제 범죄 본산은 건드리지도 못한 채 이미 버려진 은신처를 공격한 꼴이 됐을 것이다.

결과적으로 구세주가 된 소위 '고등 분석' 기법의 비밀은 베요넷 작전의 개요에서 빈 자리로 (수수께끼 같은 내부 작동 논리를 가진 블랙박스로, 수사관들이 끝내 열기를 거부하는 비밀로) 남아 있다. 그것은, 감바리안과 다른 관계자들이 나중에 설명하듯이, 수사관들이 앞으로도 계속해서 이 기법을 사용해 다크웹 서비스들의 비트코인 지갑들에 대한 IP 주소들을 식별해야 할 것이기 때문이었다. 법 집행 기관들은 이 기법이 가능한 한 오랫동안 유용하게 사용되기를 원했고, 다크웹 관리자들, 비트코인 개발자들, 혹은 그 취약점들을 고칠 수 있는 누구든 이 기법을 알지 못하게 하고 싶어 했다.

"우리는 이것을 이용해 정말 나쁜 인간들을 잡습니다. 다른 용도로 태워버리고 싶지 않아요"라고 감바리안은 나중에 말했다. 수사 기관과 정보 기관들에서 쓰는 '태워버린다^{burn}'라는 용어는 비밀 기법을 노출한다는 (그래서 그것을 무용지물로 만들어버린다는) 뜻이다. "이것에 대한 정보가 새나가면 우리 수사에 지장이 생길 위험이 있습니다."

하지만 누구든 체이널리시스의 초창기를 따라가본 사람이라면 이 회사의 소위 '고등 분석'이 어떻게 작동했는지 예상해보지 않기가 어려웠을 것이다. 따지고 보면, 체이널리시스는 설립 직후 비트코인 사용자들의 IP 주소들을 식별할 수 있는 기법을 들고 나와 비트코인 커뮤니티에서 잠깐이지만 퍽 유명한 물의를 빚은 경력이 있는 회사였다. 그리고 수년 뒤 동일한 기법을, 이번에는 비밀리에 적용한 것이었다.

그로나거와 뮐러는 비트코인 사용자들의 위치 정보에 근거한 글로벌 지도를 만들 목적으로, 비트코인 사용자들이 자신들의 거래 메시지를 광고할 때 그 안에 IP 주소도 노출한다는 점을 활용해 비트코인 노드 서버들의 자체 컬렉션을 만들었다. 그 기법은 모든 개별 사용자의 비트코인 지갑을 표적으로 삼도록 (그리고 그 위치를 식별하도록) 어떤 식으로든 업데이트되고 조정됐던 것일까? 심지어 그 거래 정보가 토르의 익명 네트워크에서 작동하는 컴퓨터로부터 전송되는 경우에도?

베요넷 작전의 경우, 무엇보다 중요했던 것은 감바리안과 레빈이 이 새롭고 은밀한 무기를 사용함으로써, 국제적으로 조율되고 공조된 대규모 수사의 방향을 결정적인 순간에 극적으로 바로잡았다는 점이었다. 하지만 비밀 무기들은 보통 비밀로 영원히 남아 있을 수가 없는 법이다.

33장

아테네 호텔(The Athenee)

6월의 마지막 며칠간 미국의 수사 요원들이 마치 경찰 컨벤션 행사가 열리기라도 한 것처럼 방콕으로 집결했다. 연방수사국^{FBI}, 마약단속국^{DEA}, 법무부^{DOJ}, 국세청^{IRS}, 캐나다의 기마경찰^{RCMP} 등에서 스무 명 가까운 요원이 파견됐고, 심지어 독자적으로 알파베이를 수사하는 볼티모어 팀의 국토안보부^{DHS} 요원 두 명도 왔다. 실크로드의 사례를 재현이라도 하듯, 이번에도 새크라멘토 팀은 사이트에 위장 침입하는 방식으로 알파02를 잡겠다고 나선 볼티모어 팀보다 몇 광년 더 앞서 있었다. 하지만 새크라멘토를 중심으로 한 연합 팀은 일종의 화해 제스처로, 라벤 검사의 반대에도 불구하고, 수사 경쟁을 벌여 온 볼티모어 그룹에 손을 내밀어 구원舊怨은 잊고 단속 작전에 동참하라고 초청했다.

수사 팀에 소속된 10여 명이 미국 대사관에서 몇 블록 떨어진 5성 럭셔리 호텔인 아테네^{The Athenee}에 투숙했다. 한때 19세기의 샴 공주가 소유했던 부지에 건설됐다는 이 호텔은 레스토랑만 여덟 개나 됐고, 지붕에는 정원과 수영장이 있었다. 라벤은 자신이 정부의 비용으로 투숙할 수 있었던 곳 중 가장 호화로운 호텔이라고 생각했다.

계획된 단속 작전이 불과 며칠밖에 남지 않은 상황에서도 라벤과 히메사스, 그리고 워싱턴 DC의 매리언 검사는 미국, 태국, 캐나다, 네덜란드, 그리고 알파베이의 중앙 서버를 압류하는 새 계획을 떠안게 된 리투아니아 등 5개국의 다양한 수사 기관들을 조정하는 업무로 분주했다. 합동 수사 팀은 또한 마약단속국 본부 8층의 회의실에 모여 태국 경찰과 반복 회동을 갖고 카제스의 체포 작전을 숙의했다.

가장 중요한 문제는 여전히 미제 상태였다. 어떻게 하면 카제스의 주의를 분산시켜 스마트폰과 노트북을 닫지 않은 채 집 밖으로 나오게 만들 것인가? 집 바깥에 있는 쓰레기통에 불을 지를까? 그건 너무 위험하다고 이들은 판단했다. 카제스는 그냥 무시해 버리거나, 밖에서 나는 소음의 정체를 확인하기 전에 노트북을 닫을 공산이 컸다.

우편배달부로 위장해서 문을 두드린 다음 카제스에게 나와서 소포 수령을 확인하는 서명을 해달라고 하면 어떨까? 그 방법은, 어쩌면 먹힐지도 모르겠다고 이들은 생각했다.

이 모든 치열하고 정신없는 막바지 계획의 와중에도, 수사 팀의 핵심 그룹은 여전히 아테네 호텔의 라운지에 매일 저녁 모여 양껏 먹을 수 있는 스시로 즐거운 시간을 보냈다. 놀라운 묘안이 나온 것도 이런 저녁 모임 도중 태국 경찰이 인기 앱인 라인^{Line}을 통해 나눈 그룹 채팅을 통해서였다. 태국 경찰은 카제스에 대한 물리적 감시 내용을 팀원들끼리, 그리고 DEA에 업데이트하는 데 이 그룹챗을 이용했다. 그날, 피살 대령과 그의 팀은 포르셰 파나메라를 몰고 초저녁 외출에 나선 카제스를 미행하는 중이었다. 아테네 호텔과 지척이고, 근무지인 미국 대사관과도 가까운 곳에 살던 젠 산체스가 미행 팀이 찍은 사진을 본 것은 집으로 막 돌아온 참이었다. 그 사진은 호화로워 보이는 호텔 입구에 주차된 흰색 포르셰를 담고 있었다.

'아니 이런!?' 산체스는 아드레날린이 갑자기 솟구치는 느낌이었다. 미국 수사 팀이 머물고 있는 데가 여기 아테네 호텔 아니야?

바로 그 순간, 아테네 호텔의 라운지에서 라벤도 주변시로 똑같은 포르세를 감지했고, 그와 동시에 흰색 파나메라는 카제스의 값비싼 승용차들 중 하나라는 사실이 생각났다. 그는 히메사스와, 로비에서 같은 테이블에 앉아 있던 DEA의 밀러와 다른 FBI 요원에게 그 차를 가리켰다. 이들은 FBI 요원에게 반쯤 농담으로 가서 확인해 보라고 말했다.

한 인물이 아테네 호텔의 정문을 통과해 걸어 들어오는 동안, 그 요원은 투지있게 라운지를 가로질러 걸어갔고, 그것을 지켜보는 라벤의 마음은 충격으로 경련이 일어날 지경이었다.

그였다. 알렉산더 카제스. 그리고 그는 라벤과 밀러, 히메사스가 앉은 테이블 쪽으로 걸어오고 있었다.

라벤은 얼어붙었다. "그건 마치 유령을 보는 것 같았어요"라고 그는 회고한다. 그는 히메사스 쪽을 힐끔 돌아봤고 그 역시 믿기지 않는다는 표정으로 얼어붙어 있었다.

알파02를 강박적으로 추적해 온 9개월 간의 고초 뒤에도, 처음으로 카제스와 직접 마주치게 된 그 순간의 이미지는 그의 기억 속에 여전히 각인돼 있다. 카제스는 얇고 값비싸 보이는 파란색 수트 차림이었고 그 안의 화이트셔츠는 단추를 채우지 않았는데 마치 넥타이를 매기는 너무 부유한 인물이라고 시위라도 하는 듯한 인상이었다. 그런 반면, 라벤은 또한 카제스가 움직일 때 컴퓨터 너드 특유의 어색함을 드러낸다는 점을 감지했고, 럭셔리 의상 속에서 물렁하고 창백해 보이는 듯했다. 라벤에 따르면 그는 "실제 록스타라기보다는 록스타인 척하는 뚱뚱한 프로그래머에 더 가까워 보였다."

마주오는 카제스와 마주칠 위기에 놓였던 FBI 요원은 기지를 발휘해 카제스와 눈이 마주치는 것을 피하면서 문쪽으로 그의 옆을 스치듯 지나갔다. 마치 슬로모션처럼 카제스가 라운지를 가로지르는 짧은 몇 초 동안, 라벤의 마음속은 온갖 의문들로 질주했다. 카제스는 우리 정체를 어떻게 알았을까? 아니면 우리가 그의 뒤를 쫓는다는 것을 어떻게 알았을까? 아니면 우리가 방콕의 어느 호텔에 묵는지 어떻게 알았을까? 정보 유출이 있었나? 우리가 너무 표나게 만나는 바람에 비밀 작전이 들키고 만 건가? 이 범죄 수괴는 결국 우리보다 한발 앞섰던 것인가?

라벤은 카제스가 당장이라도 의기양양한 표정으로 자신들의 테이블에 앉으면서 이런 식으로 말할 것이라고 예상했다. "허튼 짓들 작작하시지. 나는 당신들이 여기 온 걸 알고 있고, 아무것도 건지지 못할 거요."

라벤은 그런 말에 어떻게 대꾸해야 할지 전혀 몰랐다. 그 자리에서 카제스를 체포할 수도 있었겠지만 그러면 그의 노트북에 접근하거나 그가 알파 베이의 운영자임을 입증할 수 있는 유력한 증거를 확보할 희망은 영영 잃어버리고 말 것이었다. 승리의 문턱에서 이들의 계획은 실패한 것처럼 보였다.

'오, 맙소사.' 라벤은 속수무책의 공황 상태에서 속으로 좌절했다. '이 일은 끝났어.'

그 순간, 카제스는 그들의 테이블에서 1.5m쯤 떨어진 곳까지 오더니 몸을 돌려 옆 테이블에, 수트 차림에 머리에는 야물커 yarmulke[9]를 쓴 두 명의 이스라엘 비즈니스맨 맞은 편에 앉았다.

라벤 일행은 이해하지 못하겠다는 표정으로 서로를 바라봤다. 잠시후 그 FBI 요원이 돌아와 심상한 몸짓으로 자리에 앉았다. 그와 밀러는 테이블의 다른 일행들에게 자리를 뜨라는 신호를 몰래 보냈다.

그 사이 정신을 수습한 라벤은 난생 처음으로, 어쩌면, 모든 것을 잃어버린 것은 아닐지도 모른다고, 그리고 이것은 자신의 인생에서 가장 충격적인 우연의 순간일 뿐이라고 스스로 마음을 가다듬었다.

---

9 유대인 남자들이 정수리 부분에 쓰는, 작고 동글납작한 모자 – 옮긴이

자연스럽게 행동하려고 애를 쓰면서, 검사들은 자리에서 일어나 커브를 이룬 계단을 통해 호텔의 중이층^mezzanine으로 올라갔고, FBI 요원과 밀러는 이웃 테이블에서 벌어지는 카제스의 대화를 엿들으려고 자리에 남았다. 중이층에서 라벤과 히메사스는 십년감수했다는 표정으로 눈길을 주고받았다. 테이블에 남은 FBI와 DEA 요원들로부터 문자 메시지가 들어오기 시작했다. 카제스의 미팅 내용에 대한 보고였다. 그는 카리브해 지역에 있는 자신의 부동산 투자 계약에 대해 이스라엘 비즈니스맨과 논의하는 중이었다.

두 검사는 그런 상황을 믿기가 어려울 지경이었다. 그들이 방콕까지 와서 체포하려는 남자가, 완전한 우연으로, 그들이 묵는 호텔에 그것도 그들이 앉은 테이블 바로 옆에 앉은 것이었다. 그는 자신이 미행되고 있다는 사실을 아직 전혀 모르고 있었다.

공황 상태가 가라앉자, 이들은 이제 피살 대령을 위시한 태국의 위장 경찰들이 평상복 차림으로 카제스 건너편 라운지의 테이블에 앉아서 그를 신중히 관찰하고, 심지어 카제스가 배경으로 잡히도록 서로 은밀하게 사진도 찍는 것을 봤다. 알파베이의 주범은 그들을 눈치챈 듯한 아무런 기미도 보여주지 않았다.

라벤과 히메사스가 조용히 기쁨을 만끽하는 와중에 카제스의 대화를 엿듣던 FBI 요원이 중이층으로 올라와 그들과 합류하면서 자신의 전화기를 꺼냈다. 그리고 방금 자신들에게 벌어진 우연의 확률을 계산하기 위해 구글에 무엇인가를 검색하기 시작했다. 대체 방콕에는 호텔이 몇 개나 될까? 그는 재빨리 그들에게 답을 보여줬다. 1만 개가 넘었다.

34장

급습

방콕의 서쪽 경계에 자리잡은 부다몬톤^{Buddhamonthon}의 사유 주택지는 도시 중심부에 흔한 디젤 매연과 교통 체증이 없는 조용한 지역이었다. 알렉산더 카제스가 사는 이 반[#] 교외 지역의 막다른 골목에는 노란 트럼펫부시^{trumpetbush} 꽃이 점점이 자라고 있었고, 바람에 흔들리는 야자나무와 바나나 나무의 쓸리는 소리와 열대 조류의 울음소리가 동네의 전원적인 풍경에 동반할 뿐이었다. 하지만 7월 5일 아침의 경우, 누구라도 주의를 기울인 사람이라면 그 거리가 유난히 분주한 것을 눈치챘을 것이다.

한쪽 끝에서는 정원사가 잎을 다듬고 있었고, 전기기술자는 근처 전원 박스를 조작하느라 바빴다. 그 거리의 끝에 있는 주택은 사유 주택지를 개발하는 회사의 모델하우스 겸 판매 사무실이었는데, 한 쌍의 남녀가 택지를 안내받으면서 그 지역으로 이사하는 문제를 상의하고 있었다. 이들의 운전사는 밖에 세워둔 차 안에서 기다리고 있었다. 여성 두 명이 동승한 또 다른 승용차는 천천히 막다른 골목으로 들어오는데, 어디선가 방향을 잘못 틀어 길을 잃어버린 듯한 인상이었다.

사실은, 이 분주한 장면의 모든 캐릭터는 위장 수사 요원들이었다. 피살 대령의 NSB 팀은 전체 연극 작품을 하나 올릴 수 있을 정도의 연기자들을 아무것도 눈치채지 못한 표적 주위에 배치하고 바쁘게 자신들의 역할을 수행하면서 베요넷 작전의 급습 개시 신호를 기다리고 있었다.

이 팬토마임 연극에서 유일하게 태국인이 아닌 사람은 DEA의 구즈만 뿐이었다. 그는 막다른 골목의 끝에 있는 부동산 모델하우스 안에서 레드 핫 칠리 페퍼스Red Hot Chili Peppers 티셔츠와 청바지 차림에 태국 부인을 둔 부유한 외국인 구매자로 가장하고 있었다. 그날 아침 구즈만이 떠맡은 핵심 역할은 자신이 쓸 수 있는 모든 태국어 단어를 동원해 공손한 부동산 중개인에게 개발 중인 주택의 레이아웃과 사양, 차고의 크기, 그리고 주택의 다른 모든 세부 사항 등을 꼬치꼬치 캐물어 중개인의 주의를 분산시키는 일이었다. 그러는 동안 그의 아내로 위장한 태국인 수사관은 2층으로 올라가 곧 개시될 작전에 대비해 창문으로 카제스의 집과 드라이브웨이를 감시했다.

또 다른 NSB 수사관 그룹은 DEA의 밀러, 그리고 FBI 수사관과 분석가들과 함께, 그날 아침 전체 팀이 집결했던 피살 대령의 자택에 아직 남아 있었다. 그는 우연히도 카제스의 주거지로부터 불과 몇 킬로미터밖에 떨어지지 않은 곳에 살고 있었다. 피살 대령과 제복 차림의 요원들은 이제 카제스의 자택으로부터 여러 블록 떨어진 곳에 자리를 잡았다. 차로 한 시간쯤 걸리는 북동쪽의 NSB 본부 8층에는 라벤, 히메사스, 매리언, 그리고 산체즈를 비롯한 또 다른 그룹이 회의실에 모여 있었다. 회의실 한쪽 벽에는 태국 왕실 가족의 초상화들이 걸려 있었고, 다른 벽에는 여러 개의 스크린이 부착돼 있었다.

상황실 모니터들은 카제스 자택 주변의 막다른 골목 부근에 설치된 감시 카메라와 구즈만의 운전사가 앉아 대기한 차량의 대시캠으로부터 받는 비디오 화면을 보여줬다. 긴 테이블 중간에 놓인 회의용 전화기는 현장에 투입된 태국 팀과, 알파베이 서버의 이미징imaging(콘텐츠의 스냅샷을 찍는 일)을 따내고, 카제스가 체포된 직후 서버를 오프라인으로 내리는 임무를 맡은 리투아니아의 팀 양쪽과 연결돼 있었다.

라벤은 열의나 기대감보다는 숨막히는 정적과 진땀 나게 불안한 긴장감이 더 표나게 느껴졌던 작전실의 분위기를 기억한다. 그 자신이 보기에도 로스 올브리히트를 체포했을 때의 상황처럼 카제스의 노트북(그의 스마트폰은 그만두고라도)을 로그인돼 열린 채로 압수하는 일은 불가능까지는 아니어도 성공 확률이 매우 낮았다. 심지어 지난 몇 달간 수많은 국제 회의와 조율 통화를 거친 뒤에도, 그리고 타고난 열의와 낙관적 시각에도 불구하고, 라벤은 이 계획이 실패할 거라고 내심 예상하는 자신을 발견했다.

테이블 맞은 편에 앉은 산체스는 루쉬 V 포럼에 로그인해 있었다. 로미오의 프로필을 체크한 산체스는 그가 지금 온라인에 들어온 상태라고 그룹에 확인해줬다. 카제스는 컴퓨터 앞에 앉아 있었다. 작전을 개시할 타이밍이었다.

그런데 그와 거의 동시에 뜻밖의 장애에 부딪혔다. "오, 갓" 회의실 전화기로 한 목소리가 비명을 질렀다. "우리가 사이트를 실수로 폐쇄해 버렸어요."

리투아니아에 있는 팀이었다. 무슨 이유에선지 요원들은 알파베이 서버를 이미징을 끝내기 전에 우발적으로 다운시킨 것이었다. 불과 몇 분만 지나면 카제스는 알파베이가, 아마도 외부의 소행에 의해, 다운됐다는 사실을 제보받게 될 것이었다. 그런 경우 그가 해야 할 일은 자신의 노트북을 닫는 것이고 그러면 게임 오버가 될 판이었다.

이제 선택의 여지기 없었다. 회의실의 팀은 현장에 투입된 요원들에게 지금 당장 카제스를 체포하라고 급박하게 메시지를 날렸다.

피살 대령은 경찰 무전기로 막다른 골목 입구에 정차한 회색 도요타 캠리의 두 여성 요원들에게 신호를 보냈다. 작전 하루 전날, 피살 대령과 팀원들은 애초에 세운 우편배달부 계획을 취소했다. 그 지역 우체국은 카제스는 소포 배달에 직접 서명한 적이 한 번도 없었고, 그의 아내가 대신 나온다고 경고했다. 그래서 이들은 막판에 다른 작전을 생각해야 했다. 이들의 대체 계획은 표가 잘 나지 않는 도요타에 집중됐다.

그 차의 운전자는 작고 호리호리한 체격에 남자아이처럼 짧게 머리를 깎은 마흔여섯 살의 여성 요원으로 누엥Nueng이라는 별명으로 불렸다. 누엥은 심장이 두방망이질하는 것을 느꼈다. 그녀는 카제스를 잡는 글로벌 작전 전체의 성패가 다음에 자신이 할 일에 달려 있다는 점을 알고 있었다.

누엥은 긴장한 초보 운전자의 인상을 풍기려 애쓰며 천천히 차를 막다른 골목의 끝으로 몰고 갔다. 그녀는 앞면 유리창을 통해 모델하우스 밖에 서 있는 경비원(드물게 위장 요원이 아닌 진짜 경비원)에게 자신은 돌아나갈 거라는 신호를 보냈고, 경비원은 그녀에게 거리가 너무 좁아 전진, 후진, 다시 전진하는 3점 방향 전환은 어려우니 대신 후진으로 곧장 나가라고 소리쳤다.

누엥은 전통적인 불교의 주문을 조용하고 빠르게 암송했다. 부처의 성 삼위일체에 빠른 속도로 비는 그 주문은 그녀가 다니는 절에서 승려와 여승들이 가르치는 내용이기도 했다. "부처님, 부디 저에게 성공의 축복을 내려주세요"라고 그녀는 속삭였다. "담마Dhamma 님, 성공의 축복을 내려주세요. 상거Sangha 님, 성공의 축복을 내려주세요."

그리고 그녀는 운전대를 왼쪽으로 부드럽게 (거의 슬로모션으로) 돌려 차를 후진시키면서 도요타의 범퍼가 카제스의 대문을 들이받았다.

요란한 '꽝' 소리가 울려퍼졌고, 이어 대문이 휜 다음 레일 밖으로 밀려나면서 금속과 콘크리트가 부딪혀 갈리는 소리가 났다.

막다른 골목 끝에 있던 경비원은 성난 말투로 누엥에게 소리를 질렀다. 방금 똑바로 후진해서 빼라고 말하지 않았느냐고?

누엥과 차에 함께 타고 있던 다른 요원은 차 밖으로 나왔고, 누엥은 머리를 긁적이며 미안한 표정으로 경비원에게 아직 운전을 배우는 중이라고 설명했다. 바로 그 순간 카제스 자택 2층 정면 쪽의 유리창 셔터가 부분적으로 열렸고, 그 틈으로 실내가 감시용 비디오 화면에 들어왔고, NSB 본부의 작전실에서는 흥분된 감탄사가 터져나왔다.

이들은 미리 투자용 주택지를 방문해 그 집의 구조를 꿰고 있었고, 그래서 이곳이 주 침실인 것을 알았다. 카제스는 그의 컴퓨터에서 걸음을 떼고 창 쪽으로 온 것일까?

얼마 뒤, 카제스의 아내인 수니사 탑수완이 현관문으로 나와 휘어진 대문을 둘러봤다. 왜소한 체구에 긴 잠옷용 셔츠 차림인 탑수완은 임신한 듯 배가 부른 상태였는데, 누엥에게 친절한 목소리로 괜찮다고, 그녀와 친구는 가셔도 괜찮다고 말했다. 하지만 자신의 역할에 충실한 누엥은 큰 목소리로 (카제스가 집안에서 그녀의 목소리를 확실히 들을 수 있도록) 피해를 배상해야겠다고 소리쳤다.

"피해를 배상하고 싶어요!" 그녀는 간청했다. "다음 생에서 배상하고 싶지는 않아요!" 솟구친 아드레날린 때문에 그녀의 손은 떨렸고, 그래서 부자에게 빚진 빈자의 불안감을 더욱 실감나게 표출했다.

탑수완은 2층의 열린 창문을 쳐다봤고, 누엥은 카제스가 아내에게 말하는 소리를 들었지만 무슨 말인지는 알 수 없었다. "댁의 남편께서 직접 내려오셔서 피해를 산정해주시면 어떨까요?" 누엥은 도움을 주려는 듯 물었다.

얼마 뒤 카제스가 나타났다. 와이셔츠를 입지 않은 채 맨발로 나온 카제스는 창백하고 유약한 모습이었고, 헐렁한 운동 팬츠 외에는 아무것도 입지 않은 상태였다. 그는 루셤 V 포럼에서 자신은 아침에 운동할 때 보통 속옷을 안 입는다고 자랑했는데, 그날은 일을 시작하고 아직 옷을 갈아입지 않은 상태인 듯했다. 한 손에는 아이폰을 들고 있었다.

누엥은 잠시 마음을 추스르며 속으로 쾌재를 불렀다. '잡았다'라고 그녀는 속으로 생각했다.

카제스는 자신이 관리하는 다크웹 사이트가 막 다운돼 이를 고쳐야 하는 데다, 집 앞에서 벌어진 작은 교통사고까지 감당해야 하는 상황에 처한 사람치고는 비교적 차분하고 침착해 보였다. 나중에 그의 이메일을 통해 드러난 사실에 따르면, 그는 리투아니아의 호스트 제공사에 자신의 서버가 이유 없이 자꾸 다운된다고 불평하는 이메일을 반복적으로 보냈다. 하지만 그는 대문에서 벌어진 상황에 대해서는 아무런 의심도 품지 않은 듯했다. 피살 대령이 두 여성 요원에게 그런 역할을 맡긴 것은 카제스가 예의 여성 혐오증 때문에 이들이 설마 위장 수사관일 줄 상상하지 못할 것이라고 예상했기 때문이었다. 카제스가 그들을 향해 걸어오는 동안, 누엥과 그의 파트너는 차로 돌아가 투자 주택지 쪽으로 몰아나갔다. 표면적으로는 드라이브웨이를 터주겠다는 의도로 보였다.

카제스는 대문을 당겨 그것을 다시 레일 위로 되돌려 놓을 수 있는지 확인해 보려고 전화기를 반바지의 고무줄 속에 넣었다. 이 지점에서, 구즈만의 차를 운전하는 중년 퐁Pong 요원이 걸어왔다. 그는 카제스에게 다가가서 혹시 도움이 필요하냐고 물었다.

그러곤 카제스가 대문을 확 잡아당기는 순간, 퐁은 손을 뻗어 아이폰을 카제스의 허리밴드에서 마치 떨어지지 않도록 배려하듯 잡아 꺼냈다. 카제스는, 아마도 그에게 감사하다는 말을 하려는 듯 올려다봤고, 퐁은 카제스의 팔을 잡고 잠시 옆으로 물러서라는 몸짓을 했다. 카제스는 잘 이해하지 못하겠다는 표정으로 그와 함께 거리 쪽으로 나섰다.

사태는 갑자기 빠르게 진행됐다. 작지만 운동으로 단련된 체격의 젊은 요원 엠M이 구즈만의 차 뒷자리에 숨어 있다가 튀어나왔다. 그가 이들 사이를 지나가자 퐁은 카제스의 뒤로 엠에게 전화기를 건넸다. 전화기가 인계되던 바로 그 순간, 카제스는 자택으로부터 떨어진 쪽의 거리를 내려다봤다. 전기기술자로 위장했던 또 다른 경찰관이 자신을 향해 달려오는 것이 보였다.

카제스는 몸을 돌렸고, 싸움이냐 도망이냐의 직관적 상황에서, 자신의 현관문을 향해 도망치려 시도했다. 퐁과 엠은 카제스를 붙잡았고 아주 잠깐 몸싸움이 벌어졌다. 아이폰이 바닥에 떨어졌고 다른 요원이 그것을 주웠다. 곧 또 다른 경찰이 카제스를 잡았고 또 다른 요원이 가세했다. 퐁과 경찰들이 그의 팔을 뒤로 꺾고 헤드록으로 그를 제압하는 사이 엠은 무리로부터 벗어나 대문으로 내달았다.

작전의 성패를 좌우하는 엠의 임무가 시작됐다. 그는 집안으로 뛰어들었고, 이제는 거실에 얼어붙은 것처럼 서 있는 카제스의 아내를 지나쳐 두 계단씩 건너뛰며 2층으로 올라갔다. 모델 주택을 통해 실내 구조를 미리 익힌 엠은 카제스의 사무실이 2층 홀, 주 침실의 맞은편에 있을 것이라고 판단했다. 그는 문을 통과하면서 손님용 침실에 젊은 외국인 두 명이 잠들어 있는 것을 발견했다. 퀘벡에서 온, 미처 예상치 못한 카제스의 방문객들이었다.

엠은 "쏘리! 쏘리!"를 연발하면서 홀을 가로질러 다시 주 침실로 들어갔다. 방의 먼 쪽 끝에 놓인 싸구려 흰색 책상이 보였다. 카제스의 노트북, 검은색 아수스 PC와 연결된 외부 모니터는 게임용 키들인 A, S, D, W를 빨간 색 하이라이트로 보여주고 있었다.

그것은 열려 있었다.

책상 오른편에는 더 기묘한 장비가 놓여 있었다. 앞면이 유리로 된 거대하고 날렵한 허리 높이의 정육면체로, 서로 연결된 컴퓨터 장비들과 파란색 튜브로 된 코일들로 채워져 있었다. 엠은 이 다른 장비가 무엇인지 고민해 볼 여유가 없었다. 그의 임무는 노트북이었다. 그는 방을 가로질러 점프하듯 내달려 노트북 앞으로 가서 터치패드에 손가락을 대봤다. 그러곤 카제스의 의자에 앉으면서 한 손으로는 컴퓨터의 마우스를 잡으면서 마침내 숨을 골랐다.

얼마 뒤, 엠의 목소리가 경찰 무전기로 흘러나왔다. "보고합니다. 보고합니다." 그는 태국어로 상황을 알렸다. "컴퓨터는 잠기지 않았습니다."

NSB 본부의 작전실에 환호성이 울렸다. 젠 산체즈는 펄쩍 뛰어오르며 비디오 스크린들 앞에서 자신의 주먹을 허공에 휘둘렀다. 라벤과 히메사스는 의기양양하게 포옹했다. 로스 울브리히트를 잡은 지 4년 만에, 이들은 그들만의 '글렌 파크 공공 도서관' 신화를 일군 것 같았다.

· · ·

하지만 아직 아이폰이 남아 있었다. 퐁과 다른 두 태국 경찰은 카제스와 몸 싸움 끝에 그를 무릎 꿇리고 수갑을 채웠고, 구즈만은 깜짝 놀란 부동산 중개인을 뒤로 하고 모델 하우스에서 뛰쳐나왔다. 태국의 전통 관습에 따라 신발을 벗고 모델 하우스에 들어갔던 구즈만은 미처 신발을 신을 시간이 없었고, 그래서 거리에 양말 차림으로 서 있었다.

한 태국 경관이 구즈만에게 카제스의 아이폰을 건넸고, 그는 내려다보고 실망을 금치 못했다. 그것은 잠겨 있었다.

태국 경찰이 카제스를 바닥에 쓰러뜨리고 억류하는 동안, 그는 아내의 이름을 외쳤다. 그녀와 그녀의 아버지는 그가 체포되는 장면을 속수무책으로 지켜볼 수밖에 없었다. 그녀의 아버지는 카제스의 처가 식구들과 더불어 길 건너편에 살고 있었다.

체포 순간, 피살 대령은 회색 폴로 셔츠와 해군용 모자를 쓰고 현장에 나타났다. 모자는 공식 유니폼의 일부가 아니었지만 그는 그것이 행운을 가져온다고 믿었다. 그는 이미 무전기로 아이폰이 잠긴 사실을 들었다.

피살 대령은, 경찰이 일으켜 세우는 동안 침착해진 듯한 카제스를 내려다봤다. 그는 자신을 소개하면서 카제스의 어깨에 손을 얹으며 마치 전부터 서로 알고 지낸 듯한 표정을 지었다. 그는 셔츠도 입지 않은 채, 아직 공황 상태인 카제스에게 잠깐 조용히 할 얘기가 있으니 자신을 따라오라고 말했다.

　카제스는 약간 긴장이 풀린 표정이었다. 이것은 세계 최대 규모의 온라인 마약 시장을 운영하는 인물을 체포하는 경찰의 행태로는 보이지 않았다. 카제스는 피살 대령과, 자신을 양옆에서 붙든 경찰들과 함께 거리를 가로질러 망고 나무의 그늘 밑으로 갔다.

　카제스의 아내가 들을 수 없을 만큼 먼 거리로 나오자 피살 대령은 조용한 목소리로 자신들은 이틀 전 저녁때 카제스가 한 여성과 성관계를 가진 것을 알고 있다고 말했다. 지금 그 여성은 자신이 성폭행을 당했다고 주장하고 있어, 이 문제를 해결해야 한다고 그는 말했다.

　카제스는 이것을 경찰에 의한 일종의 갈취 행위로 추정했다. 부유한 외국인 신분인 그는 람보르기니로 부를 뽐내고 다녔고 이제 그 대가를 치르는 중이었다. 그는 걱정하는 표정을 지었지만 다시 이성을 되찾았고, 잠깐의 공황 상태도 지나갔다. 이것은 그가 어렵지 않게 해결할 수 있는 상황으로 여겨졌다.

　피살 대령은 그 여성의 남편이 그와 전화 통화를 원한다고 설명했다. 카제스가 그 남성에게 모종의 보상책을 제시한다면 그는 고발하지 않겠다는 것이었다.

　경찰은 카제스를 막다른 골목으로 몰고 왔던 바로 그 도요타 캠리로 데려갔다. 피살 대령은 카제스 옆에 앉아서 구즈만이 자신에게 건넸던 잠긴 아이폰을 돌려주며 카제스에게 선화힐 번호를 알려줬다

　카제스는 전화기를 풀고 전화를 걸었다. 다른 위장 요원이 연기한 건너편의 목소리는 바람난 아내를 둔 남자의 역할을 수행했다. 카제스는 긴장된 태국어로 그에게 소송을 취하하는 대가로 미화로 3천 달러에 해당하는 10만 바트baht를 제안했다. 남자는 그 10배를 요구했다. 카제스는 재빨리 동의했다. 협상이 끝나자 그 남편은 카제스에게 전화기를 경찰에게 넘기라

고 지시했고 카제스는 지시대로 했다.

피살 대령은 잠금 장치가 풀린 아이폰을 손에 들고 차 밖으로 나온 뒤, 방금 현장에 도착한 FBI 요원에게 전화기를 건넸다.

· · ·

구즈만은 카제스에게 마침내 진실을 알려준 첫 인물이었다. 카제스는 집안으로 들어가 옷을 차려입을 수 있도록 허락을 받았다. 구즈만은 앞으로 수갑을 찬 채 불안한 표정으로 거실의 소파에서 휴식을 취하는 카제스의 옆에 앉았다. 자신의 자택에 대한 급습이 시작된 이후 카제스가 처음 만난 외국인인 구즈만은 자신은 DEA의 요원이며 미국은 카제스에 대한 체포 영장을 발부했다고 설명했다.

그즈음, DEA의 또 다른 요원인 밀러가 도착했다. 카제스의 장비를 정밀 검사할 FBI 요원과 분석가들도 함께 왔다. 여러 달 전 알파02의 정체가 카제스임을 확인했던 암호화폐 추적 분석가인 알리^{Ali}는 대문을 통과하고 그의 럭셔리 승용차들을 지나면서, 자신이 그토록 집착해 추적했던 디지털 재산의 실질적인 결과를 난생 처음으로 확인했다.

"저건 람보르기니 아벤타도르^{Aventador}, 저건 포르셰 파나메라^{Panamera}" 럭셔리 차량 옆을 지나치며 그녀는 속으로 생각했다.

카제스의 사무실로도 병용되는 것으로 밝혀진 주 침실에서 FBI의 컴퓨터 전문 요원들은 그의 노트북을 점검하기 시작했다. 그는 알파베이에 관리자로 로그인해 있었다. 컴퓨터에서 이들은 로스 울브리히트처럼 자신의 순자산 규모를 추적해 온 카제스의 문자 파일을 발견했다. 카제스의 자산은 주택과 차량을 포함해 1천 250만 달러가 넘었고, 현금 330만 달러, 750만 달러 이상의 암호화폐 등을 합쳐 총 2천 330만 달러가 넘었다.

알리는 자신의 차례가 오자 곧바로 암호화폐 지갑들, 그리고 그와 연계된 주소들을 조사하기 시작했다. 조사하는 동안 알리는 NSB의 작전실에 라벤, 히메사스, 매리언, 산체즈와 함께 있는 에린에게 전화를 걸어 자신의 조사 내용을 흥분된 어조로 전달했다.

"튜나피시!" 그녀는 거두절미하고 소리쳤다(좀 더 정확하게는 그 주소에 알리와 에린이 붙인 비밀 별명이었다).

"맥락이 더 필요해"라고 에린은 건조하게 대답했다.

"여기에 있어"라고 알리는 말했다. "거기에 해당하는 키가 있어."

그녀는 알파02의 정체를 처음 확인하게 해준 매우 구체적인 금맥을 바로 눈앞에서 직접 확인할 수 있었다. 그것은 그 블록체인의 무지개가 정확히 어디를 가리키는지 보여주고 있었다. 지구의 절반을 돌아 알렉산더 카제스의 방콕 자택을 가리키고 있었다.

35장

억류

체포 뒤 며칠간 카제스는 일종의 안락한 연옥에 살았다. 태국 경찰은 방콕 NSB 본부 건물 8층에, 지난 몇 달간 그에 대한 감시와 급습 작전을 진행한 장소에 그를 구금했다. 카제스는 밤에는 경찰의 지속적인 감시를 받으며 거기에 있는 소파에서 잠을 잤다. 낮에는 회의실 테이블(수사에 필요한 서류 작업과, 변호사가 배석할 때까지 거의 전적으로 묵비권을 행사한 장소)과 검은 가죽 마사지 의자 사이를 오갔다. 그는 자신이 원하는 음식을 먹을 수 있었다. 대개는 주변 식당에서 배달한 것이었고, 어떤 경우는 패스트푸드 체인인 폴Paul에서 프랑스 음식을 배달해 먹기도 했다.

적어도 전형적인 태국 형무소에서 받는 수준에 비해 온건하게 카제스를 대우한 것은 그를 설득해 두 가지 협조를 얻기 위함이었다. 라벤, 히메사스, 그리고 매리언 세 검사는 그가 신병 인도 협정에 서명하도록 해 장기적인 법정 다툼 없이 방콕에서 프레즈노로 데려가고 싶어 했다. 그리고 더 야심찬 계획은 그를 설득해 정보원으로 쓰고 싶어 했다.

세계 최대 규모의 다크웹 시장을 주도해 온 인물을 '미국 팀Team U.S.A.'의 일원으로 전환시키는 일은, 젠 산체즈의 표현에 따르면, 믿기 힘든 쿠데타가 될 것이었다. 카제스를 설득해 정보의 금맥을 캐낼 경우 그의 공모자들이나 온라인 지하시장의 다른 주요 인물들에 대해 얼마나 엄청난 정보가 나오게 될지는 그들도 상상하기 어려웠다. 그의 도움을 얻는다면 공모자들을 잡기 위해 어떤 종류의 덫을 놓을 수 있을까?

DEA 요원 중에서 젠 산체즈가 카제스를 설득해 신병 인도에 합의하도록 만드는 임무를 맡았다. 카제스의 체포 이후, 산체즈는 그에 대해 복잡한 감정을 느꼈다. 그의 마약 판매와 여성 혐오적 페르소나는 그녀에게 역겨운 반발을 불러일으켰다. 이전에 멕시코와 텍사스에 배치돼 근무할 때, 산체즈는 용의자들을 정보원으로 전환시키는 자신의 능력에 자부심을 느끼고 있었다. 그것은 남다른 설득력과 인성을 요구하는 작업이었다. 그녀는 이제 카제스에 대해서도 그와 비슷한 태도를 취했다. 그해 초, 동료 요원인 밀러에게 알파02를 경비가 엄중한 슈퍼맥스 감옥으로 보내야 한다고 경멸적인 발언을 내뱉기도 했지만, 이제는 자신들이 체포한 젊은 프랑스계 캐나다인에 대해 따뜻한 공감이 섞인 모성적 감정을 느꼈다.

산체즈는 카제스가 당국과 협력하는 대가로 그의 미래에 어떤 약속을 해줄 수 있는지에 대해 협상할 권한이 없었다. 하지만 그녀는 그에게 친절한 태도를 보였고, 그의 사기 진작을 도왔다. 그는 산체즈에게 자신의 아내와 아직 태어나지 않은 아이에 대해 물었다. 그녀는 그들이 안전하다고 안심시켰다. 그의 아내도 체포됐지만 곧바로 석방됐다고 알려줬다.

"내가 너를 돌봐줄 거야"라고 그녀는 카제스에게 되풀이해서 말해줬다. 그는 확신하지 못하는 듯했다.

. . .

NSB 본부의 같은 층, 카제스를 억류한 방으로부터 그리 멀지 않은 작전실에서, 미국의 수사 팀은 증거 확보를 위해 카제스의 컴퓨터를 계속 뒤지고 있었다. 피살 대령이 기지를 발휘해 잠금 장치를 푸는 데 성공한 카제스의 아이폰은 그 안에 비트코인 키나 다른 증거를 담고 있을 것으로 기대를 모앉지만 실상은 개인 정보뿐이었고 알파베이와 관련해서는 아무런 정보도 없었다. 우발적으로 다운시켰던 리투아니아의 서버는 암호화한 상태로 재부팅됐고, 그 때문에 처음에는 무용지물일 수밖에 없었다.

카제스의 책상 옆에 놓여 있던 거대한 정육면체 모양의 컴퓨터는 알고 보니 카제스가 비디오 게임 전용으로 조립한 6만 달러짜리 PC로 별명이 푸른 진주라는 뜻의 '블루 펄Blue Pearl'이었다. 수사관들은 나중에 오버락닷넷Overlock.net이라는 컴퓨터 하드웨어 포럼의 한 글타래에서 카제스가 기념비적인 게임 장비를 만들기 위해 '세계 최강의 부품'만을 사용했으며, 내부에 푸른 빛으로 코팅한 수냉식 시스템까지 설치했다고 자랑한 글을 발견했다. 장비에 지불한 비싼 액수만 제외하면, 그 장비는 알파베이와는 무관해 보였다.

다른 한편, 그 노트북은 말 그대로 '증거의 금맥'이었다. 알파베이로 로그인돼 있다는 점과 유죄 증거로 사용될 수 있는 순자산 규모 파일 외에도, 그 컴퓨터는 카제스의 모든 다양한 디지털 지갑들에 대한 키를 담고 있었다. 그 지갑들은 비트코인만이 아니라 이더리움Ethereum, 모네로Monero, 지캐시Zcash 등 다른, 더 새로운 암호화폐도 포함하고 있었다. 라벤은 FBI의 분석가들인 알리와 에린이, 작전실에서 그 돈을 FBI 통제하의 지갑들로 옮기는 모습을 지켜봤고, 수백만 달러 규모의 돈을 이체할 때마다 상황 보고를 받았다. "그것은 내가 지금까지 본 것 중 가장 쿨한 장면이었어요"라고 라벤은 말한다.

카제스가 체포된 날 저녁, 라벤과 히메사스는 그를 처음으로 만났다. 그는 NSB 본부의 회의실에 앉아 있었다. 그의 곁에는 태국 경찰 한 명과, 카제스가 자신의 변호를 위해 임시로 고용한 태국 변호사 두 명이 합석했다. 디지털 세계에서 거의 1년 가까이 카제스를 추적해 온 라벤으로서는 그 표적과 같은 물리적 공간을 공유하고 있다는 사실이 잘 믿기지 않았다. 하지만 카제스는, 불과 며칠전 순전한 우연으로 아테네 호텔 라운지에서 그들의 곁에 앉은 적이 있었음에도 두 검사 중 누구도 알아보지 못했고, 그 두 사람이 곧 자신의 운명을 좌우하게 될 것이라는 사실을 전혀 눈치채지 못했다.

라벤은 카제스에게 자신들의 시간을 낭비하거나 거짓말을 하지 말라며, 범죄 용의자들에게 건네는 전형적인 경고로 말문을 열었다. 하지만 두 검사는 더 경험이 풍부한 히메사스가 심문을 주도하기로 미리 말을 맞춰놓은 상태였다. 히메사스는 예의 분석적인 톤으로, 카제스가 저지른 것으로 그들이 파악한 범죄들, 그에 대한 기소, 그리고 그것이 유죄로 결정될 경우 잠재적으로 어떤 결과가 나오는지 간단히 설명했다. 그는 자신들이 확보한 증거를 열거했다. 여기에는 이들이 수집한 소셜미디어의 단서들과 블록체인 증거들뿐 아니라 카제스의 암호화되지 않은 노트북과 아이폰도 포함됐다. 그는 카제스가 협조하지 않는다면 여생을 감옥에서 보내게 될 공산이 크다고 설명했다.

하지만 그런 처벌은 그가 현명한 결정을 내린다면 감형될 수 있을 것이었다. 그가 협조한다면 카제스는 언젠가 자유로운 몸이 돼 가족을 만날 수도 있을 것이라고 히메사스는 말했다.

잠시 머뭇거린 다음, 카제스는 긴 혼잣말 끝에 한 가지 질문을 던졌다. 자신을 소위 '킹핀 법kingpin act'으로 기소할 예정인가?

두 검사 모두 들어본 적이 없었던 ㄱ의 목소리는, 중간 높이에 불어식 억양이 도드라졌다. 하지만 이들은 목소리보다 그의 얼굴 표정에 더 충격을 받았다. 슬몃 미소를 짓는 표정.

두 검사는 당황했다. 그는 그 법이 규정한 가혹한 형량에 대한 두려움에서 그런 질문을 하는 것인가? 사실은, 그들은 카제스를 그 법에 의거해 기소하면 그가 나중에 협조하기로 마음먹을 경우 융통성을 발휘할 여지가 적어지기 때문에 그러지 않은 상태였다. 하지만 이들을 뜨악하게 만든 것은 별일 아니라는 듯한 카제스의 어투였다. 그는 혹시 자신을 킹핀 법으로 유죄 판결을 받은 로스 울브리히트와 비교하는 것인가 이들은 의아해 했다. 그는 '킹핀'이라는 꼬리표를 신분의 상징쯤으로, 다크웹이라는 신전에서 자신의 지위를 공고히 하는 발판으로 본 것인가?

루벤은 심란해졌다. 그것은 카제스가 냉혹한 반사회적 인격 장애자의 특성을 가졌기 때문이 아니었다. 하지만 그는 자신들과 하는 대화를 심각하게 받아들이지도 않았다. 태국에서 재판을 받을 경우 무기징역형이나 심지어 사형 선고를 받을 수도 있는 상황임에도 그는 이 심문을 일종의 게임처럼 여기는 것 같다고 라벤은 속으로 생각했다.

그는 상황의 심각성을 일깨우려 시도했다. "이건 농담이 아니야. 당신이 우리를 도와주지 않으면 우리도 당신을 도울 수 없어"라고 라벤은 카제스에게 말했다. 카제스의 남은 인생이 기로에 서 있다는 점을 다시 환기했다. 카제스는 그런 책망을 듣고 나서야 약간 더 진지해진 듯했다.

두 검사는 마침내 카제스에게 그의 신병 인도 권리를 포기함으로써 태국이 아닌 미국에서 재판을 받을 (그리고 아마도 징역형을 선고받을) 용의가 있느냐고 물었다. 카제스는 고려해보겠다고 말했다. 하지만 그는 아무런 실제 협상을 벌이기 전에 더 고정적인 변호사와 논의하기를 원한다고 고집했다. 이들의 미팅은 끝났다.

· · ·

이틀 뒤, 카제스는 자신이 임명한 정식 수임 변호사에게 처음으로 말문을 열었다. 그의 이름은 로저 보나크다^{Roger Bonakdar}로, 미국의 젊은 변호사였다. 카제스에 관한 일로 연방 국선 변호사 사무실로부터 전화를 받았을 때 보나크다는 사무실에 있었다. 프레즈노 다운타운에 있는 라벤의 사무실에서 한 블록밖에 떨어지지 않은 곳이었다. 수임받은 사건의 위중함(프레즈노는 말할 것도 없고, 캘리포니아 주 전체로 보더라도 이 분야에서 가장 큰 사건임에 분명했다)을 파악한 보나크다는 즉각 카제스와 접촉하겠다고 동의했다.

카제스에 대한 보나크다의 인상은 라벤과 히메사스가 받은 내용과는 표나게 대조적이었다. 그는 카제스가 '유쾌하고 달변'이며 자신의 안위에 대한 우려 때문에 큰 스트레스를 받고 있었다고 말한다. 그의 기억에 따르면 카제스는 특히 검사 팀과 어떤 협상을 벌이든 자신과 가족을 위험에 몰아넣을 수 있다고, 그가 수사 기관의 끄나풀로 비칠 수 있으며 이후에 벌어지는 어떤 체포도 자신이 밀고한 결과로 해석돼 보복의 위험에 놓일 수 있다고 우려했다. "그는 자신이 수사 팀에 협조하고 있다는 인상을 줄까봐 불안해 했습니다. 사실은 그렇지 않았는데 말이죠"라고 보나크다는 말한다.

이들은 카제스가 태국에 억류돼 있는 한 거의 아무런 법률적 보호를 받지 못한다는 데 동의했고 보나크다는 그를 가능한 한 빨리 NSB 본부에서 빼내 캐나다 대사관으로 옮길 필요가 있었다. "그의 안전을 확보할 방법을 찾느라 고심했죠"라고 보나크다는 말한다. 그는 카제스에게 가능한 한 빨리 만나기 위해 방콕으로 날아가겠다고 알렸다.

하지만 이무렵 카제스는 NSB 본부 8층에서 주로 시간을 보냈다. 그의 협조를 끌어내려는 검사들의 노력은 별반 결실을 맺지 못했다. 그래서 이들은 태국 경찰이 그를 빌딩 1층에 있는 유치장으로 보내는 데 동의했다. 그는 우중충한 흰색 벽에 얇은 푸른색 매트리스가 깔려 있고, 방 뒤쪽으로 채 1m가 안 떨어져 있는 벽과 여닫이 나무 문 뒤에 변기가 설치된 유치장에 감금됐다.

카제스가 체포된 지 며칠 뒤, 업무의 큰 틀을 마친 라벤은 미국으로 돌아갔고, 히메사스는 카제스가 소유했던 빌라를 확인하기 위해 푸켓을 잠깐 방문했다. 그 빌라는 태국 정부가 압류할 계획이었다.

하지만 산체즈는 방콕에 남았다. 카제스가 NSB 구치소에 갇히고 나서부터는 그녀와 이따금씩 대화를 나누기 위해 (수갑을 차고, 약간 헝클어진 머리에 면도를 하지 않아 까칠하게 자란 수염을 하고) 밖으로 불려나왔다. 둘은 함께 처리해야 할 서류 작업이 더 남아 있었고, 그렇지 않을 때는 그에게 전화를 건네주고 그의 변호사들이나 아내와 통화할 수 있게 해줬다. 그의 아내는 또한 카제스를 매일 찾아와 철창을 사이에 두고 사적인 대화를 나눴다.

궁극적으로, 카제스는 장기간의 법적 다툼 없이 자신을 미국으로 인도해도 좋다는 포기 각서에 서명했다. 감금 상태가 이틀 정도 이어지자, 카제스는 산체즈와 좀더 대화가 잘 진행되는 (비록 여전히 반항적인 태도를 보였지만) 관계로 전환했다. 산체즈는 카제스가 지루하고, 외롭고, 그래서 누구와든 이야기를 나눌 준비가 된 것이라고 짐작했다.

한 번은 카제스가 느닷없이 알파베이의 도덕성 문제를 들고 나왔다고 산체즈는 말한다. 마리화나를 파는 웹사이트를 운영하는 게 뭐가 그렇게 잘못된 것이냐고 그는 가상적인 형식으로 문제를 제기했다. 산체즈는 알파베이가 펜타닐을 판 것은 어떻게 생각하느냐고 반문했다. 적어도 산체즈의 회고에 따르면, 카제스는 머리를 숙이며 그에 대해 아무런 변명도 하지 않았다.

체포로부터 엿새가 지난 7월 11일 늦은밤 면회에서, 카제스는 탈출을 계획했다고, 중무장한 헬리콥터가 그를 꺼내주러 올 거라고, 진지한 표정으로 산체즈에게 말했다.

"알렉스, 헛소리 하지 마" 산체즈는 쓴웃음을 지으며 대답했다. "나한테 그따위 농담 하지 마."

산체즈는 그가 미국 정부에 엄청나게 가치 있는 정보원, 그녀의 표현에 따르면 '슈퍼스타'가 될 거라고 상기시켰다. 일단 미국에 가면 그에게 컴퓨터를 제공할 것이고, 그러면 그는 '놀라운 일들'을 해낼 것이라고 산체즈는 말했다. 그리고 자신이 그를 돌봐줄 거라고 다시 다짐했다.

새벽 두 시에 산체즈는 그에게 편한 밤을 보내라고 말하고 귀가했다.

·　·　·

다음 날 아침, 불과 몇 시간의 짧은 수면 뒤에 산체즈는 숙소를 떠나 NSB 본부로 향했다. 카제스는 그날 아침 여덟 시에 방콕의 중앙 법원에서 심리를 받을 예정이었다. 주차하느라 시간을 지체할 것을 염려한 산체즈는 택시를 잡았다. 하지만 곧 방콕의 끔찍한 교통 체증에 걸렸고, 택시 운전사가 엉뚱한 길을 타는 바람에 예정보다 30분이 더 지체됐다.

산체즈는 경찰서에 몇 분 늦게 도착했고, 그래서 서둘러 1층의 유치장으로 직행했다. 문을 통과하자마자 그녀는 누군가가 태국어로 같은 말을 되풀이해서 외치는 소리를 들었다. "그 사람이 말을 안 해요! 알렉스가 말을 안 해요!"

그녀는 내달았다. 전날 밤 카제스가 탈출할 계획이라고 말한 내용이 머릿속으로 번개처럼 지나갔다. "오 맙소사, 저 미친—" 산체즈는 경찰서 복도를 달리면서 분개했다. "그를 꺼내줄 누군가가 있었던 거야."

그녀가 도착했을 때 카제스의 감방은 비어 있는 듯했다. 태국 경찰들이 그 감방의 1m 높이 벽 너머로 무엇인가를 응시하고 있었다. 그녀는 걸어 들어가 내려다봤다. 그 벽 뒤로 카제스의 시체가 감방 화장실을 가로질러 누워 있었다.

얼굴을 바닥으로 향한 채 누운 그의 얼굴은 푸르스름했던 것으로 카제스는 기억한다. 그의 팔다리 살은 거의 타박상을 입은 것처럼 검게 변색돼 있었다. 감청색 타월이 그의 목에 감겨 있었고, 그 한쪽 끝은 어깨 너머로 걸쳐진 상태였다.

카제스는 충격과 슬픔, 실망감, 그리고 분노(그가 탈출했다고 짐작했을 때 느겪던 바로 직전의 분노와는 다른 강도의 분노였지만)로 잠깐 이성을 잃었다. 그녀는 그가 차라리 탈출했었기를 바라는 자신의 심정을 확인했다. 그랬더라면 그녀의 앞에 펼쳐진 장면보다는 더 나은 결말이었을 것이다.

'이 미친 놈, 내가 너를 돌봐줄 거라고 했잖아.' 그녀는 속으로 그렇게 외쳤다.

카제스가 죽기 전날, 폴 히메사스 검사는 푸켓에서 방콕으로 돌아와 NSB 본부 근처의 새 호텔에 묵고 있었다. 다음 날 아침 로열 태국경찰 스포츠 클럽의 풍성한 정원을 지나 경찰서로 향하는 히메사스의 기분은, 자신의 경력 최고의 승리를 따냈다는 도취감에 아직 젖어 그보다 더 좋을 수 없었다. '나는 여기 방콕에 있고, 해는 빛나고, 일은 바라는 대로 풀리고. 믿기지 않을 만큼 좋구나'라고 속으로 쾌재를 부르던 것을 그는 기억한다.

그러나 그가 NSB로 다가가던 도중에 한 FBI 요원이 차로 그의 옆으로 지나가면서 창문을 열고 카제스가 감방에서 의식을 잃은 채 발견됐다고 알려줬다. 히메사스는, 아마도 아직 현실 부정 상태에서, 카제스가 낮잠을 자는 모양이라고 속으로 생각했다. 하지만 그가 감방으로 걸어들어가자 산체즈아 태국 경찰은 그를 붙잡고 더 분명하게 현실을 일깨웠다. 이들의 피고는 죽었다.

히메사스는 멍해졌다. 카제스를 추적하는 데 소비한 9개월을 반추하기 시작했고, 이어 체포 뒤에 짜놓았지만 바로 지금 아무런 사전 경고도 없이 와해돼 버린 다음 해 계획을 빠르게 상기했다.

바로 그 순간, 카제스의 아내와 부모가 카제스에게 건네줄 음식이 담긴 비닐 봉지를 들고 유치장으로 걸어 들어왔다. 히메사스는 태국 경찰 중 한 명이 그들에게 무슨 일이 벌어졌는지 설명하는 것을 지켜봤다. 그는 임신 8개월의 몸으로 복도에 서서 돌처럼 굳은 얼굴로 그 소식을 조용히 받아들이던 탑수완의 모습을 기억한다. 그녀의 어머니는 슬픔에 북받쳐 곧바로 오열하기 시작했다.

얼마 뒤 라벤은 히메사스로부터 페이스타임FaceTime 화상 전화를 받았다. 당시 그는 프레즈노 다운타운에 있는 법원 건너편의 탁아소에서 아이를 픽업하던 중이었다. 그는 눈시울이 젖은 히메사스의 얼굴을 봤다. "그랜트, 그가 죽었어. 그가 죽었다고." 히메사스는 그렇게 말했다.

· · ·

15개의 시간대 만큼 떨어진 곳에서, 라벤은 자신의 차에 앉아, 갑작스럽고 충격적인 실망감의 물결에 압도됐다. 그는 그 느낌을, 귀중한 유물을 찾아 전 세계를 여행한 보물 탐험가가 이를 손에 넣고 막 집으로 돌아가려는 순간 누군가가 그것을 아무렇지도 않게 땅바닥에 던져 산산조각 내버렸을 때 맛볼 법한 감정과 비슷하다고 생각했다. 그것은 때이른 종결의 감각이었다. 자신의 커리어에서 가장 중차대한 수사가 허망하게 끝나버린 것이었다.

처음의 충격이 지나간 뒤, 라벤은 카제스에 대해 거의 동정심을 느끼지 않았음을 인정한다. 앞으로 벌어질 수도 있는 재판을 준비하는 과정에서, 그와 히메사스는 알파베이의 마약 거래 탓에 발생한 몇 건의 사망 사례를 찾아냈었다. 그중 한 사례는 룩셈부르크에서 발생한 이중 살인이었다. 현지의 경찰이 알파베이에서 구입한 청산가리로 그의 누이와 매형을 살해한 것이다. 미국에서는 오레곤 주 포틀랜드의 18세 여성, 그리고 불과 13세밖에 안 된 유타 주의 두 소년이 모두 알파베이에서 구입한 합성 마약을 복용하고 사망했다. "그 사이트 때문에 죽은 아이들을 생각하고, 그로부터 그가 수백만 달러를 벌어들인 사실을 생각하면, 그의 자살에 동정심을 품기가 어렵죠"라고 라벤은 말한다.

이후 몇 년에 걸쳐, 라벤은 카제스가 왜 자살했는지 고민하고 그와 잠깐이나마 주고받은 심문 내용을 돌이켜보면서 그가 자살할 만한 이유를 나름대로 생각해 봤다. 그는 게이머였고, 자신의 삶도 마치 비디오게임처럼 취급했다고 라벤은 지적한다. 그는 게임 순위표의 점수를 쌓듯이 권력과 돈, 그리고 섹스를 추구했다. 라벤은 첫 심문 때 카제스의 표현에서 그런 점(어떤 행동에 따른 대가나, 자신의 미래에 대한 무관심)을 볼 수 있었다. "그건 마치 1인칭 게임을 하는 것 같아요. 뭔가 잘못되면 초기화 버튼을 누르는 거죠."

라벤은 자신의 목숨을 끝내기로 한 카제스의 결정도, 10대 시절의 힙합적 이상과 20대 때의 '알파' 심리 구조의 반영이라고 봤다. 다른 어떤 것보다 앞서 사회적 지위와 존경, 그리고 특정한 유형의 명성을 얻으려는 열망에서 나온 고위험, 고보상의 가치관은, 감옥에서 수십 년을 복역하거나 연방 정부의 정보원 노릇을 하는 것과는 맞을 수 없었다.

"그는 무리의 결정권자가 되고 싶었던 아이였죠. 그는 그걸 성취했습니다. 그는 태양을 건드렸죠. 그리고 죽었습니다." 라벤의 말이다.

. . .

로저 보나크다는 사안을 다르게 봤다.

라벤으로부터 카제스의 사망 소식을 전해 들었을 때, 보나크다도 마찬가지로 충격에 휩싸였다. 그는 태국행 항공권을 예약해둔 상태였다. 그는 자신의 백신 기록을 점검하던 중이었다. "우리는 다음 행보를 계획하고 있었어요, 그런데"라면서 보나크다는 손가락 스냅으로 딱 소리를 내며 말했다. "그렇게 갑작스럽게 가버렸어요."

하지만 라벤, 히메사스, 혹은 산체즈와 달리, 보나크다는 자신의 의뢰인이 스스로 목숨을 끊었다는 이야기에 즉각 의심을 품었고, 그런 생각을 라벤에게도 말했다. 보나크다는 의뢰인이 자살하는 사태를 경험한 적이 없었지만, 피고인들이 순간적인 절망감에 빠져 자살을 고려한다는 말은 들은 적이 있었다. "내 의뢰인이 그런 극단적 선택을 고려하는지는 그들과 말해보면 알 수 있습니다. 카제스에게서는 그가 절망에 빠졌다거나 그런 상태로부터 헤어나지 못할 거라는 느낌을 전혀 갖지 못했어요. 그런데 그가 죽었다는 겁니다." 보나크다의 말이다.

이후 몇 개월간, 보나크다는 미국 검사들과 태국 정부에 카제스가 수감됐던 감방의 비디오 카메라 기록을 요구했다. 아무것도 받지 못했다.

나는 몇 년 뒤에, 태국 경찰에 카제스의 사망 추정 시간의 비디오 기록을 청구했고, 여러 개의 비디오 클립을 받았다. 그중 한 클립은 카제스가 감방의 철창 사이로 바깥 복도를 위아래로 바라본 다음, 스크린 바깥에서 타월을 가지고 무엇인가를 하다가 감방의 화장실 문 뒤로 사라지는 장면을 보여준다. 그다음 클립은 30분 이상 지난 다음의 장면으로, 간수들이 달려 들어오고, 산체즈가 뒤따라와서 화장실 벽 너머를, 아마도 카제스의 주검을, 내려다보는 장면이다.

태국 경찰은 사건 추정 시간 전과 후 30분간의 비디오는 감방의 빈 부분만을 보여주고 아무런 움직임도 누가 들어가는 장면도 없었기 때문에 아예 저장하지 않았다고 설명했다. 하지만 보나크다는 비디오 클립의 그 간극은 카제스의 사인을 더욱 의심스럽게 만드는 정황이라고 주장한다.

보나크다는 카제스의 자살에 대한 물리적 설명만으로는 "'생체역학적으로biomechanically' 미심쩍다"라고 주장한다. 그는 카제스가 어떻게 허리 높이의 자작 교수대에서 스스로 목을 맬 수 있는지 상상할 수 없다. "몸이 공중에 걸리지 않는데 어떻게 경동맥을 끊어버릴 정도의 힘을 얻을 수가 있습니까?"

산체스는 내게 그녀 나름의 이론을 근거로 어떻게 카제스가 질식사했는지 설명했다. 그는 타월의 한 끝을 자신의 목에 두르고 다른 끝을 90 cm 높이 화장실 벽의 경첩에 끼워, 반층 높이 벽의 꼭대기에서 그의 목을 조르는 올가미를 만든 것이었다. 그러곤 바닥에 앉는 방법으로 자신의 몸무게를 이용해 목을 두른 타월을 조임으로써 산소와 피의 흐름을 차단했다. "그는 계획적으로 세상을 등진 거예요"라고 그녀는 말한다. 태국 경찰 검시관의 보고서는 카제스의 사인을 간단히 '질식suffocation'이라고 적고, 아무런 저항의 흔적도 없다면서, 그의 손톱 밑에서는 다른 누구의 DNA도 발견되지 않았다고 지적했다.

목매 사망한 경우들에 대한 의학적 연구를 보면 자가 질식self-asphyxiation은 사실 몸 전체를 공중에 띄우지 않고도 쉽게 일어난다 . 산체스와 라벤두 사람은 내게, 카제스의 자살 수단을 고려할 때, 그는 온라인에서 자살 방법을 검색했던 것으로 보인다고 말했다. 산체스는 또한 카제스의 아내인 탑수완은 그가 자살을 계획한 사실을 알았다고 믿는다. 산체스는 태국 경찰로부터 탑수완이 카제스의 푸켓 빌라에서 일하는 직원에게 그는 미국으로 인도되기보다는 차라리 죽는 쪽을 택할 거라고 말했다는 전언을 들었다 .

하지만 보나크다는 그런 간접적인 설명을 받아들이지 않으며 여전히 미심쩍어 한다. 그는 누가 카제스를 죽였는지(혹은 그를 죽게 만들었는지)는 모른다고 인정하면서도, 적어도 자기 의뢰인의 자살은 전혀 객관적으로 입증되지 않았다는 입장을 고수하고 있다. 카제스가 자신에 대해 밀고할 것을 두려워한 어느 공범의 짓일까? 태국 경찰이 자신들의 부패를 은폐하기 위해 그런 일을 저질렀을까? 그는 결국 진실은 끝내 밝혀지지 않을 것이라고 생각한다.

아직 퀘벡 주에 사는 카제스의 모친 다니엘르 에루Danielle Héroux도 아들의 자살 주장을 믿지 않는다. 그녀는 그의 죽음을 미국 정부의 책임으로 돌린다. "알렉스는 자살하지 않았습니다"라고 에루는 불어로 문자 메시지를 보냈다. "FBI는 그들의 전리품^{trophy}을 미국으로 데려갈 수 있을 때를 기다리는 동안 왜 아무런 보호 대책도 세우지 않았죠? 분명히 그들은 알렉스가 말하는 것을 원치 않았고, 그래서 그를 암살하라는 명령이 내려진 거예요."

에루는 인터뷰 제의를 거부했고 자신의 주장을 더 상세하게 펼치거나 증거를 제시하지도 않았다. 하지만 아들을 변호하는 것은 잊지 않았다. "알렉스는 언론에 보도된 것과 전혀 달라요"라고 그녀는 메시지에 썼다. "나는 혼자 그를 키웠고, 그는 특별한 아이입니다."

카제스의 모친은 둘이 함께 있는 사진 한 장을 공유했다. 그녀가 승용차 뒤에서 카제스와 함께 찍은 셀카 사진이었다. 카제스는 다소 건성으로 웃고 있었는데 거기에는 천진한 개방성의 표정이 담겨 있었다. 검사들이 그의 뒤를 쫓는 시발점이었던 링크드인 프로필의 사진이 보여줬던 것과 똑같은 느낌이었다.

그녀는 메시지 하나를 더했다. "그는 내 삶의 전부였어요."

37장

덫

알파베이를 급습한 이후, 그러나 알렉산더 카제스가 아직 죽기 전까지 며칠간 폴 히메사스 검사는 아테네 호텔의 옥탑 풀장에서 편안한 시간을 보내며 아이패드로 세계 최대의 다크웹 시장이 갑자기, 그리고 알 수 없는 이유로 증발해 버린 데 대한 여러 반응을 읽었다.

그 사이트의 관리자가 수백만 달러어치의 암호화폐를 챙겨 달아났기 때문이라는 소문이 무성하게 퍼지기 시작한 마당이었다. 하지만 다른 이들은 그 사이트가 기술적인 문제 때문에, 혹은 정기 점검을 위해 다운된 것일 뿐이라고 주장했다. 실제로 벌어진 일을 의심하는 사람은 거의 없었다. "과거에 사람들은 항상 투자 회수 사기^{exit scam}임을 외쳤지만 항상 틀렸다"라고 한 사용자는 레딧^{Reddit}에 썼다. "나는 이것도 마찬가지로 기우이길 진심으로 바란다. 다른 사용자는 이렇게 덧붙였다. "확실한 결과가 나올 때까지 믿음을 잃지 맙시다."

믿음이야 어쨌든, 알파베이를 이용했던 마약 판매자와 구매자들은 평소대로 비즈니스를 계속할 수 있게 해주는 새로운 시장을 거의 즉시 찾아나섰다. 그 자연스러운 선택은 두 번째로 크고, 잘 운영돼 왔으며, 이미 빠르게 성장하는 알파베이의 경쟁사, 바로 한사^{Hansa}였다. "와우, 알파베이도 사기를 쳤어. 미쳤다!"라고 한 사용자는 트위터에 메시지를 올렸다. "한사로 옮깁니다."

네덜란드 경찰은 바로 그런 이들을 기다리고 있었다. 2주 동안 이들은 한사의 방대한 시장을 살피고, 그 사용자들을 감시하고, 이들의 메시지와 배달 주소, 그리고 비밀번호를 수집했다. 소규모 위장 수사관들이 교대해 가며 24시간 작업하는 드리베르겐의 회의실은 마치 대학 기숙사 같은 분위기를 풍겼다. 감자칩, 쿠키, 초콜렛, 에너지 드링크 등이 탁자 위에 가득했고, 환기가 잘 되지 않아 퀴퀴한 냄새가 회의실에 감돌았다.

한번은 네덜란드 경찰의 수사부장이 이들의 기념비적인 작전의 실제 상황을 시찰하러 나왔다. 수사부장은 작전실로 쓰는 회의장의 냄새에 표나게 불쾌하다는 표정을 지었고 10분 만에 자리를 떴다. 누군가가 방향제를 들고 들어왔다. ("그건 효과가 없었어요"라고 한 팀원은 회고한다.)

한편 한사 사이트는 성업 중이었다. 알파베이에 대한 급습이 벌어지기 며칠 전까지 신규 등록 사용자는 하루 1천 명 꼴로 늘었고, 모두 네덜란드 경찰이 끈기있게 쳐놓은 덫으로 들어온 셈이었다. 알파베이 사이트가 사라진 날, 그 숫자는 하루 4천 명 꼴로 급증했다. 다음 날엔 5천 명 이상이 사용자로 등록했다. 그러더니, 이틀 뒤에는 6천 명이 더해졌다.

한사 사이트가 알파베이에서 나온 사용자들을 빠르게 흡수하면서, 곧 네덜란드 경찰은 하루 1천여 건의 거래를 기록하게 됐다. 그러한 주문 기록을 추적하고 유로폴Europol에 보내는 서류 작업(네덜란드 내의 주소로 배송되는 모든 주문을 가로채는 것은 말할 것도 없고)은 갑자기 너무 커져서 경찰은 잠시 그에 압도될 정도였다. 이들은 마지못해 신규 등록자를 1주일 동안 받지 않기로 결정했다. "알파베이 난민들의 갑작스러운 유입으로 기술적 어려움을 겪고 있습니다"라는 메시지를 이들은 사이트에 공지했다. 하지만 그 난민들은 한시라도 빨리 한사 사이트에 가입하려 안달이 난 상태여서 일부 한사 사용자들은, 마치 암표상들이 콘서트 티켓을 웃돈을 얹어 팔듯, 웹포럼을 통해 자신들의 계정을 팔기 시작했다.

그러더니 그 주 중반인 7월 13일, 베요넷 작전의 한 끝이 돌연 외부에 노출됐다. 알파베이가 미국, 태국, 캐나다의 수사 기관이 공조한 연합 수사로 폐쇄되고, 그 사이트의 관리자인 알렉산더 카제스가 태국의 유치장에서 시체로 발견됐다는 사실을 「월스트리트저널」이 보도한 것이다.

기사는 한사나 네덜란드 경찰을 언급하지 않았다. 네덜란드 경찰은 FBI에 곧바로 연락해 언론 보도에 놀랐지만 자신들의 작전을 함구하겠다는 약속에 감사하다는 메시지를 전했다. FBI 측은 네덜란드 작전 팀의 리드를 지켜보면서 베요넷 작전 전체에 대한 발표를 늦추겠다고 다짐했다. 미국과 네덜란드가 공조해 아직 진행 중인 원투 펀치 작전의 절반은 네덜란드 경찰이 수사를 진행하는 한 언제까지든 비밀로 유지될 것이었다.

그래서 한사에 대한 신규 사용자 등록을 중단한 지 일주일 뒤에, 드리베르겐 팀은 등록을 재개했다. 신규 사용자 등록은 하루 7천 명 이상으로 폭증했다.

· · ·

네덜란드 경찰은 그들의 위장 작전이 무기한으로 이어질 수 없다는 점을 알았다. 마스크를 벗어던지고 자신들의 감시 쿠데타를 공개하면서 치밀하게 재구축해 관리해 온 시장을 무너뜨릴 순간이 오는 것을 알 수 있었다. 따지고 보면, 이들은 마약 판매를 노운 셈이었고, 9-편을 통한 매매 행위를 모두 가로채지도 못했다.

한편 함정 수사의 끝이 다가올수록, 지레 발각됨으로써 보게 될 피해는 적을 것이라는 인식 때문에 작전 팀은 더 큰 위험을 감수할 용의가 있었다.

함정 수사 기간 동안, 네덜란드 작전 팀은 소위 '사악한 계획evil plan'을 위한 모임을 갖고 한사 사이트 사용자들에 대한 추적과 식별 방법으로 점점 더 기만적인 전술을 창안했다. 그리고 그런 전술의 목록을 작성한 다음, 자신들의 위장 작전을 들통나게 만들 위험성이 가장 낮은 방법부터 가장 높은 방법에 이르기까지 순위를 매겼다. 이들은 작전의 최종점에 이르면서, 가장 대담한 아이디어를 실행에 옮겼다.

한사는 다크웹 시장의 판매자들을 보호하기 위한 기본 관행을 오래 전부터 시행해 왔다. 그것은 판매자들이 취급 상품의 목록과 이미지를 사이트에 올리면, 그 사이트는 해당 이미지로부터 그와 연결된 메타데이터(그 사진이 어디에서 찍혔는지, 그리고 그 이미지가 어느 지리적 위치에서 만들어졌는지와 같은 부가 정보)를 자동으로 제거하는 관행이었다. 네덜란드 작전 팀은 초반에 그런 기능이 쓸모 없도록 이미지에서 메타데이터가 제거되기 전에 그 내용을 기록해 이미지를 업로드한 사람들의 위치 정보를 수집했다. 하지만 그런 방법으로도 소수의 거래자들만 그 위치를 정확히 파악할 수 있었다. 대부분의 사용자는 판매 물품 목록을 업데이트하는 경우가 드물었고 새로운 사진도 거의 올리지 않았기 때문이다.

그래서, 한사를 장악하고 몇 주가 지난 뒤, 경찰은 그 사이트에서 모든 이미지를 지워버렸다. 그리고 기술적 버그 탓에 서버가 다운됐다며 마약 판매자들에게 물품 목록의 모든 이미지를 다시 올려야 한다고 발표했다. 이들의 이미지를 다시 올리게 되면 네덜란드 작전 팀은 방대한 양의 이미지로부터 메타데이터를 긁어모을 수 있을 것이었다. 이들은 금세 50개가 넘는 마약 딜러들의 위치 정보를 취득했다.

위장 작전의 막바지에 드리베르겐 작전 팀은 익명성을 보장하는 토르Tor를 이용해 한사 사이트에 접속하는 판매자들의 IP 주소를 빼내는 또 다른 아이디어를 구상했다. 그것은 일종의 '트로이의 목마'식 아이디어였다. 한사의 관리자들은 판매상들에게, 설령 사이트가 폐쇄되더라도 그들이 한사 시장에 예탁해둔 비트코인을 인출할 수 있게 해주는 코드가 포함된 엑셀 파일을 제공한다고 발표했다. 한사의 딜러 중 소수밖에 그 제안에 응하지 않자, 작전 팀은 판매상들을 유혹하기 위해 거기에 더 유익한 정보를 더하려 시도했다. 이를테면 판매자들이 자신들의 우량 고객들을 추적하고 순위를 매길 수 있게 해주는 통계 자료 같은 것이었다. 그런 기능조차 미온적인 반응밖에 얻지 못하자 네덜란드 경찰은 그들의 계략을 극단으로 밀어부쳤다. 이들은 사이트의 사용자들에게 한사 서버들에서 수상한 활동을 감지했다면서, 모든 판매상은 백업용 암호화폐 인출 파일을 즉각 내려받아야 하며, 그렇지 않으면 그들의 돈을 잃어버릴 수 있다고 경고했다.

물론 그러는 동안 이들이 판매상에게 제공하는 파일은 은밀한 디지털 비컨beacon으로 기능했다. 엑셀 스프레드시트의 좌측 상단에는 바이킹 배 모양의 한사 로고가 표시됐다. 그 엑셀 파일은 수신자가 열면 그 이미지를 한사 서버로 보내도록 설계돼 있었다. 그렇게 함으로써 작전 팀은 그 파일을 요청하는 모든 컴퓨터의 IP 주소를 볼 수 있었다. 한사 사이트를 이용하는 판매상 중 64곳이 그 미끼를 물었다.

작전 팀이 다양한 아이디어를 시행하는 과정에서, 팀원들은 한사 사이트에서 일하는 직원들, 작전 팀을 위해 일하는 중개자들moderators에게 주목하게 됐다. 그 결과 특히 한 중개자가 지독히 헌신적이었다. 팀장인 페트라 한드리크만Petra Haandrikman의 표현에 따르면 한사 사이트에 매우 '감정적으로 집착하는' 인물이었다. 네덜란드의 작전 팀은 그를 체포할 방안을 구상하면서도 이 헌신적인 직원에게 경이와 애정을 느끼지 않을 수 없었다.

이들은 그에게 승진을 제안했다. 한사의 두 보스(사실은 네덜란드의 작전팀)는 급여도 올려주겠지만 그 사이트의 세 번째 관리자 자리를 수락한다는 조건이라고 못을 박았다. 그 중개자는 기뻐 어쩔 줄 몰라하며 즉각 그 제안을 받아들였다. 그러자 이들은 관리자에게 필요한 이중인증용 토큰(본인의 신원을 증명하고 계정 보안을 유지하기 위해 PC에 꽂는 USB 키)을 건네자면 직접 만나거나 그것을 배송할 그의 주소가 필요하다고 설명했다.

다음 메시지에서 그 중개자의 톤은 돌변했다. 그는 만약 한사의 보스들이 자신의 신원 정보를 묻거나 자신을 직접 만나려고 시도하는 경우 즉각 사직하고 자신의 중개자 업무에 사용한 모든 기기의 데이터를 삭제하겠다고 스스로 다짐해 왔다고 설명했다. 이제 그는 그런 다짐을 실행할 참이었다. 그는 작별을 고했다.

그 중개자의 갑작스런 결정(징역형을 면하게 만든 매우 현명한 결정이었다)으로 충원해야 할 공석이 하나 생겨 버렸다. 그래서 이들은 새로운 중개자를 구한다고 광고하기 시작했다. 자격에 관한 일련의 예상 질문 중 마지막으로, 이들은 '성공적인' 응시자에게는 이중인증용 토큰을 우송할 수 있는 주소를 물을 것이라는 내용을 넣었다. 일자리를 얻고 싶어 안달이 난 응시자들은 처음부터 자신들의 집 주소를 알려왔다. 한 중재역 응시자는 "이 주소를 경찰에게는 알리지 말아주세요. 하하하하하하 농담이에요"라고, 사실은 자신의 주소를 경찰에게 보내는 줄도 모르고 이렇게 말했다. "한사의 지원은 항상 훌륭하고 유익했기 때문에 저는 당신네를 믿어요."

더 반지빠른 다크웹 사용자들은 물론 자신들의 집 주소를 절대 보내지 않았다. 소포를 꼭 받아야 할 필요가 있는 경우는, 사달이 나면 언제든지 그 소포가 자기 것이 아니라고 부인할 수 있는, 집에서 떨어진 위치에 있는 소위 '투하지drop'의 주소를 이용했다.

그런 안전 대책을 우회하기 위해 네덜란드 경찰은 한 단계 더 나아갔다. 투하지 주소를 제공한 중재역 응시자들에게는 말랑말랑한 핑크빛 코를 지닌 귀여운 판다 봉제인형에 이중인증 토큰을 숨겨 발송했다. 이들은 판다 인형이 인증 토큰을 숨기기 위한 무해한 위장임을 중재역 응시자들에게 알리는 한편 한사의 보안 관행을 유머러스하게 전달하고자 했다.

적어도 유머 부분은 맞을 것이었다. 네덜란드 경찰은 자신들의 표적이 판다 봉제인형을 일종의 선물이나 기념품으로 집에 가져가기를 기대했다. 수신자들은 모르게, 봉제인형 깊숙이 작은 GPS 추적기가 들어 있었기 때문이다.

38장

여파

7월 20일, 한사 사이트를 27일간 운영한 끝에, 네덜란드의 검사들은 마침내 함정 수사를 끝마칠 때가 됐다고 결정했다. 그 사이트를 위장 운영해 온 드리베르겐 작전 팀의 여러 요원은 아직 활용할 만한 감시 기법 아이디어가 남아 있다며 그에 반대했지만 수용되지 않았다.

네덜란드의 경찰청장은 헤이그의 경찰 본부에서 기자 회견을 열고 커다란 붉은색 플라스틱 버튼을 눌러 그 사이트를 폐쇄하는 드라마를 연출했다. (사실은, 그 버튼은 그저 소품이었다. 근처에 앉은 요원 한 명이 노트북을 통해 그 버튼을 누르는 동작에 맞춰 서버로 명령어를 보내 한사 사이트를 오프라인 상태로 바꾼 것이었다.) 그와 동시에, 미국 법무부는 워싱턴 DC의 기자 회견에서 그소식을 발표했고, 법무장관인 제프 세션스Jeff Sessions 본인이 직접 알파베이와 한사 다크웹에 대한 공조 수사에 관해 발언했다. 세션스 장관은 그 기회를 이용해 다크웹 사용자들에게 공식 경고를 보냈다. 기자들과 카메라로가득찬 회견장에서 "당신네는 안전하지 않다. 당신들은 숨을 수도 없다"라고 그는 말했다. "우리는 당신들을 찾을 것이고, 당신네 조직과 네트워크를와해시킬 것이다. 그리고 당신을 기소할 것이다."

알파베이 사이트는 불가사의하게 사라진 지 거의 16일 만에 미국 법 집행 기관의 로고와 모두 대문자로 쓰인 공지문을 달고 다시 출현했다. "이

숨겨진 사이트는 압류됐습니다.”

한편 네덜란드 경찰은 그와 약간 다른 문구를 한사 사이트에 걸었다. “이 숨겨진 사이트는 압류됐으며 6월 20일 이후 통제돼 왔습니다.” 그 공지문에는 경찰이 직접 만든 또 다른 다크웹 사이트의 링크가 포함돼 있었다. 거기에는 세 가지 범주로 분류된 다크웹 마약 판매상들의 목록이 나와 있었다. 수사 중인 자, 신원이 확인된 자, 그리고 체포된 자…. 그 목록은 곧 상당한 규모로 커질 것임을 시사했다. “우리는 암시장에서 활동하며 불법 물품과 서비스를 제공하는 인물들을 추적합니다. 당신도 그런 부류입니까? 그렇다면 당신은 지금 우리 사정권 안에 있습니다.”

드리베르겐의 네덜란드 작전 팀은 함정 수사 사실이 노출된 다음에도 써먹을 마지막 카드가 있었다. 이들은 한사 사이트에서 이미 수집해 둔 사용자 이름과 비밀번호들을, 아직 단속되지 않은 마약 밀매 사이트 중 최대 규모인 ‘드림 마켓Dream Market’에서 시도해보기로 했다. 이들은 그 사이트의 딜러들 중 적어도 열두 명이 한사에서 사용한 것과 동일한 사용자 이름과 비밀번호를 사용하고 있다는 사실을 발견했다. 이들은 그 계정들도 즉각 장악해 해당 사용자들의 접근을 차단했다. 접근이 막힌 딜러들은 멘붕 상태가 돼 공개 포럼에 드림 마켓도 침해됐다고 주장했다.

그처럼 용의주도하게 짜여진 선동극과 접근 차단은 다크웹 커뮤니티 전반에 공포와 불확실성의 씨앗을 뿌리기 위한 의도였다. 네덜란드 경찰인 마리누스 베켈로Marinus Boekelo의 표현에 따르면 ‘전체 시스템의 신뢰도에 타격을 입히기 위한’ 것이었다.

그것은 즉각 의도된 효과를 불러왔다. “앞으로 한동안 (마약을 끊고) 제정신으로 지내야 할 모양이다”라고 한 사용자는 레딧Reddit에 글을 올렸다. 또 다른 사용자는 고함을 지른다는 뜻의 대문자들로 “어떤 다크넷 시장에서도 새로운 주문을 넣지 마시오!”라고 썼다. “그러면 다크넷은 이제 끝난 건가?"라고 한 사용자는 물었다. "수사망에 걸린 것 같다고, 그래서 다른 나라로 도망치고 싶은 모든 이에게 알립니다"라고 또 다른 사용자는 충고했다. "당장 그렇게 하세요."

·   ·   ·

많은 다크웹 사용자 사이에 광범위하게 퍼진 패닉 심리는 그럴 만했다. 한사 사이트를 장악해 4주 가까이 운영하는 동안, 네덜란드 작전 팀은 2만 7천 건의 거래를 감시했다. 사이트를 폐쇄한 뒤 한사에서 1천 200개의 비트코인을 압류했다. 이 글을 쓰는 현재의 시가로 1천만 달러가 넘는 규모였다. 그러한 압류가 가능했던 것은 부분적으로 손쉬운 몰수가 불가능하도록 설정된 사이트의 다중 서명 거래 기능을 작전 팀이 조용히 무력화한 덕택이었다. 이들은 총 42만 명의 사용자들에 관한 데이터를 수집했고 여기에는 1만 개 이상의 집 주소도 포함돼 있었다.

사이트 장악 이후 몇 달에 걸쳐 네덜란드 경찰은 50여 가구를 방문해 해당 주민과 직접 대화하는 활동을 벌였다고 작전 팀을 지휘한 게르트 라스^{Gert Ras}는 말했다. 경찰은 마약을 구입한 것으로 식별된 당사자들을 직접 만나 더 이상 온라인으로 마약을 구입하는 행위를 중지하라고 경고했고, 실제로 체포한 사람은 다량 구매자 한 명뿐이었다.

한사 사이트의 판매자들은 그렇게 운이 좋지 못했다. 1년 안에, 한사의 상위 마약 판매자 중 10명 이상이 체포됐다. 최종적으로, 네덜란드 경찰은 함정 수사를 통해 수집한 막대한 규모의 다크웹 데이터를 유로폴이 관리하는 데이터베이스에 입력했고, 그 내용은 전 세계의 법 집행 기관과 공유됐다.

그렇게 수많은 기관의 기록으로 전이된 범죄 데이터의 폭증이 직접적으로 어떤 파급 효과를 낳았는지는 쉽게 파악하기 어렵다. 하지만 미국 법무부가 베요넷 작전으로부터 수집한 파일의 관리자 노릇을 한 그랜트 라벤 검사에 따르면, 이후 몇 년간 그는 미국 전역에 걸쳐 헤아릴 수 없이 많은 수사 사건의 일환으로 정보 청구를 받았으며 많은 경우는 지금도 진행 중이다.

이후 일련의 대규모 다크웹 단속 활동이 뒤따랐는데, 모두 제이코드 JCODE라는 그룹이 주도했다. 제이코드는 '합동 불법 마약 및 다크넷 단속 그룹Joint Criminal Opioid and Darknet Enforcement'의 약자로 FBI, DEA, 국토보안부, 미국 우편수사서비스, 그리고 다른 5~6개의 연방 기관에서 차출된 요원들로 구성됐다. 2018년에 진행된 작전은 '교란 작전Operation Disarray', 2019년은 '사보토르 작전Operation SaboTor', 2020년은 '디스럽토르 작전Operation DisrupTor'이라는 이름으로 단속 수사가 벌어졌다. FBI에 따르면 이와 같은 단속 활동의 결과 240명 이상 이상을 체포했고, 160건의 '방문 경고knock and talks', 그리고 1천 350만 달러 규모의 현금 및 암호화폐와 더불어 770kg이 넘는 마약을 압류했다.

하지만 그 작전의 한사 쪽 여파는 반드시 긍정적인 것만은 아니었다. 베요넷 작전은 막대한 규모의 인력과 자원을 필요로 했을 뿐 아니라, 네덜란드 작전 팀에 대해 다크웹의 우두머리 역할을 수행하도록 요구했다. 거의한 달간, 이들은 알려지지 않은 양의 치명적인 마약이 신원 미상의 전 세계 구매자들에게 판매되는 과정을 도왔다. 이들은 한사를 장악했지만, 어떤 면에서는 한사가 이들을 장악한 것이기도 했다.

네덜란드 경찰도 그렇게 더럽혀졌다는 느낌을, 아마도 위장 작전의 속성으로 인해 초래된 오염의 쓴맛을 경험했을까? 적어도 몇몇은 자신의 역할에 대해 놀라우리만치 당당하다는 생각을 표현했다. "솔직히 말하면, 그건 대체로 흥미진진한 경험이었습니다"라고 팀장인 페트라 한드리크만은 말했다. 따지고 보면, 네덜란드의 검사들은 함정 수사를 결정하기 전에 작전 내용과 그 윤리성을 검토했고, 그대로 밀고 가는 것이 정당하다고 판단했기 때문에 청신호를 보낸 것이었다. 그 이후 작전에 투입된 경찰은 자신들의 행위가 가진 정당성을 확고하게 믿고 역할을 수행했다.

네덜란드 경찰은 또한 한사를 장악한 동안 예기치 못한 피해를 최소화하기 위한 노력으로 특히 치명적 합성 마약인 펜타닐의 판매를 금지한 사실을 지적했다. 이것은 한사의 사용자들도 호응한 조처였다. 그러나 실상은, 그러한 금지 조치는 위장 작전을 끝내기 불과 며칠 전에야 내려졌다. 그때까지, 3주가 넘는 기간 동안, 그 위험한 합성 마약은 그것을 배송 중에 가로챌 수 있다는 보장 없이 한사 사이트를 통해 판매됐다.

그러면 네덜란드 경찰은 한사 사이트를 폐쇄해 그와 같은 마약 판매를 완전히 차단하는 대신 그런 활동을 두고 보기로 한 결정에 대해 어떻게 생각할까?

게르트 라스 네덜란드 경찰 총수는 그에 망설임 없이 이렇게 대답했다. "우리가 처음부터 사이트를 폐쇄했더라도 그런 판매 활동은 다른 다크웹 시장에서 계속 벌어졌을 겁니다."

·   ·   ·

베요넷 작전 이후 몇 년 동안, 다크웹의 전문가들은 그 작전이 온라인 암시장의 끊임없는 두더지 게임에 얼마큼 저지 효과를 낳았는지, 다크웹 마약 시장의 지속적인 단속과 재부상의 사이클에 얼마큼 파장을 불러일으켰는지 파악하려고 시도했다. 법 집행 기관들이 오랫동안 글로벌 차원의 공조로 진행해 온 수사와 단속은 영원히 되풀이되는 것처럼 보이는 사기 도박 범죄를, 더욱이 한 시장이 폐쇄되면 신종 시장이 떠올라 이를 흡수하는 다크웹 시장의 범죄 활동을 종식까지는 아니더라도 둔화할 수 있을까?

적어도 한 연구 결과에 따르면 알파베이와 한사의 단속 활동은 지속적인 효과를 낳았다. 네덜란드 응용과학연구원TNO, The Netherlands Organisation for Applied Scientific Research은 장악과 폐쇄를 조합한 수사 작전은 이전의 다크웹 단속과 다른 결과를 낳았다고 지적한다. 실크로드나 실크로드2의 경우처럼 한 다크웹 시장이 해체되면, 그곳을 거점으로 마약을 팔던 상인들은 곧 다른 다크웹 사이트로 갈아탔다. 하지만 TNO의 연구에 따르면 한사 사이트에서 탈퇴한 마약상들은 다른 곳에서 재출현하지 않았고, 재출현한 경우 기존의 신원과 평판을 모조리 삭제하고 처음부터 다시 비즈니스를 재구축하지 않을 수 없었다. "실크로드 폐쇄나, 심지어 알파베이 폐쇄와 견주더라도, 한사 시장의 폐쇄는 긍정적인 파급 효과 면에서 단연 두드러졌다. 우리는 경찰의 개입이 시장 환경 자체를 바꾼 첫 번째 징후를 확인한다"라고 TNO 보고서는 밝혔다.

다크웹 마약 시장에 대한 정량적 연구자이자, 아마도 가장 오랫동안 이 분야에 천착해 온 카네기멜런대학의 니콜라스 크리스틴 교수는 그런 진단에 다소 회의적이다. 그가 동료 연구자들과 함께 다크웹 시장들에 게시된 내용을 분석한 결과에 따르면 알파베이는 폐쇄되기 전까지 하루에 60만~80만 달러의 매출을 올렸다. 이는 보수적으로 추산한 규모임에도 실크로드가 한창때 기록한 매출액보다 두 배 이상이다. 하지만 알파베이를 대신해 마약상들을 흡수한 드림 마켓은 2019년 관리자가 종적을 감추면서 조용히 사라질 때까지 알파베이에 버금가는, 혹은 어쩌면 그보다 더 큰 규모로 성장했다.

블록체인에 기반한 체이널리시스의 측정 결과는, 그와 대조적으로, 알파베이가 폐쇄 직전까지 하루 평균 200만 달러까지 매출을 올렸음을 보여준다. 이는 그와 유사한 종류의 다른 어떤 다크웹 시장도 달성하지 못한 매출 규모다. (러시아어로 된 다크웹 사이트 히드라Hydra는 2002년 4월 독일 정부에 의해 문을 닫았는데, 한창때 그 기록을 넘어서기도 했으며, 2021년 17억 달러 이상의 매출을 올렸음을 체이널리시스의 분석 결과는 보여준다. 하지만 이 사이트의 암시장 밀수품 판매는 돈세탁 서비스와 구별하기 어려운 데다, 암호화폐 유입 경향은 알파베이와 직접 비교하기 어렵다.) FBI는 알파베이 사이트가 36만 9천 개의 상품 목록과 40만 명의 사용자 규모로 실크로드가 폐쇄될 당시의 규모보다 10배 더 컸다고 추산했다.

어느 다크웹 사이트가 가장 큰 규모였든, 이 익명의 밀수품 매매 경제의 사이클은 베요넷 작전의 기억이 희미해진 이후에도 지속될 것이라고, 불법이지만 수익성과 중독성이 높은 밀수품에 대한 수요가 존재하는 한 언제까지고 이어질 것이라고, 크리스틴 교수는 전망한다.

"역사가 보여주듯 이런 종류의 생태계는 회복 탄력성이 매우 높습니다"라고 그는 말한다. "2017년에 벌어진 공조 수사는, 그 원투 펀치는 퍽 독특한 것이었습니다. 하지만 그것이 이 생태계에 결정적인 타격을 입힌 것 같지는 않습니다."

2017년, 한사 사이트에 대한 폐쇄가 발표된 당일에도, 일부 사용자들은 그 혼란이 잠잠해지는 즉시 다크웹 시장으로 복귀할 준비가 된 것처럼 보였다. 그리고 또 다른 다크웹 사이트를 찾는 이들의 끝없는 욕망과 수요는 전혀 수그러들지 않은 듯했다. "잠시 자제할 것"이라고 레딧의 다크넷 시장 포럼에 썼던 바로 그 사용자조차 완강한 고집의 언사로 메시지를 끝마쳤다.

"언제나 그렇듯이 사안은 멀지않아 안정될 겁니다. 거대한 두더지 게임은 영원히 끝나지 않아요." 그 익명의 사용자는 이렇게 썼다.

39장

수완나품 공항(Suvarnabhumi Airport)

티그란 감바리안은 체이널리시스의 소위 '고등 분석advanced analysis' 기법의 개발을 도와 베요넷 작전으로 명명된 알파베이 수사에서 성공의 핵심이 된 리투아니아의 IP 주소를 발견함으로써 작지만 중추적인 역할을 했다. 그와 국세청 범죄수사 팀IRS-CI의 동료들은 멀리 방콕까지 날아가 수사를 지원했다. 하지만 실제 급습이 진행될 때는 주변부로 밀려나 있었다.

IRS-CI 팀의 태국 방문 목적으로 부분적으로 그곳에 있는 카제스의 돈세탁 거래처들을 추적하고 가능하면 체포한다는 것이었지만 이들의 단서는 별다른 성과를 얻지 못했다. (이들은 벽에 부딪힌 그 수사에 대해 더 이상 밝히기를 거부했다.) 한편 FBI와 DEA는 (연방 수사 기관들의 서열에서 IRS-CI가 차지하는 지위를 감안하면) 익히 예상된 대로, 감바리안과 베요넷 작전의 내부 서클에 있는 그의 동료들을 대부분 수사 활동에서 따돌렸다. 이들은 카제스의 체포 장면을 실시간 비디오로 중계한 태국 NSB 본부로 초대받지도 못했다. 심지어 다른 알파베이 수사관들이 투숙한 아테네 호텔에도 묵지 못했고, 대신 그보다 급이 낮다고 여겨지는 방콕 힐튼과 매리엇 호텔에 머물렀다. 그런 정황을 눈치챈 태국의 IRS 수사관들은 수사를 조정하는 데 사용한 왓츠앱에서 이들을 '키즈 테이블Kid's Table'로 지칭했다.

감바리안과 새롭게 결성된 IRS-CI의 컴퓨터 범죄 팀의 요원들은 매일 저녁, 혹은 무엇을 해야 할지 몰라 막막할 때, 방콕 힐튼 호텔의 라운지에 모여 그들의 다음 수사 대상은 무엇이어야 할지 논의했다. 어느날 저녁 감바리안은 리액터를 사용하던 중 체이널리시스의 조너선 레빈에게 전화를 걸어 여러 아이디어를 주고받았다. 다크웹의 도박 사이트들? 불법 온라인 카지노들은, 가상화폐 경제에서 부상하는 다른 모든 범죄와 견주면 주목할 만한 가치도 별로 없어 보였다. 또 다른 다크웹 시장 폐쇄? 물론 가능할 것이라고 이들은 생각했다. 하지만 알파베이와 한사 사이트가 잇따라 철퇴를 맞으면서 그 시장은 그로기 상태였고 다시 회복하자면 앞으로 몇 달은 더 걸릴 터였다.

방콕을 떠나 미국으로 돌아가는 날, 감바리안과 다른 IRS-CI 요원인 크리스 잔체브스키Chris Janczewski는 워싱턴 DC행 항공편이 지연된 것을 알았다. 수완나품 공항에 몇 시간 동안 발이 묶이게 된 두 사람은 상사들에게 사정을 알리고 몇 시간 눈을 붙이기 위해 출장비로 '캡슐 호텔capsule hotel'을 이용해도 되는지, 아니면 1등석 라운지 사용권을 구매할 수 있는지 물었다. 두 요청 모두 거절당했다. 그래서 두 사람은 터미널에서 멍하니, 말 그대로 벽만 바라보며 앉아 있었다.

감바리안은 체이널리시스의 레빈에게 다시 전화해 다음 수사 대상을 논의하기로 결정했다. 감바리안의 전화를 받았을 때, 레빈은 그에게 알려줄 뉴스가 있었다. 그는 IRS의 일반적인 수사 대상으로는 적합하지 않지만 그래도 점검해볼 용의가 있었으면 싶은 웹사이트 하나를 들여다보고 있었다. 그곳은 아동 성 학대 자료들child sexual abuse materials(법 집행 기관과 아동 보호 단체들에서는 CSAM으로 약칭한다)을 파는 다크웹 시장이었다. 이는 컴퓨터 범죄의 한 부류로 한때 '아동 포르노child pornography'로 불렸지만 그러한 이미지와 비디오에 기록되는 학대의 진정한 속성을 더 잘 포착하기 위해 CSAM이라는 이름으로 바뀌었다.

그 사이트는 '웰컴투비디오(비디오에 온 것을 환영한다는 뜻)'라고 불렸다. 그 곳은 암호화폐로 유지되는 사상 최대의 CSAM 시장이었다. 그리고 레빈은 사이트의 관리자로 보이는 누군가로부터 한국에 있는 복수의 거래소로 지불된 암호화폐를 이미 추적했다.

어느 정황으로 보거나, 아동에 대한 성 학대를 다룬 막대한 양의 비디오 자료(이는 그들이 지금까지 수사한 어떤 범죄형 암호화폐 경제 분야보다 더욱 은밀하고 음험한 부분)를 보유한 그 관리자는 감바리안이 앉아 있는 태국으로부터 불과 한두 나라 거리밖에 떨어지지 않은 곳에 있을 가능성이 매우 컸다.

레빈은 반농담 삼아 감바리안에게 말했다. "한국에 들러서 이 남자를 체포하는 건 어때요?"

4부

웰컴투비디오

40장

다섯 개의 부호

그 전화 통화가 있기 며칠 전, 다크웹을 수사하는 미국 수사 요원들이 모조리 방콕에 모인 것 같은 분위기였을 때, 체이널리시스의 조너선 레빈은 런던 템스 강의 남쪽 둑 부근에 자리 잡은 영국의 국립범죄기구^{NCA} 본부를 찾아갔다. 한 친절한 요원이 그를 2층으로 안내한 뒤 사무실에 딸린 부엌에서 차를 마시겠느냐고 물었다. 그는 NCA 방문 때마다 항상 그랬듯이 이를 수락했고, 티백을 물이 든 컵에 담갔다.

두 사람은 찻잔을 손에 들고, 그 요원의 칸막이 사무실에 마주 앉았다. 레빈은 정기적인 고객 방문 차원으로 온 것이었고, 그 요원과 동료들이 어떤 수사를 벌이는지 그리고 어떻게 체이널리시스가 도움이 될 수 있는지 논의하려는 목적이었다. 진행 중인 몇몇 사건을 짚은 다음에, 그 요원은 자신의 레이더 망에 새롭게 들어온 다크웹 사이트를 언급했다. 그것은 '웰컴투비디오$^{Welcome\ to\ Video}$'라고 불렸다. 언뜻 보기에, 그것은 드문 아동 성 학대 자료^{CSAM} 사이트로, 비디오에 대한 접근권을 비트코인으로 파는 것 같았다.

그 사이트는 NCA의 아동 학대 수사 팀이, 그들의 기준으로 보더라도 유독 끔찍하게 여겨지는 사건을 수사하던 도중에 발견했다. NCA 요원들은 매튜 폴더$^{Matthew\ Falder}$라는 용의자를 추적하던 중이었다. 영국 맨체스터에 사는 대학 교수인 폴더는 인터넷에서 여성 전문 예술가로 자처하면서 낯선 이들에게 누드 사진을 보내달라고 요청한 다음, 그렇게 받은 사진을 이용해 당사자들에게 그 사진을 가족이나 친구들에게 공개하겠다고 위협하면서 더 수치스럽고 패륜적인 행위를 비디오로 기록해 보내도록 요구했다. 그리고 그런 비디오들을 더 악질적인 위협 수단으로 삼아 그 피해자들로 하여금 카메라 앞에서 자해를 요구하거나 다른 이들을 성적으로 학대하도록 강요했다. 그런 범행으로 체포될 즈음, 그는 50명을 희생양으로 삼았고, 적어도 그중 세 명은 자살을 기도했다.

NCA는 폴더의 컴퓨터를 통해 그가 '웰컴투비디오'의 등록 사용자임을 알아냈다. 수사관들도 미처 모르고 있던 다크웹 사이트였다. 아동 학대 수사 팀은 그 단서를 컴퓨터 범죄 팀으로 넘겼고, 여기에는 지금 레빈이 앉은 사무실의 암호화폐 전문 요원도 있었다. 하지만 컴퓨터 범죄 팀은 그걸 들여다볼 시간조차 부족했다. 온라인 암시장, 랜섬웨어, 그리고 다른 사이버 범죄 건수의 꾸준한 성장세로 이들은 범죄 지하 세계의 디지털 측면에 덜 익숙한 여러 부서의 협조 요청에 파묻힐 지경이었다.

요원들이 웰컴투비디오의 금융 네트워크 중 일부로 파악한 비트코인 주소 하나에 관심이 생긴 레빈은 그것을 체이널리시스의 리액터 소프트웨어에 넣어봐야 한다고 제안했다. 그는 찻잔을 내려놓은 다음 의자를 요원의 노트북으로 당겨앉아 블록체인에 있는 CSAM 사이트의 주소 뭉치를 기록하기 시작했다.

그는 자신이 본 내용에 깜짝 놀랐다. 이 아동 학대 사이트의 사용자들은 (그리고 표면상 사이트의 관리자들로 보이는 이들도) 자신들의 암호화폐 흔적을 지우려는 노력을 거의 기울이지 않은 것이다. 레빈이 과거에 추적했던 다크웹 사용자들은 보통 여러 중간 매개형 주소를 통하거나 수사관들을 따돌릴 목적으로 설계된 믹서를 사용해 돈을 주고받았다. 그와 대조적으로 여기에서는 이 사용자들의 비트코인이 복수의 암호화폐 거래소에서 이들의 지갑으로, 그리고 종종 '웰컴투비디오'의 주소들로 직불된 사실을 레빈은 불과 몇 초 만에 파악할 수 있었다.

이들 주소의 콘텐츠 자체는 불과 몇 개의 거래소(한국의 빗썸Bithumb과 코인원Coinone, 그리고 중국의 후오비Huobi)에서 현금으로 바뀌면서 비워졌다. 누군가는 여러 곳에서 거래가 벌어져 웰컴투비디오 사이트로 송금되는 대규모 비트코인을 지속적으로 현금화하는 것 같았다. 그런 내역을 리액터 소프트웨어를 이용해 수천 개의 주소로 즉시, 그리고 자동으로 무리지음으로써 그 주소들이 모두 단일한 서비스에 속해 있음을 파악하기는 쉬웠다. 그리고 NCA의 귀띔 덕택에 레빈은 그 서비스에 '웰컴투비디오'라는 꼬리표를 달 수 있었다.

더욱이 그 클러스터와 연계되거나 연결된 거래소들은 그 사이트의 수많은 익명 사용자가 누구인지 식별하는 데 필요한 데이터를 보유하고 있을 것이었다. 그 데이터는 단순히 누가 그 사이트에서 비트코인을 현금화했는지뿐 아니라 누가 비트코인을 구매해 그 사이트에 지불했는지도 알려줄 것이었다.

암호화폐 추적자들이 쉽게 신원을 식별할 수 없도록 비트코인을 어느 한 곳에 집중해 축적하는 일을 극구 회피하는 바람에 범인의 행적을 분석하는 일이 어렵고 긴 시간이 소요됐던 알파베이의 작업과 견주면, 웰컴투비디오의 암호화폐 이용 실태를 파악하는 일은 우스울 정도로 쉬웠다. 아동 성 학대 사이트들은, 아마도 전통적으로 암호화폐나 다른 지불 형태를 수용한 적이 없었기 때문에, 블록체인에 대한 현대적 포렌식 재무 수사 기법에 전혀 준비가 돼 있지 않은 듯했다. 고양이와 쥐의 관계처럼 수년간 온라인 암시장의 범죄자들과 쫓고 쫓기는 싸움을 벌여온 레빈의 시각으로 볼 때, 웰컴투비디오는 아직 고양이와 한 번도 마주친 적이 없는 불운한 쥐였다. 암호화폐를 다루는 사이트의 행태로 보건대, 비트코인은 마법처럼 추적 불능이라는 (사실은 정반대가 종종 현실임에도) 낡은 믿음에 사로잡힌 누군가가 그 사이트를 설계한 것 같았다.

NCA 요원의 노트북에서 문제의 사이트를 둘러보면서, 레빈은 처음은 아니지만 과거 그 어느 때보다 더 분명하게, 자신이 블록체인 수사의 '황금기 golden age'에 살고 있음을 실감했다. 그가 나중에 설명한 바에 따르면 황금기란 체이널리시스 같은 곳에서 비트코인의 행방을 추적하는 블록체인 분석가들이 그 표적이 되는 대상들보다 훨씬 더 기술적으로 앞서 있는 시기였다. "우리는 지독히 강력한 툴을 만들었고, 그 덕택에 이런 유형의 운영자들보다 한발 앞설 수 있었죠"라고 그는 말한다. "극악무도한 범죄가 온라인에서 벌어지는 것을 발견하면 우리 기술은 거의 즉각 돌파구를 찾아 들어가고 그런 범죄의 배후가 누구인지 매우 명확한 논리로 밝혀냅니다."

누군가가 웰컴투비디오 매출의 대부분을 한국 내 두 개의 거래소를 통해 현금화하는 것을 본 레빈은 그 관리자가 거의 분명히 한국에 거주한다고 추정할 수 있었다. 사이트 사용자들은 미국에 있는 코인베이스와 서클 같은 거래소에서 구매한 주소들로부터 해당 사이트로 직접 이용료를 지불하는 것 같았다. 이 글로벌 차원의 아동 학대 네트워크를 폐쇄하는 것은 이들 거래소에 사용자들의 신원을 요구해 체포할 수 있는 법 집행 기관만 있으면 가능해 보였다.

그는 IRS의 티그란 감바리안과 크리스 잔체브스키 요원을 떠올렸다. 이들은 알파베이 수사가 마무리됨에 따라 자신에게 새로운 수사 단서들을 알려달라고 요청해 온 참이었다.

"이 사안을 수사하는 데 관심이 있을 만한 사람들을 제가 압니다"라고 레빈은 NCA 요원에게 말했다.

자리를 뜨면서, 그는 요원이 스크린에 띄워 보여준 웰컴투비디오 주소의 첫 다섯 부호를 조용히 암기했다. 체이널리시스의 리액터 소프트웨어는 당시 처음 다섯 개의 숫자나 문자를 입력하면 이를 비트코인 주소로 자동 완성해 줄 수 있는 기능을 갖추고 있었다. 다섯 부호면 충분할 것이었다. 그는 이것을 글로벌 범죄 음모의 살아 있는 지도를 풀 수 있는 짧고 단일한 비밀번호로 간주하고 머릿속에 각인했다.

· · ·

감바리안과 잔체브스키는 레빈의 제안에도 불구하고 한국에 들르지 않았다. 하지만 태국에서 워싱턴 DC의 사무실로 돌아왔을 즈음, 감바리안은 레빈에게 설득돼 웰컴투비디오 사안을 들여볼 필요가 있겠다고 판단했다. 곧 이들은 엑시젠트Excygent라는 기술 계약 회사에서 애런 바이스Aaron Bice라는 이름의 기술 분석가를 스카웃했다. 그는 과거에 감바리안의 BTC-e 수사를 도운 적이 있었다. 이들은 웰컴투비디오의 비트코인 주소들을 리액터 소프트웨어로 정리한 결과, 그것이 얼마나 자명하게 수사 표적으로 드러나는지 알 수 있었다. 그 사이트의 총체적인 재무 해부도가 훤히 펼쳐졌다. 수천 개로 무리지어진 비트코인 주소 중 많은 경우는 특정 거래소에서 비트코인을 현금화한 기록이 거의 은폐되지 않은 채 드러나서, 해당 거래소에 소환장을 보내면 거래자들의 신원을 파악할 수 있을 터였다. 그것은 레빈이 말한 대로 '슬램덩크' 케이스였다.

잔체브스키는 그 사안을 지아 파루키Zia Faruqui 검사에게 가져갔다. 두 사람은 과거에 한 국회의원을 표적으로 삼은, 나이지리아 왕자를 자처한 사기꾼들의 그룹을 함께 추적한 적이 있었다. 더욱이 파루키는 2015년 가상화폐 타격대의 회의에서 감바리안의 남다른 열정에 깊은 인상을 받은 적이 있던 터라 웰컴투비디오를 수사한다는 아이디어에 금방 이끌려 공식 수사를 개시했다.

감바리안, 잔체브스키, 바이스, 그리고 파루키는 거대한 아동 학대 네트워크를 단속하기 위해 모였지만 각자의 개성은 표나게 달랐다. 잔체브스키는 큰 키에 네모진 턱, 샘 록웰Sam Rockwell과 크리스 에반스Chris Evans를 적당히 섞어놓은 듯한 인상의 중서부 출신의 수사관으로, 컴퓨터 스크린을 볼 때는 뿔테 안경을 썼다. 그는 대테러 임무, 마약매매 단속, 정부 부패 수사, 그리고 탈세 사건들을 수사하면서 능력을 인정받아 인디애나주의 IRS 지사에서 워싱턴 DC의 컴퓨터 범죄 팀으로 스카웃됐다. 바이스는 데이터 분석 전문가였고, 잔체브스키의 표현에 따르면 '반은 로봇'으로 여겨질 만큼 비상한 컴퓨터 기술을 갖추고 있었다. 파루키는 국가 안보와 돈 세탁 분야에서 오랜 경력을 쌓은 베테랑 법무 보좌관이었다. 그는 거의 광기가 느껴질 정도의 집중력과 열정을 가진 인물로, 코믹하게 빠른 속사포처럼 말을 쏟아냈고, 그의 동료들이 볼 때는 거의 잠을 안 자고 일에 매진하는 것 같았다. 그리고 감바리안이 있었다. 그는 2017년에 이르러 IRS에서 암호화폐의 마법사이자 다크웹 전문가로 유명세를 얻었다. 파루키는 그를 '비트코인 예수Bitcoin Jesus'라고 불렀다.

그처럼 다양한 경력에도 불구하고 이들 중 누구도 아동 성 학대 사건을 수사해 본 경험이 없었다. 일반인인 경우 단순 소지만으로도 중죄에 해당하는 아동 학대 관련 사진과 비디오물을 적절히 취급하는 훈련도 받지 않았다. 이런 유형의 끔찍하고 심란한 성 학대물을 본 적도 없었고, 곧 마주하게 될 충격적인 내용물에 대한 감정적, 심리적 준비도 돼 있지 않았다.

감바리안과 동료들은 물론 CSAM이 다크웹의 데이터 중 막대한 비중을 차지한다는 점은 알고 있었다. 몇 년 전 영국 포츠머스대학University of Portsmouth의 연구자들이 발표한 자료에 따르면 마약 시장이 다크웹 사이트들에서 가장 큰 단일 범주(약 24%)를 차지했지만 정작 트래픽은 그보다 훨씬 더 적은 수의 아동 학대 사이트가 주도했다. 이 CSAM 사이트들은 토르로 익명성을 유지하는 다크웹 사이트들의 약 2%밖에 되지 않지만 이 사이트 사용자들의 트래픽이 전체 다크웹의 83%를 차지한다.[1]

그럼에도, 아동 성 학대 수사는 전통적으로 FBI와 국토안보부의 주요 소관 업무였지 IRS의 핵심 대상은 아니었다. 그것은 부분적으로 아동 성 학대 이미지와 비디오가 '야구 카드 거래'라고 불릴 만큼 대체로 돈을 지불하는 주체들이 자주 바뀌지 않은 채 교환되고 공유되기 때문이었다.

웰컴투비디오는 달랐다. 자금 루트가, 그것도 매우 명백한 자금 루트가 있었다. 파루키 검사는 두 요원이 블록체인 기록을 보여주자 이들이 아동 학대 분야의 수사에 경험이 없다는 사실에도 구애받지 않았다. 돈 세탁 전문 검사인 파루키는 이것을 재무 수사로 간주했고, 그런 시각에서 볼 때 잔체브스키와 감바리안이 자신에게 제출한 범죄 증거를 가지고 웰컴투비디오에 접근하지 못할 이유가 없었다.

"우리는 이것을 다른 모든 수사와 동일하게 취급할 것이네"라고 그는 못 박았다. "우리는 돈의 흐름을 추적하는 방식으로 이것을 수사할 거야."

· · ·

감바리안은 베요넷 작전의 일환으로 방금 방콕 출장에서 돌아오자마자, 또 다른 다크웹 심층 수사에 이미 발을 깊이 담그게 된 셈이었다. 하지만 그 새로운 수사가 속도를 붙여가는 와중에도, 아직 끝내지 못한 다른 비즈니스가 있다는 점을 그는 인식했다.

7월 중순, 그가 1년 넘게 기다려 온 제보가 날아들었다. 알렉산더 비니크

---

1 토르(Tor)의 개발과 관리 주체인 토르 프로젝트는 이런 연구 숫자의 정확성에 의문을 제기한다는 점을 언급해둘 필요가 있다. 이들은 그렇게 측정된 '방문(visit)' 규모의 일정 부분은 법 집행 기관의 위장 요원들이 차지할 것이라고 지적한다. 그리고 '분산형 서비스 거부 공격(distributed denial of service attacks)' 과정에서 해커들이 대상 사이트를 오프라인 상태로 만들기 위해 무의미한 정크(junk) 트래픽을 쏟아붓는 것도 그처럼 비정상적인 트래픽 통계의 한 원인이라고 주장한다.

Alexander Vinnik가 움직이기 시작했다는 내용이었다.

훔친 마운트곡스의 비트코인을 비니크가 처음 현금화하기 시작한 이래 거의 10년 가까운 세월이 흘렀다. 그동안 비니크는 BTC-e도 운영했다. 전혀 아무런 규제도 없는 그 암호화폐 거래소는 크게 성공했고 2016년 말에 이르러 세계에서 세 번째로 큰 거래소로 성장했고 돈 세탁의 거대한 연계점이 됐다.

그렇게 시간이 지나면서, 비니크는 자신이 마침내 법망으로부터 자유로워졌다고 믿은 듯했다. 그는 러시아 밖으로 나왔다. 요원들은 비니크가 가족과 함께 그리스 북부 아토스Athos 반도로 휴가를 떠나 지중해식 정원과 옵션으로 요트 여행도 제공되는 럭셔리 리조트의 한 빌라에 투숙했다고 판단했다.

그래서, 알파베이 폐쇄로부터 약 3주 정도 지난 어느 날 밤, 감바리안은 IRS의 워싱턴 DC 사무실의 자기 책상에서 치밀하게 계산된 쪽잠을 잤다. 그리고 해뜨기 전에 잠에서 깨 자신의 팀을 지휘하기 시작했다. 그리스에는 정보기관 요원들이 투입됐고, 올든 펠커Alden Pelker 검사는 포토맥 강 건너 자택의 소파에 앉아 대기했으며, 엑시젠트Excygent의 애런 바이스는 뉴저지의 데이터 센터 안에 있었다. 감바리안이 버지니아에 있는 BTC-e의 서버를 처음 찾아낸 이후, 그 관리자들은 서버들을 미 북부 주의 호스트 회사로 옮겼었다.

미국으로부터 일곱 개의 시간대만큼 떨어진 그리스에서, 수사 요원들은에게 해가 바라보이는 해변 부근에서 서퍼와 산보자로 위장하고 표적에 접근하기 시작했다. 알렉산터 비니크는 돌연 자신이 포위된 것을 깨달았고 곧바로 그리스 경찰에 체포됐다. 몇 분 뒤, 사진 한 장이 감바리안의 전화기에 떴다. 젊은 미하일 바리시니코프와 약간 닮아 보이는 남자의 모습이었다. 몇 년 전 감바리안이 한 호텔의 프런트 데스크에서 스캔했던 여권의 사진과 같은 얼굴이었다. 그는 그리스의 한 빌라에서 손목에 수갑을 찬 채 앉아 있었다.

감바리안은 뒤에 마이클 그로나거에게 전화를 걸어 비니크가 체포돼 마침내 감옥에 갇혔다고 알려줬다. 그로나거는 조금은 숙연한 마음으로 그 소식을 들었다. 마운트곡스의 미스터리를 풀기 위한 작업은 워낙 오래 지연됐고, 그는 그 사건으로부터 거의 손을 놓은 상태였다. 그로나거는 비니크의 체포에 대해 "사건은 마침내 해결됐고, 정말 반갑고 다행스러운 일이었습니다"라고 말했다. 체이널리시스는 그 사건을 수사하는 데 기여한 내용을 블로그에 쓰지도 않았다.

하지만 감바리안에게는, 그 압류한 BTC-e 서버는 비니크를 체포한 일만큼이나 의미가 큰 보상이었다. 2015년 당시 그의 수사 팀은 그 서버의 데이터의 면면을 보여주는 스냅샷을 찍어놓았었다. 이제 그는 모든 BTC-e의 사용자 데이터베이스와 더불어, 그 정보의 더 종합적인 최신 버전^{version}을 확보한 것이었다.

많은 고객이 비트코인 거래소로 BTC-e를 선택한 이유는 그것이 범죄로 취득한 돈에 대해 아무런 질문이나 제재도 취하지 않기 때문이었다. 이들은 자신들의 정보가 IRS 범죄 수사관의 손 안에 들어갈 것이라고는 전혀 예상하지 못했다. 한때, BTC-e는 비트코인 추적자의 보물 지도에서 빈 부분이었다. 이번에 압류한 데이터는, 감바리안 같은 포렌식 회계사에게는 그 자체로 값을 매기기 어려울 만큼 귀중한 보물이었다.

41장

"서라치 비디오(Serach Videos)"

잔체브스키와 감바리안이 'mt3plrzdiyqf6jim.onion'이라는 복잡한 웹 주소를 토르 브라우저에 넣자 '웰컴투비디오'라는 단어와 로그인 창만 있는 단순한 사이트가 나타났다. 초창기 구글 홈페이지가 연상되는 일종의 미니멀리즘 사이트였다. 이들은 각자 사용자 이름과 비밀번호를 넣었다.

그 첫 번째 인사 페이지를 지나자, 사이트는 방대한, 끝도 없을 것처럼 보이는 비디오 제목과 손톱만 한 이미지들로 도배된 화면이 나타났다. 각 비디오는 해당 파일에서 자동으로 선택된 것으로 보이는 네 개의 정지 화면들로 구성돼 있었다. 그 작은 이미지들은 공포의 카탈로그였다. 아동이 성적으로 학대당하고 강간당하는 장면들이 끝도 없이 펼쳐졌다.

수사관들은 이 이미지들을 참고 보기 위해 마음을 다잡아야 했다. 그럼에도 불구하고 이들은 디지털 세계의 이 은폐된, 지옥 같은 장소의 끔찍한 현실에 준비가 돼 있지 않았다. "그건 마치 엉뚱한 골목으로 잘못 들어갔는데, 그런 데가 있다는 것은 알았지만 절대로 가보고 싶지 않은 그런 장소의 온라인 버전 같았습니다"라고 감바리안은 말한다. 잔체브스키는 자신의 눈을 마음과 분리하려 애썼노라고, 그 이미지들을 보지만 정말로 보지는 않는 그런 상태를 유지하려 시도했다고 말한다.

두 사람은 어느 시점에서는 광고된 비디오들 중 적어도 몇 편은 실제로

봐야 한다는 사실을 알고 있었다. 하지만 다행스럽게도, 이들이 그 사이트에 처음 방문했을 때는 비디오에 접근할 수 없었다. 그러자면 그 사이트가 각 등록 사용자에게 제공한 주소로 비트코인을 내고 다운로드할 수 있는 '포인트'를 구매해야 했다. 그리고 이들은 위장 수사관들이 아니었기 때문에 그런 포인트를 구매할 수 있는 인가를 받지 못했고, 사실은 그러고 싶은 용의도 별반 없었다.

그럼에도, 잔체브스키는 그 사이트의 끝없는 섬네일 이미지만 보는 데도 커다란 충격을 받았다. 보면서도 그의 두뇌는 보이는 것들을 거의 거부하는 그런 수준의 충격이었다. 그는 그 사이트의 검색 페이지 상단의 제목이 '서치 비디오'가 아닌 '서라치 비디오Serach Video'로 잘못 표기된 것을 발견했다. 검색창 아래에는 사용자들이 자주 넣는 인기 입력어들이 열거돼 있었다. 가장 인기 있는 검색어는 '한 살짜리one-year-old'의 축약어였다. 두 번째 인기 검색어는 '두 살짜리two-year-old'의 축약어였다.

잔체브스키는 처음에는 자신이 잘못 이해한 것이라고 생각했다. 그는 어린 십 대나 십 대 초반 아이들에 대한 성 학대 비디오를 예상했었다. 하지만 사이트를 스크롤하면서, 그곳이 과연 영아와 심지어 유아를 학대하는 비디오로 가득차 있음을 확인하고 역겨움과 서글픔을 동시에 느꼈다.

"이게 실화야, 정말로? 아니야"라고 잔체브스키는 그 사이트를 처음 둘러보면서 망연자실했다. "아니 이렇게나 많은 비디오가 여기에 있는 거야? 이게 사실일 리 없어."

그 사이트의 여러 페이지 하단에는 저작권 날짜가 적혀 있었다. 2015년 3월 13일. 웰컴투비디오는 이미 2년 이상 온라인에 존재해 온 것이었다. 그리고 얼핏 훑어보는 것만으로도, 법 집행 기관이 발견한 아동 성 학대 사이트 중 가장 방대한 저장소 중 하나라는 점을 쉽게 알 수 있었다.

잔체브스키와 감바리안은 그 사이트의 작동 방식을 분석하는 과정에서 사용자들이 비트코인을 내고 포인트를 구매할 뿐 아니라 직접 비디오를 올리는 방식으로도 포인트를 얻는다는 사실을 발견했다. 그 비디오들이 다른 사용자들에 의해 더 많이 다운로드될수록, 해당 비디오를 올린 사용자는 더 많은 점수를 얻었다. 업로드 페이지에는 "성인 포르노물은 올리지 마시오"라고, 특히 '성인 포르노물adult porn' 두 글자를 빨간 색으로 강조해서 경고 메시지가 적혀 있었다. 그 페이지는 또한 업로드된 비디오들은 고유성 uniqueness 체크를 통해 새로운 비디오만 수용된다고 밝혔다. 이는 수사관들이 보기에 아동 학대를 노골적으로 더 부추기기 위한 장치로 여겨졌다.

하지만 감바리안이 판단하기에 그 사이트의 가장 심란한 요소는 사용자들이 글을 쓰고 댓글을 올릴 수 있는 일종의 실시간 채팅 페이지였다. 그 페이지는 온갖 다양한 언어로 쓰인 글로 가득 차, 이 사이트의 네트워크가 전 세계에 걸쳐 있음을 시사했다. 대부분의 메시지는 공짜 비디오나 공짜 비트코인을 달라는 스팸성 요구였다. 그러나 다른 이들은 그 사이트의 자료들에 대한 평범한 토론으로, 유튜브 비디오의 댓글란에서 볼 수 있음직한 종류의 진부한 내용이었다.

이 무렵 감바리안은 작은 규모의 사기꾼들부터 부패한 연방 수사관 동료들, BTC-e와 알파베이 같은 사이트를 운영하는 수괴에 이르기까지 온갖 유형의 범죄자들을 추적해 왔다. 따지고 보면 그게 그의 일이었다. 그가 보기에 법은 법이고 그를 지켜야 하는 것이었다. 하지만 자신의 수사 대상을 추적하고 체포하는 업무에 종사하면서도, 그는 그들을 기본적으로 이해할 수 있다고 느끼곤 했다. 때로는 그들에게(부패한 연방 수사관 동료들만이 아니었다) 동정심을 느끼기도 했다. "저는 인간적으로는 웬만한 화이트칼라 탈세범들보다 더 양질이라고 생각하는 마약 밀매범들을 알고 있습니다. 이들 중 몇몇은 이해할 수도 있어요. 이들의 동기는 그저 탐욕일 뿐이죠. 이것이 그들의 비즈니스라고 합리화할 수도 있습니다"라고 그는 말한다.

하지만 지금 그는 자신은 이해하지 못하는 잔혹 행위들이, 자신은 도저히 납득할 수 없는 동기로 자행되는 세계에 들어와 있었다. 소련 붕괴 후 전쟁에 찌든 아르메니아에서 어린 시절을 보내고 범죄자들의 지하 세계에 대한 수사를 커리어로 삼은 그로서는 흉악범들이 저지를 수 있는 행위들에 익숙하다고 자부해 왔다. 이제는 자신이 너무 안이했음을 절감했다. 웰컴투비디오를 처음 보는 순간 그는 인간에 대해 가졌던 마지막 실낱같은 희망마저 포기해 버렸다.

"지금까지 온갖 유형의 범죄를 봐 왔지만 이런 것은 한 번도 본 적이 없습니다. 이것 때문에 내 영혼의 일부가 죽어버린 것 같아요"라고 감바리안은 말한다.

. . .

웰컴투비디오가 어떤 성격의 사이트인지 직접 목격하자마자, 감바리안과 잔체브스키는 이 사안이 일반적인 다크 웹 수사보다 훨씬 더 큰 시급성을 갖는다는 사실을 깨달았다. 그 사이트는 온라인에서 매일 더 많은 아동 학대를 부추기고 퍼뜨렸다.

감바리안과 잔체브스키는 자신들의 최선의 단서는 여전히 블록체인에 있다는 점을 알았다. 무엇보다 결정적으로, 그 사이트는 고객들이 자신들의 계정에서 돈을 빼내게 해주는 아무런 메커니즘도 갖지 않은 듯했다. 실크로드나 알파베이 같은 다크웹 시장과 달리, 사용자들은 웰컴투비디오 지갑이 없었다. 이들이 사이트에서 필요한 크레딧을 구매하기 위해 비트코인을 보내도록 돼 있는 주소만 하나 있었고, 환불을 요청할 방법조차 없는 것 같았다. 이것은 사이트에서 흘러나가는 '모든' 돈(거래 당시 30만 달러가 넘는 규모의 비트코인)은 거의 확실히 그 사이트의 관리자 몫이라는 뜻이었다.

감바리안은 비트코인 커뮤니티의 지인과 정보원들에게 연락해 한국의 두 거래소인 빗썸Bithumb과 코인원Coinone의 경영진을 알 만한 거래소의 직원을 찾는다고 알렸다. 웰컴투비디오의 대부분의 돈은 두 거래소를 통해 현금화했고, 나머지 일부는 미국의 한 거래소를 이용했다. 그가 아동 학대를 언급하는 것만으로 정부의 개입에 대한 암호화폐 업계의 두드러기 반응은 사라지는 것 같았다. "이 세계에서는 누구나 자유주의자를 지향하지만 이 분야에 대해서는 모두가 넘어서는 안 되는 선이라고 생각합니다"라고 감바리안은 말한다. 공식적인 법적 요구나 소환장을 보내기도 전에, 거래소 세 곳 모두 기꺼이 돕겠다고 응답했다. 이들은 감바리안이 리액터에서 끌어낸 주소들에 해당하는 계정 정보를 파악하는 대로 즉시 제공하겠다고 약속했다.

한편 감바리안은 웰컴투비디오 사이트를 계속해서 샅샅이 뒤졌다. 사이트에 계정을 처음 등록한 지 얼마 뒤, 그는 사이트의 보안 상태를 점검해보기로 했다. 별로 가능성은 없었지만 그렇다고 비용이 드는 것도 아니었다. 그는 웹 페이지에서 마우스의 오른쪽 단추를 눌러 나타난 메뉴에서 '페이지 소스 보기View page source'를 선택했다. 그러자 페이지를 토르 브라우저가 그래픽 형태로 치환하기 전의 원시 HTML 코드가 나타났다. 어쨌든 방대한 규모의 불법 코드 블록을 들여다보는 편이, 끊임없이 스크롤하며 차마 눈뜨고 보기 어려운 인간의 잔악성을 확인하는 편보다는 훨씬 더 나았다.

거의 즉시, 그는 자신이 찾던 것을 발견했다. IP 주소. 그 사이트의 모든 섬네일 이미지는, 해당 사이트의 HTML 안에서, 그 이미지를 물리적으로 호스팅한 서버의 IP 주소를 표시하고 있었다. 121.185.153.64. 그는 그 11자리 숫자를 컴퓨터의 명령어에 입력한 다음 기본적인 추적 기능을 실행해 그 사이트의 인터넷 경로를 역추적함으로써 해당 서버의 위치를 파악했다. 몇 년 전에 BTC-e의 인프라 위치를 찾아내기 위해 시도했던 것과 같은 방식이었다.

놀랍게도, 그 결과들은 이 컴퓨터가 토르 네트워크에 포함된 노드가 전혀 아니라는 점을 보여줬다. 감바리안은 토르 네트워크로 익명화되지 않은, 웰컴투비디오의 실제 주소를 찾은 셈이었다. 그리고, 그 사이트의 비트코인이 현금화한 장소에 근거해 레빈이 처음 추정한 대로, 그 사이트는 서울 외곽에 있는 한 인터넷 서비스 제공사와 연결된 주거 지역에 있었다.

웰컴투비디오의 운영자는 초보자의 실수를 저지른 듯했다. 그 사이트 자체는 토르상에 호스트돼 있었지만 그것이 홈페이지에 모아놓은 섬네일 이미지들은 같은 컴퓨터에서, 토르를 통한 연결을 거치지 않고 뽑아낸 것으로 보였는데, 이는 해당 페이지가 더 빠르게 로딩되도록 하기 위한 그릇된 시도였다.

감바리안은 워싱턴 DC의 칸막이 사무실에 앉아 컴퓨터 스크린을 바라보며 웃었다. 해당 웹사이트 운영자 위치가 드러난 이상 그의 체포는 시간 문제였고 감바리안이 크게 고대하는 순간이기도 했다.

· · ·

소환장을 보냈던 거래소 중 한 곳으로부터 잔체브스키가 첫 응답 이메일을 받은 곳은 사격 훈련 연습차 메릴랜드의 사격장에서 자기 차례를 기다리고 있을 때였다. 그것은 웰컴투비디오 클러스터로부터 소규모 비트코인을 취급한 미국의 거래소가 보낸 메시지로, 아시아 지역의 거래소보다 더 신속했다. 이들은 해당 사이트의 수입을 현금화한 장본인, 웰컴투비디오 관리자로 의심되는 인물의 신원 정보를 보내왔다.

그 이메일의 첨부 파일은 중년의 한국인 남자의 얼굴 사진과, 감바리안이 찾아낸 IP 주소와 정확히 일치하는 서울 외곽의 주소를 보여줬다. 거기에는 심지어 그 남자가 자신의 신분증을 들고 찍은 사진도 있었는데, 미국 거래소에 자신의 신원을 증명하기 위한 목적으로 보였다.

잠시나마 잔체브스키는 자신이 웰컴투비디오의 관리자와 직접 얼굴을 맞대고 있다는 느낌에 빠졌다. 하지만 그는 무엇인가가 잘못됐다는 직감이 들었다. 사진 속의 남자는 손톱 밑에 때가 낀 유독 더러운 손이었다. 다크 웹 사이트를 운영하며 키보드에 단련됐을 것으로 예상되는 사람의 손이라기보다는 농부의 손에 더 가까웠다.

이후 며칠에 걸쳐 대답은 명확해지기 시작했다. 한국의 두 거래소가 현금화가 진행된 웰컴투비디오의 주소에 해당하는 사용자들의 정보를 감바리 안에게 잇따라 보내 왔다. 이들은 중년 남자뿐 아니라 그보다 훨씬 더 젊은, 손정우(21)라는 남자도 적시했다. 두 남자는 주소도 같았고 성도 같았다. 이들은 부자 사이였나?

수사관들은 그 사이트의 관리자들에게 더 근접하고 있다고 믿었다. 하지만 이제는 웰컴투비디오의 전체 그림을 보기 시작했고, 그 사이트를 폐쇄하거나 관리자들을 체포하는 것만으로는 진정한 정의 구현이 어렵다고 판단했다. 웰컴투비디오가 블록체인상에서 생성한 비트코인 주소들은 아동 성 학대 자료의 소비자들과 (훨씬 더 중요한) 생산자들이 결합된 방대하고 부산한 집합체였기 때문이다.

이 단계에서, 파루키 검사는 아동 학대 수사에 초점을 맞춘 법무 보좌관인 린지 서튼버그Lindsay Suttenberg 검사를 가세시켜 수사 팀을 강화했다. 서튼버그는 해당 사이트를 폐쇄하는 것은 최우선 순위가 아닐 수도 있다는 점을 지적했다. "한국에 가서 거기에 있는 서버를 폐쇄하려 시도하느라 어린아이가 강간당하도록 내버려둘 수는 없다"라는 게 그녀의 주장이었다.

수사 팀은 처음에는 간단히 단속할 수 있는 '슬램덩크' 사건으로 여겨졌던 것이, 막상 사이트 관리자의 신원이 쉽게 밝혀진 다음에는 실상 어마어마하게 복잡한 사안임을 깨달았다. 돈의 흐름을 뒤쫓아 한국에 있는 웹 관리자 한 명이나 두 명뿐 아니라, 그 중심점으로부터 전 세계에 걸친 수백 명의 잠재적 용의자(적극적인 학대자들과 이들의 범죄 행위를 방조하고 부추기는 사용자들)까지 추적해야 할 것이기 때문이었다.

감바리안이 마우스의 오른쪽 단추를 클릭해 찾아낸 IP 주소와 암호화폐 거래소들의 신속한 협조는 행운이었다. 진짜 고단한 작업이 아직 남아 있었다.

42장

낙지

레빈의 제보가 전달된 지 불과 2주 만에, 국세청 범죄수사국IRS-CI의 수사 팀과 검사들은 웰컴투비디오의 서버가 어디에 있는지 거의 정확하게 알아냈다. 하지만 이들은 수사를 더 진척하기 위해서는 도움이 필요하다는 사실을 깨달았다. 이들은 격식과 완강한 관료주의로 유명한 한국 경찰청과 아무런 커넥션도 없었거니와 수백 명의 사이트 사용자를 체포할 만한 인력도 없었다. 한 마디로 IRS가 감당할 수 있는 수준보다 훨씬 더 많은 인력이 필요했다.

파루키 검사는 국토안보수사국의 수사 팀을 끌어들여야 한다면서 콜로라도 스프링스의 현장 수사 팀과 손을 잡았다. 그 부처를 선택하고 난데없이 멀리 떨어진 지역의 수사 팀을 고른 이유는 그가 과거에 함께 일했던 특정 수사관이 있었기 때문이다. 그는 국가 안보 문제에 전문성을 가진 토마스 탬지Thomas Tamsi라는 수사관으로, 두 사람은 1년 전 북한이 한국과 중국을 거쳐 무기 부품을 밀수하려던 시도를 좌절시켰다. 수사 과정에서 이들은 한국 경찰청 인사를 만나기 위해 서울까지 날아갔고, 국토안보수사국의 연락 요원을 통해 소개받은 경찰청 인사들과 술을 마시고 노래방에서 노래를 부르는 일로 저녁을 보낸 적이 있었다.

그날 저녁 회동에서 특히 기억할 만한 지점은 한국 경찰청 요원들이 한국과 미국의 음식을 비교하면서 미국 요원들은 핫도그와 햄버거로 때우기 일쑤라고 놀렸다는 점이다. 한 요원은 한국인들이 익히지 않은 정도가 아니라 살아서 꿈틀대는 상태로 먹는 작은 문어의 일종인 산낙지를 언급했다. 탬지는 쾌활하게 자기가 한번 먹어보겠다고 대꾸했다.

몇 분 뒤, 한국 요원들은 주먹만 한 크기의, 산낙지를 젓가락으로 집어 식탁으로 가져왔다. 탬지는 꿈틀대는 산낙지를 통째로 입안에 넣고 촉수들이 입술 사이로 비집고 나오고 먹물이 얼굴에서 식탁으로 떨어지는 와중에도 질근질근 씹어 삼켰다. "말도 못하게 역겨웠어요"라고 파루키 검사는 회고한다.

한국인들은 이것이 퍽이나 우스꽝스럽다고 생각했다. 탬지는 이후 한국 경찰청의 몇몇 요원 사이에서 '산낙지의 사나이^{Octopus Guy}'로 불리며 가히 '전설'의 지위에 올랐다.

수사 그룹의 대다수 요원처럼 탬지도 아동 학대 사건을 수사해 본 경험이 없었다. 그는 심지어 암호화폐 수사에도 관여한 적이 없었다. 하지만 파루키 검사는 한국 경찰청과 긴밀히 공조하기 위해서는 산낙지의 사나이가 필요하다고 고집했다.

· · ·

얼마 뒤, 탬지와 국토안보부의 한 동료는 위장 수사 목적의 워싱턴 DC 파견을 승인 받았다. 이들은 한 호텔의 회의실을 빌렸고, 잔체브스키가 지켜보는 가운데 웰컴투비디오 사이트에 접속해 비트코인을 지불하고 기가바이트 용량의 비디오 파일을 받기 시작했다.

장소를 워싱턴 DC로, 그리고 정부 사무실이 아닌 호텔로 선정한 것은 웰컴투비디오 측이 토르를 이용한 익명 접근에도 불구하고 사용자들을 추적하는 경우 수사 요원의 신원을 더 쉽게 위장할 목적이었고, 기소하게 되는 경우 관할 지역을 워싱턴 DC로 삼기 위해서였다. (그런 와중에도 이들은 호텔의 네트워크를 통해 유해 콘텐츠를 내려받지 않고 와이파이 핫스팟을 사용했다.)

다운로드 작업을 마치자마자 이들은 파일을 잔체브스키와 공유했고, 그는 린지 서튼버그와 함께 이후 몇 주간 비디오를 시청하면서 사건에 연루된 사람들의 신원을 밝혀낼 만한 단서들을 뽑아냈다. 그러는 가운데 이들의 머릿속은 한 사람의 일생을 악몽으로 채우고도 남을 만한 분량의 아동 학대 이미지들로 포화 상태가 됐음은 물론이다.

아동 학대 사건을 전담해온 서튼버그 검사는 이런 이미지들에 비교적 단련된 편이었지만, 수사 팀의 다른 변호사들은 그 비디오 콘텐츠들을 시청하는 것은 물론이고 그에 대한 그녀의 설명을 듣는 것조차 버거워했다. "동료들은 저에게 말로 하지 말고 서면으로 알려달라고 요청했죠. 그리고 나선 글로 보는 것이 더 견디기 어려웠다고 말하더군요." 서튼버그 검사의 회고다.

해당 사건의 책임 요원인 잔체브스키는 최종적으로 법원에 제출할 기소 문서들에 사용될 선서 진술서를 한데 모으는 역할이었다. 이는 수십 개의 비디오를 보면서 그 사이트에서 가장 끔찍한 자료를 가려낸 다음, 배심원이나 판사들이 읽을 수 있도록 그들에 대한 기술적 묘사를 써야 한다는 뜻이었다. 그는 그런 경험을 영화 〈시계태엽 오렌지ᴬ Clockwork Orange〉(1971)에 나오는, 실험 대상이 시선을 돌리고 싶어 하지만 꽁꽁 묶여 그러지 못하는 상황을 묘사한 장면의 끝없는 되풀이 같았다고 말한다.

그는 이 비디오 시청이 자신을 바꿔놓았다고 믿는다. 어떤 식으로 변모시켰는지는 그저 추상적으로나 표현할 수 있을 뿐이고, 심지어 그 자신조차 그런 변화를 완전히 이해하지는 못하지만, "돌이킬 수가 없습니다"라고 잔체브스키는 모호하게 말했다. "일단 무엇인가를 알게 되면, 그것을 지워버릴 수가 없습니다. 그리고 앞으로 보게 될 모든 것도 그 지식의 프리즘을 통해 들어오게 되죠."

．　．　．

2017년 가을의 첫 몇 주간 웰컴투비디오 네트워크 수사 팀은 블록체인에 나온 모든 가능한 사용자를 추적해 전 세계의 비트코인 거래소들에 수백 건의 소환장을 보내는 작업을 진행했다. 리액터 소프트웨어가 생성한 웰컴투비디오 클러스터의 모든 연결망을 추적하는 급박한 수사 작업을 지원하기 위해 체이널리시스 소속 직원인 아론 아크비이키안Aron Akbiyikian이 수사 팀에 가세했다. 아르메니아계 미국인인 아크비이키안은 프레즈노 출신의 전직 경찰로 감바리안과 어린 시절부터 아는 사이였고, 레빈과 그로나거에 게 그를 추천한 것도 감바리안이었다.

아크비이키안의 업무는 소위 '클러스터 감사cluster audit'를 벌이는 것으로, 그 사이트의 암호화폐의 자취로부터 수사에 도움이 될 만한 모든 가능한 단서를 뽑아내는 일이었다. 웰컴투비디오의 많은 사용자가 그의 업무를 용이하게 해줬다. 아키비이키안은 "리액터 소프트웨어를 통해 그 사이트와 연계된 블록체인 무리가 아주 멋지게 드러났죠. 워낙 명확했어요"라고 말한다. 일부 경우는 지불된 비트코인이 한 거래소에 도착하기 전에 거친 여러 단계의 우회로도 추적해야 했다. 하지만 사용자들은 거래소에서 돈을 받은 지갑 주소들로부터 곧바로 웰컴투비디오의 클러스터로 사용료를 지불했기 때문에 그로부터 만들어진 거래 기록은, 아키비이키안에 따르면 "그보다 더 명확할 수가 없는 단서"를 제공했다. 체이널리시스의 지원으로 수사관들이 웰컴투비디오 및 그 사용자들과 연계된 것으로 식별된 블록체인의 클러스터는 불과 몇백 개의 주소에서 100만 개 이상으로 커졌다.

소환장을 발부받은 거래소들이 해당 사용자들의 신원 정보를 속속 보내면서, 수사 팀은 수사 표적들의 더 완전한 프로필을 만드는 작업을 시작했다. 전 세계에 걸친 수백 명(대부분 남자였다)의 이름, 얼굴 그리고 사진을 가능한 한 모든 출처로부터 수집했다. 그 결과 구성된 프로필은 인종, 나이, 계급, 그리고 국적의 경계를 넘어섰다. 이 모든 사용자가 가진 공통점은, 사실은 남자라는 성gender과, 은폐된 대규모 아동 학대 사이트로 이어진 금융 커넥션뿐인 것 같았다.

이 무렵, 수사 팀은 그 사이트의 한국인 운영자를 확실히 찾았다고 느꼈다. 이들은 손정우의 지메일Gmail 계정과 수많은 거래소 기록에 대한 수색영장을 확보했고, 그 사이트로부터 나오는 매출액은 현금화돼 모두 그에게 가는 것을 확인했다. 수사관들이 보기에 그의 아버지는 점점 더 사건의 실체를 모르는 참여자, 그 아들이 암호화폐 계정을 만들기 위해 신원을 빌렸을 뿐인 인물로 여겨졌다. 수사관들은 또 손정우의 이메일에서 처음으로 더 젊은 남자의 사진들(그가 교통사고로 치아의 일부가 깨진 모습을 친구들에게 보여주기 위해 찍은 셀카 사진들)을 발견했다. 그는 미간이 넓고 비틀즈 스타일의 검은 더벅머리에 마르고 평범한 인상의 한국 젊은이였다.

하지만 이 운영자에 대한 수사 팀의 프로필이 점점 더 윤곽을 잡아가면서, 그 사이트를 이용해 온 수백 명에 이르는 다른 남자들의 프로필도 형태를 잡아가기 시작했다.[2] 수사관들은 몇 가지 주목할 만한 사안을 즉각 인지했다. 한 용의자는, 토머스 탬지와 그의 동료들에게는 절망스럽게도, 텍사스에 있는 국토안보수사국의 요원이었다. 또 다른 용의자에 대해서는 약간 다른 차원의 충격을 받았는데, 조지아주에 있는 한 고등학교의 교감이었다. 그는 자기 학교에서 십 대 소녀들과 함께 노래방 스타일로 듀엣으로 노

---

2 여러 가지 이유로, 웰컴투비디오 사건 피고인들의 신원을, 그 운영자를 제외하곤 실명으로 밝히지 않기로 했다. 몇몇 경우, 이 글을 쓸 당시, 피고인에 대한 한 재판은 아직 완전히 판결되지 않은 상태였다. 다른 경우, 실명을 밝히면 그 피해자들의 신원까지 우발적으로 드러날 수 있다고 우려한 검사들의 요청으로 피고인들의 이름을 뺐다. 나머지에 대해서도 동일한 기준을 적용함으로써, 어떤 가해자들은 신원을 밝히고 다른 가해자는 익명으로 처리하는 불균형을 피했다.

래하는 자신의 비디오들을 소셜미디어에 올렸다. 그 비디오들은 일반 사람들이 보기에는 무해한 내용으로 비칠 수도 있었다. 하지만 그 남자가 비트코인으로 웰컴투비디오에 사용료를 지불한 사실을 감안하면 그것은 피해자를 심리적으로 지배하기 위해 양육하는 '그루밍grooming'의 한 형태일 수 있다고 아동 학대 사건에 더 경험이 많은 수사관들이 잔체브스키에게 경고했다.

이들은 권력을 행사할 수 있는 자리에 있으면서 피해자들에게 언제든 접근 가능한 남자들이었다. 수사관들은 웰컴투비디오의 몇몇 사용자는 한시라도 더 빨리, 심지어 해당 사이트의 폐쇄를 논의하기 전에 체포할 필요가 있다는 점을 즉각 인식했다. 아동 착취 전문가들은 일부 가해자는 법 집행 기관이 이들을 체포하거나 이들의 활동을 제한하는 경우 다른 가해자들에게 경고해 주는 시스템이 있다는 점을 경고했다. 이들이 일정 기간 동안 온라인에 들어오지 않으면 경고를 발령하는 비밀 메시지나 자동차단 스위치 같은 것이었다. 그렇다고 해도, 웰컴투비디오 수사 팀은 신속하게 움직여서 위기를 감수하는 수밖에 없다고 판단했다.

그와 비슷한 시기에 또 다른 용의자가 다른 이유로 수사 팀의 레이더에 들어왔다. 그는 워싱턴 DC에 살고 있었다. 그 남자의 집은, 사실은, 미국 연방검사의 사무실에서 멀지 않은 곳에, 국립미술관이 있는 '갤러리 플레이스' 근처였다. 그는 수사 팀의 한 검사가 최근 이사를 나온 바로 그 아파트에 살았다.

그 위치는 수사 팀에 유용할 수도 있겠다고 이들은 판단했다. 잔체브스키와 감바리안은 일종의 시험 케이스로 그 남자의 집과 컴퓨터들을 쉽게 수색할 수 있었다. 그렇게 해서 그 남자가 웰컴투비디오의 고객이라는 점이 입증되면, 이들은 해당 수사 전체를 워싱턴 DC의 재판구로 할당함으로써 커다란 법률적 장애물을 극복할 수 있을 것이었다.

하지만 더 깊이 파고들면서, 이들은 그 남자가 전직 의회 직원으로 유명 환경 기관의 고위직에 있었음을 발견했다. 그런 프로필을 가진 사람을 체포하고 가택을 수색했다가 그가 이를 외부에 공개할 경우 자칫하면 수사 자체를 망칠 수도 있다고 수사 팀은 우려했다.

하지만 이 용의자에 주목해 수사를 해가는 동안 수사 팀은 그가 이상할 정도로 소셜미디어 활동이 뜸해진 사실을 발견했다. 수사 팀의 누군가가 그의 여행 기록을 뽑아보자는 아이디어를 냈다. 그 결과 그가 필리핀에 갔었고 디트로이트를 거쳐 워싱턴 DC로 막 돌아오려는 참이라는 것을 파악했다.

그러한 사실을 토대로 수사 팀은 두 가지 생각에 미쳤다. 첫째, 필리핀은 성매매 관광지로, 종종 아동을 상대로 한 성범죄 지역으로 악명이 높아서, 마닐라에 있는 국토안보수사국 지사는 늘 아동 학대 사건 수사에 바쁜 곳이었다. 둘째, 그 남자가 미국으로 입국할 때, 관세국경보호국은 그를 합법적으로 억류하고 그의 컴퓨터 장비를 수색해 증거를 찾을 수 있을 터였다. 미국인의 헌법적 보호 방안의 일환으로 나온 이 기묘하고도 논쟁적인 권리는, 이 경우 수사 팀에 유리하게 이용될 수도 있었다.

그렇게 할 경우, 워싱턴 DC에 사는 이 용의자는 경고음을 발하고 이들의 수사 사실을 폭로하게 될까?

"이것은 우리의 수사 자체를 날려버릴 잠재력이 있었습니다"라고 잔체브스키는 말한다. "하지만 우리는 실행하지 않을 수 없었습니다."

43장

시험 케이스들

시월 말, 디트로이트 메트로폴리탄 공항의 세관국경보호국은 필리핀 발 여객기에서 내려 워싱턴 DC로 향하는 한 남자를 멈춰 세우고 그를 2차 검색실로 데려갔다. 그의 맹렬한 저항에도 아랑곳없이, 국경 요원은 그를 보내기 전에 컴퓨터와 전화기를 조사해야겠다고 밝혔다.

며칠 뒤인 10월25일, 워싱턴 DC에 있는 웰컴투비디오 수사 팀의 한 검사는 이전에 살았던 아파트의 관리 팀으로부터 이메일을 받았다. 다른 곳으로 이사했지만 그녀는 아직 관리 팀의 메일링 리스트에 남아 있었다. 그 이메일은 아파트 건물 뒤쪽 골목에 있는 주차장 진출로가 그날 아침 폐쇄됐다고 알리는 내용이었다. 그리고 이름이 밝혀지지 않은 거주민 한 명이 아파트 발코니에서 투신해 그곳으로 떨어져 사망했기 때문이라고 해명했다.

그 검사는 그게 누구인지 전후 정황으로 짐작했다. 투신자는 이들이 선정한 웰컴투비디오 수사의 '시험 케이스'였다. 잔체브스키와 감바리안은 즉각 그 아파트로 차를 몰고 가 관리실의 확인을 받았다. 이들의 첫 번째 수사 표적이 방금 자살한 것이었다.

그날 오후 두 사람은 수색 영장을 가지고 그 남자의 사망 현장으로 돌아왔다. 이들은 빌딩 관리자와 함께 엘리베이터를 타고 11층으로 올라갔고, 관리자는 왜 국세청이 이 문제에 관여하는지 어리둥절해 하면서도 아무 말

없이 투신 자살한 사람의 아파트 문을 열어줬다. 높은 천장에 고급스러운 인상을 풍기는 실내는 대체로 엉망인 상태였다. 여행가방들은 미처 완전히 풀리지 않은 상태였다. 그 남자는 전날 밤에 피자를 주문했던 모양으로, 먹다 남은 일부가 식탁 위에 남아 있었다.

잔체브스키는 텅 빈 아파트 실내에 서서, 전날 밤 극단적 선택을 내린 그 남자를 상상하며 우울한 정적을 느꼈다. 11층 발코니에서 아래를 내려다보니 호스로 물을 뿌려 흔적을 지운 골목의 콘크리트 바닥은 아직 여기저기 젖은 흔적이 남아 있었다.

워싱턴 DC의 메트로폴리탄 경찰은 웰컴투비디오 수사관들에게 감시 카메라에 잡힌 남자의 투신 장면 비디오를 보여줄 수 있다고 제안했다. 이들은 공손하게 거절했다. 한편 세관국경보호국 디트로이트 지사는 그 남자의 컴퓨터를 수색해 몰래 카메라로 찍은 성인 섹스 비디오들과 더불어 아동 성 학대 비디오를 발견했다고 확인했다. 디스크의 일부는 암호화돼 있었지만 다른 부분들은 그렇지 않았다. 그 남자를 표적으로 정한 수사 팀의 결정은 그 목적을 달성했다. 이들의 시험 케이스는 수사 방향이 맞았음을 입증해 줬다.

워싱턴 DC의 검사들은 잠시 수사 업무를 멈추고 그 남자의 죽음이 몰고 온 초현실적 충격을 진정시켰다. 미국으로부터 수천 킬로미터 떨어진 곳에서 운영되는 사이트에 대한 수사가, 벌써 수사 팀 사무실에서 불과 몇 블록 떨어진 곳에 사는 누군가의 자살 사태로 이어졌다. "그것은 우리가 수사하는 내용이 얼마나 심각한지를 상기시켜주는 계기였습니다"라고 파루키 검사는 말한다.

그럼에도 수사 팀은 그 자살이 자신들의 업무에 어떤 지장도 미쳐서는 안된다는 데 동의했다. "여기에서 우리는 피해자들에게 초점을 맞춰야 합니다"라고 파루키 검사는 수사 팀에 강조했다. "그럼으로써 우리의 수사 목적도 더 분명해졌죠."

수사 팀에 소속된 국세청^{IRS} 요원들도 자살의 충격에 오래 머무르지 않았다. 특히 잔체브스키는 그 사건으로부터 아무런 만족감도 얻지 못했다면서, 그 남자를 체포해 기소할 수 있었다면 훨씬 더 나았을 거라고 말했다. 하지만 이 시점까지 그는 아동 성 학대 비디오들을 수사 목적상 몇 시간씩 억지로 볼 수밖에 없는 형편이었다. 이 사건을 수사하기 시작할 무렵 이미 감정은 따로 떼어놓은 마당이었고, 그 끔찍한 사이트의 사용자에게까지 베풀 감정은 남아 있지 않았다.

그는 만약 무엇이든 느꼈다면 그건 안도감이었음을 인정한다. 그 자살이 그에게 시간을 벌어준 셈이었기 때문이다. 이들은 추적해야 할 웰컴투비디오의 고객들이 아직 수백 명이나 더 남아 있었다.

· · ·

이들의 다음 표적은 고등학교의 교감이었다. 불과 며칠 뒤, 잔체브스키는 조지아 주로 날아가 수색 작업을 벌이는 국토안보수사국의 전술 팀에 가세했다. 난생 처음으로 그는 웰컴투비디오의 사용자로 추정되는 인물을 그의 자택에서 대면하게 됐다.

퍽 침착하고 냉정한 성격임에도 이 두 번째 시험 케이스는 첫 번째 케이스인 워싱턴 DC의 표적보다 잔체브스키에게 더 심란한 영향을 끼쳤다. 단정하고 잘 관리된 2층 벽돌집, 교감과 그 부인은 각기 다른 방에서 심문을 받았다. 잔체브스키 자신의 아이와 동갑인 자녀들은 〈미키마우스 클럽하우스〉를 시청하고 있었다. 애틀랜타 교외에 자리 잡은 그 집의 현관에 서서, 그는 자신이 참여한 수사 활동이 초래하게 될 결과를 절실히 깨달았다. 그들의 수사 리스트에 오른 모든 이름은 저마다 인간관계에 얽힌, 그리고 많은 경우 가족이 있는 사람들이었다. 그처럼 용서할 수 없는 범행이라도 그

용의자로 기소되는 것은 그들의 삶에 돌이킬 수 없는 영향을 미칠 것이었다. 그것은 "누군가에게는 결코 돌이킬 수 없는 주홍글씨"였다고 잔체브스키는 말했다.

잔체브스키와 국토안보수사국 요원들은 그 집을 수색하고, 그 남자를 심문하고, 그의 전자 장비를 압수했다. 잔체브스키와 파루키 검사는 그 시험의 결과를 내게 알려주지 않았지만, 파루키는 그 남자가 자신이 교감으로 재직 중인 학교에서 학생들을 '부적절하게 만진' 사실을 시인했다. 웰컴투비디오의 자료를 보기 위한 비용 지불 증거에 더해, 스스로도 어린 학생들을 착취한 사실을 인정한 것이었다. 그는 나중에 여러 건의 미성년자 성폭행 혐의로 기소됐고, 본인은 무죄를 주장했다.

적어도 잔체브스키 입장에서는, 암호화폐 추적만을 근거로 찾아낸 용의자와 처음으로 직접 맞대면한 다음에는 불과 몇 시간 만에 추호의 의심도 지워버릴 수 있었다. "결국에 가서는 우리의 수사 작업에 더 확신을 갖게 됐다고 해두죠. 우리는 맞았습니다." 블록체인은 거짓말을 하지 않았다.

· · ·

수사 팀은 웰컴투비디오의 우선 용의자들과 시험 케이스의 짧은 명단을 근거로 작업을 계속했다. 하지만 2017년 12월 이들은 다른 유형의 단서와 만났고, 그 때문에 기존의 우선 순위를 바꾸지 않으면 안 됐다.

웰컴투비디오의 재무 기록을 추적하면서, 수사관들은 그 사이트의 채팅 페이지에 있는 모든 콘텐츠를 꼼꼼히 기록해 왔다. 그 와중에도 사용자들은 그 페이지에 꾸준히 댓글을 올리고 있었다. 그 대부분의 내용은 스팸과 악플이어서, 여과되지 않은 쓰레기 콘텐츠로 가득찬 익명의 웹 포럼과 다를 바 없었다. 그 사이트는 실제로 전혀 여과 장치가 없는 듯했다. 관리자의 이메일이나 서비스 연락처는 어디에서도 찾아보기 어려웠다. 하지만 잔체브스키는 때때로 채팅 페이지를 훑으면서, 그리고 외국어 메시지들을 읽기 위해 구글 번역기를 돌리곤 하면서 단서를 찾았다. 그는 되풀이되는 메시지들을 인지하기 시작했고, 그것이 서비스 문의 정보와 가장 근접한다고 판단했다. 그 메시지들은 "에러를 고치는 데 도움을 받고 싶다면 관리자에게 연락하세요"라는 내용이었다. 그리고 프라이버시 보호가 보장된 토르 기반의 이메일 서비스인 토르박스TorBox 주소가 포함돼 있었다.

이건 그 사이트의 실제 중개자일까? 아니면 심지어 운영자 자신, 그 사이트의 소유주로 수사 팀이 파악하고 있는 손정우였을까?

잔체브스키가 이 메시지들의 배후를 찾으려고 해도 작업을 벌일 만한 블록체인 단서가 없었다. 그는 토르박스 주소에서 '@' 앞에 있는 여섯 문자로 된 사용자 이름이 혹시 웰컴투비디오의 사용자 중에 있는지 확인해봤다. 아니나다를까, 그와 동일한 사용자 이름을 가진 누군가가 100개 이상의 비디오를 올린 것으로 파악됐다.

엑시젠트Excygent의 애런 바이스는 이 토르박스 이메일 주소를 국세청 범죄 수사 팀IRS-CI이 압류한 BTC-e 데이터베이스의 사용자 데이터와 대조해 보자고 제안했다. 그는 일치하는 데이터를 찾았다. BTC-e 데이터베이스의 한 계정이 동일한 여섯 문자를 포함한 이메일 주소로 등록돼 있었다. 그것은 토르박스 이메일 주소는 아니었지만 그와 비슷하게 사용자의 익명성을 보장하는 시게인트Sigaint라는 이메일 서비스를 사용하고 있었다.

잔체브스키는 토르박스와 시게인트 모두 다크웹 서비스들임을 고려하면 그가 사용자의 정보를 법적으로 요구하더라도 응하지 않으리라는 점을 알았다. 하지만 그 사용자의 BTC-e 데이터에는 시게인트의 IP 주소가 들어 있었고 해당 거래소에 10회 로그인했다는 기록도 있었다. 10회 중 9회는 VPN이나 토르로 신원이 가려져 있었다. 하지만 단 한 번의 BTC-e 방문 때 그 사용자는 방심했다. 실제 거주지의 IP 주소를 남긴 것이다.

"그 하나가 완전히 새로운 문을 열었죠"라고 잔체브스키는 말한다. 불과 몇 달전 이들이 압류한 BTC-e 서버는 웰컴투비디오 수사에서 또 다른 주요 단서를 찾아낼 수 있게 해줌으로써 즉각 그 가치를 입증했다.

경로 추적 결과 그 IP 주소는 가정용 인터넷 연결망으로 이어졌는데, 이번에는 한국이 아니라 텍사스였다. 두 번째 웰컴투비디오 관리자가 있고, 이 경우는 미국에 근거지를 둔 것일까? 잔체브스키와 바이스는 사안의 시급성을 깨닫고 이 사용자의 인터넷 서비스 제공사에 해당 계정 정보를 요구하는 소환장을 보냈다.

12월 초의 어느 금요일 아침, 잔체브스키는 IRS-CI 사무실의 자기 책상에서 커피를 마시던 와중에 소환장 결과를 통보받았다. 그는 이메일을 열고 이름과 집 주소를 확인했다. 그 남자는 30대의 미국 남자로 샌안토니오 외곽의 한 마을에 살고 있었다. 수천 킬로미터 떨어진 곳에서 아동 성 학대 사이트를 운영하는 21세 한국인의 공범이라고 믿기 어려운 대목이었다. 하지만 그 남자의 직업은 잔체브스키가 볼 때 더더욱 심란한 내용이었다. 그는 '또 다른' 국토안보수사국 직원(이번에는 국경 순찰 요원)이었다.

잔체브스키는 신속하게 소셜미디어 계정들을 통해 그 요원의 공개 정보를 짜모으기 시작했다. 그는 먼저 그 남자 아내의 페이스북 페이지를 찾아냈고 뒤이어 그 남자 자신의 페이지도 찾아냈다. 이름을 거꾸로 써서 신원을 숨기려는 기색이 엿보였다. 바이스는 그의 아마존 페이지도 찾아냈는데, 수백 개의 제품에 대한 평을 남겼고 다른 제품들을 '위시리스트wish list'에 올려놓았다. 여기에는 테라바이트 용량의 비디오를 담을 수 있는 외장형 저장 장비, 몰래 카메라, 그리고 벽에 드릴로 뚫은 구멍처럼 작은 공간들에 마치 뱀처럼 집어넣을 수 있도록 설계된 카메라가 포함돼 있었다.

마침내, 으스스하게 느껴지는 불안감과 함께, 잔체브스키는 그 남자의 아내에게 어린 딸이 있었고, 그 아이를 자신의 양녀로 합법적으로 입양하는 데 필요한 돈을 모은다며 고펀드미^{GoFundMe} 사이트에 크라우드 펀딩 페이지를 만든 사실을 발견했다.

'젠장할, 이 놈은 그 딸의 비디오를 올린 거야?'라고 잔체브스키는 속으로 생각했다.

잔체브스키는 웰컴투비디오에서 그 사용자 이름을 가진 인물이 올린 비디오들의 몇몇 섬네일 이미지는 그 딸의 나이쯤 되는 어린 소녀를 성폭행하는 장면을 담고 있었다. 그는 이번 주말을 포기하고서라도 이 국경 순찰 요원에게서 피해자를 당장 떼어놓지 않으면 안 된다는 사실을 절감했다.

이후 열흘간 잔체브스키는 거의 책상 곁을 떠나지 않았다. 차를 몰고 버지니아주 알링턴에 있는 작은 타운하우스로 가서 가족과 함께 저녁을 먹은 다음, 다시 사무실로 돌아와 늦게까지 일하면서 바이스와 파루키에게 밤늦게 전화를 걸기도 했다.

"우리의 시간이 제로섬인 상황은 드물죠. 하지만 우리 경우는 그렇게 여겨졌습니다. 우리가 그 사건에 투여하지 않는 순간마다, 어딘가에서 어린 소녀가 강간을 당하고 있을지 모르는 일이었습니다"라고 파루키 검사는 말했다.

잔체브스키는 수사 팀의 한 요원에게 그 텍사스 남자가 내려받은 비디오들을 찾아달라고 한 다음, 그것들을 하나하나 시청하는 고단한 노동을 시작했다. 몇 개의 비디오를 시청하는 동안 그는 자기 머릿속에서 패턴이 일치하는 서브루틴들을 발견하고 충격에 휩싸였다. 그가 시청하는 비디오에서 한 소녀는 빨간 플란넬 셔츠를 허리에 감고 있었다. 그는 고펀드미 페이지에 올라온 그 소녀의 사진을 찾아보고 그것을 확인했다. 그 소녀는 똑같은 붉은색 플란넬 셔츠를 입고 있었다.

이 국경순찰 요원은 웰컴투비디오의 관리자일까? 중개자? 어느 쪽이든 문제가 되지 않았다. 그는 이제 피해자와 함께 살면서 자신의 범죄 행위를 수천 명의 다른 사용자와 공유해온 노골적인 아동 강간자의 신원을 찾아냈다고 확신했다. 이 텍사스 남자는 수사 팀의 표적 리스트 최상단에 놓이게 됐다.

· · ·

크리스마스 2주전, 그 국경순찰 요원의 실체를 밝혀낸 지 열흘째 되는 날, 잔체브스키는 국토안보수사국의 토마스 탬지와 수사 팀의 아동 성 학대 전문 검사인 린지 서튼버그와 함께 남부 텍사스로 날아갔다. 서늘하고 건조한 어느 날 저녁, 탬지와 텍사스주 경찰 그룹은 멕시코 국경으로부터 약 160km 떨어진 곳에서 퇴근하는 그 남자의 차를 세웠다. 여러 명의 FBI 요원들과 함께, 이들은 그 남자를 근처 호텔로 데려가 심문했다.

한편 잔체브스키와 그 지역의 국토안보수사국 수사관들은 그 남자의 집에 들어가 증거를 찾기 시작했다. 낡은 이층집은 2층에 있는 그 남자의 잘 정돈된 가정 사무실을 제외하곤 엉망이었던 것으로 잔체브스키는 기억한다. 그곳에서 이들은 남자의 컴퓨터를 찾았다. 그 사무실에서 복도를 따라 여자 아이의 침실이 있었고, 그는 그곳이 남자가 비디오를 찍은 장소임을 금방 알아봤다. 벽에 붙은 포스터도 비디오로 봤던 장면과 똑같아서 그는 잠시 컴퓨터 스크린을 통해 공포 영화의 세트로 떨어진 듯한 느낌에 빠졌다.

수사진과 검사는 아동 성 학대 사건에 전문 지식을 가진 FBI 심문관을 대동했다. 그 인터뷰어는 소녀를 집을 수색하는 요원들과 분리해 더 안전한 장소로 데려갔고, 그 소녀는 결국 자신의 학대 경험을 상세히 털어놓았다고 검사들은 나중에 확인해줬다.

그 남자의 자택에 대한 수사가 끝난 직후, 잔체브스키는 다른 요원들이 남자를 심문하는 호텔 방에 도착했다. 그는 처음으로, 지난 한 주 반 동안 강박적으로 추적했던 장본인을 직접 봤다. 그 남자는 큰 키에 건장한 체격으로 아직 제복 차림이었고 머리숱이 성글어지는 중이었다. 그는 처음에는 어떤 학대 행위에 대해서도 언급하기를 거부했지만 결국 아동 성 학대 비디오를 소유하고, 공유하고 (마침내) 제작한 사실을 자백했다고 잔체브스키는 말한다.

사실 잔체브스키는 그가 자신의 행위를 아무런 감정없이, 거의 분석적으로 묘사하는 데 충격을 받았다. 그는 심문자들에게 자기 집 컴퓨터의 비밀번호를 털어놓았고, 아직 집에 남아 있던 요원은 컴퓨터에서 증거를 찾아내 잔체브스키에게 전송하기 시작했다. 여기에는 남자가 자신의 하드드라이브에 저장해 놓은 모든 아동 성 학대 비디오와 자신의 집에서 촬영해 제작한 비디오의 목록이 담긴 스프레드시트도 들어 있었다.

남자의 컴퓨터에서 찾아낸 또 다른 스프레드시트는 다른 웰컴투비디오 사용자들의 로그인 정보가 담긴 긴 목록이었다. 지속적인 심문에 남자는 자신의 수법을 설명했다. 그 사이트의 채팅 페이지에 올린 메시지들로 관리자임을 사칭해 그에 속아 넘어간 사용자들에게 그들의 사용자 이름과 비밀번호를 물어 알아낸 다음 그들의 계정에 들어가 비디오들에 접근했다는 것이었다.

국경순찰 요원인 그 남자는 웰컴투비디오의 관리자나 중개자였던 적이 전혀 없고, 단지 그 사이트의 유달리 기만적인 방문자였다.

이후 진행된 열흘간의 집중 수사를 통해 이들은 또 다른 아동 성 학대자를 적발해 체포했고, 심지어 그의 피해자를 구출했다. 하지만 잔체브스키는 워싱턴 DC로 돌아가면서, 그런 성과에도 불구하고 웰컴투비디오의 방대한 학대의 네트워크는 여전히 건재하다는 사실을 절감했다. 그리고 그 사이트 자체를 폐쇄할 때까지 웰컴투비디오는 그런 비디오들(그 국경 순찰 요원이 자신의 텍사스 자택 사무실에서 업로드한 비디오를 포함해서)을 계속해서 익명의 소비자 무리에게 제공할 것이었다.

44장

서울

2018년 1월 초, 워싱턴 DC의 수사관들은 토머스 탬지 수사 팀이 웰컴투비디오의 고객으로 밝혀진 또 다른 연방 수사관을 체포했다고 알렸다. 그는 이들의 블록체인 추적과 소환 요청의 초기 단계에서 인지된 탬지의 국토안보부 동료였다. 앞서 체포한 국경순찰 요원의 수사와는 아무 연관성이 없어 보였지만 이 두 번째 요원 또한 텍사스에, 그것도 그 순찰 요원의 집으로부터 채 한 시간도 걸리지 않는 거리에 살고 있었다.

그런 우연은 퍽 우울한 내용이었지만 국토안보 수사국 소속 요원이 체포됨으로써 워싱턴 DC 수사 팀이 초기에 작성한 최우선 용의자들의 목록은 마침내 깨끗하게 정리됐다. 이들은 이제 다음 핵심 표적으로 옮겨갈 수 있었다. 바로 손정우와 그가 관리하는 웰컴투비디오 서버였다.

2월에 이르러 한국에 초점을 맞춘 작전은 구체적인 윤곽을 잡아갔다. 텍사스 소재 범인들을 체포하기 앞서 잔체브스키, 감바리안, 파루키 그리고 탬지는 서울로 날아가 경찰청 담당자들을 만났다. 국토보안수사국의 한국 주재관이 주선한 만찬 자리에서 경찰청의 국장은 탬지(그의 낙지 명성은 그가 다시 한국을 찾기 전부터 이미 잘 알려져 있었다)에게 자신의 '최고 정예 팀'을 할당하겠노라고 약속했다. 곧 이들은 서울에서 두 시간 반 거리에 있는 충남의 아파트에 사는 손정우를 상시 감시하기 시작했다.

미국의 수사 팀이 서울을 다시 찾았을 당시 한반도는 한겨울이었고, 한국이 평창 동계 올림픽을 개최한 지 일주일밖에 안 된 시점이었다. 감바리안은 공교롭게도 그 날짜와 겹치는 시기에 개최된 한 콘퍼런스에서 발표를 맡도록 국세청의 국장이 시키는 바람에 한국에 가지 못하고 뒤에 남아야 했다. 하지만 잔체브스키와 파루키, 애런 바이스, 그리고 한국계 미국인 컴퓨터 범죄 전문 검사인 율리 리Youli Lee가 수사 팀을 대동했다. 한편 이 무렵, 다른 나라의 수사 기관들도 이 사건을 파고들기 시작했다. 레빈의 런던 방문 직후 웰컴투비디오에 대한 자체 수사를 개시한 영국의 국립범죄수사청National Crime Agency은 수사관 두 명을 서울에 파견했고, 독일의 연방 경찰도 그 동맹에 참여했다. 알고 보니 독일은 미국 국세청IRS의 수사 사실을 인지하기 전부터 독자적으로 그 사이트의 관리자를 추적해 왔지만 한국 경찰청의 협조는 끝내 받아내지 못했다.

어느 날 투숙한 서울의 한 호텔 밖에 서서 독일의 수사관은 파루키 검사에게 미국은 어떻게 한국 경찰의 공조를 그렇게 신속하게 이끌어낼 수 있었느냐고 물었다. "아, 산낙지의 사나이 덕택이에요"라고 파루키 검사는 설명했다. "댁들은 산낙지 사나이가 없죠. 우리는 산낙지 사나이가 있어요."

· · · ·

서울에 도착한 수사 팀은 경찰청 사무실에서 여러 차례 회동하면서 계획을 논의했다. 사이트의 이미지 위에서 마우스 오른쪽 단추를 클릭해 본 감바리안의 시도 덕택에 찾아낸 IP 주소에 따르면 그 사이트의 서버는 기묘하게도 웹 호스팅 기업의 데이터 센터가 아니라 손정우 자신의 아파트에 있었다. 이들이 그 서버를 압류했을 때, 그 콘텐츠는 암호화돼 접근할 수 없는 것이 아닐까? 손정우가 그 사이트를 관리하는 데 사용하는 컴퓨터의 하드 드라이브도, 로스 울브리히트와 알렉산더 카제스의 노트북처럼 잠그면 자동으로 암호화되도록 설정됐을까? 카제스가 루쉬 V 포럼에 자신의 컴퓨터 사용 환경을 세세히 공개한 것과 달리, 손정우는 수사 팀이 찾을 수 있는 어떤 사이트나 포럼에도 자기 컴퓨터의 설정에 대한 정보를 공개하지 않았다.

수사 팀은 울브리히트나, 절묘한 속임수로 컴퓨터를 잠그지 않은 채 집 밖으로 유인해낸 카제스의 경우처럼, 손정우가 공공장소에서 컴퓨터에 로그인한 상태일 때 체포할 수 있는 기회를 기다릴 여유가 없다고 판단했다. 아마 그럴 필요도 없었을 것이다. 수사 팀은 웰컴투비디오로부터 그가 지불받은 명백한 블록체인 증거와, 대규모 아동 성 학대 비디오 네트워크의 핵심인 서버가 그의 자택에 있다는 사실을 확보했기 때문이다.

수사 팀은 단순하게 접근하기로 했다. 그를 체포하고, 문제의 사이트를 오프라인 상태로 폐쇄하고 확보한 증거를 근거로 그를 기소한다는 계획이었다. 이들은 월요일 아침 일찍 아파트를 급습해 그를 체포하기로 했다.

그런데 체포일을 앞둔 금요일, 잔체브스키가 감기에 걸렸다. 그는 주말의 대부분을 한국계 미국인 검사인 율리 리와 함께 서울의 시장과 상점들을 둘러보는 것으로 시간을 보냈다. 그러는 와중에 '가습기'라는 한국말을 발음해보려 시도하기도 했다. 일요일 저녁 그는 잠을 좀 자고 작전이 벌어지는 월요일 아침까지 회복해볼 요량으로 나이퀼NyQuil[3]에 상응하는 한국산 감기약(그는 그 상표를 읽을 수 없었다)을 복용했다.

한국 경찰청에서 계획이 바뀌었다고 수사 팀에 통보한 것은 그 무렵이었다. 손정우가 예기치 않게 주말 동안 서울에 올라온 것이었다. 그의 행적을 뒤쫓아 온 수사 팀은 그가 야간 운전으로 충남에 있는 자신의 집으로 돌아갈 것으로 믿었다.

---

3 미국에서 흔히 이용되는 감기약 이름 ─ 옮긴이

만약 경찰이 그날 밤 손정우의 집에 가서 잠복한다면 그를 자택 문간에서 체포할 수 있을 것이었다. 그렇게 하면 그는 증거를 인멸하거나 혹은 (워싱턴 DC의 시범 케이스와 알렉산더 카제스처럼 자살할지도 모른다는 시나리오는 수사 팀의 또 다른 우려 사항이었다) 자살을 기도할 수 없을 것이었다. "우리는 서둘러야 했어요"라고 잔체브스키는 회고한다.

그날 저녁, 파루키는 호텔 로비에서 수사 팀원들에게 손을 모으고 '화이팅Go, team'을 외치자고 고집했다. 그러고 나서 그와 율리 리 검사는 각자의 방으로 돌아갔다. 아직 감기 상태인 잔체브스키는 약 기운에 반쯤 잠든 상태로 호텔 방에서 베개를 움켜잡고 있다가 폭우 속으로 걸어 나가 차를 집어타고 국토안보수사국 연락 요원과 함께 충남으로 내려가는 야간 운전을 시작했다. 그 연락 요원은 난폭 운전으로 악명 높은 한국인이 운전하는 차에 타는 대신 다른 차를 직접 운전하고 내려가라고 빌다시피 했다. 하지만 잔체브스키는 약 기운 때문에 심야에, 그것도 수천 킬로미터 떨어진 낯선 나라의 젖은 고속도로를 직접 운전하기는 불가능하다고 대답했다.

몇 시간 뒤, 수사 팀은 손정우가 사는 아파트의 주차장에 도착해 장시간의 빗속 잠복근무를 시작했다. 아파트는 10층짜리 건물로 한쪽엔 작은 건물들이 몇 채 있었고 다른 쪽은 광막하고 텅 빈 시골 풍경이었다.

손정우의 차가 마침내 아파트의 주차장으로 들어온 것은 자정이 한참 지난 시각이었다.

여러 명의 힌국 경찰이 그곳에서 ٦를 기다리고 있었다. 특히 위엄이 느껴지는 경찰(국토안보수사국의 연락 요원은 그를 스마일리Smiley라고 불렀다)이 일군의 사복 경찰을 이끌고 막 엘리베이터에 탑승하는 손정우 옆으로 들어갔다. 요원들은 손정우의 층까지 아무 말 없이 올라갔고 그가 내릴 때 함께 내렸다. 이들은 막 현관문에 다다른 손정우를, 아무런 저항 없이, 체포했다.

그 체포와 몇 시간에 걸친 아파트 수색 동안 잔체브스키와 다른 외국 수사관들은 비에 흠뻑 젖은 주차장에 세워둔 차 안에 앉아 있었다. 한국 경찰청만이 손정우를 체포하고 그의 자택을 수색할 수 있었다. 한국 경찰이 손정우에게 잔체브스키나 다른 미국 수사 팀원이 아파트 안에 들어와도 되느냐고 동의를 구했다. 손정우는 예상대로 거부했다. 그래서 잔체브스키는 페이스타임FaceTime을 통해, 한국 경찰이 증거를 찾고 손정우의 컴퓨터 장비들을 압수하며 보여주는, 손정우가 그의 홀아버지(수사 팀이 조사한 첫 번째 사진에 나온 흙 묻은 손을 가진 그 남자)와 동거하는 작고 특별할 것 없는 아파트의 실내를 살펴보는 수밖에 없었다.

페이스타임으로 잔체브스키에게 실내를 보여주던 경찰은 마침내 전화기의 카메라를 손정우의 침실 바닥에 놓인 데스크톱 컴퓨터에 들이댔다. 싸구려 타워형의 PC로 한쪽 케이스는 열려 있는 상태였다. 그 컴퓨터의 내부는 하드드라이브가 테라바이트 규모의 아동 학대 비디오들로 꽉 차자 손정우가 추가한 것으로 보이는 하드드라이브들을 보여줬다.

이것이 웰컴투비디오의 서버였다.

"저는 좀더 거창하고 불길해 보이는 장비를 예상했습니다"라고 잔체브스키는 회고한다. "그런데 그건 땅딸막한 컴퓨터에 불과했어요. 정말 낯설었습니다. 이 땅딸막한 컴퓨터가, 전 세계에 그토록 끔찍한 피해를 초래한 장비가 이 어린애의 침실 바닥에 놓여 있었으니까요."

· · ·

서울로 돌아오면서 잔체브스키는 동료가 왜 다른 차를 운전하라고 권했는지 생생하게 실감했다. 수사 팀의 차량 중 그 나이든 직원이 운전하는 차는 불면의 밤을 보낸 뒤 방향감각을 잃어버린 것처럼 고속도로의 엉뚱한 나들목으로 나가는가 하면, 정면 충돌을 가까스로 모면하기도 하면서 옆에 앉은 애런 바이스를 혼비백산하게 만들었다.

참사를 겨우 회피하고 나서 해가 뜨고 비가 그치자, 이들은 고속도로변의 한 트럭 휴게소로 빠져 주유소 매점에서 파는 즉석 라면으로 아침을 때웠다. 잔체브스키는, 아직 감기 기운이 남은 데다 완전히 탈진한 상태에서, 이 모든 것이 용두사미로 끝나버렸음을 절감하며 실망을 금치 못했다. 그의 수사 팀은 사악한 글로벌 네트워크의 진앙에 있는 관리자와 장비를 모두 찾아내고 회수했다. 그는 이 순간을 6개월 이상 고대했다. 하지만 아무런 기쁨도 느낄 수가 없었다.

하이파이브도, 축하도 없었다. 수사관들은 자신들의 차로 돌아가 서울로 가는 긴 여정을 이어갔다.

45장

넷(The Net)

다음 날, 마침내 얼마간의 수면을 보충한 뒤, 잔체브스키는 전날 밤 작전의 황량한 느낌을 넘어, 실상은 자신들이 얼마나 운이 좋았는지 이해하기 시작했다. 그는 손정우의 컴퓨터를 조사한 포렌식 분석가들을 통해 그가 자신의 서버를 암호화하지 않았다는 사실을 전해 들었다. 모든 것이 거기에 있었다. 웰컴투비디오의 모든 콘텐츠, 사용자 데이터베이스, 그리고 모든 비트코인 거래를 담당한 지갑들.

수사 팀이 비로소 전체 내역을 보게 된 상황에서 파악한 비디오 컬렉션의 규모는 실로 엄청났다. 서버에는 25만 개가 넘는 비디오가 들어 있었다. 역사상 최대 규모의 아동 성 학대 자료였다. 나중에 이들이 그 컬렉션을 '국립 실종 및 학대 아동 센터NCMEC, National Center for Missing and Exploited Children'의 목록과 대조한 결과 NCMEC는 그중 45%는 본 적이 없는 비디오로 판정했다. NCMEC는 인터넷에서 유통되는 아동 성 학대 자료CSAM를 찾고 판별하고 폐쇄하는 작업을 돕는 기관으로, 웰컴투비디오의 서버에 담긴 콘텐츠의 절반 가까이가 다른 어느 곳에서도 발견된 적이 없다는 평가를 내림으로써 수많은 신규 수사의 단초를 제공했다.

하지만 수사관들이 얻은 진짜 보상은 그 사이트에 담긴 사용자 정보였다. 한국 경찰청은 미국 수사 팀에 웰컴투비디오의 데이터베이스 사본을 제공했고, 이들은 서울 주재 미국 대사관 빌딩의 자체 시스템에 그 데이터 목록을 재구축하는 작업을 벌였다. 한편 이들은 진짜 서버로부터 끌어낸 개인 키private key를 사용해 문제의 다크웹 주소를 장악한 뒤, 그 사용자들이 사이트 폐쇄 사실을 눈치채지 않도록 재빨리 웰컴투비디오와 똑같은 모양의 홈페이지를 자체 서버에 설치했다. 이제 사용자들이 그 사이트를 방문하면 지금은 '공사 중'이며, 손정우의 엉성한 영어 표기까지 흉내내 '업그레이즈upgrades'된 모습으로 곧 돌아올 것이라는 메시지가 뜨도록 해놓았다.

바이스는 꼬박 이틀을 투자해 그 사이트의 사용자 데이터를 수사 팀원들이 용이하게 찾아볼 수 있도록 재구축했다. 그 와중에도 잔체브스키와 파루키는 그의 뒤에 서서 시스템 준비가 아직 안 됐느냐고 재촉했다. 그 덕택에 미국의 수사 팀은 그 사이트의 가명 사용자들의 완전한 디렉토리를 사용자 이름별로 찾아볼 수 있게 됐다. 수사 팀은 이제 처음에 지도화한 블록체인상의 비트코인 지불 내역을 그 사용자 이름들과 연결할 수 있었고 그 사용자들이 정확히 어떤 콘텐츠를 올리거나 내려받았는지 정확히 찾아볼 수 있게 됐다.

2월 말 수사 팀이 미국으로 돌아갈 준비가 됐을 무렵, 이들은 소환장을 통해 암호화폐 거래소에서 넘겨받은 비익명화한 신원 정보를, 웰컴투비디오 네트워크 전체를 지도화해 검색 가능하도록 구축한 데이터베이스와 통합했다. 그 데이터베이스는 사용자들의 이름, 사진, 그리고 그 사이트에 사용료를 지불한 경우 그 지불 기록과 그를 통해 접근한 구체적인 아동 성 학대 비디오들의 내용까지 포함했다. "전체 그림을 볼 수 있었죠. 그건 마치 사전, 유의어·반의어 사전, 위키피디아를 합쳐놓은 것 같았습니다"라고 잔체브스키는 말한다.

그렇게 배열되고 정리된 데이터베이스를 통해 수사 팀은 적나라하게 노출된 웰컴투비디오라는 글로벌 아동 성 학대 네트워크의 총체적 구조를 파악하게 됐다. 그 사이트의 소비자들, 수집자들, 공유자들, 제작자들, 그리고 학대자들의 놀라우리만치 상세한 프로필이 거기에 있었다. 이제 수사의 마지막 국면을 개시할 수 있게 됐다.

·   ·   ·

그때부터 몇 주 동안, 콜로라도에 있는 토머스 탬지의 수사 팀은 그들이 확보한 웰컴투비디오의 자료 일체를 국토안보수사국의 요원들, 지역 경찰, 그리고 전 세계의 법 집행 기관들에 보내기 시작했다. 이 '수배자 패키지들 targeting packages'에는 용의자들에 대한 설명, 이들의 거래 기록, 그리고 수사 팀이 그들에 관해 파악하고 수집한 다른 증거들이 담겼고 (자신들이 보내는 내용을 받게 될 요원 중 암호화폐 관련 수사 경험이 전혀 없는 경우를 고려해) 비트코인과 블록체인의 작동 원리에 관한 짧은 개요도 추가됐다.

글로벌 차원에서 조율된 어떤 폐쇄 조치도, 동시다발 체포로 범인들에게 충격과 공포를 자아내는 시도도 없을 것이었다. 이 사건의 피고인들이 국제적으로 워낙 널리 퍼져 있어서 그런 형태의 동시 작전은 불가능하기 때문이었다. 대신, 수색과 체포, 그리고 심문은 전 세계 해당 나라들 차원에서, 적극적인 학대자들, 비디오 업로더들, 그리고 다운로더들의 차례로 수사의 우선순위를 잡아 실행되기 시작했다. 서서히, 웰컴투비디오의 사용자들이 하나둘 색출돼 경찰의 심문을 받으면서, 워싱턴 DC의 수사 팀은 자신들이 일군 작업의 결과를 전해 듣게 됐다. 어떤 경우는 참혹했고, 때로는 수사의 보람을 느끼게 했으며, 많은 경우는 비극적인 결말이었다.

캔자스주의 한 IT 전문 직업인의 경우, 그의 아내가 영유아들을 위한 탁아소를 자택에서 운영한다는 사실이 밝혀지면서 최우선 체포 대상으로 승격됐다. 그는 수사관들이 도착하기 전에 자기 컴퓨터에 있는 아동 성 학대 비디오를 전부 지운 것 같았다. 하지만 컴퓨터에 남은 파일의 흔적이 수사 기관이 웰컴투비디오 서버로부터 취득한 기록과 일치한다는 사실을 들이대자 범행을 자백했다.

수사관들이 뉴욕에 사는 20대 남자를 잡으러 갔을 때, 그의 아버지는 이를 불법 침입으로 오해하고 아파트 현관문을 막았다. 하지만 수사관들이 수색 영장의 내용을 설명하자 그는 아들에게 분개하면서 그들을 받아들였다. 그 아들은, 뒤에 밝혀진 사실에 따르면, 한 가족 친구의 딸을 성폭행했고 또 다른 어린 소녀를 그녀의 웹캠을 통해 몰래 녹화했다고 검사들은 귀띔했다.

워싱턴 DC의 한 상습 성폭행범은 국토안보수사국이 그의 자택에 들어갔을 때 화장실에 숨어 자신의 목을 칼로 그어 자살을 기도했다. 다행히 출동 요원들 중 한 명이 군의관으로 훈련을 받은 경험이 있었다. 그는 출혈을 지연해 그 남자의 생명을 구했다. 이들은 나중에 그의 컴퓨터들에서 45만 시간 분량의 아동 성 학대 비디오를 발견했는데, 그중에는 텍사스주의 국경 순찰 요원이 올렸던 소녀의 성 학대 비디오도 있었다.

정보를 공유한 지 몇 달이 지나면서 그와 비슷한 사연은 더욱 쌓여갔다. 추악하거나, 슬프거나, 섬뜩한 장면이 뒤섞인 내용이었다. 80개 이상의 아동 학대 비디오를 올린 70대 남자, 심각한 뇌 손상을 입어 인지 능력이 10대 초반 수준으로 그 또래에 대한 성 학대 비디오를 시청하며 복용하는 치료제가 성욕은 높이면서 충동 제어 능력은 떨어뜨린다는 20대 초반의 남자, 영장을 통한 수색 결과 성적 착취의 대상으로 삼을 아동을 구매하기 위해 협상을 벌이는 통신 내용이 드러난 뉴저지의 남자 등.

토머스 탬지는 그 수사를 이끄는 국토안보수사국 요원으로서 웰컴투비디오와 관련된 체포 임무를 다른 누구보다 더 많이 조정했고 (그의 추산에 따르면 50건이 넘었다) 워낙 많은 체포 현장에 참여한 탓에 가장 충격적인 몇몇 순간을 제외하곤 대부분 기억 속에서 흐릿했다. 그중 뚜렷하게 기억나는 사례는 지하실에서 찾아낸 거의 벌거벗은 상태의 피해자, 보이스카웃 활동에 관여해 왔고 그래서 "아이들은 항상 (자신에게) 매력을 느꼈다"라고 주장한 용의자, 가족의 친구인 가해자가 탬지가 묘사한 것과 같은 행위를 저질렀을 리 없다며 맹렬히 부정하다 민감한 부분을 가린 스크린샷을 보여주자 얼굴이 백짓장으로 변했던 피해자 부모들의 표정이었다.

그 사건은 미국을 훌쩍 뛰어넘어 전 세계를 포괄했다. 체크 공화국, 스페인, 브라질, 아일랜드, 프랑스, 캐나다 등에서 수십 명의 웰컴투비디오 사용자가 체포됐다. 영국에서는 국립 범죄수사청National Crime Agency이 체포한 26세의 남자는 두 어린이(그중 한 명은 범인의 집 침대에서 벌거벗은 채로 발견됐다)를 성추행하고 6만 개 이상의 파일을 그 사이트에 올렸다. 또 다른 국제 범죄 사례로, 페루 주재 헝가리 대사는 웰컴투비디오로부터 1만 9천 개 이상의 CSAM 자료를 자신의 컴퓨터에 내려받은 사실이 적발됐다. 그는 조용히 직위 해제된 뒤 헝가리로 소환돼 기소됐고 유죄를 인정했다.

워싱턴 DC의 수사 팀 입장에서, 국제 사건의 많은 부분은 일종의 블랙홀이었다. 사우디아라비아의 한 웰컴투비디오 사용자는 자신의 모국으로 돌아가 사우디 경찰에 의해 체포됐다. 파루키와 잔체브스키는 그 뒤에 그 남자가 어떻게 됐는지 전혀 듣지 못했다고 말한다. 그는 그 나라의 사법 시스템에 맡겨졌다. 그리고 이 나라는 회교 율법Sharia에 따라 일부 성 범죄에 대해서는 태형이나 심지어 참수형을 선고한다. 수사관들은 시애틀 근처에 살며 아마존에서 일하는 한 중국계 남자의 차를 수색해 테디 베어 인형과 함께 그 지역의 놀이터 지도를 찾아냈다. 그 남자는 자녀가 없었다. 그 남자는 이후 중국으로 도피했고, 검사들은 그의 종적을 다시 찾지 못했다.

수사 팀은 전 세계 법 집행 기관들에 수백 개의 정보 패키지를 보내면서 사건과 관련된 어떤 질문이든 크리스 잔체브스키에게 하라며 그의 연락처를 넣었다. 그 때문에 잔체브스키는 미국 전역의 국토안보수사국 요원과 지역 경찰관들에게 블록체인이 사건 수사에서 어떤 핵심적 역할을 했는지 몇 번이고 되풀이해서 설명해야 했다. 이들 중 많은 경우는 비트코인이나 다크웹에 관해 들어본 적조차 없었다. "그들 입장에서는 아무것도 모르는 상태에서 '여기에 이런 웹사이트가 있고 이렇게 기묘한 인터넷 화폐가 있다'라는 내용의 단서를 받는 셈이죠"라고 잔체브스키는 수사 팀의 정보 패키지를 수령받는 쪽의 심리가 어떨지 설명한다. "그리고 당신은 괴짜 회계사의 말만 듣고 특정인을 체포해야 하는 거예요."

잔체브스키는 그 사건의 내용을 납득시키고 설명하기 위해 총 6개국을 여행했고, 50명 이상의 관련 인사와 이야기를 나눴다. 어떤 팀과는 여러 번 대화를 주고받아야 했다. 가령 미국 연방검사와 수사 팀과는 20회 넘게 소통했다. ("어떤 사람들은 상대적으로 더 많이 배려하고 존중해줘야 할 필요가 있었죠.") 재구축된 서버 데이터를 관리했던 바이스는 심지어 더 많은(백 명 이상) 요원 및 관리들과 논의했다고 말한다.

궁극적으로, 수사 개시부터 서버 압류에 이르는 1년 반의 작전 기간 동안 글로벌 차원의 법 집행 기관은 웰컴투비디오와 관련해 적어도 337명을 체포했다. 또한 23명의 어린이를 성 착취 상황으로부터 구해냈다.[4]

그 337건의 체포는 그럼에도 웰컴투비디오의 전체 등록 사용자들의 규모에 비하면 빙산의 일각에 지나지 않았다. 미국 수사 팀은 한국에서 취득한 서버 데이터의 사본을 검토해 그 사이트에 등록된 수천 개의 계정을 찾아냈다. 하지만 그 대부분은 사이트의 지갑에 단 한 푼의 비트코인도 지급하지 않았다. 추적의 근거로 삼을 수 있는 돈의 흔적이 없는 이상, 수사관들은 더 이상 수사를 진척할 수 없었다.

---

4 텍사스주 국경순찰 요원에게 학대를 당한 소녀를 제외하고. 워싱턴 DC의 수사 팀은 혹시라도 신원이 밝혀지거나 당사자들에게 트라우마를 안겨줄 것을 우려해 그 어린이 피해자들에 대한 어떤 정보도 내게 제공하기를 거부했다.

달리 말하면, 암호화폐가 없었다면, 그리고 추적 불가능하다고 여겨졌던 비트코인을 이용한 몇 년간의 덫이 없었다면, 337명에 달하는 아동 성 학대 범죄자들의 대다수는 (그리고 그들로부터 구해낸 피해자들은) 영영 발견되지 않았을 공산이 크다.

46장

파급 효과

미국세청^{IRS}과 워싱턴 DC에 소재한 미 연방검사 사무실은 대규모 아동 성 학대물 사건을 금융 수사로 취급하는 전례 없는 접근법을 취했고, 그것은 통했다. 파루키 검사가 바랐던 대로, 그리고 감바리안이 몇 년 전 실크로드 수사가 진행되던 때 처음 예상한 것처럼, 비트코인의 블록체인은 수사 팀을 획기적인 단속과 폐쇄 작전으로 이끄는 일종의 북극성 노릇을 했다.

손정우의 조잡한 운영 보안과 감바리안의 IP 주소 발견이 돌파구였던 것은 맞다. 하지만 파루키는 그게 아니었더라도 블록체인의 단서를 통해 그 서버를 결국은 찾아냈을 것이며, 그러한 암호화폐 자취들이 없다면 그렇게 많은 사이트 사용자의 신원은 결코 밝혀낼 수 없었을 것이라고 주장한다.

"그것은 이 어둠속으로 들어가는 유일한 경로였습니다. 다크넷이 더 어두울수록, 거기에 불빛을 비추는 길은 돈의 흐름을 따라가는 겁니다"라고 파루키 검사는 말한다.

하지만 돈세탁 수사진을 인터넷 아동 성 학대물의 시궁창에 투입한 데 따른 희생도 있었다. 수사 팀의 거의 모든 요원이 집에 자녀가 있었고, 거의 모두가 그 수사 경험 이후 자녀들에 대해 훨씬 더 방어적이 됐으며 가족 주변 사람들에 대한 신뢰도도 심각하게 훼손됐다.

잔체브스키는 그 수사가 끝난 뒤 워싱턴 DC에서 미시간주 그랜드 래피즈Grand Rapids로 이사했는데, 자신이 어릴 때 했던 것처럼 자녀들이 혼자 자전거를 타고 학교에 가는 것을 허락하지 않았다. 이를테면 다른 친한 부모가 자신의 자녀를 수영장의 다른 끝에서 지켜봐주겠다고 제안하는 경우처럼 무해해 보이는 상호 작용조차 이제는 그의 마음속에서 빨간 경고등을 번쩍였다. 율리 리 검사는 자신의 아홉 살짜리와 열두 살짜리 자녀들끼리만 공중 화장실에 가는 것을 허락하지 않을 것이라고 말한다. 자녀가 친구의 집에서 노는 것도, 그 친구의 부모가 1급 비밀 취급 인가를 받지 않은 한 허락하지 않을 작정이었다. 물론 독단적인 규칙임을 인정하지만, 그래도 그 부모들이 최소한 신원 조사는 거치는 게 마땅하다고 그녀는 말한다.

파루키 검사는 수사 목적으로 시청한 15개 안팎의 비디오 영상이 그의 두뇌 속에 '영원히 각인돼' 자신의 자녀들 앞에 놓인 세상의 위험에 대해 영원히 더 예민해진 감각을 갖게 됐다고 말한다. 그와 그의 아내는 자녀들에 대한 그의 과보호 경향을 놓고 말다툼을 벌이곤 했다고 말한다. "아내는 나에게 직업상 늘 인간의 가장 추악한 행위만을 보다 보니 균형 감각을 잃어버렸다고 말하죠. 그러면 저는 '균형감이 없는 것은 당신이야, 왜냐하면 밖에 무엇이 도사리고 있는지 전혀 모르니까'라고 반박합니다." 파루키의 말이다.

감바리안의 아내인 유키Yuki는 웰컴투비디오 사건은 옛 소련에서 어린시절을 보낸 탓에 웬만한 일에는 별로 흔들리지 않는 남편이 유일하게 자신과 사건을 상의하고 그 일로 큰 충격을 받아 정서적으로 어려움을 겪고 있다고 고백한 경우라고 말한다. 감바리안은 그 사건이 아직도 자신에게 심리적 트라우마로 작용하는 이유로 그와 같은 학대 행위에 참여한 군상이 사회 전반에 너무나 광범위하고 깊숙이 퍼져 있음을 목도했기 때문이라고 말한다.

"저는 모두가 이런 행위를 저지를 수 있다는 것을 확인했습니다. 의사,

학교 교장, 경찰…. 그것을 악이나 다른 무슨 말로 부르든 그건 모두에게 있어요. 아니면 그건 누구에게나 있을 수 있어요."

. . .

2020년 7월초, 손정우는 검정색 긴팔 티셔츠 차림으로 소지품이 든 녹색 비닐백을 들고 서울 구치소를 걸어 나왔다. 아동 성 학대에 대한 한국의 관대한 법제 탓에, 그는 불과 18개월을 감옥에서 보냈을 뿐이었다.

파루키를 비롯한 미국의 검사들은 그를 미국으로 인도해 미국 사법 시스템으로 처벌해야 한다고 주장했지만 한국 측은 받아들이지 않았다. 유죄 판결을 받았던 웰컴투비디오 사이트의 설립자 겸 관리자는 자유의 몸이 됐다.

웰컴투비디오 사건에 매달렸던 워싱턴 DC의 수사 팀은 역사상 최대 규모의 아동 성 학대 자료를 담은 사이트를 운영한 손정우에게 그처럼 믿기지 않을 만큼 가벼운 형량이 선고된 데 더없이 실망했다. 하지만 잔체브스키는 그 사건에 대한 한국 사회의 격렬한 반응에 안도했다고 말한다. 한국의 소셜미디어는 손정우가 그토록 일찍 석방된 데 대한 불만으로 폭발했다. 그 사건을 판결한 서울고법 수석부장판사의 대법관 후보 자격을 박탈하라는 국민 청원에 40만 명 이상이 서명했다. 한 국회의원은 범죄인 인도법 개정안을 발의하는 한편, 온라인 성 학대와 아동 성 학대 자료를 내려받는 행위에 대한 처벌을 강화하는 새 법안을 국회에 제출했다.

힌편 미국에서는 이 사건의 파급 효과가 몇 년간 지속됐다. 잔체브스키, 브라이스, 그리고 서튼버그는, 그들이 찾아내 조합한 단서들을 뒤쫓는 법 집행기관 요원들로부터 아직도 전화를 받는다고 말한다. 수사 팀의 첫 시험 케이스(자살한 전직 의회 직원)의 컴퓨터에서 이들은 한 암호화폐 거래소 계정에서 그가 성 학대 자료를 취급하는 다른 다크웹 소스에 돈을 지불한 증거를 찾아냈다. 이들은 그 지불 내역을 따라가 '다크 스캔들스Dark

^{Scandals'}라는, 규모는 비록 더 작지만 여전히 끔찍하고 추악한 성 학대 기록물들을 담은 사이트를 찾아냈다.

잔체브스키, 감바리안, 그리고 다크 스캔들스 사건을 담당한 검사들은 웰컴투비디오를 수사한 과정과 비슷하게 블록체인의 단서를 바탕으로 그 사이트에 지불된 비트코인이 현금화한 곳을 따라갔다. 네덜란드 국립 경찰의 협조를 얻어 이들은 그 사이트의 관리자로 의심되는 네덜란드인을 체포했다. 미카엘 라힘 모하마드^{Michael Rahim Mohammad}라는 이 남자는 '미스터 다크^{Mr. Dark}'라는 온라인 ID를 사용했다. 그는 미국에서 형사 기소됐으며, 이 글을 쓰는 현재 그 재판은 여전히 진행 중이다.

웰컴투비디오의 돈세탁에 초점을 맞춘 수사관과 검사들의 관점에서 볼 때, 아마도 가장 흥미로운 대목은 그들이 사이트를 폐쇄하기 위해 한국으로 날아가기 직전 텍사스에서 체포한 국토안보수사국 요원의 운명으로부터 파급 효과가 비롯했다는 사실일 것이다. 그 텍사스 용의자는 퍽 희귀한 접근법으로 자신의 법률 변호에 나섰다. 그는 아동 성 학대물 소지에 대해서는 유죄를 인정했으면서도 자신에 대한 유죄 판결에 항소했다. 그는 국세청 수사관들이 자신의 비트코인 지불 내역을 수색 영장 없이 추적함으로써 자기 신원을 파악했다면서 이는 프라이버시의 권리를 인정한 수정헌법 제4조 위반이며 따라서 반헌법적 '수색'에 해당하므로 자신에 대한 소송 자체를 무효화해야 한다고 주장했다.

항소법원 판사들은 그의 주장을 심리한 끝에 이를 기각했다. 9페이지 분량의 의견서에서 이들은 비트코인 거래 내역이 정확히 어느 정도나 사적인 것인지에 대해 명백한 표현으로 선례를 정립했다.

"모든 비트코인 사용자는 공개된 비트코인 블록체인에 접근할 수 있고 모든 비트코인 주소와 각각의 이체 내용을 볼 수 있습니다. 이러한 공개 특성 때문에, 블록체인을 분석함으로써 비트코인 주소의 소유자를 파악하는 것이 가능합니다. 블록체인상의 정보에 대해서는 아무런 헌법적 프라이버시의 이해관계도 없기 때문에 헌법의 보호를 받는 지역에 대한 아무런 침해도 없습니다"라고 판결문은 밝혔다.

수색은 법원의 영장을 요구하지만, 오랫동안 견지돼 온 미국의 사법 체제에 따르면, 피고인이 '프라이버시에 대한 합리적 기대'를 가진 영역으로 들어가 수색하는 경우에만 그러하다. 이 판결에 따르면 이 경우에는 그와 같은 기대가 존재하지 않았어야 마땅하다. 그 국토안보수사국 요원은 국세청 수사관들이 그의 프라이버시를 침해했기 때문에 웰컴투비디오의 수사망에 걸린 것이 아니었다. 그는 자신의 비트코인 거래가 처음부터 비밀로 유지될 것이라고 오해했기 때문에 잡힌 것이라고 판사들은 결론지었다.

· · ·

1931년, 국세청의 범죄 수사부IRS-CI는 전설적인 마피아 조직 두목인 알 카포네Al Capone에 대한 수사를 벌였다. IRS-CI 요원들은 돈의 흐름을 추적해 카포네가 탈세한 사실을 입증하고, 그를 바탕으로 당대 가장 악명 높은 갱이면서도 법망을 교묘히 빠져 나갔던 장본인을 체포했다. 그런 인연 때문에 카포네는 국세청 내부에서 여전히 신화적 지위를 유지하고 있다.

IRS-CI 요원들은 국장은 카포네 수사를 언급하지 않고는 연설할 수 없다고 농담한다. 카포네의 사진은 국세청 본부의 홀마다 걸려 있다. 그 수사는 IRS-CI가 창설된 지 10년도 더 지난 다음에 벌어졌지만 여전히 수사 부서의 기원 설화로, 세계에서 가장 위험한 범죄자들조차 화려하지 않은 재무 회계 작업을 통해 체포할 수 있다는 증거로 회자된다.

크리스 잔체브스키는 웰컴투비디오 수사의 진정한 파장은 2019년 10월, 수백 명에 이르는 웰컴투비디오의 연루자 대부분을 체포하고, 그 사이트의 홈페이지에 압류 고지문을 게시하고, 마침내 수사 결과를 공개 발표할 때까지 제대로 느끼지 못했다고 말한다. 그날 아침, 잔체브스키는 예기치 않게 국세청장인 찰스 레티그Charles Rettig로부터 직접 전화를 받았다.

레티그 청장은 잔체브스키와 그의 팀이 훌륭한 일을 해냈다고 축하 인사를 건넸다. 그는 자신이 웰컴투비디오 사건을 검토했으며 전직 청장들로부터 관련 메시지도 받았노라고 잔체브스키에게 말했다. 전임자 중 한 명은 그 수사가 "지금 세대의 알 카포네 수사"라고 썼으며 자신도 그에 동의한다고 말했다. 이는 아마도 IRS-CI에서 들을 수 있는 최상의 찬사일 것이다.

같은 날, 미 법무부는 연방 검사 사무실에서 기자 회견을 열고 수사 결과를 발표했다. 제시 리우Jessie Liu 연방 검사는 회견장에 운집한 기자들에게 그 수사가 무엇을 상징하는지, 어떻게 돈의 흐름을 추적함으로써 '천인공노할 악질 범죄 중 하나'에 대해 승리를 거둘 수 있었는지 역설했다.

체이널리시스의 조너선 레빈은 청중석에 앉아 있었다. 연설 뒤에, 감바리안과 잔체브스키의 상관인 국세청의 그렉 모나한Greg Monahan이 레빈에게 다가와 그 수사에 도움을 준 데 감사를 표시했다. 따지고 보면 그 모든 일이, 방콕 공항에서 따분해 하는 두 국세청 수사관에게 레빈이 제보를 건넨 결과였다. 모나한은 레빈에게 그것은 자신의 커리어에서 가장 중요한 수사였다며, 이제 자신이 뭔가 진정으로 가치있는 일을 해냈다는 자부심을 갖고 은퇴할 수 있게 됐다고 말했다.

레빈은 모나한과 악수를 나눴다. 그런 순간, 그는 다시 한번 블록체인에 잠재된 엄청난 증거를 생각했다. 헤아릴 수 없이 많은 사건과 사고가 해결되기를 기다리고, 수백만 건의 암호화폐 거래 내역이 영원히 온라인에 보존돼, 이를 채굴할 준비가 된 어떤 수사관에게든 범죄 포렌식의 황금기를 안겨줄 것이었다.

레빈은 모나한에게 말했다. "앞으로 해야 할 일이 너무나 많습니다. 우리는 이제 겨우 시작했을 뿐이에요."

5부

다음
라운드

47장

사냥철

미국세청 산하 범죄수사국^{IRS-CI}의 컴퓨터 범죄과의 입장에서, 알파베이와 웰컴투비디오 수사들에 뒤이은 몇 년은 디지털 환경에서 돈의 흐름을 추적하는 수사 업무의 황금기였다. 조너센 레빈이 예상한 그대로였다. 이들은 암호화폐의 자취를 따라가 한 작전에서 다른 작전으로 선풍처럼 이어갈 수 있는 단서들을 찾아냈고, 때로는 놀라우리만치 빠른 속도로 한 수사에서 다른 수사로 연결하면서 서로 겹치거나 새로운 수사를 신속하게 개시해 불법 자금을 추적해 그 배후의 범죄 조직을 와해시켰다.

CIA에서 근무하다 워싱턴 DC의 수사 팀에 가세한 매트 프라이스^{Matt Price}는 "한 대형 수사에서 다른 대형 수사로 계속 이어졌습니다"라고 당시 상황을 요약한다. "우리는 해결할 수 없을 것 같은 사건을 맡곤 했죠. 그런데 예상과 달리 우리는 계속 사건을 보기좋게 해결했습니다. 웰컴투비디오는 시작에 불과했어요."

2017년 초, 웰컴투비디오 사건을 수사하는 와중에 감바리안은 알파베이 수사 시절의 동료들인 그랜트 라벤^{Grant Rabenn}, 올든 펠커^{Alden Pelker}, 그리고 FBI의 LA 지사와 손잡고 월스트리트 마켓^{Wall Street Market}이라 불리는 다크웹의 마약 판매 사이트를 폐쇄했다. 알파베이를 수사할 때와 마찬가지로, 이들은 당시 개발한 체이널리시스의 극비 '고등 분석' 기법을 사용해 블록체인에 나온 관리자들의 돈을 추적하고 그 시장의 IP 주소들을 정확히 잡아냈다. 궁극적으로, 이들은 독일에 있는 냉전 시절의 5층짜리 군사 시설에서 그 사이트의 서버들을 찾아냈다. 그 시설은 핵 폭발에도 생존할 수 있도록 설계된 곳으로, '사이버벙커CyberBunker'라는 브랜드를 가진 호스팅 회사가 관리하고 있었다. 독일 경찰은 그 시장의 독일 관리자 세 명을 2019년 봄에 체포했다.

동일한 폐쇄 작전의 일환으로, 브라질 경찰은 그 다크웹 시장의 직원 한 명을 체포했다. 네덜란드 경찰이 비밀리에 한사Hansa를 압류해 위장 운영할 당시 그곳의 중개자 자리에 지원한 적이 있는 고위직 중개자로 "이 주소를 경찰에게는 알리지 말아주세요. 하하하하하하 농담이에요"라는 글을 썼던 장본인이었다. 경찰이 그 중개자의 집에 들이닥쳤을 때, 그는 자신의 목을 칼로 그어 자살을 시도했지만 치료를 받고 목숨을 건졌다.

크리스 잔체브스키와 지아 파루키 검사는 비트코인 거래소들에서 벌어진 두 건의 대규모 절도 사건에서 돈의 흐름을 포착하는 방식으로 웰컴투비디오와 다크 스캔들스 사건을 추적했다. 2020년 초에 이르러 이들은 두 거래소의 절도 사건을 날로 더 심해지는 비트코인 절도와 연계지을 수 있었다. 바로 북한 정권이 지원하는 해커들이었다.

북한의 인권 유린과 군사 위협에 대응한 경제 제재로 글로벌 은행 시스템에 독재 정권이 제대로 접근할 수 없게 되자, 김정은 정권은 점점 더 훔친 암호화폐로 부족한 재정을 메우고 있었다. 2020년 8월, 잔체브스키와 파루키는 FBI와 미국 사이버사령부Cyber Command(공세적 사이버 작전에 초점을 맞춘 국방부 산하 기관)에서 차출된 수사 팀과 공조해 라자루스 그룹Lazarus Group으로 알려진 북한 해커들이 두 거래소로부터 빼돌린 3억 달러 상당의 비트코인을 추적할 수 있었다. 이들은 궁극적으로 그중 1억 달러의 현금화를 도운 두 명의 중국인 브로커를 적발했다. 두 브로커는 부재리에 기소됐지만, 그들과 라자루스 해커들은 미국의 법망이 미치지 않는 곳에 있었고, 절도 금액 중 고작 몇 백만 달러 상당만이 회수됐을 뿐이다.

그 북한 해커에 대한 수사가 진행 중이던 2020년은 코비드-19 팬데믹이 막 시작될 무렵이기도 했다. 그해 어느 여름날 오후, 트위터에 돌연 유명 사용자들이 올린 것으로 보이는 수상한 메시지들이 속속 게시됐다. 알고 보니 해커들이 동시에 빌 게이츠, 일론 머스크, 제프 베조스, 버락 오바마, 애플, 그리고 당시 대통령 후보였던 조 바이든의 트위터 계정을 장악하고 동일한 메시지를 띄운 것이었다. "코비드-19로 힘든 상황에 도움을 주고자 합니다. 지금부터 한 시간 동안 저의 BTC 주소로 보내주는 모든 BTC 지불액의 두 배를 기부하겠습니다. 모두 행운이 함께하길 바라고 건강 조심하세요!" 그 사기극은 해당 메시지의 실체가 드러나 삭제되기 전까지 불과 몇 분 만에 거의 12만 달러를 챙겼다. 트위터 측은 사상 최악의 보안 침해로 인한 피해를 제한하기 위해 인증된 모든 계정의 포스트를 임시로 차단하기까지 했다.

감바리안과 FBI 수사관들은 그 사건에 즉각 투입돼 샌프란시스코의 법무 보좌관이자 감바리안의 옛 수사 파트너인 윌 프렌첸과 공동 작전을 수행했다. 밤낮을 도와가며 사기 트윗들에 나온 문제의 비트코인 주소들을 추적하는 한편 다른 블록체인 단서와 IP 주소들을 조사했다. 많은 데이터는 젊은 사이버 범죄자들이 자주 드나드는 오지유저스OGUsers라는 그룹에서 유출된 사용자 데이터와 메시지들에서 발견됐다. 이들은 해커 세 명을 트위터 내부의 관리용 툴에 접근해 사기극을 벌인 배후로 지목했다. 둘은 플로리다에 그리고 하나는 영국에 있었는데, 세 명 모두 즉각 체포됐다.[1] 전

---

1 세 해커 중 한 명인 17세의 그레이엄 이반 클라크(Graham Ivan Clark)는 유죄를 인정했다. 다른 두 명에 대한 심리는 아직 진행 중이다.

체 수사는 겨우 2주 남짓밖에 걸리지 않았다.

. . .

그 무렵 IRS-CI가 잇따라 해결한 여러 화제성 사건 중에서도 두 건은 특히 역설적이었다. 둘 다 이런 유형의 금융 수사로부터 고객들을 보호할 목적으로 설계된 '믹서mixer' 서비스를 표적으로 삼았기 때문이다. 헬릭스Helix와 비트코인 포그Bitcoin Fog 모두 일정 수수료를 내면 다른 이용자들의 비트코인을 모두 섞어 되돌려 보냄으로써 그 블록체인상에서 추적당할 만한 포렌식 자취를 남기지 않는다고 약속했다. 하지만 종래에는, IRS-CI는 '믹서' 서비스를 통해 무력화하려고 했던 바로 그 블록체인 분석 기법을 써서 둘 다 출처를 밝혀냈다.

체이널리시스는 오랫동안 헬릭스의 비트코인 주소들의 클러스터를 추적해 왔다. 그와 동시에 헬릭스가 수사 기관들의 탐지를 회피하기 위해 거래 내역들을 무작위로 뒤섞어 놓은 대규모의 혼합체는 분석에서 제외했다. 이들 거래 중 많은 경우는 알파베이를 통해 입출금됐다. 알파베이가 결국 폐쇄되기 직전의 몇 달 동안, 카제스는 심지어 헬릭스와 제휴해 그런 '믹서' 서비스를 광고하기까지 했다.

2017년 중반, 체이널리시스는 소액의 비트코인이 수백 개 단위로 잇따라 같은 클러스터로부터 나오는 패턴을 감지하고 IRS-CI 측에 제보했다. 그런 지불 활동은 그 타이밍으로 보건대 사람이 아니라 자동화된 프로그램의 작품 같았다. 이것들은 헬릭스의 기능이 작동한 결과였을까?

IRS-CI 컴퓨터 범죄 분과의 신입 요원인 매트 프라이스Matt Price는 알파베이 폐쇄 직후에 그 흐름을 잡아냈다. 그는 결국 그 수백 개의 지불 내역 중에서 하나를 추적해 비트페이BitPay라는 서비스 사용자들이 어떤 물품이나 서비스든 암호화폐로 구매할 수 있게 해주는 지불 처리 서비스 회사에 다다랐고 그로부터 해당 지불금의 수령자가 그중 일부를 하드웨어 스토어에서 선물 카드 구입에 쓴 사실을 발견했다.

소환장을 보내 비트페이에 그 인물의 신원을 묻자 오하이오주 에이크론 Akron에 거주하는 래리 하먼Larry Harmon이라는 남자라는 대답이 돌아왔다. 하먼의 구글 계정을 검색한 결과 믿기 힘든 실수가 드러났다. 2014년, 헬릭스를 띄운 지 얼마 안 된 시점에서 하먼은 구글 글래스 증강 현실 헤드셋으로 자신의 작업 공간 풍경 사진을 (아마도 우발적으로) 찍어 구글 사진 계정에 올린 것이다. 그 사진은 그의 컴퓨터 스크린을 보여줬다. 그는 헬릭스의 관리자 제어판control panel에 로그인된 상태였다.

2020년 2월, IRS-CI는 하먼의 사유지를 기습해 4천 400개의 비트코인(현재의 환율로 1억 3천만 달러가 넘는 규모)을 압수했다. 에이크론의 맨션, 벨리즈에 있는 별장, 그리고 테슬라 승용차도 압류했다. 프라이스가 하먼을 에이크론 자택에서 체포했을 때, 그는 헬릭스에 관해 아무것도 모른다고 관련 사실을 부인했다. 하먼에게 그가 구글 글래스로 직접 찍은 헬릭스 관리자 페이지의 사진을 보여주자 "그는 지금까지 본 모든 용의자의 얼굴 중에서도 가장 생생하게 '오 제기랄' 하는 표현이 드러나는 표정을 지어보였다"라고 프라이스는 회고했다.

그 수사와 동시에, 감바리안과 프라이스는 비트코인 포그의 블록체인 자취도 비슷하게 추적했다. 이는 헬릭스보다 더 오래된 난독화obfuscation 서비스로 2011년에 세워졌다. 비트코인 포그는 당시까지 수억 달러 상당의 암호화폐를 세탁했는데 그 대부분은 다크웹 시장에서 나온 것이었다. 두 요원은 그 사이트의 관리자로 의심되는 러시아계 스웨덴인 로만 스테를링고브Roman Sterlingov를 찾아냈지만 미국은 돈세탁 수사와 관련해 스웨덴과 신병 인도 조약을 맺고 있지 않았기 때문에 그를 체포할 수 있는 기회를 끈기 있게 기다렸다. (그렇게 몇 년간 기다리는 동안, 이들은 그 사이트와 위장 거래를 벌이면서 비트코인 포그의 담당자에게 자신들은 마약 자금을 세탁한다고 명시적으로 알렸다. 이는 그 회사가 고객들의 범죄적 성격을 인지했음에도 불구하고 이를 묵인하거나 방조했다는 뜻이라고 프라이스는 판단했다.)

2021년 4월, IRS-CI는 마침내 스테를링고브가 로스앤젤레스로 여행한다는 사실을 알아냈다. 이 무렵 감바리안은 헤이그에 있는 유로폴Europol 특파 근무를 마치고 연로한 부모 곁에 머물기 위해 가족과 함께 프레즈노로 돌아온 참이었다. 그와 프라이스는 세관국경보호청에 스테를링고브를 LA 국제공항에 억류하라고 요청하고 그를 잡기 위해 LA로 달려갔다. 프라이스는 세관국경보호청의 두 번째 심사실에서 비트코인 포그의 관리자로 의심되는 스테를링고브의 손목에 수갑을 채웠다. 그 순간 감바리안은 러시아어로 체포 이유를 설명했다. 스테를링고브는 불쾌하다는 말투로 자신은 영어를 완벽하게 구사한다고 말했다.

헬릭스의 설립자인 하면이 2021년 8월 유죄를 인정한 것과 달리, 스테를링고브는 자신의 무죄를 고집했다. 그의 변호사로 베테랑 해커 변호 전문인 토르 에켈란드Tor Ekeland는 법정에서 끝까지 싸우겠다고 다짐했다. "우리의 블록체인 분석 결과는 전혀 다른 내용을 말하고 있다"라고 그는 말했다. "스테를링고브가 부당하게 기소됐다고 확신하며, 이 문제를 가능한 한 신속하게 법정으로 가져가고자 한다."

하면의 경우와 달리, 스테를링고브를 지목하는 가장 명백한 재무 흔적은 그가 비트코인 포그를 설립한 것으로 여겨진 시기 이후에 있지 않았다. 대신, 그의 운명적 실수는 그 서비스가 만들어지기 이전에 저질러졌다고 검사들은 주장한다. 그는 마운트곡스에서 비트코인을 구입해 또 다른 초창기 가상화폐 중 하나로 곧 사라지게 되는 리버티 리저브Liberty Reserve와 바꾼 다음 이를 한 호스팅 회사의 비트코인 포그용 서버들을 임대하는 데 사용했다. 스테를링고브가 사상 첫 번째 비트코인 거래를 그 비즈니스를 시작하는 데 사용했다는 사실은 BTC-e와 마운트곡스의 고객 데이터베이스에 포함된 그의 이름과 더불어, IRS-CI 팀이 그를 식별해내는 근거로 충분했다.

다시 말해 스테를링고브로 수렴되는 그 금융 흔적은 10여 년 전에 창출된 금융 기록과 블록체인의 증거로부터 나온 것이었고, 따라서 아마도 누군가를 감옥으로 보낸 비트코인 거래 내용 중에서도 가장 오래된 기록일 것이다. 버클리 대학의 연구자인 닉 위버Nick Weaver가 경고했던 대로, 그리고 전 세계의 암호화폐 사용자가 마침내 깨닫고 있듯이, "블록체인은 영원하다."

. . .

그 기간 전체에 걸쳐 티그란 감바리안은 항상 IRS-CI의 가장 비중 큰 수사들의 중심에 있는 것처럼 보였다고 프라이스는 말한다. 그는 어떤 식으로든 다음에 수사할 주요 사건으로 연계되는 모든 IP 주소나 블록체인 단서를 확보했다. 그는 암호화폐 업계에서 최고의 정보원을 두고 있었다. 그는 프라이스의 스테를링고브 체포를 돕기 위해 한밤중에 프레즈노에서 LA 국제공항까지 달려간 주인공이었다. "그 친구는 범죄에 끌리는 자석 같았어요. 어떻게 그랬는지 모르지만 항상 이런 범죄 수사와 연계가 됐습니다"라고 프라이스는 회고한다.

암호화폐와 관련된 수사의 봇물이 터졌던 와중에서도 감바리안이 가장 깊은 영향을 받았다고 여기는 사건은 BCT-e 수사였다. 비니크Vinnik는 체포된 다음 그리스의 형무소에 수감돼 있었고, 미국과 러시아, 그리고 기묘하게도 프랑스가 그의 신병 확보를 놓고 몇 년간 법정 다툼을 벌였다. 그러는 가운데, BTC-e가 얼마나 많은 범죄 행각의 핵심 파이프 역할을 했는지 분명해졌고, 압류한 BTC-e 데이터베이스에 대한 수백 건의 정보 청구가 다른 기관 요원과 검사들에게서 쏟아져 들어오기 시작했다.

나중에 밝혀진 사실에 따르면 BTC-e는 2016년 미국의 민주당전국위원회와 힐러리 클린턴의 대선 캠페인 서버를 해킹한 러시아의 군사 정보 스파이부터, 인터넷을 점점 더 오염시키는 대다수 랜섬웨어 그룹들에 이르기까지 온갖 범죄자들이 비트코인을 현금화하는 창구로 이용돼 왔다.

체이널리시스와 구글의 보안 연구자들, 캘리포니아대 샌디에이고^{UCSD}, 그리고 뉴욕대^{NYU}가 공동 수행한 연구에 따르면 BTC-e는 폐쇄돼 오프라인 상태가 되기 전까지 랜섬웨어 갱들의 95%가 피해자들로부터 뜯어낸 비트코인을 현금으로 바꾸는 창구로 이용됐다. 랜섬웨어 공격은 주요 기업부터 정부 기관에 이르기까지 모든 비즈니스 활동에 치명적 타격을 입히는 대표적 온라인 범죄로 부상했다.

BTC-e의 데이터는 감바리안에게도 그 자신의 수사에 핵심 단서를 제공했다. 어떤 면에서는 그의 경력에서 가장 큰 업적으로 기억될 수사였다. 그 사건은, 그가 처음 포스^{Force}와 브리지스^{Bridges}의 범행을 수사할 때와 마찬가지로, 실크로드 사건으로부터 유래된 느슨한 실마리에서 시작됐다.

2017년 여름 BTC-e 서버가 압류되고 웰컴투비디오 수사가 본격화하기 이전의 짧은 휴지기에, 감바리안은 체이널리시스의 레빈과 다시 통화 중이었다. 감바리안은 버릇처럼 레빈에게 뭔가 수사할 만한 새로운 단서가 없느냐고 물었다. 레빈의 표현에 따르면 '어떤 과일이 떨어지는지 보려고 나무를 흔들어보는' 감바리안의 시도였다.

레빈은 오랫동안 마음속에 남아 있던 비트코인 주소를 그에게 보냈다. 그 주소는 당시 거래 환율로 2억 달러 상당에 달하는 6만 9천 370개의 비트코인을 보유하고 있었다. 그 비트코인은 실크로드와 연결된 것으로 보였지만 3년간 거의 누구도 손을 대지 않았다. 체이널리시스의 분석은 그 비트코인들이 2012년과 2013년에 걸쳐 54회의 거래를 거치면서 실크로드의 클러스터로부터 나왔음을 보여줬고, 각각의 거래 내역은 실크로드의 내부 회계에 포함되지 않은 것이었다. 이것은, 마운트곡스의 경우처럼, 어느 해커 절도범의 소행이었을까? 이 비트코인 더미는 사실은 실크로드가 거둔 막대한 수익의 일부로 누군가가 로스 울브리히트로부터 훔쳐낸 것일까?

감바리안과 IRS-CI의 동료인 제레미 헤이니$^{Jeremy\ Haynie}$는 이 수수께끼의 자산을 조사하기 시작했다. 이들은 울브리히트가 체포돼 구금된 지 몇 주 뒤, 비트코인 중 101개가 BTC-e 계정으로 옮겨진 사실을 발견했다. 그로부터 두 사람은 두 가지 단서를 얻었다. 첫째, 그 돈은 거의 확실하게 울브리히트가 관리하는 게 아니었다. 형무소에서 101개의 비트코인을 이체할 수는 없었을 것이기 때문이다. 그리고 두 번째, 이들은 압류한 BTC-e의 데이터베이스를 뒤지면 진짜 소유자가 누구인지 알아내는 데 중요한 힌트를 얻을 수 있을 것으로 추정했다.

BTC-e 데이터에는 실크로드에서 BTC-e 거래소로 이체된 101개의 코인과 연관된 식별 정보가 없었다. 하지만 감바리안과 헤이니가 동일한 사용자의 BTC-e 계정에서 다른 거래가 있었는지 확인한 결과 한 번의 지불 행위가 BTC-e로부터 비롯한 사실이 드러났다. 블록체인에서 벌어진 몇 차례의 주소 변경 과정을 따라간 끝에 그 돈이 다른 거래소에 적립된 사실을 밝혀냈다. 이들은 그 거래소에 소환장을 보내 해당 계정 정보를 요구했다.

며칠 만에 거래소에서 답이 날아왔고, 감바리안과 헤이니는 7만 개 가까운 비트코인을 소유한 수수께끼의 소유자가 (혹은 적어도 그 사람으로부터 돈을 받은 것이 분명한 인물이) 누구인지 알아냈다. 미 국세청도 법무부도 그 인물의 신원을 공개적으로 밝히지 않았다. 이들은 그를, 심지어 법원 문서에서조차, '개인 X$^{Individual\ X}$'라는 가명으로 지칭했다.

이후 몇 년간, 감바리안과 헤이니는 개인 X의 문을 두드릴 날을 끈기 있게 기다렸다. 그리고 어떻게 그토록 막대한 실크로드의 마약 자금과 연계됐는지 설명하라고 요구할 것이었다. "사람들에게 항상 실토하도록 강요할 수는 없습니다"라고 감바리안은 모호하게 설명한다. "때로는 확실한 증거가 필요하죠."

2020년 가을 무렵, 비트코인의 가치가 꾸준히 올라가면서 레빈이 처음 감바리안에게 제보했던 비트코인 컬렉션의 가치는 무려 10억 달러를 넘어섰다. 비트코인 사용자들 사이에서, 그것은 커다란 호기심의 대상이 됐다. 블록체인에서 목격된 사상 최대 규모의 미스터리 돈 중 하나였기 때문이다.

그러더니 2020년 11월 초의 어느날, 블록체인 관측자들은 이 막대한 규모의 비트코인 더미가 돌연 움직인 것을 눈치챘다. 일부는 그것이 초기 비트코인 투자자의 것으로 마침내 해커들에 의해 뚫린 것이라고 추측했다. 다른 이들은 그것을 실크로드와 연관 지으면서 아마도 실크로드의 판매자나, 아니면 관리자 자신인 드레드 파이어럿 로버츠일 거라고 추측했다.

사실은, 11월의 같은 날 오후, 조너선 레빈은 감바리안으로부터 문자 메시지로 사진 한 장을 받았다. 수트 차림의 IRS-CI 요원이 웃는 얼굴로, 블록체인 기록을 띄운 노트북 뒤에 앉아서 스크린 양 옆으로 두 엄지손가락을 치켜세워 보이는 사진이었다.

"내가 방금 10억 달러를 옮겼어요"라고 감바리안은 오자[2]를 고치지도 않은 채 글을 보냈다.

어떤 수를 썼는지 (감바리안은 개인 X의 신원을 파악하는 데 도움이 될 만한 어떤 세부 정보도 제공하기를 거부했다) 그와 헤이니는 마침내 그 가명의 비트코인 거물과 접촉했고, 그들의 추측대로 그는 실크로드를 해킹해서 6만 9천 370개의 비트코인을 그 사이트로부터 훔쳐냈다는 자백을 받아냈다. 그가 쓴 진술서에 따르면 로스 울브리히트는 2013년 도둑맞은 돈을 되찾기 위해 자신에게 위협도 했다. 그럼에도 불구하고 개인 X는 훔쳐낸 비트코인을 7년

---

2   원문은 10억을 뜻하는 'billion'을 'bilion'으로 오기했다. – 옮긴이

이상 붙들고 있었고, 그동안 코인의 시가도 서서히 높아졌다. 그렇게 둔 이유는 아마도 돈을 움직이거나 거래소에서 현금화하면 수사 기관의 주목을 받게 될 것이 두려웠기 때문이었을 것이다.

하지만 감바리안과 헤이니는 마침내 그에게 연락을 취했다. 2020년 11월 샌프란시스코의 연방 검사 사무실에서 만난 개인 X는 그 막대한 규모의 비트코인에 접근할 수 있는 개인키의 내용을 감바리안의 노트북에 하나하나 입력했다. 그는 그 돈을 모두 IRS에 넘기기로 합의했다. 아마도 거의 확실하게, 감옥에 가지 않는다는 조건으로 합의한 결과였을 것이다.

이렇게 되면 연방 정부는 보통 압류 절차를 완료한 뒤 문제의 비트코인을 경매에 부쳐 처분하고 그로부터 나온 수입을 재무부에 인계한다. 그것이 범죄 수사 과정에서 압류한 재산을 처분하는 일반적인 방식이다. 하지만 이 경우, 사건을 마무리 지은 이듬해 비트코인의 가치는 또 다시 급등했다. 그와 같은 흐름에다, 이미 7년여 동안 개인 X가 비트코인을 묵혀 온 덕택에 절도된 실크로드 비트코인의 가치는 더욱 높아졌고, 이 글을 쓰는 현재 비트코인의 변덕스러운 환율에 따르면 그 코인의 가치는 20억 달러를 넘었다.

감바리안과 그의 IRS-CI 동료들은 미국의 법 집행기관 사상 최대 규모의 암호화폐 압류 실적을 올린 셈이었다. 그것은 또한 실물 통화와 가상 통화 양쪽을 아울러 미국 역사상 최대 규모의 형사상 압류 실적이었다.

48장

한계

2021년 5월 7일, 새벽 5시 직전, 콜로니얼 파이프라인^{Colonial Pipeline}의 제어실에서 일하던 한 직원은 그 회사의 컴퓨터 스크린들에 매우 심란한 메시지가 떠 있는 것을 처음 발견했다. 콜로니얼 파이프라인은 미국 조지아 주 애틀랜타의 교외 지역인 알파레타^{Alpharetta}에 있는 휘발유와 제트유 공급 회사였다. 그 메시지는 콜로니얼이 완전히 해킹을 당했으며, 그 회사의 IT 네트워크는 랜섬에 묶였고, 회사의 IT 시스템을 정상으로 회복하려면 몇백만 달러를 암호화폐로 지불하는 길뿐이라고 주장했다.

콜로니얼은 휴스턴에서 뉴저지로 연결된 9,000km 가까운 거리의 파이프라인을 소유, 관리하는데, 이는 미국 전체 동해안 지역에 대한 가스 공급량의 거의 절반을 감당하는 광대한 동맥이었다. 그 대규모 사업은, 러시아에 기반을 둔 것으로 알려진 다크사이드^{DarkSide}라는 사이버 범죄 그룹에 무릎을 꿇었다.

콜로니얼은 그 해커 그룹으로부터 받은 랜섬 메시지의 내용을 전혀 공개하지 않았다. 하지만 그해 5월에 이르러, 다크사이드의 갈취 메시지들은 사이버 보안 업계에서 더없이 익숙해졌다. 6개월에 걸쳐 금융, 의료, 건설, 그리고 에너지 업계를 망라하는 수십 곳의 기관이 다크사이드의 랜섬웨어 공격을 받는 동안 사이버 보안 전문가들은 그 움직임을 추적해 왔다. 이 그룹의 전형적인 메시지는 "어둠 속에 온 것을 환영합니다^Welcome to Dark"라는 표현으로 시작했다. "무슨 일이 벌어졌느냐고요? 당신 컴퓨터와 서버는 암호화되고, 백업 파일은 삭제됐습니다. 우리는 강력한 암호화 알고리즘을 사용하기 때문에 당신은 당신의 데이터를 복구할 수 없습니다."

그해 5월 아침, 문제의 메시지가 뜨고 채 한 시간이 안 돼 콜로니얼 파이프라인의 디지털 운영은 돌이킬 수 없는 타격을 받았다. 전체 네트워크에 걸쳐 주요 시스템들의 하드 드라이브를 암호화해 잠그기 전에, 해커들은 하루 전, 거의 100기가바이트^GB의 기업 데이터도 몰래 훔쳐냈고, 이제 돈을 내지 않으면 그 데이터를 모두 다크웹 사이트에 공개하겠다고 콜로니얼을 위협했다. 엔지니어들은 콜로니얼이 전국적으로 매일 생산하는 약 950만 리터의 석유 제품을 감독하고 안전하게 관리하는 시스템들에도 해커들이 접근해 파이프라인의 압력을 바꾸거나 심지어 석유 유출의 재난을 초래할지 모른다고 우려했다.

그날 오전 6시 전, 콜로니얼의 경영진은 결단을 내렸다. 60년 가까운 회사의 역사상 처음으로 전체 파이프라인을 차단하기로 한 것이다.

곧 콜로니얼은 세 개의 다른 보안 회사를 기용해 회사 네트워크를 샅샅이 뒤지고, 피해 규모를 평가하고, 해커의 발판이 된 허점을 찾아 일소하고, 회사의 IT 시스템 재구축 작업을 벌였다. 그들 중 한 회사인 맨디언트^Mandiant만 따져도 십여 명의 직원이 교대를 해가며 작업에 매달렸다. "우리는 시간과 싸우고 있었죠. 가능한 한 빨리 파이프라인의 운영을 정상화해야 한다는 걸 알았습니다"라고 맨디언트 팀을 이끌던 찰스 카마칼^Charles Carmakal은 말했다. "우리는 모두 이것이 우리의 경제와 사회에 어떤 영향을 끼칠지 인식하고 있었습니다."

닷새 안에 애틀랜타 지역 주유소의 30%, 롤리^Raleigh 지역 주유소의 31%에서 기름이 바닥났다. 미국 남동부 지역의 평균 유가는 7년 만에 최고치를 기록했다. 에너지부의 제니퍼 그랜홀름^{Jennifer Granholm} 장관은 그 지역 주들의 석유 공급난을 지적하면서 소비자들에게 사재기를 하지 말도록 촉구했다. 콜로니얼의 랜섬웨어 사태는 몇 가지 차원에서 미국의 핵심 인프라에 대한 역사상 가장 유명한 사이버 공격 사례가 됐다.

하지만 블룸버그 뉴스가 사태의 전모를 밝힌 것은 콜로니얼 파이프라인이 차단된 지 6일이 지난 다음이었다. 혼란이 널리 확산된 이유는 회사가 원칙에 입각해 해커들의 랜섬 요구를 거부했기 때문이 아니었다. 실상은, 콜로니얼은 랜섬 요구를 받자마자 거의 즉시 해커들에게 440만달러를 비트코인으로 몰래 지급한 마당이었다. 뒤이은 온갖 혼란은 다크사이드가 랜섬을 받은 대가로 제공한 해독 툴을 사용해 데이터를 복구하는 콜로니얼의 더딘 절차 때문이었다.

"그 공격으로 인해 우리는 다른 어떤 기업도 직면하기를 원치 않는 어려운 결정들을 실시간으로 내려야 했습니다"라고 최고경영자인 조셉 블런트^{Joseph Blount}는 나중에 의회 청문회에서 괴로운 표정으로 말했다. "그것은 에너지 업계에 종사한 제 39년의 경력 중 가장 어려운 결정이었습니다."

다크사이드는, 인터넷을 오염시키는 다른 수많은 랜섬웨어 갱과 마찬가지로, 비트코인이 현금과 마찬가지로 취급된다는 사실 때문에 랜섬 지불의 수단으로 그것을 선택한 게 분명했다. 암호화폐는 디지털 세계에서, 어두운 골목에서 납치 피해자를 풀어주는 조건으로 건네받는 현금 뭉치로 가득 찬 서류 가방과 비슷하게 여겨졌다. 하지만 갈취의 대가로 이용되는 그 통화의 뜻하지 않은 특성 덕택에, 콜로니얼이 랜섬으로 지불한 75개의 비트코인은 그것이 범죄자들의 금고로 직접 들어갔음을 보여줬다. 블록체인 분석 기업이자 체이널리시스의 경쟁사인 엘립틱^{Elliptic}은 콜로니얼이 지불한 비트코인이 어떻게, 불과 지난 두 달 동안 이미 57회의 다른 지불금(모두 다크사이드의 랜섬웨어로 강탈했다고 추정되는 지불금)을 수령한 한 지갑으로 들어갔는지 보여주는 블로그를 재빨리 올렸다.

알고 보니, 콜로니얼이 돈을 지불한 지 불과 며칠 뒤 또 다른 440만 달러가 독일의 화학 회사인 브렌타그^{Brenntag}(또 다른 다크사이드의 랜섬웨어 피해사)로부터 똑같은 지갑으로 들어갔다. 모두 합쳐 그 지갑에는 1천 750만 달러가 들어 있었다. 그리고 그것은 단일한 그룹과 연계된 여러 지불 은닉처 중 하나에 불과했다. 더욱이 그 그룹은 십수 개의 랜섬웨어 갱단 중 하나에 지나지 않았다. 콜로니얼과 브렌타그의 입금으로부터 며칠 뒤, 보험회사인 CNA 파이낸셜은 이 회사의 IT 시스템을 볼모로 잡은 피닉스 크립토라커^{Phoenix CryptoLocker}라는 또 다른 사이버 범죄 그룹에 무려 4천만 달러를 지불했다.

체이널리시스도 랜섬웨어 경제를 추적하고 있었다. 랜섬웨어 사태는 조용한 디지털 전염병에서 본격적인 (비록 산발적이고 불균등하게 분포된 양상이기는 해도) 사회 위기로 급발전했다. 2020년, 체이널리시스의 직원들은 총 규모로 따져 3억 5천만 달러가 넘는 랜섬웨어 지불 내역을 추적했다. 2021년의 랜섬웨어 지불 추세는 그 기록마저 깰 기세였다. 그리고 체이널리시스와 엘립틱 같은 회사들이 랜섬 지불 경로를, 때로는 정확한 세부 정보까지, 추적하는 와중에도 랜섬웨어 공격은 늘기만 했다.

공교롭게도, 이 모든 사건은 조너선 레빈이 돈의 흐름을 추적하기 너무나 좋은 디지털 환경의 '황금기'라고 선언했던 바로 그 와중에서 벌어지고 있었다. 법 집행기관은 계속해서 블록체인 분석 기법을 통해 수많은 다크웹 시장, 디지털 절도범, 돈세탁범, 아동 학대 네트워크 등을 단속했지만 그런 범행이 줄어들 기미는 보이지 않았다. 그리고 숫자가 그런 점을 웅변했다. 랜섬웨어는 어쩐 일인지 이런 흐름에 면역력이 있는 듯했다. 비트코인 추적을 통한 수사 기법이 최고 수준에 이르렀지만 랜섬웨어라는 한 가지 형태의 범죄만은 수사 기관들조차 통제할 수 없는 것 같았다.

. . .

랜섬웨어 갱들은 어떻게 수사 기관의 암호화폐 거래 추적을 모면했을까? 영악한 사이버 갈취범들은 마침내 자신들의 은행 계좌로 들어오는 돈의 경로 어딘가에서 블록체인 분석을 회피하는 방법을 찾아낸 것일까? 아니면, 아마도, 체이널리시스와 이를 활용한 연방 수사관들이 이들을 추적하기 전에 재빨리 수익을 현금화해버린 것일까?

그 해답의 일부는 블록체인 분석을 차단할 목적으로 설계된, 흔히 '프라이버시 코인privacy coin'으로 지칭되는 새로운 암호화폐의 부상에 있는 듯했다. 비트코인 추적 소프트웨어가 법 집행기관들에서 표준 툴이 되자 2021년에 이르러 랜섬웨어 범죄자들은 피해자들에게 10년 된 암호화폐 대신 모네로Monero라는 다른 디지털 코인으로 돈을 지불하라고 요구하기 시작했다. 가명을 쓰는 한 암호학자가 2013년에 개발해 2014년에 공개한 모네로는 기존의 비트코인에는 없던 현대적인 프라이버시와 익명 기능을 추가했다. 일련의 암호화 기법을 사용한 모네로는 모든 지불 내역을 다른 거래 내역들과 섞는 기능을 기본으로 장착하고 있다. 또한 모든 거래의 액수를 블록체인 감시자로부터 숨기는 한편, 각각의 수령자에게 고유한 '비밀 주소stealth address'를 생성한다. 이런 기능 때문에 주소들을 클러스터로 무리짓거나 어떤 지갑의 소유자를 식별하기가 매우 어려워진다.

그보다 더 새로운 Z캐시Zcash는 그러한 프라이버시 기능을 한층 더 향상시켰다. Z캐시는 모네로처럼 블록체인을 뒤섞는 데 그치지 않고 완전히 모호하게 만들어 버린다. 암호학자들로 구성된 한 그룹이 2016년 소개한 Z캐시는 진정한 익명성을 보장하기 위해 설계된 '차폐된 거래shielded transaction'라고 불리는 기능을 제공했다. 이 기능은 과거 새라 미클존이 여러 해 동안 작업했던 이캐시 시스템에서 사용된 '영零지식증명'의 향상된 버전을 적용한 결과였다.

마법에 가까운 영지식증명의 수학적 트릭은, 비트코인처럼, 이론상 Z캐시 코인은 두 번 주조되거나 소비될 수 없다는 데 있다. 하지만 Z캐시는 그와 같은 보증을, '차폐된 거래' 기능으로 완전히 암호화함으로써 누가 어떤 특정 액수를 가졌는지, 어느 지갑에 얼마가 들었는지, 혹은 그 돈들이 어디로 가는지 노출하지 않는 블록체인으로 제공했다. 그 데이터는 난독화됐을 뿐 아니라 명백히 접근 불가였다. Z캐시의 차폐된 거래는 진정한 블랙박스처럼 기능해, 훔쳐보려는 누구에게도 아무런 정보를 노출하지 않았다.

이 프라이버시 코인들은 블록체인 분석을 시도하는 이들에게 새로운 도전이자, 랜섬웨어의 범위를 훨씬 넘어서는 큰 문제로 보였다. 그 위기가 닥치기 몇 년 전부터 지하의 온라인 범죄자들은 서서히 비트코인에서 모네로와 Z캐시로 이전해 오고 있었다. 돈세탁범들은 비트코인을 다른 통화로 환전했다가 다시 비트코인으로 바꿔 포렌식 흔적을 끊어버리는 '체인 하핑 chain-hopping' 기법을 쓰기 시작했다. (알파베이는 2016년 무렵에 이미 모네로를 지불 수단의 한 옵션으로 받아들이기 시작했고, 사이트가 폐쇄되기 며칠 전에는 Z캐시도 거기에 추가했었다.) 2019년에 이르자 몇몇 다크웹 시장은 사이트에 입점한 판매상들로부터 Z캐시를 지불 수단으로 허용하기 시작했고, 두 곳은 모네로만 받기로 결정하고 모든 비트코인 지불을 금지했다.

이런 움직임은 블록체인 수사로 믿기 어려울 정도로 큰 성과를 올렸던 체이널리시스(그리고 정부 수사 기관들)에는 심각한 장벽으로 작용하는 듯했다.

낙관론자인 마이클 그로나거는 그러나 걱정하지 않는다고 말했다.

Z캐시와 모네로는 비트코인에 견주면 널리 유통되지도 않았고 (발명된 지 몇 년이 지났음에도) 그 가치 면에서 지극히 사소한 일부에 지나지 않았다. Z캐시 거래 중에서도 '차폐된 거래' 기능이 사용된 경우는 불과 한 자릿수 비율에 그쳤다. 그 소유자의 대부분은 Z캐시를 비밀 거래 목적보다는 일종의

투기성 투자 목적으로 구입한 경우였다. 그리고 설령 모네로와 Z캐시가 범죄자들 사이에서 널리 사용돼 수사에 심각한 위협으로 작용하게 되더라도, 사람들이 그러한 통화로 사고파는 것을 허용하는 소수의 거래소는 그런 행위를 중단하라는 엄청난 규제 압력에 직면할 가능성이 높다고 그로나거는 주장했다.

그로나거가 지적했듯이, 모네로와 Z캐시는 체이널리시스가 등장하기 전인 2014년, 기존 은행들이 비트코인이 범죄 용도로 사용될 잠재성 때문에 당시 그로나거가 시작한 비트코인 거래소 크라켄^{Kraken}과 제휴하는 것을 주저하던 시기에도 존재했다. "그들은 아직도 그 시대에 머물러 있어요"라고 그는 진단했다.

그로나거는 Z캐시와 모네로의 '프라이버시 보증' 주장이 과연 앞으로 몇 년이나 더 지속될 수 있을지에 대해서도 의심의 눈길을 (비록 모호하긴 하지만) 던진다. "어떤 시스템이든, 그간 개발된 어떤 것이든, 2~3년이 지나면 누군가가 어떤 허점이든 발견하게 됩니다"라고 그로나거는 말했다. 실상 2017년 카네기 멜론대와 프린스턴대, 그리고 다른 대학의 연구자들로 구성된 한 그룹의 연구에 따르면 조사 대상으로 삼은 모네로 거래의 약 80%에서, 코인의 나이 같은 단서들을 활용하고, 추론과 제외의 절차를 거쳐 누가 어떤 코인을 옮겼는지 파악할 수 있었다. (모네로는 이후 그런 기법을 차단하기 위해 프라이버시 기능을 업그레이드했다. 한편 체이널리시스는 그 논문의 저자 중 한 명을 고용했다.)

새라 미클존을 비롯한 또 다른 연구자 그룹은 2018년 Z캐시 또한 스스로 주장하는 것처럼 익명성을 보장하지 못한다는 점을 발견했다. 그 이유는 대체로 '차폐된 거래' 기능을 사용하는 사용자의 숫자가 워낙 적기 때문이었다. "그리고 그것은 공개된 연구 자료만 놓고 본 겁니다, 그렇죠? 그래서 저는 안전하다고 주장하는 어떤 것도 믿지 않아요"라고 그로나거는 말했다. "따지고 보면 비트코인도 처음에는 익명성을 보장하는 것으로 알려졌었죠"라고 그로나거는 짐짓 진지한 표정으로 농담을 건넸다. "언제나 양상은 고양이와 쥐의 게임처럼 쫓고 쫓기는 거죠"라고 그는 결론지었다.

그건 체이널리시스가 사실은 모네로와 Z캐시를 추적하는 기법들을 발견했다는 뜻일까? 그로나거는, 예상대로 대답을 거부했다. "우리는 우리의 역량을 노출하는 데는 관심이 없습니다. 설령 우리가 무엇인가를 발견했다고 말하더라도, 사람들은 그걸 믿지 않을테니까요"라고 그는 말했다.

사실 여부와 상관없이, 체이널리시스도 다른 어떤 블록체인 분석 회사도 날로 늘어나는 랜섬웨어 사태를 풀 능력은 없어 보였다. 이따금씩 성과를 올리기는 했다. 랜섬웨어 그룹인 넷워커NetWalker의 경우, 체이널리시스는 FBI가 이 그룹을 추적해 50만 달러 규모의 랜섬을 되찾는 것을 도와줬다. FBI는 넷워커의 '제휴사affiliates' 중 하나로 활동한 캐나다인을 체포했다. 제휴사는 해당 랜섬웨어를 임대해 설치하는 대가로 수익금의 일부를 받는 일종의 파트너를 지칭했다. 하지만 50만 달러 압류와 한 명 체포는 몇십억 달러 규모의 랜섬웨어 경제에서 미미하기 짝이 없는 에피소드에 불과했다.

사실은 그로나거 자신도 체이널리시스가 랜섬웨어 수사의 만능열쇠는 아니라는 점을 인정했다. 대부분의 랜섬웨어 갈취 사건들에서 가시성visibility만으로는 충분하지 않다는 것이 진실이었다. 랜섬웨어 공격의 주동자들과, 이들이 수익을 현금화하는 데 사용하는 돈 세탁 서비스와 거래소들은 많은 경우 서구의 수사 기관들이 미칠 수 없는 나라들에 자리 잡고 있었다. 특히 러시아에 많았다.

그로나거는 그 대표적 사례로 2016년 미국 대선에 개입하기 위해 민주당의 서버를 해킹한 혐의로 2018년 미국 수사 기관에 의해 기소된 러시아군 정보 요원 12명의 경우를 지적한다. 그 기소장은 어떻게 그들이 피싱 기법으로 피해자의 비밀번호를 훔쳐냈고, 그를 이용해 침입한 민주당 서버에서 훔쳐 유출한 기밀문서들을 저장할 서버들에 대한 비용을 비트코인으로 지불했는지 상세히 설명했다. 하지만 알렉산더 비니크의 경우와 마찬가지로, 이들 러시아 요원들은 미국의 법망이 미치지 못하는 곳에 있었다. 언젠가 이들이 러시아 땅을 벗어나 미국과 유럽의 법망 안으로 들어오는 실수를 저지를 때까지는 체포할 도리가 없었다.

"누가 이 짓을 벌였는지 이름들도 알고 있습니다. 하지만 그게 문제가 됩니까?" 그로나거는 물었다. "그건 이들이 러시아 밖으로는 바캉스를 떠나지 않을 거라는 뜻이죠."

랜섬웨어를 둘러싼 글로벌 차원의 고통에 관한 한, 여러 추적 기법을 피하기 위해 고안된 프라이버시 코인이나 다른 어떤 툴도 문제의 핵심이 아니라고 그는 강조했다. 진짜 문제는 러시아와 북한 같은 불량 국가들(블록체인을 통해 불법 행위가 명백히 드러난 경우에 조차 정부 차원에서 자국 국민에게 글로벌 차원의 사법적 정의로부터 면죄부를 주는 국가들)에 있다는 것이다.

한 거래가 그러한 정치적 장벽 뒤에서 진행되는 경우, 설령 가장 영리한 암호화폐 추적 기법조차 그 돈을 회수하는 데는 거의 도움이 되지 않는다고 그는 결론지었다. "비트코인 랜섬 지불금을 모스크바로 보내고 나면 그 돈은 영영 회수할 수 없는 거죠."

· · ·

콜로니얼 파이프라인 차단 결정으로부터 한 달이 다 됐을 즈음, 미국 법무부는 놀라운 발표를 했다. 콜로니얼이 다크사이드에 지불한 75개의 비트코인 중 63.7개를 회수했다는 내용이었다. 실상은 FBI가 랜섬으로 지불된 돈을 다크사이드의 지갑까지 따라가서, 그들이 콜로니얼에게 갈취한 지불금 대부분을 되찾아 온 것이었다.

FBI는 수사의 세부 내용을 공개하지 않았다. 그로나거와 체이널리시스의 직원들은 그 수사에 참여했음을 확인했지만 어떻게 그 돈을 되찾았는지에 대한 세부 내용을 밝히기는 거부했다. 법무부는 연방 수사 기관이 모종의 경로로 다크사이드의 갈취금 중 일부에 대한 개인키를 확보했고, 그 키들을 사용해 돈을 미국 쪽으로 다시 옮겼다고만 밝혔다. (그 수사에 관해 내가 묻자 그로나거는 "앞으로 5년 안에 또 다른 책을 하나 써야 할 거예요"라고 웃으며 대꾸할 뿐이었다.)

2021년 6월, 「뉴욕타임스」는 그 발표를 다룬 기사에 '비트코인은 추적 불가능하다는 생각을 뒤집은 파이프라인 수사'라는 제목을 달았다. 비트코인의 익명성 신화를 마침내 완전히 깨뜨리기까지 얼마나 많은 시간이 걸렸는지 보여주는 제목이었다.

그럼에도 내가 감바리안에게 콜로니얼 수사의 결과에 대해 물었을 때, 그는 랜섬웨어 문제가 통제 가능해졌다는 환상은 없다고 (혹은 적어도, 암호화폐 추적 기법이 그에 해법을 제공하리라는 환상은 없다고) 말했다. 그가 볼 때, 사이버 범죄자들의 지갑으로 흘러들어간 수억 달러 중 수백만 달러를 압류한 일은 랜섬웨어 범죄를 저지르고도 아무런 처벌을 받지 않는 일반적인 흐름에서 드문 예외일 뿐이었다.

감바리안은 바로 그런 이유 때문에 랜섬웨어 사건은 대체로 맡지 않으려고 한다고 말했다. 러시아의 주요 범죄자 대부분이 실상은 미국의 법망 밖에 있고 그래서 기소해도 범인을 잡을 수 없으며, 어찌어찌해서 회수한 돈은 소방 호스로 뿜어져 나오는 물처럼 막대한 갈취 지붋규 중 한두 방울에 불과하다는 점을 그는 잘 알고 있기 때문이었다. "범인을 잡을 수 없다면 사건을 맡지 말라"라고, 감바리안은 윌 프렌첸Will Frentzen으로부터 처음 들은 금언을 인용했다. 이 말은 이후 감바리안이 블록체인에서 구한 단서들 중 어느 사건을 수사할지 결정하는 일종의 필터 역할을 했다. 그는 러시아의 랜섬웨어 주모자들에 대해 이렇게 말했다. "이 범인들은 미국으로 신병

이 인도될 수 있는 나라들에는 가지 않습니다. 이들은 게임 규칙을 잘 알고 있어요.”

"이름을 공개해 모욕감을 줄 수는 있겠죠. 하지만 이들을 감옥에 처넣을 수는 없습니다"라고 감바리안은 결론지었다.

하지만 이후 몇 개월에 걸쳐, 연방정부가 인력과 자원을 추가해 랜섬웨어를 일소하기 위한(혹은 적어도, 한 사이버보안 정책 전문가의 말을 빌리면 랜섬웨어 주모자들에게 '비용을 물림으로써impose cost' 덜 파괴적인 형태의 범죄로 유도하는) 노력을 배가하기 시작했다는 징후가 나타나기 시작했다. 조 바이든Joe Biden 대통령 자신도 2021년 7월 블라디미르 푸틴 러시아 대통령과 나눈 전화 통화에서 이 문제를 거론하면서, 전 세계적인 재난과 소동을 불러일으키는 해커들을 비호하는 행위를 중단하라고 압력을 넣었다. 미 국무부는 콜로니얼 파이프라인 차단을 초래한 사이버 범죄자들에 대한 정보를 제공하는 사람에게 1천만 달러의 포상금을 지급하겠다고 발표했다. 다크사이드 측은 파이프라인 장애를 초래할 의도가 없었다고 설명하는 공식 발표를 올렸는데, 해당 그룹은 그 사고 이후 얼마 지나지 않아 해체된 것으로 보였다. 미국 상무부는 랜섬웨어 운영자들이 사용해 온 곳으로 알려진 암호화폐 거래소 두 곳, 차텍스Chatex와 수엑스Suex에 대해 글로벌 금융 시스템과 절연시키는 제재 조치를 내렸다.

2021년 11월, 유로폴은 랜섬웨어 갱단 두 곳(레빌REvil과 갠드크랩GandCrab)과 연관된 것으로 밝혀진 한국, 루마니아, 쿠웨이트, 폴란드의 제휴자 7명을 체포했다고 발표했다. 미 법무부는 널리 확산됐던 레빌 랜섬웨어의 주동자로 해커 두 명을 기소했다. 이 특정한 랜섬웨어는 IT 자동화 소프트웨어의 취약점을 악용해 시스템을 볼모로 잡는데, 그해 7월 4일 직전 1천 개가 넘는 기업이 피해를 입었다. FBI는 이 해커들의 수익금 중 610만 달러를 회수했다. "오늘, 그리고 지난 5개월 동안 두 번째로, 우리는 다국적 범죄 그룹에 의해 설치된 랜섬웨어로 갈취됐던 디지털 화폐를 압류했음을 발표합니다"라고 메릭 갈란드^{Merrick Garland} 법무장관은 한 기자 회견에서 실로 드물게 거둔 승리를 선언했다. "이번이 마지막은 아닐 것입니다."

심지어 그보다 더 놀라운 사태 반전은 러시아의 FSB 수사 기관이 2022년 1월 레빌 랜섬웨어 갱의 멤버 14명을 체포했다고 발표한 사실이었다. 이는 러시아에 기반한 랜섬웨어 세력의 범죄 행위를 묵인해 온 오랜 관행에 비춰 보면 실로 극적인 예외 상황이었다. 「월스트리트저널」에 보도된 미국 관료의 논평에 따르면, 그 그룹에는 콜로니얼 파이프라인을 침해한 해커도 있었지만 한 명뿐이었다. 정황으로 보건대 다크사이드의 다른 구성원들은 러시아의 지하 세계로 도피하는 듯했다. 다음 달에 벌어진 푸틴의 우크라이나 전면 침공, 그리고 그에 대한 대응으로 미국과 유럽이 발동한 경제 제재 상황을 고려하면, 그 사이버 범죄자들이 정당한 대가를 치르게 될 공산은 낮다.

한참 때늦은 글로벌 차원의 랜섬웨어 단속은, 그럼에도 불구하고 계속될 것이다. 하지만 감바리안이 지적한 한계는 여전히 유효하다. 앞으로 랜섬웨어 공격이 늘거나 줄어들지의 여부는 어떤 코인이 추적될 수 있느냐에 달린 것이 아니라, 과연 범인을 직접 체포할 수 있느냐에 달렸다. 그리고 지금과 같은 상황이 지속되는 한 이들을 체포하기는 불가능할 것이다.

49장

회색 지대

2021년 어느 상쾌한 가을날 아침, 마이클 그로나거는 뉴욕 타임즈 광장의 한 구석에 높이 솟은 빌딩의 사설 행사장에 모인 소규모 청중 앞에 섰다. 체이널리시스의 CEO인 그로나거는 날씬한 회색 수트에 검은 단추가 달린 흰색 드레스 셔츠를 바지 밖으로 내놓은 차림이었다. 암호화폐와 관련된 그의 괴짜 기질을 드러내는 유일한 힌트는, 'C'라는 밝은 오렌지색 알파벳을 배경으로 사슬 연결 표시가 그려진 체이널리시스의 로고로 도배된 녹색과 청색이 배합된 스니커즈 운동화였다. 그로나거가 무대에 등장하자 금융계 인사와 연방 수사 기관 인사들이 뒤섞인 청중석에서 박수가 나왔다. 이들은 모두 정장 차림이었지만 수사 기관원들은 총기 휴대 사실을 적당히 가려주는 유형의 수트를 입었고 월스트리트 종사자들은 더 매끈하고 공식적인 느낌의 정장 차림이었다.

링크스Links라고 불리는 체이널리시스의 연례 고객 콘퍼런스에서 개막 연설에 나선 그로나거는, 그날 자신이 초점을 맞춘 고객은 두 부류 중 아마도 체이널리시스 급성장의 진정한 원천이라 할 수 있는 금융 분야임을 명확히 했다. "은행 업계에서 이처럼 많은 새 고객들이 참석해 주셔서 매우 매우 기쁩니다"라고 그로나거는 청중 앞에서 운을 떼었다. "크립토는 하나의 산업으로서, 우리가 금융계의 방향을 바꾸는 핵심 수단이 될 것입니다."

그는 코비드-19 팬데믹이 닥치기 전, 체이널리시스가 마지막으로 개최한 2019년의 콘퍼런스 이후 암호화폐 업계에 얼마나 많은 변화가 있었는지 여러 숫자로 웅변하기 시작했다. 2019년 당시 비트코인 하나의 가치는 8천 달러를 약간 넘는 수준이었다. 그로나거가 연설하던 날 현재 그 가치는 6만 6천 달러를 넘었다. 신기록이었다. 모든 비트코인의 총가치는 몇십억 달러 규모에서 3조 달러를 넘는 수준으로 폭증했다. "사실상 어떤 수치를 들이대든 암호화폐 시장은 지난 2년간 10배로 커졌습니다. 경이로운 시장입니다."

그렇게 붐을 이룬 크립토 경제 내에서, 체이널리시스가 추적한 범죄성 거래 규모도 2020년 총 78억 달러에서 2021년 140억 달러로 증가했다. 하지만 이들 불법 거래의 증가 추세는 합법적인 암호화폐 세계의 훨씬 더 빠른 증가 속도를 따라잡지 못했다. 체이널리시스의 추산에 따르면 이런 불법 거래는 2021년 전체 암호화폐 거래의 0.15 %에 불과했다. 암호화폐 산업 전반이 합법적이고 개명한 방향으로 진전돼 왔다는 한 증거로 해석할 수 있었다.

그로나거는 이어 해당 업계의 급속한 성장세에 걸맞은 추세를 보여 온 체이널리시스 자체의 통계 자료를 소개했다. 체이널리시스는 전 세계 60개국에 400여 명의 직원을 거느리고 600개 이상의 고객 기관에 서비스를 제공하는 회사로 성장했다. 그는 체이널리시스의 재무적 가치가 얼마나 달라졌는지는 언급하지 않았다. 불과 몇 달 전 이 회사는 또 다른 투자 라운드를 거치면서 회사의 재무 가치를 42억 달러 이상으로 평가했다. 현기증이 날 만큼 엄청난 가치였다. (그로부터 불과 6개월 뒤 체이널리시스는 또 한 번의 자본 유입 계획을 발표했는데, 이 때 내세운 회사의 가치는 그보다도 두 배 이상 더 높아진 86억 달러였다.)

그로나거는 청중의 박수를 받으며 이렇게 연설을 마쳤다. "오늘 이 자리에 참석한 모든 분께 감사드리고자 합니다. 여러분의 데이터에 대한 우리

의 작업을, 그리고 여러분을 도와 크립토를 더 안전한 장소로 만들기 위한
우리의 노력을 신뢰해 주신 데 진심으로 감사드립니다.”

.   .   .

그로나거의 연설에 대한 우호적인 반응을 감안하면, 비트코인 공동체 내에
전혀 다른 시각을 가진 (실상은 체이널리시스를 완전한 악성 세력으로 보는) 사람
들이 있다는 점은 상상하기 어렵다.

　“나는 그들을 디지털 용병으로 봅니다”라고 사이버 활동가인 알렉스 글
래드스타인Alex Gladstein은 단정적으로 말한다. “그리고 나는 그들이 미국민
과 다른 나라 사람들에 대한 영장 없는 감시 활동에 기여하고 있다고 생각
해요. 나는 그들이 끔찍하게 나쁜 사람들이며 지금 하는 것과는 전혀 다른
일을 해야 마땅하다고 생각합니다.”

　15년 동안, 글래드스타인은 국제 인권재단에서 활동해 왔다. 글로벌 비
영리 시민권 단체인 인권재단은 전 세계에 걸쳐 인권 보호에 도움을 줄 수
있는 기술 개발에도 관심을 기울여 왔다. 그는 검열을 회피할 수 있는 팟캐
스트 앱을 개발하는 이란의 활동가들, 민주화를 위해 라디오 프로그램을
송출하는 에리트리아Eritrea 출신의 망명 반체제 인사들, 그리고 영화와 TV
드라마들을 USB 드라이브와 태블릿 컴퓨터에 담아 북한 내로 밀반입하는
북한의 망명자들을 지원해 왔다. 하지만 지난 수년간, 글래드스타인은 전
세계 인권 운동을 지원하기 위한 유력한 재원으로서 비트코인이 가진 잠재
력(정부 허가가 필요치 않은 디지털 통화)에 깊은 관심을 품어 왔다.

　“나는 자국민을 감시하고 통제하는 기술의 남용으로 민주주의가 침식되
고 독재가 강화되는 상황을 목도해 왔습니다”라고 글래드스타인은 말했다.
“그래서 나는 우리가 스스로를 보호하고 민주주의를 보호하는 데 필요한
것은 암호화된 통신만이 아니라 익명성이 보장된 돈도 필요하다는 점을 확

고히 믿습니다."

글래드스타인은 벨라루스에서 자신이 함께 작업해 온 '벨라루스 연대 재단Belarus Solidarity Foundation'을 그 사례로 들었다. 이 재단은 비트코인으로 기부를 받아 이를 알렉산더 루카셴코Alexander Lukashenko의 독재 정권에 반대해 파업하는 노동자들에게 보낸다. 러시아가 2022년 2월 우크라이나를 침공했을 때, 우크라이나의 저항 그룹들과 정부 자체는 페이팔PayPal과 패트리온Patreon 같은 지불 서비스들이 이들의 계정을 동결했는데도 불구하고 수천만 달러를 국제 암호화폐 기부로 모금했다. 글래드스타인은 위구르Uyghurs 소수 민족이 상시 감시를 당하는 중국 신장Xinjiang, 시진핑 정부가 신용카드나 디지털 지불 기록을 통해 추적할 것을 우려해 시위자들이 지하철 토큰을 사기 위해 줄을 선 홍콩 등에서 암호화폐가 어떤 잠재력을 가질지 생각해보라고 말했다. 그리고 그는 심지어 북한 김정은 정권의 암호화폐 사용조차 후폭풍을 몰고 올 수 있다고 주장했다. 그 나라의 시민들이 궁극적으로 암호화폐는 단순히 해킹 표적이나 경제 제재를 회피하는 수단일 뿐 아니라 현 정권의 경제 통제에 저항할 수 있는 한 방법이라는 점을 깨닫게 될 것이라는 지적이다.

"당신이 어디에 살든, 그 사회를 통제하는 엘리트 계급은 은행 시스템에 대한 영향력을 이용해 반대 세력을 탄압하려고 합니다"라고 글래드스타인은 말했다. "그리고 그 실제 상황을 홍콩, 나이지리아, 벨라루스, 러시아 등 세계 곳곳에서 확인할 수 있죠."

금융 감시를 비롯한 여러 감시 활동에 대항한 글로벌 투쟁의 맥락에서 볼 때 체이널리시스와 최근 떠오르는 블록체인 분석 산업은 억압의 도구라고 글래드스타인은 말한다. 체이널리시스가 그 서비스를 파는 세계 어느 곳에서든, 그 회사의 코인 추적 기법은 중앙집중화한 권력을 더욱 공고화하고 현상 유지에 기여할 것이라는 주장이다.

미국도 예외가 아니라고 글래드스타인은 강조한다. "그들은 남들보다 우월한 척, 사람들을 돕는다고 주장하며 뽐내고 있습니다. 그렇지 않아요. 이들은 기득권층을 보호하고 있고, 프라이버시 보호 기술의 확산을 막기 위해 미국 정부가 사용하는 선동전에 참여하고 있는 거죠. 혹시라도 체이널리시스가 월스트리트의 악성 은행가를 구속하는 걸 돕게 되면 꼭 저한테 알려주세요."

체이널리시스가 미국을 비롯해 여러 나라의 반체제 운동가들에게 지원되는 기금의 흐름을 추적하는 역할을 했다는 점은 추론에 그치지 않는다. 2021년 1월, 체이널리시스는 5명의 사망자를 낳은 1월 6일 미국 국회의사당 습격에 참여한 극우 시위자들에게 지원된 50만 달러 이상의 비트코인을 어떻게 추적했는지 한 블로그에서 설명했다. 그 자금 루트는 자살하기 전에 '서구 문명'의 쇠퇴에 관한 극우 메시지를 작성한 프랑스의 어느 컴퓨터 프로그래머로 귀결됐다. "체이널리시스는 추가적인 극우분자의 자금 유입과 활동 내역을 가려내기 위해 총력을 기울이는 중이며 새로운 정보가 나오는 대로 고객들께 알려드리겠습니다"라고 블로그는 적고 있었다.

글래드스타인은 진보주의자를 자처하지만, 그럼에도 불구하고 1월 6일 사태를 추적하는 체이널리시스의 활동은 사회 운동을 감시하는 한 증거라고 지적한다. "만약 트럼프가 재선에 성공했다면 '흑인의 생명도 소중하다 Black Lives Matter' 운동가들의 은행 계좌는 동결됐을 것이고 그 때문에 이들은 자금을 모으는 데 비트코인을 사용했을 게 분명합니다"라고 글래드스타인은 말했다. 1월 6일 폭동꾼들의 돈줄을 추적하는 데 사용됐던 것처럼, 체이널리시스는 인종적 정의를 외치는 시위자들의 암호화폐를 추적하는 데도 사용됐을까? 분명히 그럴 것이라는 게 그의 주장이다.

그렇다면 아동 성 학대 사건의 경우처럼 명백히 정의로운 작업에 체이널리시스가 기여한 대목을 글래드스타인은 어떻게 볼까? 그는 비트코인 추적 기법이 여러 심각한 범죄를 막는 데 효과적으로 활용돼 온 것을 부인하지 않았다. 하지만 그는, 수사 기관들은 국민의 프라이버시와 익명성을 훼손하는 핑계로 극우분자들의 폭력이나 아동 성 학대 같은 악성 범죄 사례를 내세우지 말고, 그와 같은 위협에 대처할 수 있는 다른 방식을 찾을 필요가 있다는 믿음에는 변함이 없다고 말했다.

"감시 기술을 정교화하고 감시망을 확장하려 시도하는 방향은 그것이 테러와의 전쟁이나 아동 포르노, 혹은 다른 끔찍한 범죄와 싸운다는 명분을 내세우더라도 궁극적으로는 매우 불행한 사태라고 저는 생각합니다"라고 글래드스타인은 말했다. "저는 정말 그래서는 안 된다고 믿습니다. 국민을 감시하는 행태는 독재자들의 전술이에요. 그리고 민주적 사회라면 무차별적인 감시 체제가 아닌 다른 범죄 해결 방안들을 찾아야 한다고 생각합니다."

· · ·

글래드스타인 같은 운동가들이 금융 프라이버시를 주장하는 와중에도, 미국의 사법 체계는 다른 방향으로 움직이고 있었다. 조 바이든 대통령이 2021년 11월에 서명한 1조 달러 규모의 인프라 예산안에는 암호화폐 업계의 맹렬한 반대에도 불구하고 통과된 두 가지 조항이 포함돼 있었다. 이론적으로는 그 예산안에 필요한 자금을 조달하기 위해 구상된 이 새로운 규칙들은 모호하게 정의된 암호화폐 '브로커', 혹은 거래 규모가 1만 달러 상당이 넘는 모든 암호화폐 비즈니스는, 그 거래 상대자의 사회보장번호SSN를 국세청에 신고하도록 돼 있었다. "그 법안은 사실상 익명 거래가 불가능하게 만들었습니다"라고 암호화폐 전문 변호사이자 온라인 인권 단체인 전자프런티어재단EFF의 특별 변호사인 마타 벨처Marta Belcher는 말한다. "이건

시민권을 위협하는 대재난이에요."³

이어 2022년 3월 바이든 대통령은 '디지털 자산의 책임 있는 개발을 보장하기 위한Ensuring Responsible Development of Digital Assets' 행정명령에 서명했다. 암호화폐를 인신매매로부터 테러리즘에 이르기까지 불법 목적에 사용하는 것을 금지하는, 하지만 아무런 구체성이 없는 새 규칙을 제창하는 내용이었다. 그와 동시에 민주·공화 양당의 국회의원들은 암호화폐가, 서구 정부들이 러시아의 우크라이나 침공에 대한 대응으로 시행한 엄격한 새 경제 제재를 회피하는 수단으로 사용될 수 있다는 공개 경고문을 채택했다. 디지털 통화를 규제하려는 시도가 점점 더 정교해지고 구체화한다면, 체이널리시스는 암호화폐를 익명으로 사용하려는 사람들에게 단연 가장 큰 문제가 될 것이다.

Z캐시의 발명가 중 한 사람으로 존스홉킨스 대학의 컴퓨터 과학자이자 암호학자인 매튜 그린Matthew Green은 암호화폐가 규제상, 혹은 기술적으로 프라이버시를 보장하지 않는다는 점을 놓고 체이널리시스를 탓할 수는 없다고 주장한다. 그린은 20대에 AT&T 연구소에서 일하며 암호화폐 관련 논문들과 사이퍼펑크 메일링 리스트Cypherpunks Mailing List 등을 읽고 (모든 사이퍼펑크가 그랬던 것처럼) 진정으로 개인적 비밀이 보장되는 화폐의 미래를 상상했다. 하지만 2011년 비트코인을 처음 봤을 때, 그린은 가명적pesudonymous

---

3 벨처는 웰컴투비디오 수사가 끝난 뒤, 아동 성 학대 비디오들을 보기 위해 돈을 지불하다 붙잡힌 국토안보수사국 요원의 소송에 대한 항소심 판결을 비판하는 글도 썼다. 국세청 범죄수사대(IRS-CI)가 자신의 비트코인 흐름을 추적한 것은 수정헌법 제4조가 보장한 영장 없는 압수 수색 금지를 위반한 것이라는 피고인의 주장을 벨처는 옹호했다. IRS-CI가 비트코인의 공개된 블록체인을 수색한 대목은 문제가 될 것이 없지만 그들이 자신의 거래 기록을 영장 없이 수색한 것은 자신의 헌법상 권리를 침해한 것이라는 주장이었다. 피고인의 주장에 따르면 IRS-CI의 수사관들은 그런 거래 기록을, 판사의 승인을 요구하지 않는 소환장 발부만으로 취득했다. 그 소환장은 항소법원에서 '제3자 독트린(third-party doctrine)'이라고 불리는 미국법의 전례에 기대 유효한 것으로 인정받았다. 이 독트린은, 만약 당신이 당신의 데이터를 제3자(구글이든, 버라이즌이나 코인베이스든)와 공유했다면 당신은 더 이상 그 공유 정보에 대해 프라이버시의 권리를 주장할 수 없다는 원칙이다. 벨처는, 매우 타당하게도, 이것이 난센스라고 믿는다.

블록체인은 진정한 익명성anonymity를 추구하는 사용자들에게 일종의 덫이 될 수밖에 없을 것으로 파악했다고 말한다.

"거기엔 프라이버시가 없어요"라고 그는 말했다. "그건 마치, 아이스크림콘을 샀다고 생각했는데 전혀 딴판인 무언가를 받은 거예요. 비트코인이 그런 경우라고 생각합니다."

감시에 저항할 수 있는 암호화 시스템, 더 구체적으로는 블록체인 분석이 불가능한 암호화폐를 개발하는 데 커리어를 바쳤지만, 비트코인의 내재적인 추적 가능성을 이용하는 어떤 기관이나 기업에 대해서도 그는 잘못이라고 말하지 않는다. "한 기업으로서 체이널리시스에 대해 제가 나쁘게 말할 만한 것은 전혀 없습니다"라고 말한다. "내가 그런 기술의 존재를 좋아하지 않는다는 사실만 빼고요."

그에 견줘 알렉스 글래드스타인은 체이널리시스에 쉽사리 면죄부를 주지 않았다. 혹은 비트코인의 프라이버시를 위한 싸움이 정말로 그토록 허망한 것은 아니라고 믿었다. 그는 개발자들이 비트코인에 추가하자고 논의해 온 한 가지 기능에 희망을 걸었다. 그것은 '서명 교차 입력 응집Cross-Input Signature Aggregation'이라는 기법으로, 사용자가 자신의 거래 내역들을 한데 결합할 수 있도록 허용한다. 수수료도 그만큼 줄일 수 있다. 특히 거래소들은 사용자들의 거래 내역을 한데 묶는 그 기능을 일종의 비용 절감 수단으로 사용할 것이라고 글래스타인은 주장한다. 그렇게 함으로써 거래소들은 거의 부수적 효과로서, 일정 액수의 비트코인과 연계된 특정 개인을 분명히 식별하는 것이 거의 불가능해질 것이다.

그 업그레이드는 글래스타인도 인정하듯이 아직 몇 년 뒤에나 가능한 시나리오다. 하지만 그는 체이널리시스의 성공담(이 책에 소개된 사례들)은 블록체인 분석 회사가 막대한 감시 권력을 휘두를 수 있었던 '한 시대의 묘비명'이 될 것이라고 경고했다. "그런 분석과 추적이 영구적인 거라고 생각하지 않아요. 우리는 그런 시대가 막 끝나가는 시점에 있다고 생각합니다"라고 그는 고집했다.

Z캐시의 공동 발명가인 그린은 그에 동의하지 않는다. 임박한 규제는 제쳐두고라도, 그는 비트코인을 업그레이드하거나 부가 기능을 더해 취약한 익명성의 문제를 해결할 것이라는 주장을 너무나 많이 봤고, 그때마다 블록체인 분석의 또 다른 혁신에 의해 그것이 무력화하는 상황도 지켜봤다.

"프라이버시는 정말로 어려운 문제"라고 그린은 집약하듯 말했다.

그는 그런 유형의 익명성과 추적 불가 기능을 보존하기 위해 기본부터 다른 설계를 꾀한 Z캐시에 대해 아직 희망을 갖고 있다. 하지만 비트코인 사용은 어느 기준으로 보나 Z캐시를 압도하고 있다. 그런 추세는 앞으로도 지속될 공산이 크다. 그리고 비트코인은, 그 속성상, 체이널리시스가 몇 년에 걸쳐 정교하게 설계한 것과 비슷한 유형의 추적 기능을 사실상 부추긴다.

"체이널리시스 같은 도구를 찾는 사람이나 기관이 생겨날 수밖에 없는 시장 환경이 조성되면, 체이널리시스는 불가피한 거죠"라고 그린은 결론지었다.

· · ·

체이널리시스에 대한 글래스타인의 여러 비판 중 주목할 만한 대목은 그가 고객 국가들의 이름을 알려달라고 여러 번 요구했지만 묵살됐다는 점이었다. 그래서 나는 체이널리시스의 CEO에게 직접 물어보기로 했다. 그의 고객들은 누구일까?

나는 어느 날 오후 첼시에 있는 한 카페의 밀실에서 마이클 그로나거를 만났을 때 그 질문을 던졌다. 당시 그는 회사의 새 본사가 들어설 곳을 찾기 위해 그 카페에서 멀지 않은 곳에 있는 뉴욕의 사무실을 둘러보던 참이었다. 그로나거는 체이널리시스의 홍보 팀장인 모디 케네디^{Maudie Kennedy}가

배석한 가운데 내게, 얀 묄러와 함께 덴마크의 바닷가를 산보하며 아이디어를 주고받던 시절부터 자신의 맨 처음 세일즈 방문에 이르기까지 그 회사의 창립 역사를 상세히 알려줬다. 그는 적어도 체이널리시스의 초창기에는 어떻게 해서 수사 기관들이 주 고객층을 형성했는지 막 설명을 마친 마당이었다.

그러면, 어느 나라들의 수사 기관들이었죠? 수수료를 지불할 수 있으면 어느 나라든 상관이 없었나요?

"아뇨, 아뇨, 그럴 수는 없죠"라고 그로나거는 대답했다. "우리는 미국에 소재한 회사예요. 그리고 그것은 우리가 특정한 나라들과는 함께 일할 수 없고 우리도 그러기를 원치 않는다는 뜻입니다." 그는 중국, 북한, 그리고 러시아를 그런 나라로 꼽았다.

하지만 중동은 어때요? "중동 지역은 복잡하죠, 안 그래요? 이스라엘 같은 경우는 괜찮습니다. 이를테면 아부다비라면 그건 다른 문제죠"라고 그로나거는 대꾸했다.

그로나거의 이스라엘 언급을 계기로, 나는 그 나라가 블록체인 분석 기법을 사용해 웨스트뱅크West Bank와 가자Gaza 점령지에 사는 사람들의 재무 상황을 감시하지는 않느냐고 물을 수도 있었다. 하지만 아랍 에미리트의 수도인 아부다비 소리를 듣자마자 내 머릿속은 그 나라의 인권운동가이자 네 아이의 아버지로 옥고를 치르고 있는 아메드 만수르Ahmed Mansoor의 사례로 건너뛰었다. 아랍 에미리트 정부는 이스라엘 해킹 회사인 NSO의 툴을 사용해 그의 전화기를 도청했고, 만수르는 체포돼 10년 형을 선고받은 뒤 줄곧 독방 감금 상태에 있다. 미국과 글로벌 경제에 긴밀히 연결돼 있음에도 불구하고 아랍 에미리트의 국내 인권 상황은 지극히 열악하며 만수르는 그런 현실을 드러내는 여러 비극적 사례 중 하나에 불과하다.

그래서 나는 아랍 에미리트도 체이널리시스의 고객이냐고 물었다. "그

부분은 말씀드릴 수 없습니다"라고, 민감한 사안임을 인지한 케네디는 PR 담당자 특유의 톤으로 끼어들었다.

"아니오, 우리는 그에 대해 아무런 말도 할 수 없습니다"라고 그로나거는 동의했지만 그 말투는 마치 더 많은 내용을 말해주고 싶은데 그럴 수 없어 아쉽다는 느낌을 풍겼다. "중동 지역에는 중요한 것들이 많고 또 많은 일들이 활발하게 벌어지고 있죠. 그리고 그중 어떤 것은 회색 지대입니다. 현실이 그래요."

그런 회색 지대는 국경에 따라 명확하게 갈리지 않을 뿐 아니라, 한 정부 내에서도 여러 다른 용도를 커버한다고 그로나거는 설명하려 시도했다. "우리는 우리 제품들이 어떻게 사용되는지 정확히 파악하려고 합니다, 아시겠죠? 이 분야나 부서의 용도는 무엇일까? 우리의 기준은 꽤 높습니다. 한 번도 문제가 된 적은 없어요"라고 그로나거는 말했다.

나는 1월 6일 국회의사당에 난입한 시위자들의 자금 추적에 체이널리시스가 사용된 점을 지적하면서, 아랍 에미리트 정부가 국내의 반체제 운동에 유입되는 자금을 추적하는 데 같은 툴을 사용하는 상황에 체이널리시스는 어떻게 대응하겠느냐고 물었다. 그로나거는 거의 내 마음을 읽기라도 한 것처럼, 내가 아메드 만수르를 생각하고 있다는 사실을 눈치챘다. "정부가 국민의 컴퓨터를 해킹할 수 있게 해주는 솔루션을 파는 기업들이 있죠. 우리는 그런 짓을 하지 않습니다. 절대로 안 해요"라고 그로나거는 힘줘 말했다.

체이널리시스는 해킹 툴이 아니라 추적 툴, 그것도 아주 강력한 툴이라는 점을 나는 지적했다. "맞습니다"라고 그로나거는 동의했다.

여기에서 케네디가 다시 끼어들었다. "우리는 여러 비즈니스 기회를 내부적으로 논의하고 분석하는 내부 프레임워크와 위원회가 있습니다"라고 그녀는 차분하게 말했다. "그리고 우리는 누군가와 함께 일을 하고 싶은지 판단하기 위해 인권 기록 같은 온갖 유형의 변수를 고려하고, 이들이 적절한 고객일지 판단하기 위해 우리의 툴이 어떻게 사용될지 조사합니다. 그리고 우리는 지속적으로 재평가 작업을 벌여서, 만약 무책임하게 사용하고 있다고 느끼면 그 고객들과 절연합니다. 실제로 그런 적도 있어요."

"그렇지, 그런 적이 한 번 이상 있었어요"라고 그로나거는 말을 보탰다.

"우리는 고객 국가들의 목록을 발표하거나 우리의 평가 기준을 공개하지 않습니다. 그러면 사람들은 어떻게든 꼬투리를 잡아 문제 삼을 것이기 때문이죠"라고 케네디는 말했다.

"모든 것을 공개하는 것은 정책이 될 수가 없습니다"라고 그로나거는 약간 괴로운 듯한 어투로 말했다. "그렇게 될 수가 없어요. 현실은 그렇게 흑과 백으로 갈리지 않습니다."

나는 그로나거와 케네디에게 체이널리시스를 '용병들'이자 '끔찍하게 나쁜 사람들'이라고 비판한 알렉스 글래드스타인의 말을 전했다. 그리고 체이널리시스는 법원의 영장 없이 일반 시민들의 익명성을 되돌려de-anonymizing 개인 정보를 공개하고 있다고 주장한 글래드스타인의 논리를 설명했다.

그로나거는 동요하거나 불쾌한 기색을 보이지 않고 오히려 미소를 지어 보였다. "크립토는 지금까지 발명된 것 중에서도 가장 투명한 가치 이전 시스템value transfer system입니다. 따라서 누군가가 '비익명화de-anonymizing'라는 단어를 사용한다면, 그는 그 진짜 의미를 놓친 겁니다"라고 그는 지적한다. "따라서 나는 익명이었던 정보를 실명으로 바꾸는 게 아닙니다 왜냐하면 그건 처음부터 익명이 아니었으니까요."

이어 그는 더 암울한 대목을 언급했다. "또 다른 회사는 우리가 할 수 있는 일의 일부를 수행할 수 있는 제품을 만들 수 있습니다. 그리고 그건 중국에, 러시아에, 다른 어느 나라에서든 개발될 수 있습니다. 그런 일은 벌어질 거예요. 당연히 벌어지죠."

그로나거는 블록체인 분석에 반대하는 글래드스타인이나 다른 누구에게든 아무런 반감도 없다고 덧붙였다. 그는 단지 이들을 돈키호테와 같다고 생각한다. 현실과 다른 상상의 우주에서 자신들만의 환상의 싸움을 벌이는 시대착오적 인물들. "다른 세계를 원한다면 혁명군을 만들어 그런 목표를 이루라고 하세요"라며 그로나거는 웃었다. 나는 여러 해 전 비트코인토크 Bitcointalk 콘퍼런스에서 체이널리시스의 첫 번째 프라이버시 논란에 대한 응답으로 그가 했던 말을 상기했다. "저는 덴마크인입니다, 혁명을 믿지 않아요."

"지금 우리가 사는 세계는 일정한 방식으로 조합돼 있습니다. 거기에 동의하든 동의하지 않든 그건 당신의 자유지만 그건 사실이에요"라고 그로나거는 말했다. "그것이 세계의 본질입니다."

50장

럼커(Rumker)

2021년 8월 초, 내가 알파베이의 몰락을 둘러싼 마지막 세부 내용을 보도할 즈음, 예상치 못했던 일이 벌어졌다. 알파베이가 부활한 것이다.

"알파베이가 돌아왔습니다"라는 내용의 메시지가 익명으로 텍스트 메시지를 올릴 수 있는 고스트빈[Ghostbin]이라는 사이트에 올라왔다. "제대로 읽으신 겁니다. 알파베이가 돌아왔어요."

그 메시지는 알파베이의 전직 넘버투 관리자이자 보안 전문가인 디스네이크[DeSnake]가 올린 것으로 보였다. 자신의 신원을 입증하기 위해 디스네이크는 그 메시지를 자신의 PGP 키를 이용해 암호학적으로 서명했다. 해당 메시지의 저자는 디스네이크가 맞다는 점을 시위하기 위해, 마치 왕이 자신이 직접 쓴 편지임을 입증하기 위해 인형[印形]이 박힌 반지로 도장을 찍듯이, 그만이 접근할 수 있는 길고 은밀한 암호를 보여준 것이었다. 다수의 보안 전문가들은 그 서명이 수년 전 알파베이의 관리자로서 디스네이크의 메시지들에 포함됐던 서명과 일치한다고 개인적으로 확인했다. 글쓴 이는 오랫동안 종적이 묘연했던 알파베이의 진짜 관리자, 혹은 최소한, 그의 개인키를 확보한 누군가로 보였다.

"저는 전문적으로 운영되고, 익명성과 보안성이 보장되는 알파베이의 재개장에 여러분을 환영하며 이곳에서 다양한 제품과 서비스를 매매하기를 바랍니다"라는 내용으로 디스네이크의 메시지는 시작됐다. 이 새로운 알파베이의 운영진은, 그에 따르면 "컴퓨터 보안 분야의 경력만도 20년이 넘고, 지하 비즈니스, 다크넷 시장 관리, 고객 지원, 무엇보다 정부의 수사망을 회피하는 데 능란한 프로들"이었다.

아니나다를까, 내가 그 사이트의 주소를 토르 브라우저에 입력하자 환생한 알파베이가 나타났다(비록, 새롭게 출범한 사이트였지만). 그것은 2017년에 마지막으로 본 것과 동일한 시장으로 보였지만 처음부터 다시 시작한 것이었고, 과거 알파베이가 보유했던 수천 개의 판매상은 하나도 없는 상태였다.

알파02를 장악한 디스네이크는 몇몇 변화를 꾀했다. 첫째, 이 새로운 시장은 알파베이 폐쇄에 결정적 역할을 한 블록체인 분석 툴에 의해 추적되는 것을 예방하기 위해 비트코인이 아닌 모네로Monero를 통한 거래만 허용했다. 디스네이크는 또 토르의 보안성을 신뢰하지 않는다면서, 토르뿐 아니라, I2P로 알려진 다크웹의 대체 익명화 시스템을 통한 연결도 사용자들에게 옵션으로 제공했다. 그는 알파베이 시장의 판매에 새로운 규제 방안도 시행했다. 과거와 같이 아동 포르노, 청부 살인, 혹은 옛 소비에트연방 소속 국가들의 시민들에 대한 해킹 데이터의 판매를 금지했을 뿐 아니라, 펜타닐fentanyl과 랜섬웨어 관련 데이터나 서비스의 판매도 (아무런 설명 없이) 금지했다.

8년 전에 드레드 파이어럿 로버츠Dread Pirate Roberts에게 그랬듯이, 나는 토르로 보호된 웹 포럼인 '드레드Dread'에 있는 디스네이크의 계정으로 인터뷰 요청을 보냈다. 그로부터 채 24시간이 되기 전에, 나는 이 새롭게 부활한 다크웹 사이트의 관리자와 암호화된 즉석 메시지들을 주고받았다.

디스네이크는 왜 이제사 (오리지널 알파베이가 폐쇄되고, 카제스가 투옥되고, 알파베이의 직원들이 뿔뿔이 흩어진 지 4년이나 지난 다음에야) 재출현했는지 재빨리 설명했다. 그는 알파베이가 압류된 뒤 은퇴할 의도였지만 알파베이 폐쇄에 참여했던 한 FBI 요원이 2018년 포덤 사이버 보안 국제 콘퍼런스 Fordham International Conference on Cyber Security에서 카제스의 체포 장면을 담은 비디오를 공개하면서, 디스네이크가 생각하기에 카제스를 폄하하는 듯한 발언을 하는 것을 보고 마음을 바꿨다고 대답했다.

"내가 돌아온 가장 큰 이유는 알파베이라는 이름이 수사 기관에 의해 폐쇄된 사이트 정도로, 그리고 그 설립자는 체포된 뒤 자살했다는 내용으로만 기억되지 않도록 만들기 위해서입니다"라고 디스네이크는 약간 외국어 영향이 느껴지는 영어 문장으로 대답했다. "알파베이라는 이름은 그 기습 단속 뒤에 오명을 얻었습니다. 나는 그것을 바로잡으려고 돌아온 거고요."

디스네이크는 전에도 들었던 주장을 되풀이했다. 카제스는 자살한 게 아니라 살해됐다는 주장이었다. 그는 아무런 구체적 증거도 제시하지 않았지만 그와 알파02는 자신이 체포될 경우를 상정한 대비책(만약 그가 일정 시간 이상 사라지면 알파02의 신원을 드러냄으로써 알파베이의 제2인자가 투옥된 그를 도울 수 있게 해주는 일종의 자동화된 메커니즘)을 세웠다고 말했다. (그런 도움이 법적 방어에 필요한 기금의 형태인지 아니면 카제스가 젠 산체즈에게 언급한 것과 같은 '전투용 헬리콥터'인지에 대해서는 디스네이크는 발설하길 거부했다.)

그런 계획이 실행되기도 전에 카제스가 자살했을 리는 만무하다고 디스네이크는 주장했다. "그는 투사였습니다. 저와 그는 백업 플랜이, 그것도 든든한 자금이 뒷받침되는 견고하고 실질적인 계획이 분명히 있었습니다. 하지만 그는 살해되고 말았죠"라고 서면 인터뷰에 썼다.

디스네이크는 그 경험을 계기로 카제스를 체포하고 오리지널 알파베이를 폐쇄하는 데 이용됐던 사실상 모든 전술에 대한 완벽한 대비책을 세웠다고 설명했다. 디스네이크는 자신의 컴퓨터가 열려 있는 상태에서는 그로부터 한 발짝도 떨어지지 않는다고, 심지어 화장실에 갈 때조차 컴퓨터를 잠근다고 강조했다. 그는 유죄의 증거가 될 만한 데이터의 저장을 회피하는 '기억상실성amnesiac' 운영체제를 사용하고 있을 뿐 아니라, 혹시라도 정부 수사 기관에서 자신의 컴퓨터에 접근하게 될 경우 아무런 유용한 정보도 찾아낼 수 없도록 모든 데이터를 삭제해 버리는 '킬 스위치kill switch'를 설정해 놓았다고 주장했다. 그는 심지어 '알파가드AlphaGuard'라는 시스템을 설계해 해당 사이트가 압류된 것을 감지하게 되면 새로운 서비스를 자동으로 설정하도록 만들었다고 썼다.

하지만 디스네이크를 보호하는 최대 변수는 거의 확실히 지리적인 것이었다. 그는 서구 나라 정부들이 미치지 못하는 옛 소비에트 산하 국가에 살고 있다고 밝혔다. 그는 카제스가 허위 단서들을 흘려 마치 러시아에 사는 것처럼 수사관들을 교란한 사실을 인정하면서, 그 지역 나라들의 국민을 피해자로 삼는 제품이나 서비스의 매매를 금지한 알파베이의 조치는 진심이며 자신과 알파베이 직원들을 해당 나라의 수사 기관으로부터 보호하기 위한 방안이라고 주장했다.

"잠자리에 대변을 볼 수는 없습니다. 우리가 그런 금지 조치를 내린 것은 다른 직원들의 안전을 위해서입니다. 당시 카제스도 자신의 안전을 보장하기 위해 그런 결정을 내린 것이었죠"라고 디스네이크는 썼다.

그런 정황에도 불구하고 디스네이크는 미국과 신병 인도 조약을 맺은 여러 나라들을 통과해 여행했지만 한 번도 잡힌 적이 없다고 주장했다. 그는 그것이 부분적으로 자신의 신중한 돈세탁 방식 덕택이라면서, 그러나 비트코인보다 모네로를 거래 통화로 선호한다는 점 외에는 더 이상의 상세한 정보를 제공하지 않았다.

"어느 통화 방법이나 암호화폐가 안전하다고 믿는 사람은 바보거나 적어도 아주 무식한 겁니다. 모든 것은 추적됩니다. 당신 작업의 열매를 즐길 수 있으려면 일정한 방법들을 거쳐야만 해요…그런 일을 하는 데는 비용이

듭니다. 적법한 비즈니스를 한다면 세금을 내죠. 이런 비즈니스를 하는 경우는 당신의 돈을 난독화하는obfuscating 데 드는 비용의 형태로 세금을 내는 겁니다"라고 그는 썼다.

디스네이크는 개인 이메일 주소가 처음 DEA에 드러나게 된 알파02의 초기 실수를 알았을 때 충격을 받았다고 말했다. "나는 아직도 그가 자신의 개인 이메일 주소를 거기에 입력했다는 사실을 믿기 어렵습니다. 그는 훌륭한 카더carder였고 더 나은 운영 보안법도 알고 있었죠."

하지만 그는 자신이 권고한 방식을 따르지 않고 돈의 흐름을 제대로 숨기지 않은 카제스의 실패는 사실상 의도적인 실수에 더 가까웠다고 진단했다. 디스네이크는 카제스에게 정부의 금융 감시 체제를 벗어나기 위해서는 더 치밀한 대책이 필요하다고 경고했었다고 말했다. 알파02(카제스)는 그 말을 듣지 않았다.

"그는 어떤 조언은 받아들이고 다른 조언은 지나치다고overkill 묵살했죠. 이 바닥에서 지나친 보안은 없습니다"라고 디스네이크는 말했다.

· · ·

디스네이크와 가진 여러 주에 걸친 채팅이 막바지에 이른 어느 날 오후, 그는 고양이와 쥐의 관계처럼 끊임없이 쫓고 쫓기는 다크웹의 게임에서 다음 라운드를 이기기 위해 어떤 계획을 세우고 있는지 설명하면서 한 가지 뉴스를 전했다. 쥐(다크웹 운영자들)가 또 다른 작은 승리를 따냈다는 것이었다.

디스네이크는 그가 '다크리크스DarkLeaks'라고 부르는, 토르로 보호된 여러 웹사이트의 링크를 내게 보냈다.

'딥 시Deep Sea'와 '베를루스코니 마켓Berlusconi Market'으로 알려진 두 개의 다크웹 마약 사이트를 수사해 온 이태리의 경찰 당국을 누군가가 해킹한 모양이었다. 이제 그 해커는 거기에서 훔쳐낸 광범위한 문서들을 공개했는

데, 여기에는 그런 사이트들을 폐쇄하기 위한 수사 당국의 비밀 작전 내막이 포함돼 있었다.

다크리크스 컬렉션 중에서 프리젠테이션이 즉각 내 눈길을 끌었다. 그것은 체이널리시스에서 제공한 것이었다. 그것은 체이널리시스가 수사 당국에 전달한 놀라운 감시 능력과 트릭을 이태리어로 소개한 내용으로 지금까지 일반에게는 공개되지 않은 것이었다.

예를 들면 체이널리시스는 프리젠테이션의 한 슬라이드에서 '프라이버시 코인'으로 알려질 만큼 익명성이 뛰어나다고 알려진 모네로를 충격적일 정도로 많은 경우에서 추적할 수 있음을 보여줬다. 그 슬라이드는 "많은 경우, 추적 결과는 타당한 의심 수준을 훨씬 넘어설 만큼 정확할 수 있다는 점을 증명했다"면서, 그럼에도 "분석 내용은 기본적으로 통계적인 것이며, 따라서 어떤 결과든 그와 연계된 오차 범위가 있다"라고 신중한 태도를 취했다.

체이널리시스는 모네로가 사용된 경우를 분석한 결과 65% 이상에서 '쓸 만한 단서usable lead'를 제공할 수 있었다고 주장했다. 그중 20%는 거래의 송신자만 파악할 수 있었고 수신자는 밝혀낼 수 없었으며, 겨우 15%의 경우에서만 아무런 단서도 제공할 수 없었다고 밝혔다.

수사 기관의 추적을 피하기 위해 사용자들의 비트코인 거래들을 혼합한다고 홍보한 지갑 툴인 '와사비Wasabi'의 경우, 체이널리시스는 분석 대상의 60%에서 여전히 돈의 흐름을 추적할 수 있었다고 밝혔다.

또 다른 슬라이드는 또 다른 놀라움을 안겼다. 체이널리시스가 월렛익스플로러WalletExplorer를 인수한 이후 이를 다크웹 범죄자들을 유인하는 일종의 하니팟honeypot으로 바꾼 것이었다. 월렛익스플로러는 2014년 티그란 감바리안이 숀 브리지스의 비트코인을 추적하는 데 사용한 기초적인 무료 블록체인 분석 툴이었다. 누군가가 관심이 가는 비트코인 주소를 월렛익스플로러로 체크하면, 이 툴은 자동으로 그들의 IP 주소를 기록했다. "우리는 이 데이터를 수집합니다"라고 그 슬라이드에 적혀 있었다. "이 데이터셋을 이용해 우리는 수사 당국에 그 IP 주소에 대한 중요한 단서를 관련 암호화 폐 주소와 함께 제공할 수 있습니다."

다시 말하면 불안해진 범죄 용의자들은 블록체인에 기록된 자신들의 거래가 어느 정도나 추적 가능한지 파악하기 위해 월렛익스플로러를 사용했을 것이었다. 그러는 동안, 이 툴은 그런 사용자들의 점검 내용을, 바로 그들을 추적하는 수사 요원들에게 알려주고 있었던 것이다.

하지만 이 모든 폭로 내용의 와중에서, 오랫동안 찾았지만 끝내 얻지 못했던 대답을 또 다른 슬라이드에서 발견했다. 체이널리시스가 리투아니아의 알파베이 서버를 찾아내는 데 사용했던 소위 '고등 분석advanced analysis'의 미스터리에 대한 가능한 해법이었다.

이태리 경찰이 보유했던 프리젠테이션은 체이널리시스가 블록체인에 있는 일부 지갑들의 IP 주소를 사실은 식별해낼 수 있음을 확인해줬다. 체이널리시스는 그 자체의 비트코인 노드들을 실행해 거래 메시지들을 조용히 감시하는 방식으로 (회사 초창기 큰 반발을 불러일으켰던 비트코인토크Bitcointalk 상황에서 이들이 시행했던 바로 그 방식을 통해) IP 주소들을 식별할 수 있었다.

그 슬라이드의 설명에 따르면, 첫째, 블록체인 전체를 저장하는 것을 피하도록 설계된 단순 지불 인증Simple Payment Verification, 혹은 일렉트럼Electrum 이라고 불리는 툴들을 사용하는 일부 지갑들은 거래마다 일정한 정보를 누설한다. 이 지갑들로부터 거래 메시지를 받는 노드들은 그 사용자의 IP 주소뿐 아니라 그들의 모든 블록체인 주소, 심지어 이들이 사용하는 지갑의 소프트웨어 버전까지 볼 수 있다. 결정적인 신원 정보가 드러나는 셈이다. 체이널리시스는 그런 지갑 데이터를 수집하는 데 사용하는 툴의 암호명을 올랜도Orlando로 붙였다.

그다음 슬라이드는 심지어 더 많은 정보를 공개했다. 이 슬라이드는 럼 커Rumker라는 툴을 소개했는데, 체이널리시스는 은밀한 자체 비트코인 노드들을 사용해 개별 사용자들의 지갑 IP 주소뿐 아니라 다크웹 사이트들을 포함한 알려지지 않은 서비스의 IP 주소들도 식별할 수 있다고 설명했다. "비록 많은 불법 서비스가 토르 네트워크를 사용해 익명성을 보장 받지만 용의자들은 종종 안이하게 그들의 비트코인 노드를 '클리어넷clearnet'에서 운영한다"라고 그 슬라이드에 적혀 있었다. 클리어넷은 토르의 보호를 받지 않는 일반 인터넷을 지칭하는 용어.

알파베이는 이런 실수를 저질렀던 것일까? 럼커는 다크웹의 강자로 군림했던 알파베이의 IP 주소를 정확히 짚어낸 비밀 무기인 것처럼 여겨졌다. 그뿐 아니라 월스트리트 시장이나 다른 경우에도 IP 주소를 정확히 짚어내는 능력을 가진 것으로 보였다.

나는 마이클 그로나거에게 유출 슬라이드에 대해, 특히 럼커에 대해 질문을 던졌다. 그는 유출된 자료의 내용을 부인하지 않았다. 대신 그는 프라이버시와 관련된 의문들에 대한 체이널리시스의 철학을 집약한 것처럼 읽히는 성명서를 보내왔다. "개방형 프로토콜은 공개적으로 감시되며 (해당 공간의 안전을 유지하기 위해) 허가가 필요치 않은 가치 이전 네트워크value transfer network의 번성을 가능케 합니다."

그로나거는 지난 수년간 되풀이해 온 주장을 재천명했다. 그것은 체이널리시스는 프라이버시를 침해하지 않는다는 것, 공개된 정보를 분석한다는 것. 하지만 다크리크스의 슬라이드들은 그 분석이 얼마나 멀리까지 진전될 수 있는지 보여줬다. 만약 암호화폐가, 그 툴들이, 혹은 그 사용자들이 민감 정보의 극히 일부라도 실수로 흘리거나 공개한다면, 체이널리시스는 그것을 찾아낼 것이었다.

럼커는, 만약 그것이 실제로 알파베이의 위치를 잡아낸 툴이라면, 감바리안이 언제고 그렇게 될지 모른다고 염려한 대로, 치명적 타격을 입었을 burned 공산이 컸다. 누가 그 정보를 유출했든, 그로 인해 럼커가 활용한 비트코인 프로토콜의 취약점들이 노출된 것이었다. 디스네이크 같은 다크웹 관리자들은 앞으로 자신들의 암호화폐 지갑들이 그 IP 주소들을 노출하지 않도록 훨씬 더 주의할 것이 틀림없었다.

하지만 또 다른 취약점들은 어딘가에 있을 것이고, 럼커가 아닌 다른 비밀 무기들은 그런 취약점들을 노릴 것이다. 고양이와 생쥐 간의 쫓고 쫓기는 게임은 계속되는 것이다.

2016년초, 마이클 그로나거는 마운트곡스와 BTC-e에 대한 수사를 벌이던 와중에 (체이널리시스가 수십억 달러 가치의 신생기업으로 부상하기 몇 년 전에) 새라 미클존을 찾아갔다. 그는 그녀를 스카웃하고 싶어 했다.

그 무렵, 미클존은 유니버시티칼리지런던UCL의 컴퓨터 과학과 교수가 돼 있었다. 두 사람은 대학 캠퍼스에 있는 미클존의 비좁은 공유 사무실에서 만났다. 그 대학의 컴퓨터 과학과 빌딩은, 미클존의 설명에 따르면, UCL에서 가장 매력없는 건축물 중 하나로, 모던한 석조 건물의 내부 중 그녀가 있는 쪽은 거의 빛이 들어오지 않았다. 당시 그녀의 사무실은 물건을 보관해 두는 벽장과 더 비슷했고, 그녀가 2013년 UC 샌디에이고 시절에 무작위 비트코인 테스트를 위해 구입한 물품을 모아뒀던 장소보다도 조금 더 열악했다.

그로나거는 늘 그렇듯 사근사근한 말투로 자신이 차린 작은 회사 체이널리시스가 인재를 찾는다며 혹시 "어느 부서의 장이나 그와 비슷한" 역할을 맡아보지 않겠느냐고 미클존에게 물었다. 그는 그녀에게 리액터Reactor를 시연해 보였고, 그녀는 자신의 그룹이 고안한 기법을 그로나거가 그처럼 정교화하고 확장한 데 감탄했다. 리액터는 방대한 규모로 수집한 비트코인 무리들(클러스터)을 미클존이 시연했던 강력하고 기민한 툴과 통합한 작품이었다.

　미클존이 제안을 받아들이면 체이널리시스의 초창기 멤버 10명 중 하나가 되고 회사의 지분도 받게 될 것이었다. 당시는 둘 다 몰랐지만 (체이널리시스가 이후 보여준 급격한 성장세를 감안하면) 그로나거는 그녀에게 팔자를 고칠 만한 수준의 막대한 지분을 제안한 것이었다.

　미클존은 그로나거의 회사가 매력적이라고 생각했다. 그가 고안한 툴에도 끌렸다. 하지만 그녀는 그 자리를 원치 않는다고 공손하게 대답했다. 종신 교수직을 받을 수 있는 직위를 막 시작한 데다, 아직 교단을 떠날 준비가 돼 있지 않다면서, 기껏해야 부수적으로 체이널리시스에 컨설팅을 해줄 정도밖에 안 될 것이라고 설명했다. 그로나거는 컨설턴트나 어드바이저를 뽑는 데는 관심이 없었다. 그와 그의 공동 창업자처럼 체이널리시스 일에만 전념할 수 있는 '운영자operator'를 찾고 있었다. 두 사람은 우호적인 분위기에서 헤어졌다.

　그녀가 그로나거의 제안을 거절한 진짜 이유는, 미클존이 나중에 알려준 바에 따르면, 표면적으로 내세운 이유보다 훨씬 더 복잡했다. 「이름 없는 남자들」논문을 쓴 것을 후회하는 것은 아니었다. 그녀는 그것을 일종의 '공익성 발표'라고, 비트코인을 익명으로 사용할 수 있다고 믿는 사람들에게 그런 프라이버시 보장의 믿음에는 객관적 한계가 있다는 경고라고 간주했다.

　그녀는 체이널리시스의 작업을 반드시 비윤리적이라고 여기는 것도 아니었다. Z캐시의 매트 그린Matt Green처럼, 그녀는 체이널리시스 같은 회사(혹은 심지어 그와 비슷한 비즈니스를 벌이는 기업들의 산업 전체)는 블록체인 데이터의 공개적 특성 때문에 불가피하다고 믿었다.

　하지만 미클존은 블록체인 분석을 둘러싼 고양이와 쥐의 게임에 자신의 운명을 고양이 쪽에만 두기보다는 그 게임의 중간 어디쯤에, 아니 차라리 그런 게임의 바깥에 두고 싶었다. 블록체인 연구는 계속 하고 싶었지만, 그와 동시에 프라이버시 기술을 자유롭게 개발하고 싶었고, 그래서 암호화폐에서 혹시라도 프라이버시의 취약점들을 발견하면 이를 감춰두고 누군가가 악용하는 것을 돕기보다는 사람들에게 널리 알리고 싶었다.

그로나거와 만나는 동안, 그녀는 옛 지도교수가 자신을 '사이버 나크cyber narc'라고 농담처럼 부르던 기억이 떠올랐다. 그것이야말로 그녀가 커리어로 헌신하고 싶지 않은 업무 내용이었다.

"체이널리시스가 하는 일이 도덕적으로 잘못됐다고는 생각하지 않아요. 그저 제 생계 수단으로 삼고 싶은 일이 아닐 뿐이죠"라고 미클존은 나중에 설명했다. "저는 어떤 형태로든 사이버 나크[1]는 되고 싶지 않아요."

· · ·

그 만남으로부터 거의 5년이 지난 어느 겨울날, 미클존과 나는 그녀가 자란 어퍼 웨스트 사이드Upper West Side 아파트에서 그리 멀지 않은 센트럴 파크의 한 벤치에 앉아 커피를 마시며 지나가는 사이클리스트들과 달림이들과 맞은편 잔디밭에 모여 요란하게 생일 파티를 벌이는 여학생들을 지켜봤다.

나는 미클존이 뉴욕의 고향을 방문한 시기에 맞춰 약속을 잡았다. 그녀에게 근황과 연구 내용을 묻기보다, 지난 몇 년간 암호화폐 추적 분야를 취재 보도하며 알게 된 내용들을 알려주고 몇 년에 걸친 수사 당국의 다크웹 마약범 검거와 그에 뒤이어 붐을 이룬 비트코인 추적을 통한 사이버 범죄자 수사들이 따지고 보면 미클존이 최초로 고안한 블록체인 분석 기법에서 비롯한 것인데 그에 대해 어떻게 생각하는지 알고 싶었다.

나는 미클존에게 포스와 브리지스가 훔쳐낸 실크로드 돈을 추적한 일부

1　나크(Narc)는 주로 위장 수사를 수행하는 전담 수사관을 가리킨다. 사이버 나크는 디지털 환경에서 그와 같은 함정 수사를 펼치는 인물을 지칭하는 셈이다. − 옮긴이

터 마운트곡스와 BTC-e 수사, 그리고 알파베이 수사에 이르기까지 이 책에서 다룬 사건들의 전체 시간대를 짚어준다. 그녀는 대부분 조용히, 그 이야기들을 청취한다. 나는 FBI 분석가들인 알리와 에린이 어떻게 알렉산더 카제스의 돈을 추적해 그의 신원을 확인했는지("쿨"이라고 그녀는 반응했다), 어떻게 블록체인 분석이 웰컴투비디오 사건에 연루된 수백 명의 범죄자들을 체포했는지("그거 잘 됐네요"라고 미클존은 조용히 대꾸했다), 그리고 적어도 한 명이 자살했는지("맙소사"라고 그녀는 속삭였다) 들려준다. 그리고 트위터 해커들에 대한 검거부터 북한의 비트코인 거래소 절도 사건, 비트코인 혼합기 폐쇄와 수십억 달러 규모의 실크로드 압류에 이르기까지 지난 해 비트코인 단속으로 거둔 성과를 열거한다.

"대충 그 정도예요"라고 나는 이야기를 마무리한다.

"엄청난데요"라고 그녀는 말한다.

미클존은 가만히 앉아서 아이들의 생일 파티 장면과 그 너머 재키 오나시스 저수지^{Jackie Onassis Reservoir} 쪽을 바라보며 생각에 잠긴다. 그녀는 내가 들려준 이야기들이 그리 큰 놀라움으로 다가오지 않았다고, 그중 일부 사건들은 법무부의 언론 발표를 읽었으며, 그 가운데서 체이널리시스에 감사하는 내용도 발견했다고 설명한다.

"이 내용들은 객관적으로 나쁜 일들이라고 생각해요"라고 그녀는 IRS-CI가 수사 대상으로 삼은 범죄 사례들을 평가했다. "그래서 그 툴이 이런 수사를 돕는 데 이용되는 것은 좋은 일이겠죠. 기분 좋은 일이에요."

이어 그녀는 왜 그것이 그렇게 단순한 문제만은 아닌지 설명하기 시작한다. 새롭게 부상하는 블록체인 분석 업계에서 체이널리시스 같은 회사들은 '진짜' 수익을 IRS나 법무부와의 계약에서가 아니라, 그 서비스들을 이용해 거래 과정의 위험을 없애고 일반 대중은 결코 모를 알고리즘에 기반해 거래 자금의 적법성과 규제 위험의 순위를 매기려는^{de-risk} 은행과 거래소 들에서 올릴 것이라고 예상한다. "그러면 사안은 훨씬 더 모호해지겠죠, 그렇죠?" 그녀는 말한다. "그건 감시에 훨씬 더 가까운 양상이에요. 기본적으로 내가 이용하는 은행이 내 돈의 출처를 근거로 나를 감시하고 심판하는 거죠. 그런 용도는 더 이상 바람직하지 않은데, 그렇다고 신문의 헤드라인을 장식하지도 않겠죠."

블록체인 분석은 다크웹 시장의 거래들, 랜섬웨어 수입, 암호화폐 절도 같은 범죄 행위 추적을 돕겠지만 거기에서 멈출 아무런 이유도 없다고 그녀는 말한다. 글래드스타인처럼, 그녀는 독재 정권이 체이널리시스 같은 서비스들을 악용해 시위자들의 재무 상황을 추적할 위험도 다분하다고 지적한다.

미클존은 그와 같은 양면적 성격은 좀더 음험한 방식들로 시작될 수 있다고 주장한다. 이를테면 일선 은행과 거래소들은 체이널리시스와 같은 툴을 이용해 암호화폐로 돈을 받는 성매매업 종사자를 판별해 자동으로 이들의 계정을 끊어버리거나, 마치 암시장 출처 자금에 대해 하듯 그들을 법 집행 기관에 보고할 수도 있다. "이런 유형의 불필요한 임무 부가^{mission creep} 현상이 나타나기는 매우 쉬워요"라고 미클존은 지적한다.

2013년 스노든의 기밀 문서 폭로를 계기로 대규모 감시에 처음 관심을 갖게 된 이후, 미클존은 프라이버시 문제에 더욱 깊은 관심을 품게 됐다. 그녀는 뭇 사람들은 지나친 강박증이라고 여길 법한 여러 수단을 동원하고 있다. 모든 통신 내용은 암호화하며 소셜미디어는 전혀 사용하지 않는다. 가능한 한 구글 사용을 자제하고, 프라이버시 보호에 더 집중한 대체 검색 엔진인 덕덕고^{DuckDuckGo}를 애용한다. 우버 같은 승차 공유 서비스나 음식 배달 앱도 사용하지 않는다. 셀폰의 GPS는 꺼놓았고 가능한 경우는 휴대하지 않고 아예 집에 두기도 한다.

하지만 암호화폐 문제에 관한 한, 미클존은 자신이 블록체인의 '감시'에 단순히 윤리적으로 반대하는 것이 아니라 더 뉘앙스가 담긴 입장임을 분명히 한다. 그녀는 정부와 기업이 모든 개인의 구매와 지불 내역을 볼 수 있는 수준의 완전하고 세밀한 금융 추적에 대해서는 우려를 표명한다. 하지만 그와 동시에, 과거에 크립토 무정부주의자들이 비트코인에 대해 기대했던 것처럼 Z캐시 같은 기술이 성숙해 진정으로 추적 불가능하고 익명성이 보장되는 금융 활동을 가능케 함으로써 완벽한 돈 세탁과 누구도 건드리지 못하는 암시장이 초래되는 상황에도 불안감을 느낀다.

"우리는 아직 그런 극단적 수준까지는 이르지 않았지만, 그래도 앞으로 어떤 상황이 벌어질지에 대해 저는 정말 불안합니다"라고 그녀는 말한다. 그래서 어느 한쪽을 택하기보다는 둘 사이에 머무르면서 중립적인 연구자의 위치를 유지하려 애쓴다는 입장이다. 그녀는 블록체인 분석 작업을 멈춘 적이 없다. 예를 들면, UCL 동료들과 더불어 Z캐시의 프라이버시 취약점에 대한 논문을 발표한 것도 비교적 최근인 2018년이었다. 심지어 2022년에도 비트코인의 '필 체인peel chain'[2]을 더 잘 추적할 수 있는 새로운 방법에 대한 논문을 발표할 예정이다. 이는 각기 다른 지갑이 어떤 방식으로 바뀐 주소를 만들어내는지 조사함으로써 블록체인에서 다양한 경로로 갈라지는 비트코인의 흐름을 더 잘 추적하려는 시도다.

하지만 그녀는 그런 작업이, 이전에 큰 화제를 불러일으켰던 '이름 없는 남자들' 논문과 마찬가지로 일종의 공공 서비스 발표이지 대결 구도의 어느 한쪽에 도움을 주기 위한 수단은 아니라고 강조한다

그리고, 계획 중인 그 공공 서비스 발표의 내용을 요약한다면 어떤 내용

---

2 필 체인(peel chain)은 수백 혹은 수천 개의 거래를 통해 한 비트코인 지갑에서 새로운 주소들로 돈을 빠르고 자동화된 거래 방식으로 옮김으로써 돈의 출처를 숨기고, 비정상적인 거래로 감지될 위험성을 줄인 방식이다. 여러 다른 암호화폐와 블록체인을 거쳐 돈을 옮김으로써 거래 내역을 숨기고자 하는 '체인 하핑(chain hopping)'과 더불어 흔히 쓰이는 편법적 거래 방식이다. – 옮긴이

이냐고 나는 묻는다. "프라이버시를 정말로 중요시한다면 비트코인을 쓰지 말라는 내용이 될 거예요"라고 미클존은 말한다.

· · ·

나는 2021년 어느 화창한 여름날, 공직을 떠난 티그란 감바리안을 그의 집에서 멀지 않은 프레즈노의 한 쇼핑몰에 있는 작은 샐러드 포케[3] 레스토랑에서 처음으로 만났다. 오클랜드와 워싱턴 DC, 그리고 헤이그 파견 업무를 끝내고 마침내 캘리포니아로 돌아온 감바리안은 차로 나에게 자신의 동네 주변을 보여주겠다고 승낙했다.

감바리안의 외모는 포스와 브리지스를 쫓던 신입 수사관 시절과 비교하면 괄목할 만하게 변모했다. 그는 킥복싱 링에서 입는 회색 티셔츠 차림이었다. 머리와 턱수염이 자라도록 내버려뒀는데, 지난 며칠간 수염을 다듬지 않은 듯 약간 덥수룩했다. 그리고 연방 요원 특유의 굳은 표정을 버리고 한층 느긋해진 듯한 인상이었다.

사실은 그는 휴가 중이었다. 10년 만에 IRS를 사직했다. 잠깐 휴식을 취한 뒤, 그는 중국에서 설립된 세계 최대의 암호화폐 거래소인 바이낸스 Binance에서 수사 부서를 지휘하는 업무를 맡을 계획이었다.

감바리안에 따르면 바이낸스는 터무니없을 정도로 막대한 규모의 암호화폐 거래를 취급한다. 어떤 날은 하루 거래 규모가 1천억 달러에 이르기도 한다. (이 대형 거래소는 범죄 자금을 세탁한 혐의로 유럽의 규제 기관들의 조사를 받아 왔다는 점도 언급해야겠다. 감바리안을 채용한 것은, 그의 동료들의 전언에 따르면, 바이낸스의 때늦은 정화 노력의 일환이었다.) "큰 변화를 이끌어낼 기회"라며 감

---

3 Poké. 포케는 참치나 연어와 같은 날생선을 큼직큼직하게 썰고 각종 드레싱, 채소, 약간의 견과류와 해초류를 함께 버무려 밥과 함께 비벼 먹는 하와이 음식. '하와이식 회덮밥'이라고 보면 이해하기 쉽다. — 옮긴이

바리안은 자신의 새 일자리에 대한 기대를 표시했다.

감바리안의 IRS 사직은, 10년이라는 비교적 긴 기간이 지난 뒤지만, 전혀 놀랍지 않은 일로 여겨진다. 이 책에 등장하는 연방 수사 요원과 검사들은 대부분 붐을 이룬 암호화폐 산업계의 스카우트 바람에 넘어갔다. 그랜트 라벤은 코인베이스Coinbase의 사내 변호사로 자리를 옮겼다. 감바리안의 옛 상사인 캐스린 헌은 벤처 투자사인 앤드리슨 호로위츠Andreeson Horowitz에서 암호화폐 관련 벤처 기업들에 대한 투자자로 활약하다 아예 자신만의 벤처 투자사를 시작했다. IRS의 매트 프라이스Matt Price와 네덜란드 경찰의 닐스 안데르센 뢰드Nils Andersen-Röed는 감바리안이 지휘하게 될 바이낸스의 수사 팀에 합류했다. 크리스 잔체브스키는 나중에 IRS를 떠나 체이널리시스의 경쟁사인 TRM 랩스TRM Labs에서 수사 팀을 지휘하게 됐다. 알파베이 이전에는 암호화폐 문제를 건드려본 적도 없는 DEA의 젠 산체즈조차 지금은 암호화폐 거래소인 루노Luno에서 일한다.

나는 감바리안에게 이런 대탈출 현상의 부분적인 이유가, 그와 같이 IT에 밝은 요원들이, 모네로, Z캐시 같은 기술이나 다른 프라이버시 툴의 출현으로 마침내 몇 년간에 걸친 암호화폐 추적과 사이버 범죄자 검거의 황금기가 끝나간다는 사실을 깨달았기 때문이냐고 묻는다.

"모네로는 정말 큰 문제예요"라고 그는 인정한다. "이 바닥의 전문가들은 어떻게 하면 모네로를 추적할 수 있을지에 대해 논의 중이죠. 불가능해요. 다른 증기 없이는 형사 법정에서 누군가를 실제로 기소할 수 있는 수준에 도달할 수 없습니다."

하지만 그는 여전히 암호화폐 추적의 황금기가 끝났다고 확신하지는 않는다. 아직은 아니라고 감바리안은 말한다. 설령 Z캐시와 모네로가 어떻게든 암호화폐 시장을 장악한다고 해도 (그리고 규제 기관들은 그런 사태를 막기 위해 최선을 다할 것이라고 그는 주장한다) 조사할 단서가 부족해서 비트코인 추적 수사들이 제약을 받은 적은 전혀 없었다. 문제는 그런 단서들을 조사할 연방 수사 기관들의 시간과 자원 부족이었다.

이것은 지난 수년간 IRS 수사 팀이 거둔 놀라운 성과에도 불구하고 여전히 심층 수사를 기다리는 단서들이 헤아릴 수 없이 많다는 뜻이었다. 앞으로도 몇 년에 걸쳐 방대한 블록체인의 기록에서 수사진이 캐내기만을 기다리는 범죄의 단서들이, 마치 호박에 보존된 DNA 데이터처럼 남아 있다는 뜻이었다.

"황금기는 언젠가 끝나겠죠, 하지만 우리는 적어도 2년 정도 뒤처진 상태입니다"라고 그는 말한다. "아직도 엄청나게 많은 미제 사건이 남아 있어요." 그는 멀지 않아 한 두 건의 큼지막한 기소 사건들이 나올 것이라고 내게 예고했다. (실제로. 그로부터 6개월 뒤 감바리안의 옛 동료인 크리스 잔체브스키는 암호화폐 거래소인 비트피넥스Bitfinex에서 거의 12만 개의 비트코인을 빼낸 2016년의 절도 사건에 연루된 혐의로 뉴욕의 돈세탁범 두 명을 체포했다. 그 수사에서 법무부는 36억 달러 상당의 암호화폐(감바리안의 이전 기록을 넘어선 미국 역사상 최대 규모)를 압류했다.)

IRS의 범죄 수사 팀에서 감바리안이 보낸 시간을 되짚으면서, 그가 올린 주요 기소 사건 중 하나인 알렉산더 비니크 사건을 언급한다. 감바리안은 비니크가 그리스의 형무소에 있는 동안 동료 죄수들이 두 차례 그를 살해하려 시도했으며, 그가 수감된 와중에 아내가 사망했다는 이야기를 들었다고 내게 귀띔했다. "암이었대요"라고 감바리안은 어두운 표정으로 말한다. 그해 여름, 비니크는 프랑스에서 돈세탁 혐의로 기소됐지만 항소해 자신의 소송을 대법원까지 가져간 상태였다.

나는 나중에 비니크의 프랑스 변호사인 프레데릭 벨로Frédéric Bélot에게 연락했고, 그는 자신의 의뢰인은 감바리안과 미국 법무부가 기소한 범죄 행위로부터 완전히 결백하다고 주장했다. 벨로에 따르면, 비니크는 마운트곡스에 대한 절도 행위와 아무런 연관도 없으며 BTC-e의 설립자 관리자도 아니고, 단지 진짜 관리자들의 신원조차 전혀 모르는 하급 직원 중 한 명에 불과했다. "그는 자신도 그 신원을 모르는 사람들 밑에서 일한 가난하고 단순한 러시아인입니다. 그는 미국 정부가 그런 것처럼 가장하는 대어가 아니에요."

벨로는 프랑스 형무소에 수감돼 있는 비니크에 대한 나의 서면 질문을 전달했고, 이어 그의 대답을 내게 알려줬다. 비니크는 BTC-e로 흘러든 범죄성 자금에 대해서는 전혀 알지 못했으며(그 거래소를 이용한 범죄자들에 대한 수많은 공개 보고서들을 고려하면 믿기 어려운 주장) WME라는 아이디를 사용해 본 적조차 없다고 주장했다. 사실은, 그는 자신을 WME와 연결짓는 비트코인토크 포럼의 포스트는 BTC-e의 진짜 관리자들이 자신에게 누명을 씌우려고 창작한 것임에 틀림없다고 말했다. "확신해요. 나는 이용당한 겁니다"라고 비니크는 서면 답변에서 말했다. "그들은 내 이름과 개인 정보를 이용했어요. 나도 그들의 피해자예요."

나중에 이 모든 내용을 감바리안에게 알려주자, 그는 (너무 상세하거나 민감한 내용을 발설하지 않기 위해 자제심을 발휘하느라 퍽 오랫동안 침묵을 지킨 다음에) "비니크는 미국 법정에서 자기 주장을 밝힐 기회가 있을 것"이라고 말한다.

하지만 이날 프레즈노의 회동에서 내가 듣고 싶었던 내용은 감바리안이 언루된 두 수사의 결말이었다. 나는 감바리안에게 그가 처음 다룬 두 건의 암호화폐 추적 수사를 상기시킨다. 이후 벌어진 모든 수사의 시작점이 된 그 사건들의 결과 칼 마크 포스와 숀 브리지스는 당시 이미 출옥한 상태였다. 나는 담당 변호사들을 통해 두 사람에게 연락을 취했지만 어느 쪽도 응답하지 않았다. 하지만 그 직후 이상한 이메일을 받았고, 나는 그것을 감바리안에 보여주고 싶었다.

그 메시지는 익명의 발신인이 암호화 이메일 제공 서비스인 프로톤메일
ProtonMail을 통해 보낸 것이었다. "브리지스 씨는 제가 그의 사건에 관해 발
언하도록 승인하지 않았고 따라서 저는 귀하와 대화함으로써 제게 부과된
일정한 윤리적 의무를 위반하고 있습니다. 그러나, 저는 이 사건에 대해 일
정한 개인적 소회가 있고, 일부 사안들과 관련해 귀하를 바른 방향으로 인
도할 수도 있을 겁니다"라고 그 메시지에 적혀 있다.

그 메시지는 이어 브리지스가 선고 공판에서 그랬듯이, 포스에 대한 (그
리고 브리지스에 대한) 기소로 이어진 그 수사는 오직 브리지스가 포스에 대한
수상한 동향 보고서를 핀센FinCEN(미국 재무부의 금융 범죄 단속 조직)에 제출하
도록 비트스탬프Bitstamp에 요구했기 때문에 발생한 것임을 강조한다. 달리
말하면, 그 메시지는 숀 브리지스를 그 사건에서 포스의 부패에 의도치 않
게 말려든 파트너라기보다 일종의 내부 고발자로 미화하고 있다.

"브리지스 씨는 포스 씨의 수상한 행위들을 은폐할 기회가 충분히 있었
지만 그러지 않았습니다. 그 대신 포스 씨에 대한 의심행위보고서SAR[4]를
작성하도록 지시함으로써 자신의 이름이 밝혀지는 것을 감수했습니다"라
고 그 메시지는 주장한다.

감바리안은 내 전화기로 메시지를 읽으며 미소짓는다. 그는 조금도 망설
이지 않고 그 이메일은 브리지스 자신이 쓴 것이라고 내게 말한다. "100%
숀이에요."

글쓴이가 누구든, 나는 놀라운 내용이 담긴 그 이메일 메시지의 마지막
문단에 가장 관심이 간다고 감바리안에게 말한다. "여담이지만, 브리지스
씨의 투옥이 우발적으로 그를 가장 큰 비트코인 투자자 중 한 사람으로 만

4　Suspicious Activity Report. 금융 기관, 그리고 이들의 비즈니스와 관련된 사람들이 돈세탁이나 사기가
의심는 행위를 감지할 때마다 금융범죄단속네트워크(Financial Crimes Enforcement Network, FinCEN, 핀
센)에 제출하도록 돼 있는 보고서 – 옮긴이

든 일은 아이러니 합니다."

그 대담한 주장은 내가 칼 포스의 변호사로부터 들은 내용과도 상통한다고 감바리안에게 말한다. 국세청IRS이 그의 범죄와 연관된 것으로 알려진 모든 비트코인을 압류했음에도 불구하고 포스는 아직도 정부가 모르거나 안다고 해도 그것이 불법 행위로 취득한 것임을 입증할 수 없는 상당량의 비트코인을 보유하고 있다고 그의 변호사는 전화 통화에서 내게 말했었다. 포스가 구속된 이후 비트코인의 가치는 거의 100배 상승했고, "그가 백만 장자라는 데는 의문의 여지가 없어요"라고 포스의 변호사는 말했었다.

브리지스에 관한 (혹은 그가 쓴) 익명의 이메일은 비슷한 메시지로 끝을 맺었다. "형무소 안에서 거래를 할 수 없다는 점 때문에, 그는 이르게는 2011년부터 합법적인 투자로 취득한 비트코인의 가치가 천문학적으로 높아지는 것을 지켜볼 수밖에 없었습니다. 그 때문에 저는 석방 이후 그의 미래를 걱정하지 않습니다."

감바리안은 그 수수께끼의 이메일을 다 읽고 나서 전화기를 내게 돌려줬다. 전직 IRS 요원이었던 그는 미소와 함께 눈썹을 올리며 이렇게 말했다. "제가 드릴 수 있는 말씀은, 이들은 세금을 제대로 내는 게 좋을 거라는 겁니다."

취재 노트

다음 노트는 과거의 언론 보도, 추가 참고 자료 그리고 이 책의 기반이 된 문서와 기록 중 공개된 출처를 독자에게 알려주기 위한 것이다. 하지만 이 책은 주로 수백 시간에 걸쳐 수사 요원들, 분석가들, 연구자들, 검사들, 수사관들, 범죄 용의자들과 인터뷰한 내용 (그리고 이 책의 진위 검토자인 모라 폭스의 확인 인터뷰)과 여러 비공개 문서, 사진, 비디오를 비롯해 여기에는 소개하지 않았지만 취재에 제공된 다른 소스들에 근거하고 있다.

취재원들은 이 책에 이름을 넣지 말아달라거나, 특정 피고인들의 이름이 공개되면 그들의 피해자들의 신원까지 공개될 수 있다는 이유로 다른 사람들의 신원을 빼달라고 요청했다. 특히 4부 '웰컴투비디오'에서는 보도 자료를 인용하지 않았고, 대신 취재 기자와 매체들에 감사함을 표명했다.

혹시라도 자료를 누락했거나 틀린 출처를 인용했다면 미리 사과드린다.

1부 이름 없는 남자들

칼 마크 포스와 숀 브리지스의 범죄 사건을 심층 취재하면서 나는 사이러스 파리바^{Cyrus Farivar}와 조 멀린^{Joe Mullin}이 2016년에 「아르스 테크니카^{Ars Technica}」에 보도한 'Stealing Bitcoins with Badges: How Silk Road's Dirty Cops Got Caught'로부터 크나큰 도움을 받았다.

그 내용과 다른 사건들을 역사적 맥락에서 제대로 이해하자면 실크로드

440

와 로스 울브리히트의 사연을 부분적으로나마 다시 소개할 필요가 있었다. 그 내용의 일부를 조슈아 베어먼Joshuah Bearman이 「와이어드」에 2부로 나눠 소개한 특집 기사 'The Untold Story of Silk Road'와 닉 빌튼Nick Bilton이 실크로드 수사를 종합적으로 파헤쳐 출간한 『American Kingpin』(Penguin, 2017)을 참조했다.

2013년 「포브스」를 위해 드레드 파이어럿 로버츠Dread Pirate Roberts를 인터 뷰한 내용을 제외하면, 실크로드 보도 내용은 대부분 로스 울브리히트의 재 판에 참석해 얻은 것이며, 당시 공판 내용은 와이어드닷컴Wired.com에 'The Silk Road Trial: WIRED's Gavel- to- Gavel Coverage'라는 제목으로 실려 있다. 실크로드와 다크웹 시장 전반의 역사, 문화, 커뮤니티에 대해 더 알고 싶은 독자들에게는 『Silk Road』(Pan Macmillan Australia, 2014)와 『The Darkest Web』(Allen & Unwin, 2019) 같은 저작을 비롯한 아일린 옴스 비Eileen Ormsby의 저작을 참조하시라고 추천한다.

1장 엘라디오 구즈만 푸엔테스(Eladio Guzman Fuentes)

9 sent them to 1AJGTi3i2tPUg3ojwoHndDN1DYhJTWKSAA: Bitcoin address 15T7SagsD2JqWUpBsiifcVuvyrQwX3Lq1e in blockchain records, blockchain.com.

12 "I utilize TOR for privacy": Criminal Complaint, United States of America v. Carl Mark Force IV et al., Justice Department, filed March 25, 2015, justice.gov.

12 "through my investigation of DREAD PIRATE ROBERTS": Ibid.

13 Agents had swarmed into: Joshuah Bearman, "The Untold Story of Silk Road, Part II: The Fall," Wired, May 2015, wired.com.

2장 노브(Nob)

16 the IRS's Gary Alford: Nathaniel Popper, "The Tax Sleuth Who Took Down a Drug Lord," New York Times, Dec. 25, 2015,

nytimes.com.

18 When the New York team arrested: Indictment, United States of America v. Ross William Ulbricht, Justice Department, filed Feb. 4, 2014, justice.gov.

18 had helped Ulbricht to carry out: Indictment, United States of America v. Ross William Ulbricht, U.S. Immigration and Customs Enforcement, filed Oct. 1, 2013, ice.gov.

19 He'd gotten in too deep: Nick Bilton, American Kingpin (New York: Penguin, 2018), 160.

19 "Could you please delete": Cyrus Farivar and Joe Mullin, "Stealing Bitcoins with Badges: How Silk Road's Dirty Cops Got Caught," Ars Technica, Aug. 27, 2016, arstechnica.com.

3장 감사관

21 none fared worse than Armenia: Margaret Shapiro, "Armenia's 'Good Life' Lost to Misery, Darkness, Cold," Washington Post, Jan. 30, 1993, washingtonpost.com.

24 "Participants can be anonymous": Satoshi Nakamoto, email with subject line "Bitcoin P2P e−cash paper," Oct. 31, 2008, archived by Satoshi Nakamoto Institute, nakamotoinstitute.org.

4장 크립토아나키(Cryptoanarchy)

26 Gavin Andresen giving a talk: Amherst Media, "Making Money—Gavin Andresen @ Ignite Amherst," Feb. 17, 2011, youtube.com.

28 chronicled the cypherpunk movement: Andy Greenberg, is Machine Kills Secrets (New York: Dutton, 2012).

28 the archives of the Cypherpunks Mailing List: "Cypherpunks Mailing List Archive," mailing−list−archive.cryptoanarchy.wiki/.

29 In a semi−satirical essay: Timothy May, email with subject line "no subject (file transmission)," Aug. 18, 1993, Cypherpunks Mailing List Archive, venona.org, archived at archive.is/otyLu.

29 In his most famous essay: Timothy May, "The Crypto Anarchist Manifesto," June 1988, groups.csail.mit.edu, archived at archive.is/ZYpoA.

5장 실크로드

31 April 2011 issue of Forbes: Andy Greenberg, "Crypto Currency," Forbes,April 20, 2011, forbes.com.

31 With an estimated million−plus bitcoins: Sergio Demian Lerner, "The Well Deserved Fortune of Satoshi Nakamoto, Bitcoin Creator, Visionary, and Genius," Bitslog, April 17, 2013, bitslog.com.

32 Tor worked by triple encrypting: "Tor: Onion Service Protocol," Tor Project, torproject.org.

33 "It's a certifiable one−stop shop": "Schumer Pushes to Shut Down Online Drug Marketplace," Associated Press, June 5, 2011, nbcnewyork.com.

33 "It kind of felt like": Adrian Chen, "The Underground Website Where You Can Buy Any Drug Imaginable," Gawker, June 1, 2011, gawker.com, archived at archive.is/dtvE9.

34 "Attempting major illicit transactions": Ibid.

34 "take immediate action and shut down": Brett Wolf, "Senators Seek Crackdown on 'Bitcoin' Currency," Reuters, June 8, 2011, reuters.com.

6장 드레드 파이어럿

35 Its number of user accounts: Gwern, "Silk Road 1: Theory & Practice," Sept. 29, 2018, gwern.net, archived at archive.is/ NPLlZ.

36 Ratings and reviews allowed customers: Nicolas Christin, "Traveling the Silk Road: A Measurement Analysis of a Large Anonymous Online Marketplace," Carnegie Mellon University Cylab, May 4, 2012, cmu.edu.

36 "Silk Road doesn't really sell drugs": Andy Greenberg, "Meet the Dread Pirate Roberts, the Man Behind Booming Black Market Drug Website Silk Road," Forbes, Aug. 14, 2013, forbes. com.

36 "Dread Pirate Roberts": Joshuah Bearman, "The Untold Story of Silk Road, Part I," Wired, April 2015, wired.com.

37 "swallowed by the nightmare reality": Andy Greenberg, "Collected Quotations of the Dread Pirate Roberts, Founder of Underground Drug Site Silk Road and Radical Libertarian," Forbes, April 29, 2013, forbes.com.

38 "our own Che Guevara": Greenberg, "Meet the Dread Pirate Roberts."

38 $15 million in narcotics annually: Christin, "Traveling the Silk Road."

39 "What inspired you to start": Andy Greenberg, "An Interview with a Digital Drug Lord: The Silk Road's Dread Pirate Roberts (Q&A)," Forbes, Aug. 14, 2013, forbes.com.

7장 퍼즐

41 In early 2013, the shelves: Sarah Meiklejohn et al., "A Fistful of Bitcoins: Characterizing Payments Among Men with No Names," University of California, San Diego, Aug. 2013, ucsd. edu.

44 Linear B had been deciphered: Alex Gallafent, "Alice Kober: Unsung Heroine Who Helped Decode Linear B," The World, Public Radio International, June 6, 2013.

46 allow people to pay road tolls: Sarah Meiklejohn et al., "The Phantom Tollbooth: Privacy−Preserving Electronic Toll Collection in the Presence of Driver Collusion," University of California, San Diego, Aug. 2011, ucsd.edu.

46 thermal camera technique: Keyton Mowery et al., "Heat of the Moment: Characterizing the Efficacy of Thermal Camera−Based

Attacks," University of California, San Diego, Aug. 2011, ucsd. edu.

8장 익명의 인물들

48 After downloading the entire blockchain: Meiklejohn et al., "Fistful of Bitcoins."

48 Bitcoin developer Hal Finney: Andy Greenberg, "Nakamoto's Neighbor: My Hunt for Bitcoin's Creator Led to a Paralyzed Crypto Genius," Forbes, March 25, 2014, forbes.com.

48 the first payment with real value: Galen Moore, "10 Years After Laszlo Hanyecz Bought Pizza with 10K Bitcoin, He Has No Regrets," CoinDesk, May 22, 2020, coindesk.com.

49 "Some linking is still unavoidable": Satoshi Nakamoto, "Bitcoin: A Peer-to-Peer Electronic Cash System," Oct. 31, 2008, archived by Satoshi Nakamoto Institute, nakamotoinstitute.org.

50 called a "change" address: For the Swiss and German researchers, see Elli Androulaki et al., "Evaluating User Privacy in Bitcoin," in Financial Cryptography and Data Security, ed. Ahmad-Reza Sadeghi (Berlin: Springer, 2013), eprint.iacr.org; for the Israeli team, see Dorit Ron and Adi Shamir, "Quantitative Analysis of the Full Bitcoin Transaction Graph," in ibid.; and for the Irish team, see Fergal Reid and Martin Harrigan, "An Analysis of Anonymity in the Bitcoin System," Security and Privacy in Social Networks, July 13, 2012, arxiv.org.

52 He had been one of the lead advisers: Andy Greenberg, "GM Took 5 Years to Fix a Full-Takeover Hack in Millions of OnStar Cars," Wired, Sept. 10, 2015, wired.com.

52 Savage had helped lead a group: Kirill Levchenko et al., "Click Trajectories: End-to-End Analysis of the Spam Value Chain," University of California, San Diego, May 2011, ucsd.edu.

53 With just a few hundred tags: Meiklejohn et al., "Fistful of Bitcoins."

54　613,326 bitcoins—5 percent of all the coins: Ibid.

55　Another theft of 18,500 bitcoins: Ibid.

55　"Even our relatively small experiment": Ibid.

9장 사이버 나크(Cyber Narc)

57　Each one contained a teaspoon: Brian Krebs, "Mail from the (Velvet) Cybercrime Underground," Krebs on Security, July 30, 2013, krebsonsecurity.com.

58　"(I like having them nipping": Greenberg, "Interview with a Digital Drug Lord."

59　I'd ordered one gram of pot: Andy Greenberg, "Here's What It's Like to Buy Drugs on Three Anonymous Online Black Markets," Forbes, Aug. 14, 2013, forbes.com.

59　Immediately, Meiklejohn's findings were covered: Robert McMillan, "Sure, You Can Steal Bitcoins. But Good Luck Laundering Them," Wired, Aug. 27, 2013, wired.com; Meghan Neal, "Bitcoin Isn't the Criminal Safe Haven People Think It Is," Vice Motherboard, Aug. 27, 2013, vice.com; G. F., "Following the Bitcoin Trail," Economist, Aug. 28, 2013, economist.com; Joshua Brustein, "Bitcoin May Not Be So Anonymous After All," Bloomberg Businessweek, Aug. 27, 2013, bloomberg.com.

60　For my two deposits: Andy Greenberg, "Follow the Bitcoins: How We Got Busted Buying Drugs on Silk Road's Black Market," Forbes, Sept. 5, 2013, forbes.com.

61　"There have been a number of papers": "Building Collabora tions Between Developers and Researchers," Bitcoin and Cryptocurrency Research Conference, March 27, 2014, video recording downloaded from Princeton website, princeton.edu.

10장 글렌 파크(Glen Park)

63　twenty-nine-year-old named Ross Ulbricht: Bilton, American Kingpin, 285.

63 Just at that moment, a disheveled couple: Ibid., 290.

64 Before he was even aware: Ibid., 291.

64 On the Silk Road's forums: Andy Greenberg, "End of the Silk Road: FBI Says It's Busted the Web's Biggest Anonymous Drug Black Market," Forbes, Oct. 2, 2013.

65 The FBI, meanwhile, had tracked down: See Andy Greenberg, "Feds 'Hacked' Silk Road Without a Warrant? Perfectly Legal, Prosecutors Argue," Wired, Oct. 7, 2014, wired.com.

11장 이중첩자

66 Working in his office on an upper floor: Criminal Complaint, United States of America v. Carl Mark Force IV et al., Justice Department, filed March 25, 2015, justice.gov.

67 "What is a federal prosecutor": Farivar and Mullin, "Stealing Bitcoins with Badges."

68 Force had first approached DPR: Bearman, "Untold Story of Silk Road, Part I."

70 After gaining DPR's trust: Criminal Complaint, United States of America v. Carl Mark Force IV et al., Justice Department, filed March 25, 2015, justice.gov.

12장 영수증

73 "since Bitcoin does not have": FBI, "Bitcoin Virtual Currency: Unique Features Present Distinct Challenges for Deterring Illicit Activity," April 24, 2012, hosted at cryptome.org, archived at archive.is/Vegqf.

13장 프렌치메이드(FrenchMaid), 데스프롬어바브(DeathFromAbove)

78 Gambaryan had once observed: Criminal Complaint, United States of Americav. Carl Mark Force IV et al., Justice Department, filed March 25, 2015, justice.gov.

79 The message Force had written: Ibid.

83 In the defense's opening statement: Andy Greenberg, "Silk Road Defense Says Ulbricht Was Framed by the 'Real' Dread Pirate Roberts," Wired, Jan. 13, 2015, wired.com.

84 After that seizure announcement: Nick Weaver, "How I Traced 20% of Ross Ulbricht's Bitcoin to the Silk Road," Forbes, Jan. 20, 2015, forbes.com.

85 Yum presented a bombshell revelation: Andy Greenberg, "Prosecutors Trace $13.4M in Bitcoins from the Silk Road to Ulbricht's Laptop," Wired, Jan. 29, 2015, wired.com.

85 A would-be contract killer: Andy Greenberg, "Read the Transcript of Silk Road's Boss Ordering 5 Assassinations," Wired, Feb. 2, 2015, wired.com.

85 Bitcoin's permanent ledger: Bitcoin transaction e7db5246a810c b76e53314fe51d2a60f5609bb51d37a4df105356efc286c6c67 in blockchain records, blockchain.com.

86 The evidence stacked against him: Andy Greenberg, "The Silk Road Trial: WIRED's Gavel-to-Gavel Coverage," Wired, Feb. 2, 2015, wired.com.

86 Three months later, Ulbricht reappeared: Kari Paul, "Unsealed Transcript Shows How a Judge Justified Ross Ulbricht's Life Sentence," Vice Motherboard, Oct. 5, 2015, vice.com.

87 she sentenced Ulbricht to two life sentences: Andy Greenberg, "Silk Road Creator Ross Ulbricht Sentenced to Life in Prison," Wired, May 29, 2015, wired.com.

2부 청부 추적자

체이널리시스의 초창기를 다루기 위해서는 2014년 마운트곡스의 몰락 연원에 대한 그 회사의 첫 수사를 짚을 필요가 있었다. 나는 「와이어드」의 옛 동료인 로버트 맥밀란Robert McMillan과 케이드 메츠Cade Metz가 2013년과

2014년에 보도한 'The Rise and Fall of the World's Largest Bitcoin Exchange'와 'The Inside Story of Mt. Gox, Bitcoin's $460 Million Disaster'에서 상세한 내용을 배웠다. 마운트곡스와 마크 카르펠레스에 관한 잡지식 소개로는 젠 위츠너^{Jen Wieczner}의 「포춘^{Fortune}」 기사 'Mt. Gox and the Surprising Redemption of Bitcoin's Biggest Villain'을 추천한다.

숀 브리지스에 대한 수사의 결말은 사이러스 파리바와 조 멀린 기자의 「아르스 테크니카」 보도, 특히 브리지스 사건을 상세히 다룬 멀린의 보도 기사를 참조했다.

15장 몰락

91 Mt. Gox had abruptly collapsed: Yoshifumi Takemoto and Sophie Knight, "Mt. Gox Files for Bankruptcy, Hit with Lawsuit," Reuters, Feb. 28, 2014, reuters.com.

92 The signs of illness: David Gilson, "Mt. Gox Temporarily Suspends USD Withdrawals," CoinDesk, June 20, 2013, coindesk.com.

93 In May and June 2013, the Department: Robert McMillan and Cade Metz, "The Rise and Fall of the World's Largest Bitcoin Exchange," Wired, Nov. 6, 2013, wired.com.

93 As the crises mounted: Robert McMillan and Cade Metz, "The Inside Story of Mt. Gox, Bitcoin's $460 Million Disaster," Wired, March 3, 2014, wired.com.

93 The exchange was insolvent: Kashmir Hill, "Mt. Gox CEO Says All the Bitcoin Is Gone in Bankruptcy Filing," Forbes, Feb. 28, 2014, forbes.com.

93 One aggrieved Mt. Gox user: Sam Byford, " 'Mt. Gox, Where Is Our Money?,' " Verge, Feb. 19, 2014, theverge.com.

93 A YouTube video of Karpelès: Patrick Nsabimana, "MtGox CEO Mark Karpales Interrupted by Protester at MtGox Headquarters," YouTube, Feb. 15, 2014, youtube.com.

94 A central pillar of the Bitcoin economy: Matthew Kimmell, "Mt. Gox," CoinDesk, July 22, 2021, coindesk.com.

96 the Large Hadron Collider's search: "Storage," CERN, home. cern.

97 The 2011 Prague conference: "European Bitcoin Conference 2011, Prague Nov. 25－27," forum thread on Bitcointalk, Aug. 30, 2011, bitcointalk.org.

97 programmer named Amir Taaki: Andy Greenberg, "How an Anarchist Bitcoin Coder Found Himself Fighting ISIS in Syria," Wired, March 29, 2017, wired.com.

97 "If Bitcoin means anything": Andy Greenberg, "Waiting for Dark: Inside Two Anarchists' Quest for Untraceable Money," Wired, July 11, 2014, wired.com.

16장 더러운 돈

99 Bitcoin's exchange rate plummeted: Alex Hern, "Bitcoin Is the Worst Investment of 2014. But Can It Recover?," Guardian, Dec. 17, 2014, theguardian.com.

17장 소음

104 A report from the Japanese newspaper: Tim Hornyak, "Police Suspect Fraud Took Most of Mt. Gox's Missing Bitcoins," IDG News Service, Dec. 31, 2014, networkworld.com.

105 Mt. Gox's CEO had discovered: Jen Wieczner, "Mt. Gox and the Surprising Redemption of Bitcoin's Biggest Villain," Fortune, April 19, 2018, fortune.com.

107 Gregory Maxwell, the Bitcoin developer: "Is Someone Monitoring Large Parts of the Network? (Evidence+Firwall Rules)," Forum thread, Bitcointalk, March 6, 2015, bitcointalk.org.

18장 두 번째 첩자

112 Alford had spotted an email: Farivar and Mullin, "Stealing

Bitcoins with Badges."

112 Bridges had complied, sending: Criminal Complaint, United States of America v. Carl Mark Force IV et al., Justice Department, filed March 25, 2015, justice.gov.

115 In late March 2015, Gambaryan signed: Ibid.

19장 금고 속의 구멍

119 until Trade Hill shut down: Timothy Lee, "Major Bitcoin Exchange Shuts Down, Blaming Regulation and Loss of Funds," Ars Technica, Feb. 15, 2012, arstechnica.com.

20장 BTC-e

122 "conferred with an individual": Criminal Complaint, United States of America v. Carl Mark Force IV et al., Justice Department, filed March 25, 2015, justice.gov.

123 The managing entity behind BTC-e: Superseding Indictment, United States of America v. BTC-E, A/K/A Canton Business Corporation and Alexander Vinnik, June 17, 2017, justice.gov.

123 a "Silk Road 2" had popped up: Andy Greenberg, "'Silk Road 2.0' Launches, Promising a Resurrected Black Market for the Dark Web," Forbes, Nov. 6, 2013, forbes.com.

123 In all, more than two dozen: Greenberg, "Waiting for Dark."

123 known as Operation Onymous: Andy Greenberg, "Global Web Crackdown Arrests 17, Seizes Hundreds of Dark Net Domains," Wired, Nov. 7, 2014, wired.com.

123 vulnerability in Tor: Phobos, "Thoughts and Concerns About Operation Onymous," Tor Blog, Nov. 9, 2014, torproject.org.

123 who had joined Silk Road 2: Joseph Cox, "Silk Road 2 Founder Dread Pirate Roberts 2 Caught, Jailed for 5 Years," Vice Motherboard, April 12, 2019, vice.com.

123 this one called Evolution: Andy Greenberg, "The Dark Web Gets Darker with Rise of the 'Evolution' Drug Market," Wired,

Sept. 10, 2014, wired.com.

123 When Evolution's administrators disappeared: Nicky Woolf, "Bitcoin 'Exit Scam': Deep-Web Market Operators Disappear with $12M," Guardian, March 18, 2015, theguardian.com.

124 another market called Agora: Andy Greenberg, "Agora, the Dark Web's Biggest Drug Market, Is Going Offline," Wired, Aug. 26, 2015, wired.com.

124 A study by Nicolas Christin's research group: Andy Greenberg, "Crackdowns Haven't Stopped the Dark Web's $100M Yearly Drug Sales," Wired, Aug. 12, 2015, wired.com.

21장 WME

129 He'd traced the 650,000 stolen coins: Kim Nilsson, "The Missing MtGox Bitcoins," WizSec (blog), April 29, 2015, blog .wizsec.jp, archived at archive.is/oDn3o.

129 Nilsson had shared those results: Justin Scheck and Bradley Hope, "The Man Who Solved Bitcoin's Most Notorious Heist," Wall Street Journal, Aug. 10, 2018, wsj.com.

22장 비니크(Vinnik)

132 Whoever used the WME pseudonym: WME, posts on Bitcointalk forum, bitcointalk.org, archived at archive.is/sySzm.

132 "Demand for the release": WME, "Re: Scam Report Against CryptoXchange $100K USD," post on Bitcointalk, July 18, 2012, bitcointalk.org, archived at bit.ly/33EiufE.

23장 아차상

135 In October 2015, not long after: Joe Mullin, "Corrupt Silk Road Agent Carl Force Sentenced to 78 Months," Ars Technica, Oct. 19, 2015, arstechnica.com.

135 Two months later, Shaun Bridges: "Former Secret Service Agent Sentenced to 71 Months in Scheme Related to Silk Road

Investigation," Dec. 7, 2015, Justice Department, justice.gov.

135 A panel of judges: Andy Greenberg, "Silk Road Creator Ross Ulbricht Loses His Life Sentence Appeal," Wired, May 31, 2017, wired.com.

135 He apologized and added: Farivar and Mullin, "Stealing Bitcoins with Badges."

136 That decision went against: Joe Mullin, "Corrupt Agent Who Investigated Silk Road Is Suspected of Another $700K Heist," Ars Technica, July 3, 2016, arstechnica.com.

136 Nonetheless, the former Secret Service agent: Justin Fenton, "Silk Road Administrator Sentenced, Corrupt Agent Rearrested," Baltimore Sun, Jan. 30, 2016, baltimoresun.com.

136 He learned that the agency: Application for a Search Warrant, Jan. 27, 2016, hosted at arstechnica.com, archived at bit. ly/3IsQDCq.

137 When the agents searched the house: Motion to Terminate Defendant's Motion for Selfsurrender and Motion to Unseal Arrest Warrant and [Proposed] Order, Jan. 28, 2016, hosted at archive.org, archived at bit.ly/3qOwhOj.

137 Meanwhile, Kim Nilsson, the Swedish: Nilsson, "Missing MtGox Bitcoins."

137 Nilsson was profiled: Scheck and Hope, "Man Who Solved Bitcoin's Most Notorious Heist."

137 credited with cracking the case: Wieczner, "Mt. Gox and the Surprising Redemption of Bitcoin's Biggest Villain."

138 By the end of 2015, Chainalysis: Daniel Palmer, "Chainalysis Raises $1.6 Million, Signs Cybercrime Deal with Europol," CoinDesk, Feb. 19, 2016, coindesk.com.

3부 알파베이

프레즈노 수사 팀이 알파베이를 수사하게 된 계기로 작용한 초기의 범죄 사건들을 정리하는 데는 사이러스 파리바 기자가 「아르스 테크니카」에 취재 보도한 내용들이 소중한 지침 구실을 했다. 알파베이 폐쇄를 둘러싼 내막은 잭 라이사이더Jack Rhysider가 '다크넷 다이어리Darknet Diaries'라는 팟캐스트에 '베요넷 작전Operation Bayonet'이라는 제목의 에피소드로도 소개됐다. 라이사이더의 팟캐스트 내용은 부분적으로, 내가 「와이어드」에 보도한 네덜란드 경찰의 한사Hansa 장악 기사, 'Operation Bayonet: Inside the Sting That Hijacked an Entire Dark Web Drug Market'을 짚고 있지만, 한사와 알파베이 수사를 한데 엮어내는 라이사이더의 내러티브는 이 책에서 이야기를 펼치는 데 큰 도움이 됐다.

알파베이의 부상으로 이어지는 다크웹 지형에 대한 묘사는 (양과 질 양쪽에서) 카네기멜런대학의 니컬러스 크리스틴Nicolas Christin 교수와 동료 연구자들의 연구와 가이드가 없었다면 불가능했을 것이다.

24장 알파02(Alpha02)

145 "University of Carding Guide": Alpha02, "Carding Guide, All My Knowledge," May 17, 2014, archived at archive.md/enMww.

146 "Be safe, brothers": Patrick Howell O'Neill, "How AlphaBay Has Quietly Become the King of Dark Web Marketplaces," CyberScoop, April 5, 2017, cyberscoop.com.

146 "I am absolutely certain my opsec": new_dww, "Interview with AlphaBay Market Admin," DeepDotWeb, republished at theonionweb.com, archived at archive.md/Xcsxf.

146 "goal is to become the largest": Forfeiture Complaint, United States of America v. Alexandre Cazes, Justice Department, July 19, 2017, justice.gov.

147 "We want to have every imaginable": Ibid.

147 A study in e British Journal: Isak Ladegaard, "We Know Where You Are, What You Are Doing, and We Will Catch You: Testing

Deterrence Theory in Digital Drug Markets," British Journal of Criminology 58, no. 2 (March 2018), oup.com.

147 The study's author, trying: Andy Greenberg, "The Silk Road Creator's Life Sentence Actually Boosted Dark Web Drug Sales," Wired, May 23, 2017, wired.com.

147 "Courts can stop a man": Joseph Cox, "Dark Web Market Admins React to Silk Road Life Sentence," Vice Motherboard, June 1, 2015, vice.com.

148 Agora's administrators had taken their site: Greenberg, "Agora, the Dark Web's Biggest Drug Market, Is Going Offline."

148 Shortly before AlphaBay took over: Forfeiture Complaint, United States of America v. Alexandre Cazes, Justice Department, July 19, 2017, justice.gov.

148 AlphaBay had more than 200,000 users: Jack Rhysider, "Ep. 24: Operation Bayonet," Darknet Diaries podcast, darknetdiaries.com.

148 more than 21,000 product listings: "AlphaBay, the Largest Online 'Dark Market,' Shut Down," Justice Department, July 20, 2017, justice.gov.

26장 카제스(Cazes)

158 On that site, someone named "Alex": Alex, profile page on Skyrock, June 28, 2008, skyrock.com, archived at bit.ly/3FRDy45.

159 The words on his shirt: Raptr, blog on Skyrock, June 11, 2008, skyrock.com, archived at archive.md/EUfvn.

159 He had signed his messages: Forfeiture Complaint, United States of America v. Alexandre Cazes, Justice Department, July 19, 2017, justice.gov.

159 His photo on the site: "Canadian Found Dead in Thai Cell Wanted for Running 'Dark Web' Market," Agence France-Presse, July 15, 2017, image hosted at gulfnews.com.

160 On Comment Ça Marche: Forfeiture Complaint, United States of America v. Alexandre Cazes, Justice Department, July 19, 2017, justice.gov.

27장 태국

162 For more than half a century: Department of Justice Office of the Inspector General Audit Division, "The Drug Enforcement Administration's InternationalOperations," Office of the Inspector General, Feb. 2007, justice.gov.

162 In the late 1950s that triangle: Alfred W. McCoy, e Politics of Heroin in Southeast Asia, with Cathleen B. Read and Leonard P. Adams II (New York: Harper Colophon, 1972), hosted at renincorp. org.

162 an epidemic of addicted U.S. soldiers: Lauren Aguirre, "Lessons Learned—and Lost—from a Vietnam-Era Study of Addiction," Stat, July 19, 2021, statnews.com.

164 One RTP official named Thitisan Utthanaphon: Jonathan Head, "Joe Ferrari: The High-Rolling Life of Thailand's Controversial Ex - Police Chief," BBC, Sept. 6, 2021, bbc.com.

166 highest "alfresco" dining in the world: Sirocco website, lebua. com.

166 The American opioid crisis: Bureau of International Narcotics and Law Enforcement Affairs, "Addressing the Opioid Crisis," U.S. State Department, state.gov.

28장 튜나피시(Tunafish)

169 "No level of blockchain analysis": Forfeiture Complaint, United States of America v. Alexandre Cazes, Justice Department, July 19, 2017, justice.gov.

29장 로미오(Rawmeo)

178 Founded by the blogger Daryush "Roosh" Valizadeh: "Daryush

'Roosh' Valizadeh," Southern Poverty Law Center, splcenter.org.

30장 한사(Hansa)

186 The Dutch investigation into Hansa: Andy Greenberg, "Operation Bayonet: Inside the Sting That Hijacked an Entire Dark Web Drug Market," Wired, March 3, 2018, wired.com.

188 "We could use that arrest": Ibid.

191 the Australian Federal Police had run a site: Michael Safi, "The Takeover: How Police Ended Up Running a Paedophile Site," Guardian, July 12, 2016, theguardian.com.

191 Journalists and legal scholars: Håkon F. Høydal, Einar Otto Stangvik, and Natalie Remøe Hansen, "Breaking the Dark Net: Why the Police Share Abuse Pics to Save Children," Verdens Gang, Oct. 17, 2017, vg.no.

31장 장악(Takeover)

197 "The quality really went up": Greenberg, "Operation Bayonet."

33장 아테네 호텔(The Athenee)

204 the Athenee, a five-star luxury hotel: Hotel Athenee Bangkok website, marriott.com.

35장 억류

217 "using only the world's strongest gear": SiamBeast, "Project 'Blue Pearl'—a Computer Using Only the Strongest Hardware," thread on forum Overclock.net, Feb. 25, 2017, overclock.net.

36장 검시

226 Looking into the medical research: See Michael Armstrong Jr. and Gael B. Strack, "Recognition and Documentation of Strangulation Crimes," Journal of the American Medical Association Otolaryngology—Head and Neck Surgery, Sept.

2016, jamanetwork.com; Anny Sauvageau et al., "Agonal Sequences in 14 Filmed Hangings with Comments on the Role of the Type of Suspension, Ischemic Habituation, and Ethanol Intoxication on the Timing of Agonal Responses," American Journal of Forensic Medicine and Pathology 32, no. 2 (2011), nih.gov.

37장 덫

228 Rumors had begun to swirl: Benjamin Vitaris, "AlphaBay Went Down a Week Ago: Customers Looking for Alternatives," Bitcoin Magazine, July 11, 2017, bitcoinmagazine.com.

229 The Wall Street Journal broke the news: Robert McMillan and Aruna Viswanatha, "Illegal-Goods Website AlphaBay Shut Following Law-Enforcement Action," Wall Street Journal, July 13, 2017, wsj.com.

232 "Please don't send the cops": Criminal Complaint, United States of America v. Marcos Paulo de Oliveira-Annibale, U.S. Justice Department, May 2, 2019, justice.gov.

38장 여파

233 "You are not safe": Andy Greenberg, "Global Police Spring a Trap on Thousands of Dark Web Users," Wired, July 20, 2017, wired.com.

234 "We trace people who are active": Ibid.

234 "damage the trust in this whole system": Greenberg, "Operation Bayonet."

234 "Looks like I'll be sober": Greenberg, "Global Police Spring a Trap on Thousands of Dark Web Users."

234 "DO NOT MAKE NEW ORDERS": Nathaniel Popper and Rebecca R. Ruiz, "2 Leading Online Black Markets Are Shut Down by Authorities," New York Times, July 20, 2017, nytimes.com.

235 in 2018, Operation Disarray: "Operation Disarray: Shining a

Light on the Dark Web," FBI, April 3, 2018, fbi.gov.

235 in 2019, Operation SaboTor: "J-CODE Announces 61 Arrests in Its Second Coordinated Law Enforcement Operation Targeting Opioid Trafficking on the Darknet," FBI, March 6, 2019, fbi. gov.

235 in 2020, Operation DisrupTor: "Operation DisrupTor," FBI, Sept. 22, 2020, fbi.gov.

236 The Dutch police pointed out: Nathaniel Popper, "Hansa Market, a Dark Web Marketplace, Bans the Sale of Fentanyl," New York Times, July 18, 2017, nytimes.com.

236 "They would have taken place": Greenberg, "Operation Bayonet."

236 "Compared to both the Silk Road takedowns": Rolf van Wegberg et al., "AlphaBay Exit, Hansa-Down: Dream On?," Dark Web Solutions, Netherlands Organization for Applied Scientific Research, Aug. 2017, tno.nl.

237 Based on data he and his fellow researchers: Nicolas Christin and Jeremy Thomas, "Analysis of the Supply of Drugs and New Psychoactive Substances by Europe-Based Vendors via Darknet Markets in 2017–18," European Monitoring Centre for Drugs and Drug Addiction, Nov. 26, 2019, europa.eu.

237 The FBI has estimated: Popper and Ruiz, "2 Leading Online Black Markets Are Shut Down by Authorities."

237 "History has taught us": Andy Greenberg, "Feds Dismantled the Dark-Web Drug Trade—but It's Already Rebuilding," Wired, May 9, 2019, wired.com.

237 "Things will stabilize": Greenberg, "Operation Bayonet."

4부 웰컴투비디오

나는 웰컴투비디오 수사에 대한 내용을 「와이어드」의 동료인 릴리 헤이 뉴먼Lily Hay Newman의 뛰어난 보도에서 배웠다. 뉴먼 기자는 2019년 10월

'How a Bitcoin Trail Led to a Massive Dark Web Child-Porn Site Takedown' 뉴스를 보도했다. 그 사건의 내용은 다음 달 아루나 비스와나 사Aruna Viswanatha가 'How Investigators Busted a Huge Online Child-Porn Site'라는 제목으로 「월스트리트저널」에도 소개했다.

아동 성 학대물이라는 까다롭고 민감한 주제를 어떻게 다룰지 고민했는데, 다크웹의 비슷한 아동 성 학대물 사이트 '차일즈 플레이Childs Play'에 대한 수사를 다룬 노르웨이의 신문 「VG」와 캐나다의 CBC 라디오 보도가 큰 도움이 됐다. 호콘 허달Håkon F. Høydal, 아이나르 오토 스탕비크Einar Otto Stangvik, 나탈리 레뫼 한센Natalie Remøe Hansen 세 사람이 공동으로 보도한 「VG」의 기사는 'Breaking the Dark Net: Why the Police Share Abuse Pics to Save Children'이라는 제목이었고, 그 보도 내용을 바탕으로 CBC 라디오가 꾸민 팟캐스트 시리즈는 'Hunting Warhead'라는 제목이었다.

웰컴투비디오 관련 사건들에 대한 여러 기자의 후속 보도들도 참조했다. 특히 「애틀랜타 저널 컨스티튜션Atlanta Journal-Constitution」의 라이사 하버샴Raisa Habersham, 「데일리 미러Daily Mirror」의 버니 토레Berny Torre, 「인덱스Index」의 안드라스 데조András Dezső 기자에게 감사한다.

40장 5개의 부호(characters)

243 NCA agents had been tracking: Josh Halliday, "Cambridge Graduate Admits 137 Online Sexual Abuse Crimes," Guardian, Oct. 16, 2017, theguardian.com.

247 Those CSAM sites accounted for: Andy Greenberg, "Over 80 Percent of Dark-Web Visits Relate to Pedophilia, Study Finds," Wired, Dec. 30, 2014, wired.com.

248 The better part of a decade: Global Witness, "'Do You Know Alexander Vinnik?,'" Global Witness, Nov. 18, 2019, globalwitness.org.

248 Agents determined that Vinnik: Avaton Luxury Hotel & Villas website, avaton.com.

248 Alexander Vinnik suddenly found himself: Andrei Zakharov, "Hunting the Missing Millions from Collapsed Cryptocurrency," BBC News, Dec. 30, 2019.

41장 "서라치 비디오(Serach Videos)"

250 When Janczewski and Gambaryan first copied: Welcome to Video screenshots, Justice Department, Oct. 16, 2019, justice .gov, archived at archive.is/ YK1CW.

46장 파급 효과

280 In early July 2020, Son Jong- woo walked out: "U.S. Regrets Korean Child Porn King Walking Free," Korean JoongAng Daily, July 8, 2020, joins.com.

281 He faces criminal charges: "Dutch National Charged in Takedown of Obscene Website Selling over 2,000 'Real Rape' and Child Pornography Videos, Funded by Cryptocurrency," U.S. Immigration and Customs Enforcement, March 12, 2020, ice.gov.

283 "one of the worst forms of evil": Lily Hay Newman, "How a Bitcoin Trail Led to a Massive Dark Web Child- Porn Site Takedown," Wired, Oct. 16, 2019, wired.com.

5부 다음 라운드

랜섬웨어 사건들에서 비트코인 추적의 영향력과 한계를 보여주는 사례로 콜로니얼 파이프라인의 보안 침해 사고를 소개하기 위해 나는 데이비드 생거와 니콜 펄로스를 비롯한 「뉴욕타임스」 취재 팀의 보도, 그리고 「블룸버그」의 윌리엄 터튼과 카티케이 메로트라 기자의 심층 보도 내용을 참고했다. 「와이어드」의 동료인 릴리 헤이 뉴먼이 보도한 랜섬웨어 관련 기사들,

그리고 그녀와 나눈 대화도 큰 도움이 됐다. 2021년 여름 알파베이의 새 관리자인 디스네이크에 관해 조사하고 취재하는 과정에서 그 적실성을 확인하기 위해 나는 카네기멜런대학의 니컬러스 크리스틴 교수와 플래시포인트의 이언 그레이의 도움을 받았다.

47장 사냥철

287 Just as with AlphaBay, the group traced: Ed Caesar, "The Cold War Bunker That Became Home to a Dark−Web Empire," New Yorker, July 27, 2020, newyorker.com.

288 They ultimately identified two Chinese brokers: "Two Chinese Nationals Charged with Laundering over $100 Million in Cryptocurrency from Exchange Hack," Justice Department, March 2, 2020, justice.gov.

288 "I'm feeling generous": Nick Statt, "Twitter's Massive Attack: What We Know After Apple, Biden, Obama, Musk, and Others Tweeted a Bitcoin Scam," Verge, July 16, 2020, theverge.com.

289 Many had been found in a leak: Nicholas thompson and Brian Barrett, "How Twitter Survived Its Biggest Hack—and Plans to Stop the Next One," Wired, Sept. 24, 2020, wired.com.

289 They identified three hackers: Criminal Complaint, United States of America v. Nima Fazeli, July 31, 2020, justice.gov.

290 A subpoena to BitPay revealed: "Ohio Resident Charged with Operating Darknet−Based Bitcoin 'Mixer,' Which Laundered over $300 Million," Justice Department, Feb. 13, 2020, justice. gov.

290 Bitcoin Fog by then had laundered: Andy Greenberg, "Feds Arrest an Alleged $336M Bitcoin−Laundering Kingpin," Wired, April 27, 2021, wired.com.

290 The IRS−CI agents identified: "Individual Arrested and Charged with Operating Notorious Darknet Cryptocurrency 'Mixer,' " Justice Department, April 28, 2020, justice.gov.

291 Sterlingov's very first Bitcoin transactions: Greenberg, "Feds Arrest an Alleged $336M Bitcoin—Laundering Kingpin."

292 BTC—e, it turned out, had been used: Timothy Lloyd, "US and Russia Spar over Accused Crypto—launderer," Organized Crime and Corruption Reporting Project, Jan. 24, 2019, occrp.org.

292 Before it was torn off—line: Catalin Cimpanu, "BTC—e Founder Sentenced to Five Years in Prison for Laundering Ransomware Funds," ZDNet, Dec. 7, 2020, zdnet.com.

293 They refer to them: "United States Files a Civil Action to Forfeit Cryptocurrency Valued at over One Billion U.S. Dollars," Justice Department, Nov. 5, 2020, justice.gov.

293 By the fall of 2020, as the value: Andy Greenberg, "The Feds Seized $1 Billion in Stolen Silk Road Bitcoins," Wired, Nov. 5, 2020, wired.com.

48장 한계

295 Just before 5:00 a.m. on May 7, 2021: William Turton and Kartikay Mehrotra, "Hackers Breached Colonial Pipeline Using Compromised Password," Bloomberg, June 4, 2021, bloomberg.com.

295 Colonial owns and manages a fifty—five—hundred—mile—long pipeline: Chris Bing and Stephanie Kelly, "Cyber Attack Shuts Down U.S. Fuel Pipeline 'Jugular,' Biden Briefed," Reuters, May 8, 2021, reuters.com.

295 known as DarkSide: Turton and Mehrotra, "Hackers Breached Colonial Pipeline Using Compromised Password."

295 DarkSide's extortion messages: Trend Micro Research, "What We Know About the DarkSide Ransomware and the US Pipeline Attack," Trend Micro, May 12, 2021, trendmicro.com.

295 Before encrypting the hard drives: Turton and Mehrotra, "Hackers Breached Colonial Pipeline Using Compromised Password."

296 Within five days, 30 percent of gas stations: Devika Krishna Kumar and Laura Sanicola, "Pipeline Outage Causes U.S. Gasoline Supply Crunch, Panic Buying," Reuters, May 11, 2021, reuters.com.

296 Secretary of Energy Jennifer Granholm: Cecelia Smith–Schoenwalder, "Energy Secretary: Don't Hoard Gasoline as Pipeline Shutdown Creates Supply Crunch," U.S. News & World Report, May 11, 2021, usnews.com.

296 Colonial had, in fact, secretly given: William Turton, Michael Riley, and Jennifer Jacobs, "Colonial Pipeline Paid Hackers Nearly $5 Million in Ransom," Bloomberg, May 13, 2021, bloomberg.com.

296 All of the subsequent chaos: David E. Sanger and Nicole Perlroth, "Pipeline Attack Yields Urgent Lessons About U.S. Cybersecurity," New York Times, May 14, 2021, nytimes.com.

296 "The attack forced us": "House Homeland Security Committee Hearing on the Colonial Pipeline Cyber Attack," C–SPAN, June 9, 2021, c–span.org.

297 The blockchain analysis firm Elliptic: Tom Robinson, "Elliptic Follows the Bitcoin Ransoms Paid by Colonial Pipeline and Other DarkSide Ransomware Victims," Elliptic, May 14, 2021, elliptic.co.

297 CNA Financial had paid a staggering: Kartikay Mehrotra and William Turton, "CNA Financial Paid $40 Million in Ransom After March Cyberattack," Bloomberg, May 20, 2021, bloomberg.com.

297 Chainalysis's staff had tracked: Chainalysis Team, "Ransomware Skyrocketed in 2020, but There May Be Fewer Culprits Than You Think," Chainalysis, Jan. 26, 2021, chainalysis.com.

297 Ransomware payouts in 2021: Nathaniel Lee, "As the U.S. Faces a Flurry of Ransomware Attacks, Experts Warn the Peak Is Likely Still to Come," CNBC, June 10, 2021, cnbc.com.

298 Designed by a pseudonymous cryptographer: Andy Greenberg, "Monero, the Drug Dealer's Cryptocurrency of Choice, Is on Fire," Wired, Jan. 27, 2017, wired.com.

298 Another, newer cryptocurrency called Zcash: Andy Greenberg, "Zcash, an Untraceable Bitcoin Alternative, Launches in Alpha," Wired, Jan. 20, 2016, wired.com.

299 In fact, a 2017 study by one group: Malte Möser et al., "An Empirical Analysis of Traceability in the Monero Blockchain," Proceedings on Privacy Enhancing Technologies, April 23, 2018, arxiv.org.

300 Another group of researchers: George Kappos et al., "An Empirical Analysis of Anonymity in Zcash," Usenix Security '18, May 8, 2018, arxiv.org.

300 In the case of the ransomware group NetWalker: Chainalysis Team, "Chainalysis in Action: U.S. Authorities Disrupt Net Walker Ransomware," Chainalysis, Jan. 27, 2021, chainalysis. com.

300 The bureau had arrested: "Department of Justice Launches Global Action Against NetWalker Ransomware," Justice Department, Jan. 27, 2021, justice.gov.

300 Gronager pointed to the 2018 charges: Indictment, United States of America v. Viktor Borisovich Netyksho et al., Justice Department, July 13, 2018, justice.gov.

301 It had recovered 63.7 of the 75 bitcoins: "Department of Justice Seizes $2.3 Million in Cryptocurrency Paid to the Ransomware Extortionists Darkside," Justice Department, June 7, 2021, justice.gov.

301 In June 2021, e New York Times: Nicole Perlroth, Erin Griffith, and Katie Benner, "Pipeline Investigation Upends Idea That Bitcoin Is Untraceable," New York Times, June 9, 2021, nytimes.com.

302 President Joe Biden himself brought up: Steve Holland and

Andrea Shalal, "Biden Presses Putin to Act on Ransomware Attacks, Hints at Retaliation," Reuters, July 10, 2021, reuters. com.

302 The U.S. State Department announced: Ned Price, "Reward OThers for Information to Bring DarkSide Ransomware Variant Co-conspirators to Justice," State Department, Nov. 4, 2021, state.gov.

302 DarkSide, for its part, had posted: Michael Schwirtz and Nicole Perlroth, "DarkSide, Blamed for Gas Pipeline Attack, Says It Is Shutting Down," New York Times, May 14, 2021, nytimes.com.

302 The U.S. Treasury imposed new sanctions: "Treasury Continues to Counter Ransomware as Part of Whole-of-Government Effort; Sanctions Ransomware Operators and Virtual Currency Exchange," State Department, Nov. 8, 2021, state.gov.

302 By November 2021, Europol had announced: "Five Affiliates to Sodinokibi/REvil Unplugged," Europol, Nov. 18, 2021, europa. eu.

303 The FBI recovered $6.1 million: "Ukrainian Arrested and Charged with Ransomware Attack on Kaseya," Justice Department, Nov. 8, 2021, justice.gov.

303 "Today, and now for the second time": "Attorney General Merrick B. Garland, Deputy Attorney General Lisa O. Monaco, and FBI Director Christopher Wray Deliver Remarks on Sodinokibi/REvil Ransomware Arrest," Justice Department, Nov. 8, 2021, justice.gov.

303 In an even more shocking turn: Dustin Volz and Robert McMillan, "Russia Arrests Hackers Tied to Major U.S. Ransomware Attacks, Including Colonial Pipeline Disruption," Wall Street Journal, Jan. 14, 2022, wsj.com.

49장 회색 지대

305 By Chainalysis's measure, they accounted: Chainalysis Team,

"Crypto Crime Trends for 2022: Illicit Transaction Activity Reaches All-Time High in Value, All-Time Low in Share of All Cryptocurrency Activity," Chainalysis, Jan. 6, 2022, chainalysis. com.

305 A few months earlier it had taken: Chainalysis, "Chainalysis Raises $100 Million at a $4.2 Billion Valuation to Execute Vision as the Blockchain Data Platform," press release, June 24, 2021, prnewswire.com.

306 the potential for cryptocurrency in Xinjiang, China: Ross Andersen, "The Panopticon Is Already Here," Atlantic, Sept. 2020, atlantic.com.

306 Hong Kong, where protesters line up: Mary Hui, "Why Hong Kong's Protesters Were Afraid to Use Their Metro Cards," Quartz, June 17, 2019, quartz.com.

307 "Chainalysis is actively looking": Chainalysis Team, "Alt-Right Groups and Personalities Involved in the January 2021 Capitol Riot Received over $500K in Bitcoin from French Donor One Month Prior," Chainalysis, Jan. 14, 2021, chainalysis.com.

308 These new rules require: Scott Ikeda, "Crypto Regulation Tucked into Infrastructure Bill Raises Surveillance Concerns: Receivers Would Have to Collect Tax IDs on Transactions over $10,000," CPO Magazine, Nov. 18, 2021, cpomagazine.com.

310 Following that surveillance, Mansoor: "The Persecution of Ahmed Mansoor," Human Rights Watch, Jan. 27, 2021, hrw. org.

50장 럼커(Rumker)

313 "AlphaBay is back": DeSnake, "AlphaBay Is Back," post on Ghostbin, Aug. 2021, ghostbin.com, archived at archive.is/ vWT3U.

314 I reached out to DeSnake: Andy Greenberg, "He Escaped the Dark Web's Biggest Bust. Now He's Back," Wired, Sept. 23,

2021.

314 the 2018 Fordham International Conference: Lorenzo FranceschiBicchierai, "FBI Shows Arrest Video of Dark Web Kingpin Who Died by Suicide in Police Custody," Vice Motherboard, Jan. 10, 2018, vice.com.

317 Since Chainalysis had acquired WalletExplorer: Danny Nelson and Marc Hochstein, "Leaked Slides Show How Chainalysis Flags Crypto Suspects for Cops," CoinDesk, Sept. 21, 2021, coindesk.com.

에필로그

323 The giant exchange, it's worth noting: Angus Berwick and Tom Wilson, "Crypto Giant Binance Kept Weak Money—Laundering Checks Even as It Promised Tougher Compliance, Documents Show," Reuters, Jan. 21, 2022, reuters.com.

324 Kathryn Haun, Gambaryan's old boss: Kate Rooney, "Crypto Investor Katie Haun Is Leaving Andreessen Horowitz to Launch Her Own Fund," CNBC, Dec. 15, 2021, cnbc.com.

어둠 속의 추적자들

다크웹의 비트코인 범죄자 사냥 암호화폐 익명성의 신화를 깨다

발 행 | 2023년 7월 31일

옮긴이 | 김 상 현
지은이 | 앤디 그린버그

펴낸이 | 권 성 준
편집장 | 황 영 주
편 집 | 김 진 아
           임 지 원
디자인 | 윤 서 빈

에이콘출판주식회사
서울특별시 양천구 국회대로 287 (목동)
전화 02-2653-7600, 팩스 02-2653-0433
www.acornpub.co.kr / editor@acornpub.co.kr